U0836883

政府和社会资本合作模式（PPP）在我国推广实施方案研究

国经创新 PPP 课题组　编

中国财政经济出版社

图书在版编目（CIP）数据

政府和社会资本合作模式（PPP）在我国推广实施方案研究/国经创新 PPP 课题组编. —北京：中国财政经济出版社，2017.10
ISBN 978 - 7 - 5095 - 6819 - 4

Ⅰ.①政… Ⅱ.①国… Ⅲ.①政府投资 - 合作 - 社会资本 - 研究
Ⅳ.①F830.59②F014.39

中国版本图书馆 CIP 数据核字（2016）第 146971 号

责任编辑：陈志伟　　责任校对：黄亚青
封面设计：孙俪铭　　版式设计：兰　波

中国财政经济出版社 出版
URL：http：//www.cfeph.cn
E - mail：cfeph@cfeph.cn

社址：北京市海淀区阜成路甲 28 号　邮政编码：100142
营销中心电话：88190406　北京财经书店电话：64033436　84041336
北京中兴印刷有限公司印刷　各地新华书店经销
787 × 960 毫米　16 开　25.5 印张　612 000 字
2017 年 10 月第 1 版　2017 年 10 月北京第 1 次印刷
定价：50.00 元
ISBN 978 - 7 - 5095 - 6819 - 4/F · 5486
（图书出现印装问题，本社负责调换）
本社质量投诉电话：010 - 88190744
打击盗版举报热线：010 - 88190492，QQ：634579818

国经创新 PPP 课题组

专　家　成　员

组　长：

郑新立

副组长：

贾　康　刘　森

成　员（排名按所撰写章节顺序排列）：

孙　洁　许正中　刘　森　车宏原　张冬梅　梁云凤
任鹏飞　李晶宇　刘　薇　李冬妍　綦鲁明　刘西友
马洪范　王景森　郭家新　李春明　文创枝　郭建新

课题评审专家成员

组　长：

蒋志刚

成　员（排名按姓氏笔画）：

刘忠朴　汪牧青　孟　春　郑润祥　梁增乐

目 录

第一章

我国大力发展 PPP 模式的必要性、可行性及其意义

第一节 PPP 模式的内涵及模式分类

一、PPP 模式的内涵

政府和社会资本合作模式 PPP（Public-Private Partnerships），即公私伙伴关系，又称公私合伙制、公私协力关系，或公私合作制，英文简写为“PPP”（下文用此简称）。虽然民间参与公共产品和服务的供给已有很长历史，但“公私伙伴关系”术语的出现不过是最近十年的事情。公私伙伴关系本身是一个意义非常宽泛的概念，加之意识形态的不同，要想使世界各国对其确切内涵达成共识是非常困难的。有代表性的 PPP 的定义，一是，联合国培训研究院认为，公私伙伴关系涵盖了不同社会系统倡导者之间的所有制度化合作方式，目的是解决当地或区域内的某些复杂问题。它包含两层含义：其一是为满足公共产品需要而建立的公私倡导者之间的各种合作关系；其二是为满足公共产品需要，公私部门通过建立伙伴关系进行的大型公共项目建设。二是，欧盟委员

会认为，公私伙伴关系是指政府和社会资本之间的一种合作关系，其目的是提供传统上由公共部门提供的公共项目或服务。三是，加拿大公私伙伴关系国家委员会认为，公私伙伴关系是政府和社会资本之间的一种合作经营关系，它建立在双方各自经验的基础上，通过适当的资源分配、风险分担和利益共享机制，最好地满足事先清晰界定的公共需求。四是，美国公私伙伴关系国家委员会认为，公私伙伴关系是介于外包和私有化之间并结合了两者特点的一种公共产品提供方式，它充分利用私人资源进行设计、建设、投资、经营和维护公共基础设施，并提供相关服务以满足公共需求。

由此可见，公私伙伴关系有广义和狭义之分。广义的公私伙伴关系泛指政府和社会资本为提供公共产品和服务而建立的各种合作关系，而狭义的公私伙伴关系可以理解为一系列项目融资模式的总称，它包含 BOT、TOT、DBFO 等多种模式。国外研究文献中的公私伙伴关系绝大多数是指广义公私伙伴关系，而国内文献中则多数将其理解为狭义公私伙伴关系。总的来看，萨瓦斯很好地概括了公私伙伴关系的多重内涵，即从三种意义上理解这一术语：首先，它指公共和私营部门共同参与生产和提供物品、服务的任何安排；其次，它指一些复杂的、多方参与并被民营化了的基础设施项目；最后，它指企业、社会贤达和地方政府官员为改善城市状况而进行的一种正式合作。

基于以上考虑，本书认为公私伙伴关系是指政府、营利性企业和非营利性企业基于某个项目而形成的相互合作关系的形式。通过这种合作形式，合作各方可以达到与预期单独行动相比更为有利的结果。合作各方参与某个项目时，政府并不是把项目的责任全部转移给私人企业，而是由参与合作的各方共同承担责任和融资风险。政府通过扮演管制者、合作者和促进者的角色，与民间部门（包括企业与第三方部门）协力促进公共产品和服务的供给的最佳治理状态。鉴于中国实际情况，这种公共产品和服务更多地涉及以公共基础设施建设为代表的可收费公共产品，而这种状态则体现为政府允许民间资本参与公共建设，在政府管制的框架下双方或多方以竞争、合作与共赢的姿态进行公共产品和服务的有效供给。

二、PPP 模式的分类

对于 PPP 具体模式的分类，国内外没有统一的标准，即使在 PPP 理论较为成熟的西方国家，PPP 的分类也不尽相同。美国政府会计处、世界银行、国际理事会（The National Council）分别在不同场合对 PPP 模式进行了分类；国内学者（王灏等）在参考了国外文献的基础上，根据基础设施的项目权属关系，并结合我国基础设施的特点将 PPP 模式按三级结构的方式进行了分类。在综合考虑以上分类方法，结合国内目前的现状，根据项目的融资类型、公共以及私人部门的合作程度，本书将 PPP 模式做以下分类，参见图 1-1。

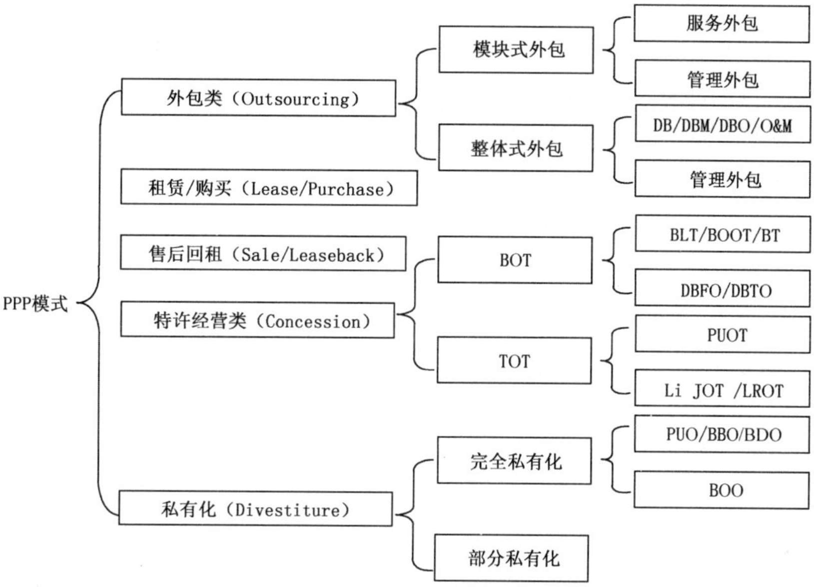

图 1-1　PPP 模式的分类

（一）外包类

外包类（Outsourcing）是指政府部门将项目中一项或几项职能承包给私人部门。私人部门提供管理服务或建设、维护等，通过政府付费而获得利益。由于整个过程，不涉及私人投融资，所以风险相对小且不发生所有权转移，通常经营权属于政府部门。外包类包括模块式外包和整体式外包；模块式外包又分为服务外包和管理外包。服务外包就是将具体的任务比如设备、能源、物质、人力的供给等承包给私人部门，但整个项目的效用管理仍由政府部门控制。服务外包合同期一般为 6 个月至 2 年，优点就是能够带来好的专业技术。管理外包就是政府通过付费，将部分或一套公共事业的管理或操作服务承包给私人部门，政府部门仍然保留设施的所有权，外包的合同期一般为 3 至 5 年。

整体式外包是基础设施建设的常用的一种模式，也就是通常所称的“全外包”。不同于 BOT 模式（Build Operate Transfer，建设—经营—转让），整体式外包不涉及项目的所有权，且私人部门不参与投资或者短期进行很少的投资。整体式外包最常见的模式有 DB、DBM、O&M、DBO、LBO/LDO 等。

DB（Design Build）即私营企业以一个固定的价格设计和制造基础设施，以满足公共部门特定的性能规范，所以成本超支的风险转移给私人部门。一个简单的设计—建造方式带来单一的设计及建造责任，可以加速项目的交付，具有很高的时效性。

DBM（Design Build Maintenance）和 DB 相似，唯一的不同就是维修设施属于私人机构的责任。O&M（Operation & Maintenance）私人运营商通过和公共部门签订合同，提供或维护特定的服务，在私人部门运营和维护时，资产的所有权及整个设施的管理权仍属于公共部门。

DBO（Design Build Operate）即公共部门拥有设施的产权，并为项目提供经常性资金，私人部门负责项目的设计、建造及经营。DBO 不仅可以让私人部门持续参与，也方便于私人部门以“用者付费”的形式集资。在美国，DBO 是提供饮用水及污水处理时的一个较为流行的公私合作模式。

LBO/LDO（Lease Build Operate/ Lease Develop Operate）即私人部门向政府部门支付一定的费用来租赁现存的设施，并负责其经营和维护，政府部门保留所有权。租赁经营的理论来源于经营所得与经营费用之差再扣除交给政府的租赁费用之后的余额。

（二）售后回租

售后回租（Sale/Leaseback）是一种融资协议，设施拥有方由于资金短缺将其卖给另一方，之后再将其回租过来。售后回租的目的在于，设施拥有方在保留资产使用权的前提下获得所需的资金。政府和私人部门由于各种原因都可以利用这种模式进行融资。这种模式最新的运用是政府将公共设施卖给私人部门，其目的是限制政府负债，在这种协议下政府将设施先出售再回租，之后仍可继续操作。

（三）租赁/购买

租赁/购买（Lease/Purchase）是一种分期付款合同，在这种模式下，政府与私人部门签订合约，私人部门集资建设设施，建成之后租赁给政府部门，政府部门分期向私人部门支付租金，等租赁期满，所有权归政府，这种方式适合政府有服务要求而无力投资和提供服务的情况。

（四）特许经营类

特许经营类（Concession）是指政府部门通过和私人部门签订特许经营协议，共同对公有设施进行运营、维护和投资。特许经营一般需要私人部门参与部分或全部融资，因此，特许经营涉及经营权与所有权的转移，在整个过程中，双方分担风险，共享项目收益。在这种 PPP 模式下，政府部门在特许期内赋予私人部门特定的权利去建设和运营设施，但政府部门最终保留设施的所有权和经营权，特许经营期限通常为 5 至 50 年。

特许经营类的模式类型很多，但从设施所有权转移的路径来看，大体上分为 BOT 和 TOT。BOT（Build Operate Transfer）下，私人部门按照事先与公共部门规定的价格建造设施，根据与该公共部门签订的合约或特许经营权协议经营设施，合同期满后将设施转移给公共部门。一般而言，私人部门会提供全部或部分资金，而合约期内收益足以让私人部门取得合理回报。

BOT 模式对主办项目的政府而言具有吸引力，因为首先可以使政府在有限的财政预算下降低成本；其次，政府可以利用私人部门参与带来的高效率运作；再次，它还可以鼓励外来投资及引入新的或经过改良的技术。其他模式如 BLT、BTO、BOOT 都是 BOT 的变形体。

BTO（Build Transfer Operate）模式与 BOT 模式相似，区别在于 BTO 是在建设完成后，而非在运营期，把设施的所有权转移给公共部门。BLT（Build Lease Transfer）是由私人部门建设设施，并在租赁期内运营该设施，和 BOT 的差别在于一开始私人部门和公共部门签订的是租赁合同，类似的模式还有 BLOT 等。BOOT（Build Own Operate Transfer）意为公共部门赋予私人部门特许经营权对设施进行融资、设计、建造及运营（并收取用户费用），在特定期满后，所有权转移给公共部门。BOOT 和 BOT 的区别在于，第一，设施的所有权，BOT 模式下项目公司只有项目经营权，而 BOOT 下公司在规定的期限内拥有经营权和所有权；第二，时间上的差别，BOOT 从项目建成到移交时间比 BOT 更长。

DBFO（Design Build Finance Operate）、DBTO（Design Build Transfer Operate）和 BT（Build Transfer）从私人部门参与的程度以及所有权转移和经营权归属来看，三者基本上相似，都是私人部门设计、注资、建造一个新的设施。公共部门根据长期服务合同，向私人部门支付年费。

TOT（Transfer Operate Transfer）在国内经常出现，而在国外文献却并不多见。根据只转移经营权还是经营权与所有权一起转移，TOT 分为 PUOT 和 LUOT/LROT。PUOT（Purchase Upgrade Operate Transfer）和 LUOT/LROT（Lease Upgrade Operate Transfer/ Lease Renovate Operate Transfer）都是私人部门租赁或购买已有基础设施，经过更新、扩建、经营该设施，经营期满后移交给公共部

门。其区别在于前者是购买关系，后者是租赁关系。

（五）私有化

私有化（Divestiture）已逐渐被政府部门采用，其目的是提高效率。私有化就是将地方公共设施卖给私人部门，这种模式需要私人部门负责项目的全部投资，所以私有化涉及经营权与所有权的转移，私人部门所承受的风险最大。私有化可以分为完全私有化（Complete Divestiture）和部分私有化（Partial Divestiture）。完全私有化是所有权永久归私人部门所属的PPP模式，具体模式有PUO/BBO（Purchase Upgrade Operate/Buy Build Operate）、BDO（Buy Design Operate）、BOO（Build Own Operate）。PUO/BBO和PUOT相似，只是在期满后所有权不转移公共部门，BDO和BOO是私营企业对一个设施或服务注资、建造、拥有并经营。公共部门可以按照原来的协议规定，持续对私人企业进行监督管理。

当前，国务院已经明确规定我国PPP所要采用的四种类型：一是BOT；二是ROT；三是TOT；四是BOO。BOT主要是针对城镇化进程中，急需建设的基础设施项目，特别是能够通过向使用者收费的基础设施所采用引入社会资本的一种方式，这种方式可以解决政府债务增长且又不会影响城镇化的进程。ROT针对已有的、并需要扩大建设或进行维护的基础设施项目，通过ROT的方式可以解决政府对已有老化基础设施改造和维护资金不足的问题。TOT主要针对政府通过贷款形成的基础设施项目，将这类资产、债务以及收费经营权移交给社会资本方，它可以有效地化解政府的即有债务规模。BOO实质上是一种私有化的方式，而私有化作为PPP的一种形式并不恰当，因为私有化并不是PPP，PPP仅仅是一种过渡性的制度安排，而私有化是一种永久性的制度安排。因此，BOO作为PPP的一个形式，仅仅当运营权有确定期限时才可以成事。

第二节
我国发展PPP模式的必要性

一、满足城镇化建设的投资需求

党的十八届三中全会明确提出，要完善城镇化健康发展机制，推动大、中、小城市和小城镇协调发展。

近些年来，随着我国城镇化建设的开展，我国对基础设施、公用事业以及公共服务的需求更是进一步加大。人均资本存量和资本产出比是衡量城镇化中固定资产投资的两个国际公认的指标，相关数据显示，截至 2013 年，中国人均资本存量仅仅相当于美国和日本的 13%，而同时，中国 2011 年的资本产出比约为 0.88，远高于国际平均水平的 0.5，这显示出了我国在城镇化固定资产投资方面的巨大潜力。有数据显示，预计到 2020 年，城镇化带来的投资需求将达到 42 万亿元人民币。在如此巨大的投资需求背景下，原有的政府主导的投资模式将难以为继，强调市场机制的公私合作伙伴关系将成为解决问题的关键。

城镇化不仅仅是城镇建设问题，更是统筹城乡发展的问题，因此，城乡一体化也可以看作是中国城镇化建设的一个重要组成部分，而与之密切相关的便是新农村建设问题。

我国是农业大国。农业、农村和农民问题，始终是我国改革发展的全局性、根本性问题。长期以来的城乡二元经济结构，使国家将重要资源投入到了城镇经济，使农村经济发展长期滞后，城镇地区和农村地区的经济发展差异扩大的矛盾日益突出。在这样的背景下，2006 年“中央一号文件”的公布标志了我国社会主义新农村建设的全面启动。

由于我国长期的“二元经济”格局下农村基础设施的极度匮乏以及农民收入水平依然低下，在交通、电力、基础教育、医疗卫生、水利设施、公路以及文化娱乐设施等方面，我国农村地区与城市地区之间仍有较大差距。与此同时，东西部不同农村地区之间也有很大差距，这都严重阻碍我国目前的经济发展与改革。因此，在新农村的建设过程中，政府投入大量资金来改善和增加农村基础设施和公共服务是非常有必要的。

据国家统计局初步测算，到 2020 年，新农村建设新增投资需求总量为 5 万亿元左右。而这些资金不能仅仅依靠政府来提供，适当地引入民营部门的资金和相应的管理方法将会是非常有利的。

总体来说，为推动我国经济和社会的可持续发展，加快我国城镇化建设和社会主义新农村建设的步伐，我国正在产生并会进一步产生更大的投资需求，而在满足这些需求的过程中，PPP 模式将不仅仅解决我国投资需求快速增长过程中产生的资金缺口问题，更将带来其先进的技术及管理经验，进一步提高我国公共产品提供效率，并促进我国经济的进一步发展。

二、弥补基础设施的财政投入不足

2010 年，我国市政公用设施建设固定资产投资完成额为 14305.9 亿元，占国内生产总值的 3.57%，但与联合国建议的 9%—15%仍有较大差距，存在很大的资金缺口，如何筹集足够的资金来满足投资需求便成为问题的关键。

近些年来，我国固定资产投资来源主要有中央财政拨款、地方财政拨款、国内贷款等，而企业自筹资金、债券、外商直接投资则比重较小。我国固定资产投资资金来源主要是政府财力或以政府财力担保的银行借款，这就带来一个相当严重的问题：由于一些贫困地区地方政府（尤其是一些偏远农村）收入不足，财力不够雄厚，这些地区的固定资产投资往往不足，这就会形成越是贫困的地区，基础设施越是不足，进而这些地区的经济发展越是受到阻碍的现象。不仅如此，一些较为发达的地区，由于财政资金管理及使用效率不高等原因，同样会存在财政投入不足的情况。

因此，要保证基础设施的资金供给，首先要解决资金来源问题。由于财政投入不足的客观存在，仅仅依靠财政投资不能满足我国快速增长的投资需求，必须引进新的资金来源，并采用多渠道的融资方式来为我国基础设施建设筹集资金，通过民营企业资金的介入，结合一定比例的财政资金，采用公私合作伙伴模式，使政府和企业共同支持我国基础设施建设的发展，将会提高我国公共产品提供的效率，并缓解公共财政的资金压力，并解决所需提供的公共产品的资金需求问题。

三、有助于消减政府债务

地方政府债务问题早已成为社会关注的热门话题。审计署数据显示，截至 2013 年 6 月末，全国政府性债务为 30.27 万亿元，其中，全口径中央政府性债务合计 12.38 万亿元，全口径地方政府性债务合计 17.89 万亿元，而年内将有 2.4 万亿元债务到期需偿还。此外，受经济增长乏力及房地产成交下滑等不利因素影响，全国财政收入增长也面临压力，房地产企业所得税同比明显回落，这给地方政府带来巨大压力。

与大量政府债务问题相对应的，是广为诟病的“土地财政”问题。所谓“土地财政”，是指一些地方的政府依靠出让土地使用权的收入来维持地方财政支出。中国的“土地财政”主要是依靠增量土地创造财政收入，也就是通过“卖地”的土地出让金来满足财政需求。土地财政带来了一系列严重问题，其中，最广为人知的便是其对于中国房地产价格的推动作用，房价的大幅度上涨又带来了一系列更为严重的社会问题。

中国地方政府债务以及土地财政问题由来已久，原因复杂，但究其根源，除了中央和地方财权与事权的非对称性和不平衡发展问题外，主要原因还是政府的财税收入无法满足大量的公共事务支出需求，一些地方为了追求经济增长速度不顾条件地盲目扩大投资，这些做法不仅带来了产能过剩等问题，还导致地方政府性债务扩张较快、财政金融风险加大等隐患。因此，地方政府长期面对资金缺口以及对投资项目的错误选择成为地方债务问题的根源。

要解决这一问题，首先要做的是减轻地方政府的财务负担。缓解地方政府资金压力，才能进一步减轻其债务负担，与此同时，还需提高地方政府进行项目投资的效率，关注项目的可行性与长期社会效应。

政府和社会资本合作（PPP）模式为这些问题提供了良好的解决方案。通过引进私营企业，可以弥补政府资金不足的缺陷，进而缓解政府的资金压力，减少政府资本预算，将政府债务转为企业债务，实现政府与企业风险共担、收益共享的局面，与此同时，由于私营资本的逐利性，其经营管理效率往往高于政府部门，因此又可以提高公共项目投资的效率。因此，为解决目前我国存在的大量政府债务的问题，PPP 模式的应用是非常必要的。

四、解决管理效率低的问题

民营化研究大师萨瓦斯曾经提到：“市政部门从事同样工作的成本比承包商高出 88%（考虑税收效应和利润效应），换言之，市政资源的利用效率要低得多。”通常情况下，由于缺乏竞争以及缺乏必要的激励或惩罚措施等原因，由政府部门提供公共产品往往会导致管理效率的低下，并进而引发一系列的问题。

因历史原因，我国公共产品资源配置格局一直存在缺陷。随着改革进程的加快，虽然政府集事权、财权与财力于一体，集私人产品资源配置与公共产品资源配置于一身的集权过度的矛盾有所缓解，但从总体上来看，中国现行的公共产品生产资源配置中依然存在着较为严重的问题，一些具有经济性的公共产品由政府垄断经营，由于缺乏必要的竞争，往往出现建设过程缓慢、成本过高，产品品种单一、价格奇高的无效率现象，如通讯、铁路、医院、邮政等行业，这些行业的服务与价格常常为人所诟病，虽然目前政府已采取了一系列措施进行改革，但若不触及根源则难以真正解决问题。适当引入私人部门则可以很好地解决这些问题。

五、有利于解决“重建设、轻管理”现象

“重建设、轻管理”是目前我国公共产品提供，特别是基础设施提供中一个长期存在的问题，我国高速公路建成后的管理就是一个典型的问题。

目前，我国正处于高速公路大规模建设时期，建设任务很重，各地政府及交通主管部门将主要的精力都集中在高速公路项目的融资及建设上面，而高速公路的养护问题往往没有引起足够的重视，因此常常出现高速公路养护资金被挪用、挤占，养护体制缺乏创新等问题。

我国高速公路有两种养护管理体制，分别是“养管一体”和“养管分离”，其中“养管一体”更为普遍。许多高速公路养护管理仍然套用事业型养护管理体制，职责不明、责任不清，养护经费采用拨款形式，这种计划经济管理模式已远远不能适应高速公路公司化经营的发展趋势和养护体制改革的要求，束缚了养护技术水平的提高和管理体制的创新。另外，在机构设置上，许多高速公路仍然按照“统一管理，分级领导”原则设置养护处、养护科、养护工区等，人员庞大、机构臃肿。这种受计划经济体制影响的养护管理模式，不利于养护工程的监督和质量管理，这也造成了我国高速公路重复建设、资源浪费的问题。

针对这一情况，我们可以将私人部门引入公共产品的提供与管理过程中，建立政府和社会资本合作，通过与私人企业订立契约等方式，将公共产品的管理以规范化的形式交由私人部门承担，并允许其获取一定的收益，从而实现政府与私人部门之间的双赢。

第三节
我国发展 PPP 模式的可行性

一、理论上的可行性

（一）公共产品理论

经济学中的公共产品理论将社会产品分为了公共产品和私人产品。其

中，公共产品是指既不具有竞争性，又不具有排他性的一类产品，即一个人对一种公共产品的消费并不会减少其他人对这种产品的消费，而且，排除任何人享受一种公共产品的利益要花费非常大的成本。例如，指引航向的灯塔便是一种较为典型的公共产品，多一条船在灯塔附近航行并不会增加额外的成本，而恰好在一条船经过时，为了不让它从灯塔得到好处而将灯塔关掉也是很困难的。

公共产品又可以分为纯公共产品和准公共产品。其中，纯公共产品是指在消费过程中同时具有非竞争性和非排他性的产品，是任何一个人对该产品的消费都不减少别人对它进行同样消费的物品与劳务。准公共产品亦称为“混合产品”，这类产品通常只具备上述两个特性的一个，而另一个则表现为不充分条件。如教育产品便是具有非排他性和不充分的非竞争性的准公共产品，而公共道路和公共桥梁则是具有非竞争性特征，但非排他性不充分的准公共产品。纯公共产品的范围是比较狭小的，但准公共产品的范围较宽。如教育、文化、广播、电视、医院、应用科学研究、体育、公路、农林技术推广等事业单位，其向社会提供的产品均属于准公共产品。此外，实行企业化经营、财务核算的自来水、供电、邮政、市政建设、铁路、港口、城市公共交通等公共产品，也属于准公共产品的范围。

通常情况下，公共产品的生产与供给方式有三种，分别是公共生产公共提供、私人生产公共提供和公共生产混合提供。

一般来说，公共产品应当由公共部门来提供。然而，有些准公共产品，尤其是在性质上接近于私人产品的准公共产品在向社会提供过程中，为了平衡获益者与非获益者的负担，提高资源的使用效益，政府往往采取类似于市场产品的供应方式，即按某种标准向消费者收费来供应。这样，消费者必须通过付款才能获得消费权。例如，对于医疗产品既可以采取政府供给方式，也可以采取政府供给、个人付费方式；此外，自来水、电、煤气等，也都可以采取收费方式来供给。由于对于一些具有经济性的项目，私人部门可以通过收费方式获得一定的收益，同时，又可以解决公共产品提供过程中政府资金缺乏以及管理低效率的问题，这便为在公共产品，尤其是准公共产品的提供过程中适当引入私人部门，建立政府和社会资本合作提供了可能性。

（二）现代博弈理论

博弈论产生于 1928 年，冯·诺依曼证明了博弈论的基本原理，从而使博弈论首次为人关注。通常意义上来说，博弈论是研究斗争或竞争性现象的理论和方法，它考虑游戏中个体的预测行为和实际行为，并研究其优化策略。较著名的应用有囚徒困境、智者博弈等。在公共产品的提供过程中，我们也可以用现代博弈理论来分析 PPP 模式的可行性。

我们可以把 PPP 模式看作合作博弈的一种类型，在公共产品的提供过程中，政府掌握公共产品供给的垄断权，而企业则掌握相应的高效生产和管理技术，双方力求自身的利益最大化，并为利益的分配而讨价还价。

假设，政府和企业合作时各自的效用分别为 Ua 和 Ub，相应的收益分别为 Ra 和 Rb，总收益为 R；不合作的情况下，政府和企业各自的效用分别为 Na 和 Nb，且 $Ua = Ua(Ra), Ub = Ub(Rb), Ra + Rb = M, Ua \geqslant Na$，$Ub \geqslant Nb$，g 为其他随机因素，且 $0 < g < 1$，则：

达到纳什均衡时：max（Ua − Na）^g（Ub − Nb）^（1 − g）

当 g 增加时，政府部门效用增加，企业部门效用减少。

为简化运算，又假定 Ua = Na，且 Ub = Nb，即 Ua + Ub = M。则为求得均衡解，分别求（Ua − Na)^g(Ub − Nb)^(1 − g）= 0 对于 Ua 和 Ub 的偏导，可以得到：

g[(Ua − Na)^(g − 1)][(Ub − Nb)^(1 − g)] = 0

(1 − g)[(Ua − Na)^g][(Ub − Nb)^(−g)] = 0

Ua + Ub = M

根据以上三个方程可以得到：

$Ua^* = Na + g(M - Na - Nb)$

$Ub^* = Nb + (1 - g)(M - Na - Nb)$

则政府部门的效用增加量为 $Ua^* - Na = g(M - Na - Nb)$

因此，当政府部门的讨价还价能力（g）增加，或者政府部门与企业部门共同的效用（M）增加，或者政府部门或企业部门在不合作情况下的效用减少，都可以使政府部门的效用增加。

所以，政府部门要提高公共产品供给的绩效，一方面，要与企业部门充分合作，充分利用政府部门关于公共产品供给的垄断权以及企业部门高效的生产和管理技术，最大程度地提高政府部门与企业部门共同的效用（M）；另一方面，还需提高政府部门讨价还价的能力（g），在政府部门与企业部门共同的效用（M）一定的情况下，尽可能地增加政府部门的效用，从而达到公共产品提供的最终目的，并实现政府部门与企业部门的双赢，使社会福利最大化。

二、实践上的可行性

（一）法律、法规及政策上的可行性

由于 PPP 模式在经济发展中的巨大作用，很多欧美国家自 20 世纪 70 年代起便引入了民间资本，积极发展 PPP 模式，并为规范、推进该模式出台了一系列的政策、法规，极大地促进了公私合作伙伴关系的发展。

我国 PPP 模式的发展有将近 30 年的历史，但法律法规及相关政策的制定大概始于 20 年前。自 20 世纪 80 年代以来，我国在积极探讨如何采用 BOT 方式吸收外商投资用于基础设施领域，为了规范此类项目的招商和审批，1995 年 1 月，由对外经济贸易合作部发布了《关于以 BOT 方式吸收外商有关问题的通知》，并由此形成了我国最早的 PPP 相关政策法规。

1995 年 6 月 20 日，我国政府公布的《指导外商投资方向暂行规定》、《外商投资产业指导目录》，国家外汇管理局 1995 年发布的《关于境内机构进行项目融资有关事宜的通知》和国家计委、国家外汇管理局 1997 年联合发布的《境外进行项目融资管理暂行办法》对包括 BOT 项目在内的有关项目融资的问题做出了规定。

1995 年 8 月，国家计委、电力部、交通部又联合发布了《关于试办外商投资特许权项目审批管理有关问题的通知》，并明确提出了“外商投资特许权项目”这一概念，进一步规范了外商投资特许权项目的相关问题。

随着加入世界贸易组织（WTO），我国对外开放的步伐进一步加大，同时对国内基础设施项目中民间资本的引入也更加重视。2001 年以后，我国开始出台相关文件，在公共基础设施领域向国内民间资本开放。

2001 年 12 月 11 日，国家计委发布了《关于印发促进和引导民间资本的若干意见的通知》，更是指出要“逐步放宽投资领域，除国家有特殊规定的以外，凡是鼓励和允许外商投资进入的领域，均鼓励和允许民间投资进入”，“鼓励和引导民间投资以独资、合作、联营、参股特许经营等方式，参与经营性的基础设施和公益事业项目建设”。

2002 年 12 月，建设部发布《关于加快市政公用行业市场化进程的意见》，以正式文件确定允许外资和民营企业同时在供水、供气、供热、公共交通、污水处理、垃圾处理等市政公用设施项目中公平竞争。

2003 年 10 月，党的十六届三中全会发布了《中共中央关于完善社会主义市场经济体制若干问题的决定》，文件指出，“要清理和修订限制非公有制经

济发展的法律、法规和政策，消除体制性障碍，放宽市场准入，允许非公有资本进入法律法规未禁止的基础设施、公用事业及其他行业和领域”。

2004 年 4 月，建设部宣布《市政公共基础设施特许经营管理办法》，从当年 5 月 1 日起开始实行。同时，2005 年 2 月，国务院发布了《关于鼓励支持和引导个体私营等非公有制经济发展的若干意见》，为社会资本进入基础设施产业创造了有利条件。

2010 年 5 月，国务院又发布了《关于鼓励和引导民间投资健康发展的若干意见》，进一步拓展了民间投资的领域和范围，并鼓励和引导民间资本进入基础产业和基础设施领域、市政公用事业和政策性住房建设领域、社会事业领域、金融服务领域、商贸流通领域、国防科技工业领域，鼓励和引导民间资本重组联合，参与国有企业改革，推动民营企业加强自主创新和转型升级，鼓励和引导民营企业积极参与国际竞争，为民间投资创造良好环境，并加强对民间投资的服务、指导和规范管理。

2013 年 11 月召开的十八届三中全会提出“允许社会资本通过特许经营等方式参与城市基础设施投资和运营”，同时，2014 年 9 月财政部发布《关于推广运用政府和社会资本合作模式有关问题的通知》，拓宽了城镇化建设融资渠道，促进了政府职能加快转变，完善了财政投入及管理方式。

随着我国 PPP 模式发展进程的加快，相关法律、法规及政策不断完善，鼓励民间资本进入基础设施相关领域，为 PPP 模式的规范提供了保障，从而为 PPP 模式的进一步发展提供了实践上的可行性。

（二）民营资本日益强大

改革开放之后，随着政府对民营企业的支持力度不断加大，民营企业的进入领域也不断放宽，我国民营经济有了较快的发展，并成为支持我国经济发展的重要力量。党的十八届三中全会更是提出“要使市场在资源配置中起决定性的作用”，指出“必须毫不动摇地鼓励、支持、引导非公有制经济发展”，并且市场准入实行“负面清单”制度，这必将进一步巩固民营经济的地位和作用。

我国民营经济蓬勃发展。据全国工商联在 2014 年 2 月 28 日举办的“2014 中国民营经济大家谈”活动中公布的数据显示，2013 年中国民营积极贡献的 GDP 总量超过 60%。同时，中国规模以上工业企业增加值累计增速为 12.4%，而国有工业企业增加值累计增速仅为 6.9%。在民间投资领域，在不断改善的投资环境下，民营资本活力得到不断释放，以私营企业为主的民间投资成为推动经济发展的重要动力，2013 年全年，中国民营经济完成城镇固定资产投资共计 27 万亿元，同比增长 22.8%，占全部投资额的比重达到 62%；其中私营企业完成 12.1 万亿元，同比增长 30.8%。此外，出口方面，2013 年，中国民营企业出口达 9167.7 亿美元，增长 19.1%；进口达 5764.8 亿美元，增长 27.8%，分别高于整体增幅 11.2 个和 20.5 个百分点。同时，中国登记注册的私营企业达到 1253.9 万户，个体工商户达到 4436.3 万户，同比增长 15.5% 和 9.3%。另外，个体、私营企业户数和注册资金增长率均为近年来的最高点，截至 2013 年底，中国私营企业注册资金 39.3 万亿元，户均注册资金达 313.5 万元，同比分别增长 26.4% 和 9.4%。民营经济吸纳就业也稳步提高，截至 2013 年年底，全国个体、私营经济从业人员实有 2.19 亿人，较上年同期增长 9.7%，持续、高效、大量地吸纳就业，依然是民营经济对国民经济发展的重要贡献之一。

民营经济的蓬勃发展带来了民营资本的日益强大，而民营资本的日益强大也会进一步促进我国整体经济的稳步发展。在财政资金不足而民营资本日益强大的情况下，民营资本进入公共事业领域的时机日益成熟。目前，随着我国经济的进一步发展以及政府对民营经济支持力度的进一步加大，我国民营资本得到了更好的发展，民营资本已经成为我国经济发展中不容忽视的重要力量，这也为我国积极开展 PPP 模式，促进公私合作伙伴关系的建立提供了更好的条件。

（三）积累近 30 年的实践经验

PPP 模式最早产生于 20 世纪 70 年代的英、美等国家，当时它们为解决经济萧条情况下财政资金不足问题，积极引入私人部门参与，并将 PPP 模式纳入公共政策。在过去的几十年里，PPP 模式在全世界范围内得到了广泛的应用，并在很多国家取得了巨大的成功。

正如上文提到的，我国从 20 世纪 80 年代便开始尝试利用公私合作伙伴关系的建立来为社会提供公共产品，这距今已有近 30 年的历史。与许多发达国家相比，30 年的时间虽不长，但它为我国 PPP 模式的进一步发展提供了宝贵的经验或教训，并成为我国进一步发展 PPP 模式的重要依据。

在我国，与 PPP 模式相关的特许经营、运营和维护以及租赁合约等形式都得到了应用，其中以 BOT 特许经营的应用最为广泛。历经 30 年的摸索，目前我国已存在了很多利用 PPP 模式进行公共项目建设的案例。除泉州刺桐大桥、北京地铁 4 号线项目以外，我国采用 PPP 模式进行建设的项目还有上海莘奉金高速公路项目、南京地铁一号线南延线项目、南京长江三桥项目等，这些项目大多取得了预期的效果，其形成的经验或教训将成为我国未来进行 PPP 项目建设的重要参考，也使我国 PPP 项目建设在实践上更具可行性。

第四节 政府和社会资本合作新制度供给的五大正面效应

在我国经济实践层面，PPP 模式打破了人们过去认为只能由政府运用财政资金建设公共基础设施、公共工程、公共服务项目的传统认识框架，转变为由非政府的企业主体、民间资本、社会资金通过形成特许权管理机制而提供有效供给，在此模式下更快、更充分、更有质量、更具绩效水平地满足社会公共需要。近期的观察更表明：作为一种创新的制度供给，PPP 应有可能切实有效地解决我国新型城镇化和老龄化过程中面临的巨大财政压力，缓解地方政府债务危机。在贯彻“五位一体”取向的全面改革与科学发展、全面推进依法治国的总体战略中，PPP 概念下的机制创新是十分重要的组成部分，可以产生宝贵的正面效应，突出表现在以下五大方面。

一、PPP 的正面效应之一：政府视角

从政府角度看，PPP 可能的贡献，首先便是降低未来长时期内的财政支出压力。如何合理定位政府职责，已在我国改革开放的几十年中反复讨论，大家都同意政府“要做好自己应做之事”这一原则。但具体考察一下，当下在充分尊重市场资源配置决定性作用的基础上，摆在政府面前的“应做之事”仍然千头万绪。择其要者，至少有未来几十年间如何推进新型城镇化和如何应对人口老龄化压力这两件大事。

推进新型城镇化是中国走向现代化，实现民族复兴“中国梦”的必由之路，未来几十年间，在城镇化实际水平从目前的 40%（官方统计达 50% 以上的数据，是把进城居住半年以上的常住人口统统视作完成了城镇化，但其中还有两亿多人并未取得“基本公共服务均等化”的市民待遇，若要配之以均等待遇还需城镇化概念下的进一步公共投入）左右一路走到 70% 左右，之后才

会转入相对平稳发展期。在此过程中，未来30余年还将约有4亿人要从农村区域转入城镇成为常住人口（算术平均一年1300万人以上）。别的不说，进城人口所需的“市民化”待遇，必须得到基本公共服务均等化有效供给的支持和保障，静态计算所需的资金投入量，如果按照一人平均10万元，就是40万亿元，若这一标准提升至一人平均15万元，那就是60万亿元。如此天文数字的投入，仅靠政府包揽来做，肯定力不从心。必须打定主意，使道路、桥梁、隧道、涵洞、上下水、供电、供热、供气、医院、学校、绿化等公共品、准公共品的供给，得到已壮大的、雄厚起来的民间资本和社会资金的加入，才有望有足够的资金投入来支撑这个几十年的发展过程可持续。客观地看，这方面的压力已使地方政府这些年的隐性负债大增，需要积极考虑地方债从增量、存量两方面，由民间资本、社会资金来有效置换和替代。

再就是我国人口老龄化的进程，必将在未来几十年内，要求大量的公共资源投入，以满足养老、医疗服务的客观需求。根据学者测算，人口老龄化对中国整个养老体系形成公共支出压力的高峰，约出现于2030—2033年间，从现在算起，不到20年了。在高峰期出现以后，这种压力的缓慢下降还要有几十年的过程。要看到在这个很长的历史阶段之内，中国养老体系从硬件到服务，必然发生一系列的资源投入要求，如果不考虑制度和机制方面的预先准备，那么政府履职将是不合格的。必须有这样的战略考虑，即要运用PPP模式创新来鼓励、引导大量民间资本与社会资金进入养老事业和相关产业。

总之，PPP对于政府来说，是必须积极运用，以推进现代治理中化解财政压力、债务压力和充分尽责地实施和谐社会管理、贯彻“中国梦”发展战略的机制创新。

二、PPP的正面效应之二：公众视角

第二个角度就是公众可能从PPP中的获益，如从政府的存在理由是服务公众而言，公众受益是PPP更为本质的正面效应。特别要考虑的是，中国现在进入了“中等收入阶段”，而在此阶段，公众对美好生活的向往被极大地激发出来，对公共服务的需求是倍增的。应该讲，个人纵向比较，中国社会中的绝大多数人生活得越来越好，但是“满意度”却并没随之上升。所谓“幸福感”没有提高上来，甚至不升反降，是更带有以焦虑、纠结为特点的情绪、心理感受与社会氛围。其实将世界上所有的经济体比照下来，在中等收入阶段都有这样的特点。公众需要更好的公共服务，迫切要求得到更好地满足他们对

美好生活愿望的“有效供给”。PPP 可以在政府继续发挥供给作用的同时，把其他非政府的社会力量（企业、社会组织的——还可以包括非营利机构、专业机构、志愿者组织等所有力量）结合在一起，不仅壮大了资金力量，而且可以在运营管理上、绩效提升上优势互补，各方以自身最有优势的特长，去管理各自最擅长防控的风险，这样可以使公共工程、公共服务在建设运营过程中的质量水平、绩效水平、管理水平得到明显提升，而风险则最小化，公众的实惠也就趋向于最大化。

因为 PPP 机制能把多个参与方的相对优势结合在一起：第一，政府的相对优势是其全局眼光，在规划设计方面和政策方面的组织力、保障力。PPP 项目的长期的通盘考虑和组织能力的发挥，主要交由政府。第二，企业具有在管理方面“内生的”天然优势，会特别注重自己参与进来后怎样能够取得投资回报。企业的定位不是在简单地“奉献”，而是要实现投资回报，PPP 具有给予企业长期稳定回报的可能性。第三，适合这种合作、有这种长期投资偏好的民间资本，会自然而然地考虑加入到这样的项目上来。他们的相对优势是其管理知识、专业知识，以及从其“内生的”对绩效的关注而产生的精细化、效率化管理；其他各种专业机构、群体如律师事务所、会计师事务所、设计师事务所等也可以加入项目。所有这些管理方面的相对优势，具体涉及的每个行业和领域，不论是桥梁建设、道路建设还是养老社区等的建设，所有上述这些主体，可把他们的相对优势综合在 PPP 的模式中，带给公众一个更有效的供给机制。这种多方合作的 PPP 模式，会使民众的愿望得到更好的满足，而且是在更高的绩效水平、更优的服务状态下提供有效供给来使他们的愿望得到满足。这对于增进社会和谐、提升公众“幸福感”、顺利跨越“中等收入陷阱”而迈入高收入经济体行列，实现现代化“中国梦”愿景所代表的全社会成员根本、长远利益，具有莫大的现实意义。

三、PPP 的正面效应之三：企业视角

还有第三个角度，即企业角度。在中国已得到很大发展、资金力量越来越雄厚、日益强化发展意愿的企业中，有一大批可望在 PPP 的模式之下打开一个新的发展空间。PPP 项目并不适合有风险投资、创业投资偏好的民间资金，但适合一些偏好于取得长期、虽不太高但预期性高的稳定回报的企业，它们为数众多，可以更好地在市场经济的舞台上通过 PPP 找到适合自己生存发展的空间。这种共赢、多赢的机制里，从决策层到财政部门，再到地方政府层面已

有的一些试验中的相关各方，在总体上已越来越有共识。中国继续实施全面开放，在工业化、城镇化、市场化、全球化、信息化潮流汇合而进一步“大踏步地跟上时代”的过程中，以 PPP 形成中外所有有意愿合作的企业力量与政府间的互动与有效合作，对此我们也已看到了广阔前景。

四、PPP 的正面效应之四：改革视角

党的十八届三中全会的全面改革部署中，最重要的涉及几个关键概念的逻辑链接就是：首先，确立“现代国家治理”理念，即明确按照现代国家要求来治理、发展，提升国家治理体系和治理能力的现代化水平；第二，治理水平的“现代化”联通着“构建现代市场体系”，突破性地提出“使市场在资源配置中发挥决定性作用”；第三，市场配置的“决定性”作用的充分发挥，被落实到一个非常关键的表述上，就是关于市场经济运行的基石——产权制度上的改革，应主要推进明确表述的“混合所有制”，以股份制这种现代企业制度的标准化代表形式，其容纳力和包容性完全可以是把“国”的、非“国”的、“公”的、非“公”的所有产权充分混合在一个个企业内部，从而以一个共赢的方式，在法治框架下无阻碍地实现相互合作与潜力释放，而 PPP 模式恰恰与之贯通。

一个 PPP 项目在产权方面没有任何选择上的局限，是一个在法治环境下形成的多产权主体间的契约。最典型的即以 SPV（Special Purpose Vehicles）的形式组成特殊项目公司来运营 PPP 项目，公司内所有股权都有清晰归属，每一份标准化的股权属于其中明确的股东，认定以后不会产生无法处置的纠纷（若有纠纷可通过法律途径解决），大家可以在这样稳定的可预期的法治化环境下，来追求在共赢中目标利益的实现。而且，SPV 的股权结构，在天然具有混合所有制特征的同时，又天然地倾向于不使国有权“一股独大”，因为政府股权参与的强烈动机是发挥“四两拨千斤”的乘数效应来拉动、引致民间资本大量跟进，乘数越大，相关政府工作的业绩评价会越好，社会资本、民营企业在 PPP 中，通常会成为股权结构中的“大头”，甚至是绝大多数。

因此，PPP 这一创新的制度供给，成为中国走向现代化的全面改革中，发展混合所有制以解放生产力的战略性选择。PPP 模式的定位，也应从一开始着眼满足融资需要提升到制度供给创新的需要。如果仅停留在融资层面，目的上会很功利、很短视地停留在缓解政府资金压力的层面，等到政府感觉压力不大的时候，就很可能又回过头来摆脱民间资本。比如，前些年一些地方政府曾特

别欢迎市政建设里有民间资本的加入，但听到“四万亿”投资刺激方案后，对民间资本的态度就马上“变脸”。这是视野未达全局、未能领会改革实质内容的一种具体表现。实际上，民间资本的加入不但可以缓解政府资金困难，而且可以帮助提升管理绩效水平，是从融资上升到管理模式创新的一种“升级”。这个升级再汇入以混合所有制为市场经济产权基石的全面改革，更是一种全局性的客观需要。纵观百年历史，全球有近百个经济体步入中等收入阶段，但是真正跨越此阶段而步入高收入阶段的经济体却寥寥无几。中国要真正按照“人本主义”立场并抛开狭隘民族主义，和世界其他经济体共同发展，按照和平发展与崛起的愿景成功化解“中等收入陷阱”的潜在威胁进而实现“中国梦”，就一定要有各种因素合在一起攻坚克难、化解矛盾的全面配套改革。其中，PPP 作为制度供给的创新，就是使市场资源配置作用得到各个方面的更多认同，也得到政府应该“更好发挥作用”的各种可操作机制匹配磨合的重要改革事项，应把其从融资视野提高到管理模式创新，再从管理模式创新提高到全面改革配套必备事项，即实现制度供给方面的重大创新这样的高度来认识。

五、PPP 的正面效应之五：法制视角

PPP 所要求的法治化配套条件，可从泉州刺桐大桥案例来看。20 世纪 90 年代的福建泉州刺桐大桥 BOT 项目，是中国第一个本土民营资本介入的 PPP 项目，该项目形成的 SPV（特殊项目公司）股权结构中，政府部门通过其子公司入股占 40%，剩余 60% 股份是民间企业持有。以往政府工程中常见的问题如工期延长、返工、无法问责、超预算等，在该项目中都成功地予以防止，并提前半年竣工通车，质量上乘，使百姓得到了实惠。

刺桐大桥案例的首创意义是非常显著的，即以少量国有资金引导民间资金兴办过去认为只有政府才能做的基础设施建设；融资方面也实现了值得肯定的创新：采用大桥经营权质押贷款、固定贷款和流动贷款结合、按揭式还本付息偿还融资贷款。但囿于当时的条件、经验，初始约定中没有涉及的一些后续变动因素，使运营期间民间资本与政府之间出现问题，十分值得关注和剖析：第一，在一系列主客观因素局限下，刺桐大桥项目虽有 SPV 构架，但没有形成规范契约文本，而是以政府红头文件形式确定下来，导致后来面对晋江上陆续新建大桥的车辆分流因素形成的利益分割，业主无维权依据；第二，业主方经营权和收益权没有得到相关法律的充分保障，除收费权外，其他权益大都没得

到保障，如曾在大桥两侧管辖范围内设立广告牌，但被有关部门强制拆除；第三，地方政府领导层换届后，提出股份转让，使业主方一度面临危机；第四，地方政府增加额外项目，使业主方让出相当利益，两个外加项目投资高达 1.2 亿元的投入额，企业感受是，不得不承担博弈结果是“胳臂拧不过大腿”；第五，收费标准未能形成调整机制，无法随着情况变化而改变；第六，政策法规变动风险可能由企业承担，例如刺桐大桥项目当时确定特许经营权 30 年，而后国务院有关部门出台有关政策规定，经营性公路收费期限不得超过 25 年。这些问题使刺桐大桥由值得肯定的案例，变成引起其他民间资本望而却步的案例。民企方的感受是：“榜样的力量是无穷的，修理榜样的后果是严重的。”造成这种局面的最主要原因，就是“法治化”环境的制度条件不到位，契约的形式规范和严格遵约的商业文化因素也不到位（特别是在政府方），所以无法出现“以法治保障契约、按契约实现共赢”的满意实践。

PPP 一般涉及公共工程与公共服务领域的投资项目，并与公众日常生活密切相关，依托相关项目所提供的服务的质量、价格等，均是比较敏感的话题，也特别容易引起社会的高度关注。所以，需要制定一套专门的法律法规，对 PPP 项目的立项、投标、建设、运营、管理、质量、收费标准及其调整机制、项目排他性及争端解决机制，以及移交、决算信息公示等环节做出全面、系统的规定。虽然一些 PPP 案例在我国实际上已运行了相当长的时间，但一直以来，明显缺乏国家层面的法规制度，只有地方性的或行业性的管理办法或规定。在某些地方，PPP 项目的建设，甚至作为凭据的仅有地方政府一纸“红头文件”（如刺桐大桥 BOT），其法律效力低，内容粗疏，以致合作过程中公、私双方并不是在成熟的法律框架下形成尽可能清晰有效的契约来处理利益关系，而是“走一步说一步”。由于政府部门掌握着公权力，很容易将自己的意志强加于私人部门，在博弈过程中，私人部门几乎注定是弱势的一方，得不到法律和契约的有效保护，成为很多额外风险或成本的承担者。

因此，回归到一般的 PPP 创新和发展中，我国必须下定决心加快法律法规建设，争取先行完善政府制度约束。目前，我们已经看到相关部门立法和制度规定层面的一系列积极进展，应继续大力推进，按照党的十八届四中全会精神，为我国 PPP 机制的长效运行奠定良好的法治基础。

第二章
PPP 模式国内外发展历程研究

第一节 国外发展历程

一、在欧洲的发展

（一）英国

英国是较早采用 PPP 模式开展基础设施建设的国家，英国采用的 PPP 模式主要分为两大类：一类是特许经营；另一类是私人融资计划（PFI、PF2）。PPP 项目中，凡是由使用者付费的称为特许经营；凡是由政府付费的就称为私人融资计划。目前，PPP 模式在许多国家都有应用，不同国家所应用的领域与模式也不尽相同。（PFI = DBFOM，设计、建设、融资、运营和维护；PF2 = DBFM，设计、建设、融资和维护。）

英国关于 PPP 的定义是："以公共和私营部门之间的合作为典型代表的非正式协定。从最广泛的意义上来说，PPP 可以涵盖公私部门所有类型的合作，这需要公共和私营部门协同工作、分担风险，以提供政策、服务和基础设施。"在英国，最常见的 PPP 类型是私人融资计划。私人融资计划表现为一种协议，公共部门承诺长期（往往在 15—30 年之间）从私营部门采购某种服务，这些服务通常源自于资产投资。

从 20 世纪 70 年代末开始，英国对电力、电信、自来水和燃气供应等领域进行了大规模民营化改革，但考虑到民营化改革的影响和冲击，在英国公共服务最重要的领域——教育、医疗等却没有选择民营化。但 1979 年后，保守党政府执政后面临着庞大的国有经济体系（如自来水、污水处理、垃圾处理等公用事业完全由政府经营），撒切尔夫人领导的保守党政府采取了紧缩的货币政策，并减少公共开支、减少政府债务的“双减”财政政策，同时进行民营化改革。1990 年梅杰任英国首相后，英国一方面经济陷入衰退，另一方面公共支出却保持不断增长。为了应对这一难题，这一时期的保守党政府开始考虑利用私人资金来支持日益增长的公共服务支出，因此于 1992 首次提出了私人融资计划（PFI）。PFI 是购买公共服务的一个重要技术，但只是 PPP 模式中众多采购方法的一种，PFI 占英国整体公共部门投资的 11%。目前，为了降低项目风险，提高公共部门权益，保证项目的成功率，英国将 PFI 进一步改进为新型私人融资（PF2），两者最大的区别在于在 PF2 中私人部门对基础设施不再运营，同时提高特殊目的公司（SPV，是针对项目而设立的一个特殊目的公司，我们通常称为项目公司）的注册资本金，政府持有一定股权。在管理方面，英国 1993 年在财政部下设立私人融资工作组和私人融资办公室，1997 年在财政部设立专门工作组负责 PFI 推广工作，1999 年成立长期英国伙伴关系组织替代前期的财政部工作小组，2001 年该伙伴关系组织变为一个 PPP（原来由政府持有全部股权，2001 年就变为政府和私人部门共同持有股权，所以称为 PPP），政府持有 49% 的股权，私营部门持有 51% 的股权。英国财政部持有 44% 的股份，在特殊情况或特殊事项上拥有一票否决权，确保了在重大事项上公共部门的决定权。英国伙伴关系组织的目的是通过向政府部门提供更好的技术支持从而发展整个 PPP 市场以进一步获得投资机会。PFI 政策的主要制定者、实施者和监管者是政府商业办公室。2011 年，英国财政部设立基础设施局全面负责 PPP 工作。

（二）法国

法国 PPP 的特点是特许经营。特许经营在法国具有很长的历史，其含义同样也有广义和狭义之分。广义的特许经营与狭义的 PPP 概念完全相同，是指一系列特许经营方式的总称；狭义的特许经营专指“场域特许经营”或“特许租赁经营”，法语用“affermage”表示。

特许经营权通过竞争招标授予，它可以应用于新设施的建设，也可以应用于已有设施的更新、升级和扩建等。特许经营权的合同期限一般长达20—30年，在此期间私人部门负责投资、建设、经营和维护公共设施，但整个过程中，包括已有设施和私人部门新建设的设施在内的全部资产归公共部门拥有，法国公用事业研究中心认为“这一点很重要，如果私人部门是资产的拥有者，那他就不能叫作特许经营者，因为他的经营没有时间的限制，也没有产权移交的问题”。公共部门需要做的是监督私人部门在特许期内使用和维护设施妥当，确保特许期结束后全部设施能较为完整地交还公共部门。

另外需要注意的是，本书中的特许经营是指政府授予私人部门特许权经营公用事业，它与连锁超市、快餐店等的特许（加盟）经营有所不同，后者一般用法语“franchies”表示。

（三）德国

在公用服务行业，德国已经有较为成熟的PPP模式，即是公共机构与民营机构通过签署一系列合约，向公用事业领域引入民间资本，达成伙伴关系的模式。一般采取招标方式选择投资商、建设商和运营商，降低项目建设和运营等环节的成本。采取PPP模式的项目，资金主要来源是政府推动资金、国家预算资金、地方政府贷款、地方政府担保贷款、股权抵押贷款、企业贷款和投资者自有资金等。PPP合作方式可采取BOT（建设—经营—转让）、租赁、特许经营模式、基金模式、经营模式、合作模式等多种操作方式。

尽管德国PPP模式已经有很多成功经验，但在政府和社会资本合作时仍可能遇到一些问题，例如围标（又称绑标），是指在同一单投标中，参与的所有公司事先约定以高于合理价钱竞投，以赚取额外利润，所得由全部公司均分。另外，还可能面临腐败导致的工程质量问题。

为了降低项目暗箱操作的可能，德国加强、改进公共服务监管的一个主要趋向是引入被称为“标杆管理”的绩效评估方式。德国各城市为提高公共服务质量专门成立了一个管理联合会（KGST），负责实施“公共交互指标网络”。每一个网络都关注于一定的政策领域（例如儿童抚养、博物馆、街道清洁等）。这个机构于1949年建成，有独立的运营资金来源，因此可以独立于国家和党派机构，使监管更为客观。许多城市或部门在众多的指标网络中互相合作，通过交换绩效数据，比较自己的表现，力图从其他市政当局或者部门那里吸收好的经验。此外，政府还采取措施，强化市民对政府公共服务的监督。

近年来，在德国许多城市，市民在接受政府的公共服务后，通常会要求为政府的服务打分，其中包括服务咨询的质量、现场等待时间长短、政府服务机构是否醒目易找到、工作人员礼貌和友善的程度等。

（四）丹麦

丹麦绿色发展战略的基础是公私部门和社会各界之间的有效合作。国家和地区在发展绿色大型项目时，在商业中融合自上而下的政策和自下而上的解决方案，这种政府和社会资本合作可以有效促进领先企业、投资人和公共组织在绿色经济增长中取长补短，更高效地实现公益目标。丹麦南部森讷堡地区的“零碳项目”便是政府和社会资本合作的一个典型案例。

二、在美洲的发展

（一）加拿大

加拿大是国际公认的PPP运用最好的国家之一。2013年上半年，加拿大PPP国家委员会委托VISTAS咨询公司就加拿大2003—2012年间实施的PPP项目，对就业、收入和税收等方面的经济影响进行了评估，并于2013年12月发布了《加拿大PPP十年经济影响评估报告（2003—2012）》（10 - Year Economic Impact Assessment of Public - Private Partnerships in Canada（2003—2012），以下简称《报告》）。

《报告》指出，PPP模式在加拿大得到了各级政府的大力支持，发展良好。目前，加拿大PPP市场成熟规范，项目推进有力，各级采购部门经验丰富，服务效率和交易成本优势显著。自1991至2013年，加拿大启动PPP项目206个，项目总价值超过630亿美元，涵盖全国10个省，涉及交通、医疗、司法、教育、文化、住房、环境和国防等行业。

加拿大PPP中心发挥了重要作用。2008年，加拿大组建了国家层级的PPP中心（P3 Canada），即加拿大PPP中心。该中心是一个国有公司，专门负责协助政府推广和宣传PPP模式，参与具体PPP项目开发和实施。同时，加拿大政府还设立了总额12亿美元的“加拿大PPP中心基金（P3 Canada Fund）”，由该中心负责管理和使用，为PPP项目提供占投资额最高25%的资金支持。截至2013年第一季度，该基金已为加拿大15个PPP项目提供资金支持近8亿美元，撬动市场投资超过33亿美元。

此外，加拿大各级政府积极制定基础设施规划，不断完善PPP项目采购流程。《报告》指出，十年间，加拿大PPP项目的建设、运营与维护为多种职业人群提供了广泛的就业机会，有效地增加了国民收入、国内生产总值

（GDP）和各级政府税收，从多方面对经济发展起到了积极影响。

2003—2012 年，加拿大共有 121 个 PPP 项目完成了融资方案，进入建设或运营阶段（详见表 2-1）。《报告》从直接、间接和诱发性影响（注：后者指直接或间接地对就业者的消费、工资收入产生的影响）三个方面，分析和评估了这些项目对就业、国民收入、国内生产总值与经济产出四个经济指标的影响。

表 2-1　2003—2012 年加拿大 PPP 项目数量分布

行业	教育	环境	司法	交通	医疗保健	住房	国防	政府服务	文化	合计
项目数	7	5	14	24	59	2	1	2	7	121

PPP 项目在建设阶段中可为建筑、供水、电力、项目管理和工程等行业直接创造就业机会，同时拉动原材料生产、机械和设备制造等相关行业。2003—2012 年，这 121 个 PPP 项目在建设过程中的资本投入共计 384 亿美元，创造了 37 万个等效全职就业岗位，拉动国民收入增长 230 亿美元，对加拿大国内生产总值贡献超过 338 亿美元，提高经济产出 682 亿美元，详见表 2-2。各行业中，医疗保健行业的贡献最大，直接吸引了资本投入 178 亿美元，创造了 10 万个等效全职就业岗位，带来了国民收入 63 亿美元，对国内生产总值的贡献达 81 亿美元。

表 2-2　加拿大 PPP 项目建设阶段的经济影响

影响类型	等效全职就业岗位	国民收入（百万美元）	国内生产总值（百万美元）	经济产出（百万美元）
直接影响	210400	13360	17290	38390
间接影响	97410	6290	9250	17890
诱发性影响	65360	3340	7290	11970
合计	373170	22990	33830	68250

PPP 项目运营与维护阶段的资金投入和效益产出也不可小觑。这 121 个 PPP 项目在这十年间的运营与维护投入共计 128 亿美元，创造等效全职就业岗

位14万个，拉动国民收入增长92亿美元，对加拿大国内生产总值贡献超过143亿美元，提高经济产出238亿美元，详见表2-3。各行业中，仍然是医疗保健行业的贡献最大，直接花费了运用与维护费用49亿美元，创造了3.9万个等效全职就业岗位，带来了国民收入31亿美元，对国内生产总值的贡献达35亿美元。

表2-3　　加拿大PPP项目运营与维护的经济影响

影响类型	等效全职就业岗位	国民收入（百万美元）	国内生产总值（百万美元）	经济产出（百万美元）
直接影响	80280	5650	7850	12780
间接影响	36280	2150	3360	5970
诱发性影响	27700	1420	3120	5080
合计	144260	9220	14330	23830

《报告》指出，这121个PPP项目在建设、运营与维护阶段，十年间累计创造了52万个等效全职工作岗位，带动国民收入增长322亿美元，对加拿大国内生产总值贡献超过480亿美元，提高经济产出920亿美元。这些PPP项目对经济的直接影响、带动供应链上相关产业发展产生的间接影响，以及因创造就业带来收入增加产生的诱发性影响等具体评估情况，详见表2-4。各行业中，仍然是医疗保健行业的贡献最大。

表2-4　　加拿大PPP项目的总体经济影响

影响类型	等效全职就业岗位	国民收入（百万美元）	国内生产总值（百万美元）	经济产出（百万美元）
直接影响	290680	19010	25140	51170
间接影响	133690	8440	12610	23860
诱发性影响	93060	4760	10410	17050
合计	517430	32210	48160	92080

这121个PPP项目也是联邦和省级政府税收收入的主要来源之一。在2003—2012年期间，这些PPP项目相关企业和员工缴纳的税收总额约为75亿

美元，其中，联邦政府取得税收收入近 52 亿美元，省级政府取得税收收入超过 23 亿美元。

这些 PPP 项目减少了政府资金投入，在顺利完成项目目标的基础上实现了物有所值（Value for Money，VFM）。PPP 项目的物有所值评估是指，比较公共基础设施项目中采用 PPP 模式的成本和采用传统公共项目实施模式的成本，两者之间的差值称为物有所值。根据省级采购主管部门评估，2003—2012 年期间，这 121 个 PPP 项目的融资方案实现的物有所值价值约 99 亿美元。

《报告》还指出，PPP 模式对加拿大国家、地区和城镇的经济发展与进步起到了积极的催化作用。面对基础设施老化、人口增长与预算限制等挑战，加拿大政府借助 PPP 模式整合、利用市场投资人的资金、专业技能和经验，有效地扩大了基础设施投资总额和公共服务范围，使民众生活质量得到切实改善。具体表现为：通过 PPP 项目，数百万加拿大民众享受到了快捷的交通环境、先进的医疗服务、完备的市政设施、优质的公共教育和可靠的司法系统，以及音乐、体育等文化娱乐场所，与此同时，减少了交通拥堵、意外伤害和疾病造成的损失和浪费，提高了劳动者素质和教育水平，改善了社会治安和公共安全，从而促进了加拿大整体社会的生产效率和质量。

（二）美国

美国公私伙伴关系国家理事会做出定义如下：公私伙伴关系是政府部门与私人部门实体签订的合同协议，通过这项协议，公、私双方在为社会公众提供工程服务或设施的过程中共享其技能、资产和资源，共同分担潜在的风险和收益。

在美国土木工程师协会作的《2005 年美国基础设施建设成绩单》（2005 report card for America’s infrastructure）中，美国的基础设施建设总体成绩得分为“d”，并呼吁未来 5 年至少要投资 1.6 万亿美元，才能满足对基础设施的需求。尽管 PPP 模式在美国国内还存在着很大的争议，却是解决美国社会公众对基础设施需求巨大而政府资金投入不足的途径之一。

PPP 工程主要涉及房屋建筑（学校、图书馆、政府大楼）、水务工程和交通工程等方面，使用 PPP 模式进行基础设施建设与单纯依靠政府投资相比，具有如下优点：共享公、私双方资源，发挥双方优势，共担风险，实现共赢；减少公共资金投入，充分利用社会闲置资金，降低开发风险；有利于加快工期、降低成本、减少环境污染。

美国交通部非常重视 PPP 模式在交通工程中的应用，它就 PPP 模式在美国交通工程上的应用向国会和社会公众发布了大量研究报告，还设立了专门的部门研究PPP模式在交通工程中的应用。不仅交通工程占PPP工程的比重较大、政府相关部门非常重视PPP模式于交通工程的应用，各州关于交通工程使用PPP模式进行工程项目建设的法律体系最为全面和系统，所以下面对PPP工程的讨论主要集中在交通工程上。

美国政府对PPP工程的监管体制包括三个方面的内容：相关的政府机构、行业协会和法律体系。法律规程体系是监管的基础，是任何一方必须遵守的行为准则。

联邦商务部（DOC）、劳工部（DOL）等部门在相应的职责范围内对PPP工程起到基础性作用，并不产生直接影响。如果PPP工程有公共资金的参与，联邦会计总署（GAO）会负责检查资金的使用和执行。

在美国，影响力比较大的建筑业行业协会包括美国土木工程师协会（ASCE）、美国建筑师学会（AIA）、国际编码理事会（ICC）、美国咨询工程师联合会（ACEC）、美国总承包商联合会（AGC）等，此外还有大量代表材料、制品、机械、设备厂商和供销机构的行业组织。

需要特别指出，公私伙伴关系国家理事会（NCPPP）是一个专门针对PPP工程而成立的协会，它成立于1985年，是一个独立的教育性协会，其资金来源包括会员会费、举行会议的收益以及一部分美国交通部和联合国开发计划署提供的资助。它下设四个分会，包括国际分会、房地产分会、交通分会和水务分会。其宗旨在于，宣传和促进公私伙伴关系模式，以使政府和商界意识到他们的合作在降低费用的同时，要为社会公众提供更优质的产品、服务和设施。监管内容上，美国政府对工程项目的监管涉及很多方面，如市场准入、资金管理、招标采购、开工许可、风险管理、质量管理、健康与安全管理以及环境管理等许多方面，但是就PPP工程而言，招标采购、资金支持和保证担保三方面监管内容具有很多独特之处。

各个州对PPP工程的招标方式各不相同，如密苏里州既允许采用应标建议书（solicited proposal）方式也允许采用非应标建议书（unsolicited proposal）方式。而印第安纳州只允许采用应标建议书方式。此外，不同的工程项目采用何种PPP模式也不相同，所以PPP工程采用何种招标方式及其具体实施程序应由各州的法律和工程本身确定。

应标建议书是指，当业主需要采购货物、工程或服务而发布招标文件时，投标人向业主提交的响应招标文件的建议书。这种招标方式与竞争性招标方式基本相同。

联邦政府采取了一系列资金支持，以保证 PPP 工程能够顺利实施，尤其以下面两项为代表。

1. 运输权益法案（SAFETEA – LU）。

美国总统布什于 2005 年 8 月 10 日签署了新的授权 5 年的《安全、责任、灵活、高效的运输权益法案（safe, accountable, flexible, efficient transportation equity act: a legacy for users, SAFETEA – LU)》。该法案保证向高速公路、高速公路安全系统、公共交通等领域投资 2441 亿美元，这是美国历史上对陆上交通最大的一笔投资。

2. 民间事业债券。

美国修改了《国内税收（internal revenue code, irc)》的第 142 节，允许在 PPP 模式下发行民间事业债券（private activity bonds, PADS），以进行工程的开发、设计、融资、建设、运营以及维护。民间事业债券由公共部门发行，供私人部门使用，私人部门是偿还方和责任方。

（三）巴西

巴西 PPP 法案于 2004 年 12 月 30 日正式生效。PPP 模式下首批工程项目在 2006 年 6 月 28 日经巴西私有化全国委员会核准后，于 2006 年 7 月 9 日开始进入联邦审计法院对技术、经济和财政方面的最后审批阶段。首批 PPP 工程项目由最初的 23 项缩减为 5 项，并最终定为两项，为 324 国道巴伊亚州境内路段和 116 国道圣保罗州境内路段的扩建项目。两项工程计划总投资 11.4 亿雷亚尔（约合 4.9 亿美元），经营成本 7.7 亿雷亚尔（约合 3.3 亿美元）。

这两条公路为巴伊亚州连接了巴西最大港口圣多斯港的运输干线。作为连接东北地区和东南经济发达地区的主干线，巴西政府希望依照 PPP 计划的要求尽快启动。

由于资金缺乏的原因，巴西近年来在基础设施方面的投资尚不足 19 世纪 70 年代同期投资额的 20%，已成为制约巴西经济发展的瓶颈。据巴西经济计划部估计，巴西每年的投资缺口至少在 600 亿雷亚尔（约合 250 亿美元）以上，其中，电力系统 70 亿美元、石油和天然气领域 80 亿美元、交通系统 50 亿美元、电信系统 25 亿美元。PPP 模式被认为是增加公共基础设施建设领域融资、保持投资和经济持续增长的重要机制。据巴西基础建设协会估计，巴西 PPP 计划在数年内可吸收约 150 亿美元的建设性外资。统计资料显示，2005

年吸收的 PPP 外资已达 66.3 亿美元，同比增长 42.9%。

巴西 PPP 模式的引进者、巴西社会经济发展银行行长曼德加认为："巴西 PPP 模式吸取了其他所有国家采用类似模式的经验和教训，是世界上最好的 PPP 模式之一。"

巴西 PPP 模式主要有以下一些特色：明确规定合同期，工程合同期应不短于 5 年但不超过 35 年，不允许政府一方单独承包；限定各级政府在 PPP 模式的投资额，联邦、州、市级政府在 PPP 模式的投资额不能超过净财政收入的 1%；加强上级部门的监控力度，政府部门参与的 PPP 模式的每一个工程项目，需事先向财政部国库局和参议院提交承包方案；规定社会资金占总投资比例下限，该比例一般不少于 30%；减少政府风险，必须评估某项投资预计可收回的私人企业的资产价值，允许政府一方在工程支付款中扣留一定百分比的金额作为保留金以保证义务的履行；减少投资者风险，建立 60 亿雷亚尔（约合 25 亿美元）的担保基金，避免在政府违约情况下对投资者的支付风险；完善争端解决机制，成立仲裁机构，处理公私双方可能发生的合同争议。

（四）智利

智利在基于平衡基础设施投资和公用事业急需改善的背景下，于 1994 年引进 PPP 模式。结果是提高了基础设施现代化程度，并获得充足资金投资到社会发展计划。智利已完成 36 个项目，投资额 60 亿美元，其中有 24 个交通领域工程、9 个机场、2 个监狱、1 个水库，年投资规模由 PPP 模式实施以前的 3 亿美元增加到 17 亿美元。

（五）牙买加

据牙买加媒体报道，牙买加开发银行（DBJ）表示，牙买加国有企业将通过公共私营合作制（PPP）模式进行私有化，预计到 2018 年 3 月，将与私营投资者达成 100 亿牙元（约合 1 亿美元）的交易额。

牙买加开发银行的 PPP 政策是通过共享资源、共担风险和共享回报方式签署设计、融资、运营或提供服务等长期合同。私有化政策是通过出售、租赁、转让、管理合同或其他安排等方式将国有企业私有化。

牙买加开发银行总经理雷诺兹表示，多家国际机构向牙买加实施 PPP 项目计划提供了资金援助，如美洲开发银行、世界银行、加拿大国际发展署等。

牙买加私有化项目包括金斯敦集装箱码头、牙买加铁路、金斯敦机场等。

另外政府拟探讨“教育基础设施”采用公共私营合作制（PPP）计划，目前正在做相关财务分析，以确定用该模式增加学校的可行性。

三、在大洋洲的发展

澳大利亚的维多利亚州将 PPP 定义为涉及私人投资或融资的基础设施及任何相关配套服务（通常不包括一般性的服务采购）的项目，且在合作期内由政府（和/或客户）支付的服务款项现值超过 1000 万澳元。

澳大利亚的 PPP 工作先在地方各州试行，其中维多利亚州的 PPP 规模最大，工作开展得最好。该州的 PPP 中心，即“维多利亚 PPP 合作中心”（Partnership Victoria）情况如下：

维多利亚州对 PPP 的定义是，由市场投资人提供资金，通过设计—建设—融资—运营—维护（DBFOM）、设计—建设—融资—运营（DBFO）和设计—建设—融资—维护（DBFM）等方式建造基础设施和提供相关服务。如果政府采购的服务不涉及基础设施建设，就不算作 PPP。“维多利亚 PPP 合作中心”设在州财政局。

澳大利亚对 PPP 没有专门立法，于 2008 年 11 月颁布一系列国家政策与指南对 PPP 进行规范，各州在此基础上再制定本地的指南。

州财政局是 PPP 的主管部门，负责制定政策和规章，审批项目，监管 PPP 项目的重大问题，向财政局长及内阁提出独立建议。2000 年，维多利亚州财政局设立了“维多利亚 PPP 合作中心”，协助开展相关工作。

“维多利亚 PPP 合作中心”隶属于财政局商务与基础设施风险管理小组，共有 12 名全职雇员，专业涉及法律、经济、金融和工程等，其经费来自财政预算，详见图 2－1。

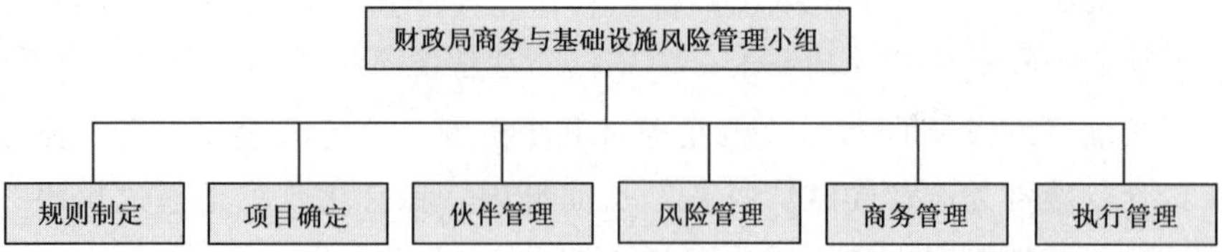

图 2－1　澳大利亚维多利亚州 PPP 模式结构

维多利亚州 PPP 项目主要集中在公共建筑、水处理、医院、公路、监狱、学校等。截至 2013 年年底，共签署 23 个项目合同，总投资 156.4 亿美元。其中 2 个已终结，14 个开始提供服务，7 个完成合同签订，见表 2－5。

表 2－5　　　　澳大利亚维多利亚州 PPP 项目汇总

行　业	项目数（个）	投资额（亿美元）
道路	2	33.5
公共建筑	8	32.1
水处理	5	59.2
通讯	3	3.60
学校	1	2.6
医院	4	25.4
合计	23	156.4

澳大利亚已经成为世界上 PPP 模式应用体系最为成熟的国家之一。目前，澳大利亚的政府和社会资本合作项目盛行于各个方面，但最主要的仍然集中在住房、医疗、交通以及国防领域。

如此迅猛的发展归功于三大原因：第一，在澳大利亚，政府和社会资本合作不再是一种困扰政府的政治性问题。无论是掌控联邦政府相对权力的自由党还是在地方政府中掌控相对权力的工党都一致推举 PPP 的发展和应用。第二，各地方政府已经在签订契约方面达到了一定的程序化和标准化。在过去的几年里，各地方政府共同努力，助推了使契约签订标准化的框架构建。目前在澳大利亚有关政府和社会资本合作的合同签订只需 12—18 个月便可完成。第三，PPP 的应用确实带来了明显的效益改善。PPP 的出现使公共服务既能降低投入成本又能提高产出效率。三大原因促进了 PPP 在澳大利亚的迅猛发展。

四、在亚洲的发展

（一）印度

印度经济事务部（DEA）强调，印度政府（GOI）致力于提升基础设施投资占 GDP 的比重，希望从现有的 4.7% 提升到 8% 左右。基础设施的匮乏正成为限制印度经济持续增长的关键因素，并且使穷人无法受益。政府目前正在主要的基础设施领域（交通、能源、城市基建、旅游）大力推动 PPP 项目。这些 PPP 项目被视作基础设施投资中的发动机和加速器，并用来减少国家的基础设施财政赤字。为此，DEA 内部成立了一个 PPP 部门来管理各种提议和协调工作，以推进各 PPP 项目进展。

印度政府设立了适应性补偿基金计划（即 VGF 计划）。该计划作为一个特殊措施，对那些经济上合理，但在短期内财政不可行的基础设施项目提供金融支持。它包括向邦级或者中央级、通过竞标选择私人投资的 PPP 项目，提供高至项目投资额 20% 的预交补助金。此外，为快速完成对各案的处理，印度政府还成立了一个授权委员会。

印度政府成立了印度基础设施金融有限公司（IIFCL），以此作为一个政府全资公司来给基础设施项目提供长期金融支持，以解决公共、私人和 PPP 领域长期金融中不断扩大的资金缺口。在计划中，任何为发展、融资、建设类 PPP 项目引入私人投资的政府工程，都能获得最高优先权。印度政府正在致力于制定一定数量的措施，去协助并奖励邦级和中央级的 PPP 倡议能力建设。这样做可以审核邦政府的能力建设需求，协助创造邦级的 PPP 组织网络，既可以使 PPP 项目的审批程序流水化，也可以完善 PPP 程序、特许经营协议（MCA）范本、招标文件、项目预备手册。印度政府还成立了 PPP 项目的中央数据库和网站，以向邦政府和公众传达最新的信息。为发展 PPP 项目，邦政府将借助咨询服务来确定各项准备工作。像亚洲开发银行（ADB）这样的机构，已经开始通过讨论会和技术协助项目，来支持上述能力建设。

迄今，印度 12 个邦和 3 个中央部门，共计 86 个 PPP 项目完成了合同授予，总计约 3400 亿卢比，其中道路和港口项目占据数量和规模上的绝对优势。如 2006 年 11 月，VGF 原则上批准这两个领域的 12 项提议。邦政府已经通过了一系列领域的 PPP 项目，涵盖道路、高速公路、港口（空、海、集装箱）、电信、供水、垃圾处理、旅游、电力、工业基建、乡镇开发、休闲、医疗。并且邦政府也确认了未来数年潜在的 PPP 工程，这些项目中，许多已经进入投标程序，其中既有采取谅解备忘录（MOU）的，也有采取竞标程序的。这些项目中许多都无需 VGF 的资金支持。显而易见的是，制度架构和一个 PPP 项目的成功之间没有明显的联系。邦/联邦领土（UT）的各级政府在 PPP 进程中存有明显区别：不同的法律和政策、不同的 PPP 审核制度流程、不同的项目发展资金、不同的公司、不同的融资结构，以及不同的采购程序。

各邦强调了需要印度政府提供引导、协助和技术支持的一系列领域：VGF（适应性补偿基金）；更快的批准程序；目前在原则上进行批准所需项目细节的放宽；通过特殊目的机构（SPV）渠道进行合同授予，而不进行竞标（如铁路）；乡村项目和烂尾项目；通过 VGF 融资的土地成本，能力建设，邦级政府的 PPP 组织建设；项目发展资源的使用权限；基础设施法律、规制框架和 PPP 政策细节的咨询支持；整套 PPP 项目的执行范本；合同控制和日程安排；对公共部门绩效比较基准（public sector comparator）的指导和它与私营部门绩效预测值（private sector predictor）的比较；潜在长期债券资源的信息；邦级政府 PPP 计划的成文化。并且，各邦还需要环境、国防、机场管理局、获取土地等方面的法制化批准流程。私营部门认识到 PPP 在印度巨大的商机，并欢迎印度政府提倡公私协作。私营部门已呼吁政府公布预计在印度执行公私协作的项目投资规模，据估计这一规模要大大超过此前预期。由于基础设施发展产生巨大的投资需求，一项公私协作项目的可持续传导机制就变得极为重要。私营部门仍然渴望看到政府针对公私协作关系的政策、监管及采购程序做出更多实质性改革。私营部门呼吁在印度环境方面的转变，并建议采取措施，提高投标过程中的效率和透明度，确保合同的权威，鼓励竞争、促进以市场为导向的关税以及建立独立的监管和仲裁机构等，同时也呼吁为公私协作关系制定适当的法律框架，明确准入条件，适宜的合同结构和明确奖励与优惠措施等。

鉴于不同国家和机构的公私协作关系，在结构、招标程序、协议和全面执行方面的多样性，私营部门希望 PPP 在某些方面得以完善，包括资格预审和招标程序的标准化，以及为确保审批程序的有效性、可预测性及减少审批程序等。

保持整个 PPP 项目周期的透明度和利益相关者之间的互动，已成为决定 PPP 项目成功与否的关键因素。私营部门已要求印度政府与其他公共部门的项目发起人需谨慎执行“民间自提”的程序，因其与直接授予 PPP 合约是不同的。

一直以来，阻碍印度项目成功商业化的主要因素是缺乏严格的项目开发。印度政府提出的许多招标项目，都有结构性不足和不适合 PPP 的问题。项目的开发实施必须提供项目发起人、采购顾问资源，以及进行预可行性研究和评估的专家服务。

印度的私营部门担心对其银行担保的 PPP 项目缺乏稳固的传递途径，由于 PPP 项目发起的公共实体确定和实施合同以及执行能力的不足，而能力不足则被视为可谈判的 PPP 项目能否顺利成功的重要瓶颈。

各国 PPP 实践表明，PPP 的程序和进程都非常迟缓。在印度，公共部门必须加快落实改革，以解决对基础设施部门供应方面的限制。传导机制、进程、程序和体制结构的变化，应有助于以客户为中心的效果和结果。最大限度地得到土地征用和环境许可以及社会和环境许可的是政府，而不是私人合作伙伴。因土地购置和土地所有权转移给私营部门的延误，导致的时间延长和成本超支，已使印度的个别项目停止。如果由项目发起人处理许可，私营部门可以更快地执行项目。因此，建设 PPP 环境和社会机制，应作为 PPP 项目开发周期的一部分。

在印度，PPP 代表着一种公私部门为取得共同的成功而承担巨大风险的关系，重要的是，公共和私营部门应共同努力，集中于项目和成果以及共同的长远价值的合作，风险共担，而不是追求自身利益最大化。PPP 是一种全新的、与指挥与控制无关的经营方式。

（二）韩国

韩国将 PPP 项目定义为利用私人资本开展的公路、港口、铁路、学校以及环境等基础设施建设与运营项目。其目的是挖掘私营部门的创造力与效率，而这些项目传统上是由政府拨款建设、运营的。

首先，有关 PPP 法律内容的制定与修订逐渐趋于完备化、系统化。在 1994 年 8 月之前，还没有较为正式的有关法律文件出台，而基础设施建设方面也只有个别法律条款进行了简单的规定。但在之后的十年内，一系列有关 PPP 的法律文件相继颁布。

其次，政府政策的导向逐渐趋于对 PPP 的双重支持，即购置土地的特许权上的支持和财政上的支持（见表 2－6）。

表 2－6　　韩国私人投资与政府投资比重（1998—2006 年）

	1998 年	2000 年	2001 年	2002 年	2003 年	2004 年	2005 年	2006 年
私人投资（A）	0.5	1.0	0.6	1.2	1.2	1.7	2.6	3.2
政府投资（B）	12.7	15.2	16.0	16.0	18.4	17.4	18.3	18.4
A/B（%）	3.9	6.6	3.4	7.5	6.6	9.8	14.2	17.4

五、在非洲的发展

（一）南非

南非将 PPP 定义为政府机构与私营伙伴间的商业交易，其中，私营方在确定或不确定的时间内，既要代表政府机构执行其机构职能，还要在该时间段内利用国有资产实现自身的商业目的。私营方可以从执行该项职能或利用国家财产中获得收益。利用国有资产的方式包括由私营方从收入基金获得补偿、向用户或客户提供服务并收取费用，或者是上述补偿和收费的某种组合。

南非 PPP 中心设在财政部下，于 2000 年成立。在国家和省级层面，PPP 项目法律法规有《公共财政管理法案（法案 1/1999）》、《关于 PPP 的财政部令第 16 号》和《财政部业务指导》。市级层面有《市级财政管理法案（法案 56/2003）》、《市级财政规章（2005）》和《财政部/省级部门和地方政府服务实现与 PPP 指南（2007）》。

项目开发基金的初始资金来自南非政府和双边、多边机构的赠款，专门用于垫付行业主管部门的部分咨询顾问费用。为了不影响项目可行性研究的公正性，该基金只有在可行性报告获得财政部批准后才可支付。这种资金一般为有偿使用，由市场投资人偿还，对于事先约定的行业或地区的特定项目：可无偿支持；筛选和发布 PPP 项目需求，参与部分示范项目融资；帮助国家和省级财政部门规范 PPP 工作；参与项目可行性研究、采购和管理等，为政府提供技术支持；制定规则框架，开发最佳实践指南，提供培训，发布信息，在 PPP 中推行经济振兴政策等，为 PPP 创造良好环境。

在南非，PPP 管理工作由财政部及其 PPP 中心、国家和省级政府部门、市级政府共同承担，直接向国会或公选的立法机构负责。财政部对项目采用 PPP 的可行性、采购、物有所值评估报告和项目合同管理方案等 4 个环节进行审批。

PPP 中心设 6 个处，共 20 人。其中，专业人员 14 人，管理人员 6 人。具体情况如图 2－2 所示。

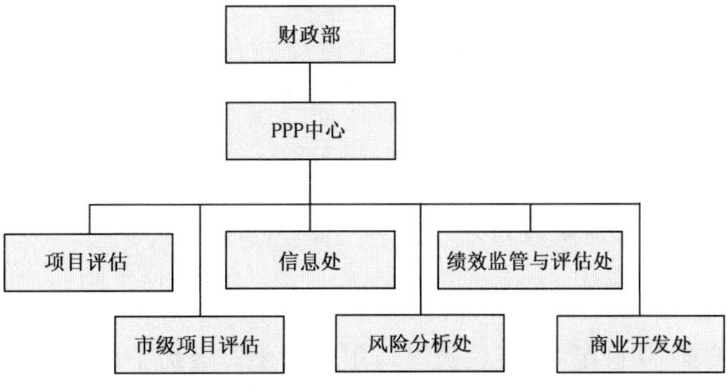

图 2－2　南非 PPP 项目管理模式

1. 项目评估处，负责国家和省级项目的总体评估。在 2 名专业人员。

2. 市级项目评估处，为市级项目提供总体评估。在3名专业人员，1名顾问。

3. 信息处，评估各类项目中的信息技术。有1名专业人员。

4. 风险分析处，审查PPP模式对项目的适用性，评估是否物有所值。有3名专业人员。

5. 绩效监管与评估处，负责项目实施期内的合同管理。有2名专业人员。

6. 商业开发处，负责媒体、出版和报告。有2名专业人员。

1997—2000年，南非在收费公路、供水、监狱、旅游等领域，开始了7个PPP项目试点（详见表2-7）。截至2009年2月，共有73个PPP项目，其中，19个项目正在建设和运行中，价值约20.6亿美元。

表2-7　　南非PPP项目情况　　（单位：个）

	在建/运行	谈判	招标	可行性研究	项目概念	合计
政府：中央	16	0	4	6	9	35
省级	0	1	2	5	1	9
市级	2	1	3	7	4	17
公共部门	1	0	1	9	1	12
合计	19	2	10	27	15	73

第二节
国内发展历程

一、从不同的目标阶段划分

（一）以引入外资为目的的阶段

PPP模式自20世纪80年代被引入中国以来，经历了两个阶段的发展。

第一阶段，从20世纪80年代中期至90年代末，为了缓解基础设施投资资金的压力，中国中央政府和地方政府实施了以沙角B电厂、来宾B电厂、成都自来水六厂B厂等为代表的一系列PPP项目，主要靠引入外资解决中国建设资金短缺的问题。但由于国内对 PPP 模式认识不清，政府缺乏经验，PPP 项目运行操作不是非常规范，比如在采用 BOT（Build Operate Transfer）方式的沙角 B 电厂，广东政府和银行承担了过多的风险。1998 年，中央政府开始实施积极的财政政策，同时开展对各种违规外商投资项目的清理工作。1995 年，原外经贸部发布《对外以 BOT 方式吸收外商投资有关问题的通知》和《关于试办外商投资特许权项目审批管理有关问题的通知》；1998 年，国务院下发《关于加强外汇外债管理开展外汇外债检查的通知》；2000 年，原建设部颁布《城市市政公用事业利用外资暂行规定》，都对涉及"固定回报"的项目做出了禁止性规定。因此第一轮私人资本投资逐渐平息。

PPP 模式的发展在 21 世纪进入了第二个阶段。随着中国经济持续高速发展（2010 年中国 GDP 为 39.7 万亿元，增长率为 10.1%），中国社会固定资产投资规模不断扩大，2010 年社会固定资产投资总额已经达到 27.81 万亿元。

虽然 2010 年中国基础设施（不包括电力、燃气及水的生产与供应）投资已经达到 50291 亿元，增长 19.7%，但由于中国城市化的速度也在不断提升，基础设施的短缺与政府财政预算不足的矛盾依然非常突出，仅仅依靠政府的财政力量无法满足全国基础设施巨额的投资需求，基础设施对经济发展的瓶颈作用日益显著。因此通过 PPP 模式将私人资本引入基础设施的建设是非常必要的。

（二）内资参与 PPP 的阶段

随着中国经济快速发展，中国国内资本的积累稳定增长。2010 年年末，国内金融机构人民币各项存款余额为 71.82 万亿元。中国资本市场融资力量迅速扩大，2010 年共有 491 家中国企业在全球资本市场实现 IPO（Initial Public Offering），总计融资规模 1068.75 亿美元；保险、信托等各类机构投资者也快速成长，这些为中国私人资本投资基础设施行业奠定了基础。

2008 年，中国中央政府为了应对国际金融危机出台了"4 万亿"的经济刺激方案，约有 1.5 万亿元用于基础设施建设，其中除了财政预算之外，还将包括政策性贷款和吸引民间投资，这为私人资本进入基础设施建设提供了良好机会。而且 2010 年中央政府加大房地产调控力度，大量投资性资本流出房地产市场，由于基础设施具有收益稳定、风险较小等特点，投资基础设施也成为国内资本的一个较好选择。

在国内资本增加和国家政策调控的双重影响下，PPP 模式在中国的发展出现了由外资 PPP 项目向内资 PPP 项目转化的特点。

2000—2010 年中国固定资产投资中，利用外资所占比例呈逐年下降趋势，而自筹和其他资金所占比例呈逐年上升趋势。

完全由国内资本运作的 PPP 项目正在不断出现，如福建泉州刺桐大桥项目、浙江宁波常虹隧道工程项目和重庆市地铁项目等。内资 PPP 项目相对于外资 PPP 项目，在操作层面更加方便：一是采用人民币结算，没有汇率的顾虑；二是没有文化隔阂，参与方之间交流无障碍；三是同属于一个法律体系，解决争议的成本较低；四是国内资本更加灵活，积极响应国家政策，从而能够更好实现政府调控意图；五是政府和公众较容易接受国内资本，适应性更强，适用范围更加广泛。国内资本参与 PPP 项目的比例将会逐步提高。

但是，随着 PPP 项目的日益增多，政府和公众对 PPP 模式的了解也逐渐加深，除了对资金的需求外，政府和公众更加关注基础设施等公共服务的效率以及社会公平等问题。对于国内资本来说，由于 PPP 项目市场化程度不断加深，项目投资人的优惠待遇难以获得，国内投资人更加注重项目的风险管理，以获得期望的投资回报。中国公共部门与私人部门合作程度不断加深的过程中，出现的问题也在不断积累。突出表现在：

1. 财务问题。

私人部门参与 PPP 项目的最终目的是获得利益，因此公共部门必须给予私人部门适当的激励；社会公众对 PPP 项目的社会效益最为关注，因此公共部门必须给予私人部门适当的监管，在保证公用设施、公共服务效率的同时，防止私人部门获得超额利润。这就需要公私部门在特许期的期限以及收费价格等问题上认真商谈。

2. 制度框架问题。

PPP 项目的成功实施离不开完善的制度框架，既需要有相关的法律、政策，又需要设置管理协调机构。而中国目前没有一个统一的高层次立法，只能依靠《中华人民共和国招标投标法》和《中华人民共和国建筑法》等法律调整 PPP 项目各参与方关系。各部委、地方政府在实践中也纷纷出台部门规章和政策，差异很大，不利于 PPP 项目的推广，因此如何设置适合中国 PPP 项目的体制框架成为亟待解决的问题。

解决这些实践问题是新阶段 PPP 模式得到更好发展的前提条件。中国 PPP 模式已经应用了 20 多年，积累了丰富的经验，中国学者和实践人员也都在一直关注着 PPP 模式的发展，并不断在期刊上发表自己对 PPP 模式的研究成果。对这些研究成果进行系统的整理将有助于厘清 PPP 模式在中国发展的脉络。由此产生的问题就在于 PPP 模式的研究成果是否会像 PPP 模式在中国的实践一样呈现一个阶段性、规律性的变化，PPP 模式在新一阶段所面临的问题是否反映在了学术研究之中。文献检索的结果显示，国内研究人员大多是针对 PPP 模式应用中的某个或某几个问题进行研究，尚没有文献对现有关于 PPP 模式的文献进行整体系统的分析和梳理。因此，通过对学术文献的系统性分析，可以了解中国 PPP 模式在实践中遇到的问题，对于明确 PPP 模式的研究现状、揭示 PPP 模式发展的趋势是非常必要的。

二、以发展趋势的阶段划分

（一）探索阶段（20 世纪 80 年代中期—2002 年）

从 20 世纪 80 年代中期到 2002 年，是中国 PPP 发展的第一个阶段，即探索阶段。

探索阶段的出现有两个背景：第一，改革开放吸引了很多境外资金进入中国，其中有一部分资金尝试性地进入了基础设施领域。第二，20 世纪 80 年代中期，中等发达国家出现债务危机，为推动经济继续发展，土耳其首先出现了 BOT（建设—运营—转让）模式，然后被其他发展中国家效仿，我国香港地区的商人也把这个概念带入了中国。

当时，中国没有与 BOT 直接相关的法规，也没有规范的审批程序，地方往往向中央主要领导汇报并获得首肯后执行 BOT 项目。

探索阶段的代表项目有深圳沙角 B 电厂 BOT 项目、广州白天鹅饭店和北京国际饭店等。沙角 B 项目作为 BOT 模式的案例，受到了国内外广泛认可，并已在 15 年特许经营期满后于 2000 年成功移交给当地政府。由于时间较早，该项目的文件较简单，只有几页纸。项目的外商是华侨，其在商业因素外还有回报家乡的考虑，这也是在合同简单的条件下项目能顺利执行的原因。当然，项目也留下了一些教训。比如，投资商是按照特许经营期限设计项目的，很多设施在移交给政府后需要重新建设。

探索阶段的项目都是投资人发起、通过谈判和政府达成一致，没有招标过程。这些项目也是地方政府自发推进的，没有中央政府的关注、总结和大规模推广。

国内学术界较早研究 PPP 也是从 1994 年开始，由国家计委有组织地推动的。1992 年初邓小平南行以及当年底召开的十四大，确立了建立社会主义市场经济体制的目标，为基础设施市场化投融资改革提供了理论依据。1993 年，国家计委开始研究投融资体制改革，包括 BOT 可行性问题。1993 年年底，国家计委有公务员下海成立了博拓投资公司，博拓就是英文 BOT 的音译。博拓公司成立后，开始运作北京的京通快速路 BOT 项目，由于某种原因未能成功，最后首创公司代表政府投资建设。1994 年，国家计委选择了 5 个 BOT 试点项目——广西来宾 B 电厂项目、成都第六水厂项目、广东电白高速公路项目、武汉军山长江大桥项目和长沙望城电厂项目。当年底，又有一批国家计委公务员下海成立了大地桥基础设施投资咨询公司，其英文名 Bridge Of Trust 的缩写也是 BOT。大地桥成立后开始为来宾 B 电厂项目做准备，1995 年 5 月来宾 B 获得了国家计委的批准。由此可以确定，1994 年是 BOT 试点项目的起点，可以称为中国 PPP 元年。

1995 年 8 月，国家计委、电力部、交通部联合下发了《关于试办外商投资特许权项目审批管理有关问题的通知》，为试点项目的实施提供了法律依据。这个通知是试点项目启动之后颁布的，从中可以看出，第一，试点的重点是电力和交通项目；第二，以外资为主。后来地方政府推出自己的 BOT 项目时，无论水务、燃气和区域开发等领域的项目，还是内资参与的项目，也以这个《通知》为法律依据。试点期间，联合国工业发展组织曾帮助国家计委和国务院法制办准备了一份《BOT 法》草案，但最终不了了之。

除了国家的试点项目，各地政府也推出了一些 PPP 项目，比较典型的有上海黄浦江大桥 BOT 项目、北京第十水厂 BOT 项目、北京西红门经济适用房 PPP 项目、北京肖家河污水项目等。大岳咨询公司 1996 年年底成立后，作为英国泰晤士水务和日本三井物产联合体的投标顾问参加了成都第六水厂 BOT 项目的竞标，后来较多参与了地方 BOT 项目的咨询。严格地讲，这期间的地方 BOT 项目也是试点性质的，BOT 没有成为地方常规的投融资方式。

当时国家和地方的 BOT 试点项目涉及的行业很多，包括电力、自来水、污水、燃气、大桥、区域开发等。这些试点项目有的成功执行，有的在运作或执行时失败了。无论成败，都为后来的 BOT 项目运作积累了重要的知识。中国 PPP 文件形成的脉络基本是：来宾 B 电厂——成都第六水厂——北京第十水厂——肖家河污水处理厂——西红门经济适用房。其中，前两个项目侧重国际经验的引进，后三个项目的重点是国际经验的消化和本土化，第十水厂项目相当于从引进向消化的过渡。这些本土化项目的合同文本直到现在仍被广泛参考，起到了准标准文本的作用。

值得一提的是北京第十水厂 BOT 项目。尽管该项目后来经历了工业企业外迁、密云水库没水、申奥成功引起引水管道改线、南水北调上马、欧盟成立导致英国企业回防、法律变更等历史事件，但在中国 BOT 发展史上是改变历史的支点项目。该项目是汪光焘担任北京市副市长时主持的，前期非常规范顺利，招标效果非常好，水价只有预测水价的 1/3，这个结果使汪市长强烈意识到公用事业改革势在必行。在第十水厂草签协议后，汪光焘主张对第九水厂进行市场化改革，在第九水厂项目方案完成但尚未实施时，汪光焘调任建设部部长并很快启动了市政公用市场化改革工作，于 2002 年年底完成了《关于加快市政公用行业市场化进程的意见》，该文件的发布使 BOT 从 2003 年起进入了一个新的阶段。

（二）起步阶段（2003—2013 年）

2002 年的党的十六大提出中国社会主义市场经济体制已经初步建立，市场在资源配置中发挥基础性作用，为 PPP 的推广提供了理论基础。十六大精神是建设部 2002 年年底出台《关于加快市政公用行业市场化进程的意见》的大背景。随着 PPP 项目的推进，建设部又陆续出台一些文件，包括 2004 年的“126 号文”（《市政公用事业特许经营管理办法》），该办法及各地出台的特许经营条例是这一时期开展 PPP 项目的基本法律依据。

在推广阶段，PPP 项目最多的是污水处理项目。当时正值全国各地建设污水处理厂的高峰，此外，也有自来水、地铁、新城、开发区、燃气、路桥项目。比较著名的 PPP 项目有合肥王小郢污水 TOT 项目、兰州自来水股权转让项目、北京地铁四号线项目、北京亦庄燃气 BOT 项目、北京房山长阳新城项目等。用目前 PPP 的概念来看，当时 PPP 项目很多，但第一个官方称 PPP 的是北京地铁四号线项目。

在此阶段，市场经济特征非常明显：第一，外企、民企、国企同台竞争；第二，项目竞标过程公开透明，竞争达到白热化；第三，溢价频出，效率提高的改革效果开始显现；第四，传统企业受到了前所未有的压力，主动改革的积极性提高。尽管多数项目是成功的，但由于 PPP 项目数量增加很快，有些地区思想不够开放、项目运作方法不够科学，也出现了一些失败案例。

2007 年开始，由于 PPP 领域的失败项目，市政公用行业的个别负责人开始反思市场化改革并提出质疑，在“铁证”面前主管部门也开始犹豫，市政公用事业的市场化改革开始降温，甚至“市场化”这个词都变得非常敏感。

西安自来水市场化改革终止是一个标志性事件。受兰州自来水改制成功的影响，2007 年西安自来水公司管理层开始积极谋划市场化改革。业内个别人认为应该阻止西安自来水的市场化改革，否则整个自来水行业的国有体制将会受到冲击。他们一方面指责威立雅等国际水务公司，另一方面以供水安全为由游说当地主要领导，最后西安自来水改革终止。尽管没有威立雅等国际公司在中国严重违约的记录，而且兰州、深圳等自来水市场化改革的效果很显著，但西安自来水终止改革以后，市场化在水务行业被认为是行不通的。

应该说，在PPP起步阶段，市场经济取得了胜利，大规模的改革出现几个失败项目是正常的，业内人士反思改革也是可以理解的。与中国改革开放30多年相比较，市政公用行业在此期间的改革是经得起历史检验的，比任何其他行业的改革都规范：业内的研讨会层出不穷，媒体高度关注，大部分中心城市的PPP项目在运作时都会聘请咨询公司以借鉴国内外的经验教训，竞争公开透明。

曾经一度，人们对高溢价出现过担忧，现在回头看，在市场启动初期出现一定过调是市场经济的基本特征，是重新定位市场不可缺少的阶段，从结果看，王小郢等项目的溢价并没有影响投资人的回报水平，兰州自来水的溢价虽然没有达到投资人的预期回报，但主要原因在于价格改革滞后。只要兰州自来水价调至省会城市中等偏下的水平，投资回报就能满足要求，溢价完全是效率提高的体现。

党的十八大提出要让市场在资源配置过程中发挥决定性作用，PPP模式受到各级政府部门的高度重视。财政部部长楼继伟指出，在当前创新城镇化投融资体制、着力化解地方融资平台债务风险、积极推动企业“走出去”的背景下，推广使用PPP模式，不仅是一次微观层面的操作方式升级，更是一次宏观层面的体制机制变革。

当前，PPP成为落实国家战略的重要工具。在此重要的历史时刻，回顾PPP在中国的发展历程，希望能对吸收PPP适于中国国情的经验，并推动PPP健康发展起到积极作用。

2009年到2012年这段时间是中国城市化发展最快的几年，“鬼城”、市政不配套等问题也是在这个阶段暴露出来的。

2008年美国爆发金融危机，年底中国推出了“四万亿”经济刺激计划。“四万亿”刺激计划的弊端很快暴露出来，政府再次开始重视民间投资。2010年，国务院出台了鼓励和引导民间投资的“新36条”（《国务院关于鼓励和引导民间投资健康发展的若干意见》）。而2009年以来外资受金融危机影响投资能力减弱，银行担心私人老板跑路等原因导致私人资本也很难得到银行授信，私人资本和外资犹犹豫豫，“新 36 条” 的效果不明显。

这个时期，国企尤其是央企拿到大量银行授信，其中一部分用于向私企放贷。渐渐地，地方政府与央企对接开始流行，央企成为了如火如荼的城市化运动中的重要角色，央企参与的很多项目都是以 PPP 方式进行的。央企成为主角改变了 PPP 的规则，既然是对接，那么地方党委书记、市长和央企董事长、总经理私下定的调子就是 PPP 的准则，竞争、透明等市场规则退居二线。以前做项目要进行可行性研究，在这个阶段，开发一个新城，写几页纸说明就行。

当然，这个阶段有些地区还是比较规范的，继续推出一些竞争性的 PPP 项目，私人资本、外资和国资同台竞争。如大连垃圾处理 PPP 项目经过充分竞争，垃圾处理费每吨只有 50 多元。央企的新做法对私人资本和外资的行为方式产生了很大影响，他们一方面向央企学习，寻求规避竞争；另一方面也寻求与国有资本的合作以利用其优势。这个时期的 PPP 市场没有出现充分竞争、溢价频发的火爆场面。

尽管没有政策禁止私人资本和外资的进入，但国企特别是央企在强大政府资源支持下的做法，使私人资本和外资无法参与竞争，社会上出现了“玻璃门”、“弹簧门” 和 “国进民退” 等说法。为了促进民间投资，2012 年国务院各部委出台了 20 多个落实 “新 36 条” 的细则，客观地评价，这些细则没有太多新意，PPP 市场也没有发生实质性改变。

这个阶段 PPP 项目很多，前提是把包括央企在内的国企也视同为社会投资人（Private 一方）。粗略估计，到 2013 年全国 PPP 项目有 7000 到 8000 个，其中很多项目没有公开招标，不被外界了解。

这一阶段的后期，PPP 市场出现了新的变化，有不少并购整合的案例，这完全符合市场规律，并购整合在下一阶段应该还会有较大的发展。

（三）提升转型阶段（2014 年至今）

党的十八大提出“让市场在资源配置过程中发挥决定性作用”，为 PPP 的普及提供了理论基础。2013 年的全国财政工作会议结束后，财政部部长楼继伟做了关于 PPP 的专题报告，对 PPP 在国家治理现代化、让市场在资源配置中发挥决定性作用、转变政府职能、建设现代财政体制和促进城镇化健康发展等方面的作用给予了高度期待。进入 2014 年，财政系统组织了多次官方 PPP 培训，地方财政厅局的 PPP 培训也接连不断。住建部和财政部结合财政体制改革开始准备有关指导意见，地方政府积极上报 PPP 试点项目。国家发改委启动了特许经营立法工作，学术界、咨询界也热闹起来，各种研讨、沙龙层出不穷，各种文章不断问世。最近财政部还专门成立了 PPP 中心。

实际上，这次推动 PPP 发展有很强的社会经济背景。中国城市化经过十年高速发展，在取得成就的同时出现了大量问题：房价见顶，土地财政难以为继；地方债务超过 20 万亿元，还在快速增长；环境问题日益突出，治理需要大量资金。国有体制可以调动大量资源但浪费惊人，投资效率越来越低。参与城市建设的央企负债率快速攀升，融资和抗风险能力快速减弱。中国需要转变发展方式，提高效率、减少浪费、少走弯路一定是转变发展方式的基本内容。PPP 不是包医百病的灵丹妙药，但可以带来体制和机制的创新，对解决当前问题有益。

在这一阶段，PPP 会出现新特点：第一，并购机会增多。国家要推动混合所有制经济，并购将是实现这个目标的重要手段。第二，多个 PPP 项目同时推进的情况会增加。多个相关项目综合考虑可以减少浪费，提高效益。第三，中国企业走出国门做 PPP 的情况会增加。第四，总结经验教训并进行推广会受到各级领导的重视，杜绝同一种错误重复发生。

站在普及阶段的起点上，我们对 PPP 的大发展有所期待，比如，中国会出现一批世界级的公用事业企业、PPP 在转变发展方式方面发挥关键作用，使中国不仅没有掉进“中等收入陷阱”，反而还迈上了新的台阶。

千里之行始于足下。短期内，我们无法对特许经营立法有过高期待，因为那需要太多时日，做好 PPP 的当务之急是规范、规范、再规范。选择投资主体要公开、竞争，政府在严格监管社会主体的同时自己也要守信，要充分发挥中介的作用少交学费，要千方百计扫除阻碍“新 36 条”落实的种种障碍。从 PPP 近 30 年在中国的发展历程看，做好 PPP 工作，前景美好、任重道远，切忌一厢情愿。

第三章

全面解析 PPP 功能，科学定位谋求发展

在全球当前经济放缓的情况下，目前越来越多的国家开始采用政府和社会资本合作（PPP）模式提供公共基础设施资产和公共服务。这对于缓解财政资金不足，发挥私营部门竞争优势，撬动民间资本具有重大意义。改革开放以来，中国城镇化发展较快，特别是进入 21 世纪，中国城镇化水平与经济、政治、社会的发展水平总体上已经基本适应。城镇化是中国社会主义现代化建设的历史任务，也是当前及未来扩大内需的最大潜力所在。据国家统计局报告，2012 年中国的城镇化率已经达到 52.57%，按照“纳瑟姆曲线”规律，当前中国城镇化已经进入快速发展阶段，对资金的需求非常大，仅仅依靠财政投入难以满足。此外，在城镇化进程中，地方政府在其中所扮演的主要角色是：制定参与的政策框架、标准；提供资金支持；提供能力建设；建立对话机制，了解需求；推广创新案。对此，我们应架构有限和有效的政府，维护市场机制的正常、有序运转，让市场在资源配置中起决定性作用。由此可见，中国目前发展 PPP 正当其时，有利于地促进城镇化快速发展。这主要是由于 PPP 模式可以激活社会民间资本，缓解资金供求矛盾，提高供给效率和分散风险。而发展 PPP 的关键点是要合理定位 PPP，抓住 PPP 的特点与优势，进而结合国家当前的发展状况和存在的问题，因时制宜，促进国家可持续发展。

第一节
推动政府与市场合作

由于公共产品及公共服务具有非竞争性以及非排他性，因此长期以来都是由政府负责生产以及提供。但随着理论与实践发展，政府在公共产品及公共服务提供上缺少成本控制动机的缺陷日益凸显，加之城市化建设融资需求倒逼，政府财政日益捉襟见肘，导致公共产品及公共服务中引入私人部门渐成趋势，从而破解“融资瓶颈”，防控债务风险，治理产能过剩，应对气候变化，实现保增长、促转型、调结构、惠民生、保稳定的战略目标。PPP 引社会民间资本进入公共产品和公共服务领域，有利于发挥市场在资源配置中的决定性作用，减轻财政资金的“重负”，同时更有助于发挥财政资金引导作用，实现政府和社会资本合作“双赢”，打造“伙伴关系”，实现利益共享，同时共担风险。这无疑是发挥政府“掌舵”职能而市场起决定性作用的有益且大胆的尝试。

一、合作动力

政府财政投资重点着眼于全局和长期利益，主要考虑“外部性”问题，谋求社会福利最大化而不以营利为目的，因此政府财政投资的“有效性”也就往往成为人们质疑政府治理效能的一个重要问题。与之相比，社会民间资本的商业性投资以追逐“直接经济效益”为目的，力争实现经济利益最大化。因此，若能以较少的政府投资与较多的社会民间资本打造强有力的“投资组合”，借助社会民间资本的运作机制以提高效率，那么政府财政投资的总体效益可望比没有社会民间资本加入或加入较少时更好。PPP 模式就是兼顾政府和社会资本合作双方优势，既有利于减轻政府融资压力，促进政府职能转变，减少政府干预，促进政府信息透明化，加强监管，实现“阳光用权”，打造“阳光政府”，同时又有利于降低企业参与公共领域项目的准入门槛，发掘私营部门发展空间，激发非公有制经济活力，以“专人做专事的专业化机制”提高公共产品及公共服务的供给效率。PPP 模式促进政府与市场合作的动力就是实现政府、社会、企业等各方“共赢多赢”，促进国家可持续发展。

与传统的项目融资模式相比，PPP 模式突破了私营部门参与公共基础设施项目的限制，其在各国的运行经验表明它具有多重优势。一是增加公共领域供给。PPP 模式可以在政府财政资金受限的情况下，融通社会民间资本，促进基础设施的提前建设和公共服务的提前供给。二是缩短工期。在 PPP 模式下，政府部门将项目的设计和建设均交付给私营部门，而且在项目完工运行和服务真正提供的基础上才进行支付，这会极大地激励私营部门在更短的时间内建成项目。三是降低成本。如果采用 PPP 模式的项目包括投资建设、运营和维护，就会极大地激励私营部门最小化项目在整个寿命期内的成本。四是防控风险。PPP 模式不是一般风险的最大转移，而是风险的最优分配，这可以确保项目实现最大价值。五是强化经营激励。在 PPP 模式下，由于是风险共担，而且只有在私营部门达到协议规定的标准时，才会获得全额支付，所以会激励私营部门改善项目的管理和经营。六是提高服务质量。PPP 模式实现了相关服务的整合，从而可以有效地提高规模经济，实现了服务供给方式的创新，而且 PPP 协议中设置了相应的经营激励和惩罚。七是获取额外收益。在 PPP 模式中，私营部门还可以通过使用闲置的生产能力或者处置剩余资产获取额外收益，从而可以减少政府各公共部门的补助成本。八是强化公共管理。PPP 模式下，政府转为监督者，而私人部门成为供给者，加之市场机制的融入，使公共服务的成本成为市场标准的基点，从而最大程度地实现“物有所值”。总而言之，PPP 模式提高了供给效率，能够持续地为政府部门节约财政支出，积极利用社会民间资本，这是世界各国政府采用 PPP 模式的主要理由和目标。

比如说，葡萄牙自 1997 年启动 PPP 模式，首先应用在公路网的建设上。到 2006 年，葡萄牙的公路里程比原来增加 1 倍。根据英国的经验测算，PPP 这种市场化模式一般可以帮助政府节省 5%—20% 的费用，但所提供的公共服务的质量却显著上升。英国的统计数据表明，80% 的 PPP 项目在计划时间内完成，80% 的 PPP 项目控制在预算之内，20% 超过预算的是因为政府提出调整工程方案，而传统的政府采购项目只有 30% 能够按时完成，能够控制在预算范围内的只有 25%。由此可见，和传统的项目运作方式相比，PPP 在节约时间和资金方面具有相当大的优势①。再比如说，PPP 模式应用体系最为成熟的国家之一的澳大利亚，就分别投入 2.5 亿澳元、4 亿澳元、4000 万澳元用于皇家妇女医院、LEAP 国防项目、南澳司法建设项目，都取得了重大成功，如表 3-1 所示。

---

① 杨志文：“探索财政出资的 PPP 新模式”，《西部财会》，2013 年第 8 期，第 7—11 页。

表 3－1　　澳大利亚 PPP 项目成果

项目名称	项目细节	项目总投入
皇家妇女医院	25 年的维护合同	2.5 亿澳元
LEAP 国防项目	为武装部队提供了 1300 个单位的住所	4 亿澳元
南澳司法建设项目	9 大设施建设提前竣工	4000 万澳元

资料来源：毕马威师事务所报告：Building for Prosperity：Exploring the prospects for Public Private Partnerships in Asian Pacific，2007 年。

二、合作机理

在 PPP 模式下，政府与民营企业共享投资收益，共担投资风险，通过政府政策的引导，在一定额度的政府资金支持下，在项目的建设期和运营期，采用民营化方式在公共事业领域引入民间资本及其管理和服务。此外，政府购买商品和服务、给予授权、征收税费和收取罚款，这些事务的处理并不必然表明合作伙伴关系的真实存在和延续。在 PPP 模式中，民营部门与政府公共部门的伙伴关系与其他关系相比，独特之处就是项目目标一致。公共部门之所以和民营部门合作并形成伙伴关系，核心问题是存在一个共同的目标：在某个具体项目上，以最少的资源，实现最多、最好的产品或服务的供给。特别是，在 PPP 模式中，公共部门与民营部门并不是简单分享利润，还需要控制民营部门可能的高额利润，即不允许民营部门在项目执行过程中形成超额利润。利益共享显然是伙伴关系的基础之一，如果没有利益共享，也不会有可持续的 PPP 类型的伙伴关系。

究其本质，PPP 就是要在公共服务领域引进竞争机制，进而打破长期以来政府对公共服务的垄断地位，给公众提供更多的选择空间，最终达到通过刺激竞争提高公共服务质量的目的。PPP 模式将政府的一部分支出责任通过“特许经营权”方式转移给了市场主体——社会企业。由于政府与企业建立了“利益共享”的机制，通过长期持有和经营，可有效平衡短期和长期收益，让企业“有钱可赚、有利可图”，且盈利相对稳定，一定程度上解决了基础设施短期回报差的问题，使民间资本进入社会公共事业领域成为可能。可以说，PPP 既是政府和社会资本间的长期合作，矫正了政府角色，实现灵活多样发展模式。特别是，基于全球一体化程度不断加深，迄今为止，PPP 已经从道路、桥梁、港口、隧道、供电设施、供水设施等传统的公共设施领域扩展到了监狱的建造及运营、学校和医院的建设及运营、大型信息技术系统的运营等多个领域。在 PPP 项目模式下，PPP 项目的合同期限是根据目标项目的寿命、投资回收期等方面的因素来确定的。基础设施的运营寿命通常较长，因此 PPP 的合同期限也通常都较长，对于公路、燃气、水电等行业的项目来说，PPP 的合同期限通常是 20—30 年，而大型机场、港口等设施的 PPP 合同期限会长达 50 年。因此，政府公共部门一旦选择了 PPP 模式来提供公共设施和服务，则其与私营部门的合作关系就是长期的。PPP 模式的这一特征要求政府公共部门在选择合作的私营部门时，需要谨慎地考虑该私营部门是否具备实现长期承诺的能力；为了保障公共设施和服务的连续和高质量的供给，政府公共需要在监管的基础上，与私营部门建立和谐的合作关系，共同解决项目期限内的潜在问题。

在 PPP 模式下，由于私营部门负责基础设施的设计、融资、建设、运营、管理和维护，因此转变为公共产品与公共服务的提供者，而政府部门主要负责评估基础设施的完工情况，监控基础设施的有效运行，确保私营部门提供的公共设施和服务满足环境、安全等方面的标准，进而转变为监管者。可以说，基于提供公共设施和服务供给效率的基础上，PPP 模式在弥补政府资金缺口同时还降低了行政成本，特别是填补了政府部门相关专业人员的不足。

PPP 具有多种具体的运作模式，不同的项目可以采用不同的 PPP 运作模式，各政府部门可以根据所在地区在制度、市场等方面的禀赋特征，设计适合自己的公私合作关系和类型。PPP 的实质并不在于公营或私营，而是通过在公共服务领域引进竞争机制，打破传统管理中政府对公共服务的垄断地位，给予公众更多的选择空间，通过刺激竞争提高公共服务质量。尽管市场化不可能解决公共服务供给过程中的所有矛盾，但其优势也不言而喻，通过政府和社会资本合作将决策与执行分开，扩大参与公共服务供给的主体数量；通过在公共服务的供给主体间引入竞争机制，提高公共服务供给效率与质量；通过消费者的适量付费机制，弱化公共服务的内在膨胀；通过公民参与公共服务的供给，可以增加对行政官员的监督力度等①。

① 李树林："公共服务市场化的中西比较及启示"，《公共管理》，2008 年第 1 期。

三、剖析中国现状

就中国而言，公共产品和公共服务长期以来主要以财政投入为主，并由国有企业垄断经营，然而随着地方融资压力不断加大，政府主导公共产品和公共服务提供模式渐现疲态，加之公共产品和公共服务的某些领域在一些西方国家是由市场来有效提供的。特别是，由于中国大多数城市缺乏长远的统筹规划，存在大量重复、盲目建设，同时公共设施内部投资结构不协调，政府的资金分配比例不合理，从而造成基础设施供给不足与基础设施利用不充分并存的现象。而且个别地方政府为了制造建设繁荣的假象，人为拉长建设战线和周期，低估项目预算，忽视配套资金，使许多在建工程由于缺乏资金而延期，不仅不利于树立政府形象和信用，而且也影响其他项目的开展。在 PPP 模式下，政府部门与私人部门基于合理分工实现协同合作，其中政府部门主要负责项目和服务标准的制定以及生产经营过程的监督，而私人部门更多地负责公共产品和公共服务的提供，极大地提高了公共领域的供给效率。因此，引进和应用市场决定资源配置的鲜明体现的 PPP 模式，使社会民间资本进入公共领域，提高政府财政效率同时约束政府权力，在合理运营和有效监督下实现政府和社会资本“双赢”。

对此，中国应在借鉴先发国家经验基础上，成立中央和地方级别的专业 PPP 管理单位，主要负责提供不同行业的 PPP 项目标准文本，帮助公共部门设计和实施 PPP 项目，强化地方财政业务培训，推动各级官员转变思想观念，从横向管理（合同管理、绩效监控和关系管理）和纵向管理（招标筹备期、工程建设期、项目运营期和项目交割期）两个维度加强管理。此外，为了达到运用 PPP 模式的预期目标，应该大胆创新政府治理理念，界定好政府部门与私人部门的责任与义务，特别是要加强政府监管。对此，在项目建设阶段，政府部门需要跟踪项目设施的建设情况，确保项目建设按时完工，并且在完工时评估设施的质量；在设施运营阶段，政府部门需要监控基础设施的有效运行，确保私营部门提供的公共设施和服务公共服务满足环境、安全等方面的标准。

第二节
夯实依法治国基础

依法治国基础最为关键的因素就是国家诚信，即政府公信力。管仲说“诚信者，天下之结也”，以诚信为天下万事中的关键。投资项目运行过程中，投资者最为关注的就是政府的诚信问题，也就是所要面临的制度风险或政策风险。若政府随意制定制度或是任意更改政策，就会导致投资者所有风险防范措施的零效用，进而无法有效保障投资者的投资本金及其收益。PPP 模式将政府因素“内生化”，有利于动员政府的信用和组织优势，降低商业资本的交易成本和运作风险。值得强调的是，PPP 模式下，政府角色能够自动发生转变，由过去主导基础设施项目建设的“家长”转变为整个联合商业资本投资项目中的合作者、监督者，和谐地活动于“市场”之上。

PPP 模式是在政府和社会资本之间建立的利益共享、风险共担、协同管理的长期契约关系，是市场与政府协同合作的产品。市场经济是以货币为媒介的信用经济，而诚实信用是其能不断向广度和深度扩展的灵魂所在。PPP 模式的建立将有效规避地方政府主宰项目运行所导致的债权虚置风险和道德风险，避免对政府信用和财政能力的过度依赖，利于明晰“借、用、还”多方主体的“权、责、利”关系，为私人部门的介入提供了日趋完备的制度基础和操作平台。因此，PPP 模式有利于培育信用经济，严格约束政府行为，谨防陷入“塔西佗”陷阱，提高政府公信力。政府公信力是政府依赖于社会成员对普遍性的行为规范的认可而赋予的信任，是使公众信任的力量，更是获取拥护和支持的能力。而且政府公信力与社会公众的自身利益满足感成正比，因此良好的政府公信形象有利于增强社会凝聚力，增强政府对社会公众的动员力，保证社会有序活力。反之，政府公信力降低就有可能掉入“塔西佗”陷阱，引发多米诺效应，使整个社会信用缺失。可以说，PPP 是将微观治理模式及宏观治理模式渗透于国家、企业、项目治理中的重要方式，促使政府在制定经济发展战略的时候，不要急于求成、被眼前利益所蒙蔽，而是要充分考虑人民群众的建议和意见，把社会公众利益与当地的经济发展均衡起来，达到令公众满意的局面，从而提升政府的公信形象。

詹姆斯·福利斯特尔说："政府工作的困难在于，它不仅必须干得很好，而且必须让公众相信它干得很好。"历经三十多年面向市场经济的改革开放，中国社会已经进入各方利益博弈时代，社会公众的许多诉求者是利益诉求，这无疑对政府公信力提出挑战。据相关机构在 2007 年对地方政府公信形象调查显示，公众对"您相信政府公布的各种社会经济调查数据吗?"的相关调查中，认为"仅作参考，参加的成分很多"或"绝对是假的，从来都不信"的比例达到 79.3%，而在 2009 年的同一调查中，该项比例达到了 91.1%。浙江大学政府信用缺失调查课题组对 280 名 MPA 和行政管理专业研究生进行调查时发现，187 名被调查者中 121 名认为"政策缺乏连续性和稳定性"是中国地方政府公信力缺失的最主要表现①。由此可见，中国 PPP 模式发展恰逢其时，通过融入市场信用机制，严格规范政府行为，杜绝政策朝令夕改现象，解决好社会公众身边的事情并真正关心他们的切身利益，建立起一种公正信任关系，获取政治认同，并且树立政府自身行为的权威性和影响力，搭建起一条政府行为上情下达和社会公众民意下情上达的通道。因此，中国大力发展 PPP 模式有利于社会公众对政府信用产生较为稳定的公认评价，提高政府治理能力在社会公众心中的综合评估水平以及对政府提供公共产品及公共服务的满意度，树立政府实施行政行为时在社会组织和民众中的良好形象。

除此之外，开放的市场是以信用为基础的。尤其在不成熟的基础设施领域对外开放方面，大量的社会资本（包括外资）在寻求投资机会。具有盈利前景的基础设施项目由于收益稳定，经营期限长，广受关注。虽然资本的本性是逐利，但这些资本在获得利润的同时，也给社会及国家经济带来了繁荣和发展②。然而，由于基础设施、公用事业等公共领域建设周期长，投入高以及影响广等原因，公共领域的生产与经营过程中存在着政治风险、经济风险、法律风险和不可抗力风险等系统性风险与信用风险、完工风险、技术风险、经营管理风险等非系统性风险。系统性风险与非系统性风险如果由公共部门独自承担，必将加大其压力和负担。对此，PPP 模式引入社会民营部门参与项目，通过科学的风险分担机制，可将不同风险分配给最有能力承受此风险的一方，从而分散和降低项目和服务的整体风险，从而在一定程度上化解政府信用危机。

---

① 汤好洁："试论塑造我国地方政府公信形象的有效途径"，《科教导刊》，2014 年第 1 期，第 214—216 页。

② 王世君、王涯茜："PPP 模式下的政府信用问题"，《合作经济与科技》，2009 年第 11 期，第 44—45 页。

基于依法治国理念，中国可以利用 PPP 模式健全相关法律法规体系，夯实依法治国基础。资本都是趋利的，投入资本就要盘算赚钱概率和风险大小。在法律法规不完善的背景下，如果不能解决社会资本的安全和回报问题，无论再科学的模式，无论怎么提倡和鼓励，PPP 的作用可能都非常有限。而且，缺乏关于 PPP 的法律制度，增加了民营企业的交易成本和运作困难。PPP 一般涉及的都是公共工程与公共服务领域的投资项目，并与公众日常生活密切相关，依托相关项目提供的服务质量、价格等，均是比较敏感的话题，也特别容易引起民意的反弹。执行 PPP 的基础设施项目在实施过程中，投资者最关注的问题是政府的诚信承诺，也就是制度风险或政策风险。政策代表着政府部门的诚信和承诺，如果政策随意制定或遭到任意更改，任何风险防范措施的效用都是零，最终的结果就是投资者的资本金和收益无法有效地得到保障。政府和社会资本合作并不意味着政府完全退出基础设施领域，不是简单的“国退民进”。项目的成功离不开政策的有力支持。政府信用对私人投资基础设施项目尤其重要。所以，需要制定一套专门的法律法规，对 PPP 项目的立项、投标、建设、运营、管理、质量、收费标准及其调整机制、项目排他性及争端解决机制，以及移交等环节做出全面、系统的规定。

可以说，完善的法律法规是私营部门进入城镇化公共设施领域的基本依据，但是虽然 PPP 模式在中国已经运行了相当长的时间，但明显缺乏国家层面的法规制度，没有专门针对 PPP 模式的法律，有的只是地方性的或行业性的管理办法或规定，多为部委规章与地方性的管理条例。甚至在某些地方，PPP 项目的建设，甚至作为凭据的仅有地方政府一纸“红头文件”，其法律效力很低。这造成了在合作过程中，政府和社会资本双方并不是在成熟的法律框架下形成尽可能清晰有效的契约而处理利益关系，而是“走一步说一步”。由于政府部门掌握着公权力，很容易将自己的意志强加于私人部门，在相关的博弈过程中，私人部门几乎注定是弱势的一方，得不到法律和契约的有效保护，成为很多额外风险或成本的承担者①。

因此，为保障 PPP 模式良好运行，中国亟须进一步完善和细化相关法律法规，进而为 PPP 模式在城镇化公共领域中的有效运用提供更加科学合理的法律依据，为各参与方提供业务指导。此外，在 PPP 法律框架之下，还需要

① 贾康、孙洁、陈新平、程瑜：“PPP 机制创新呼唤法治化契约制度建设”，《经济研究参考》，2014 年第 13 期，第 44—51 页。

有延伸、覆盖相关者的制度约束，特别是我国过去一向强势的各级政府和公权部门、权力环节所受的制度约束，以避免不当的人为干预导致项目失败。在法治化环境中，合法的契约就具有项目制度规范的意义与权能，以法律保障契约，也就是以法律保障制度的实施。契约如不严肃执行，受害方通常都是民营企业，必定会影响该领域民营企业进入的积极性。完善对 PPP 中政府方面的制度约束，也是“把权力关进笼子”这一真谛在该领域机制创新中的关键性操作点①。

总而言之，全球化时代，政府治理社会的活动以信任关系的确立为前提，政府信用是公众与政府之间的一种互动关系。PPP 模式继承了财政法制理念和社会契约精神，促使政府能够依法办事，政府机关和公务员能够秉持法制精神，竭诚为社会公共利益服务，恪尽职守，一切行使权力的行为都有法律依据，保证国家权力的无害性和非任意性的行使，能够促成公众对国家和政府的基本信任，依法保证人民赋予的权力始终用来为人民服务，为人民掌好权用好权，真正做到“权为民所用，情为民所系，利为民所谋”。如此种种都是政府对人民讲信用的集中体现，更是依法治国的体现。这是财政职能有效实现的技术途径，昭示了财政是国家治理的基础和重要支柱，更是全面深化改革的有力抓手。

第三节
拓展投融资渠道

在价格管制条件下，公共项目无法形成可预期的盈利模式，依靠政策补贴则面临政策风险，同时对民间资本缺少吸引力，局面难以打开。因此，放宽市场准入，辅以必要的价格改革配套，方能吸引社会民间资本投资。PPP 模式通过政府和社会资本化合作模式，鼓励和吸引社会民间资本进入公共领域建设中、减轻财政负担的有效手段，既有利于调动政府财政资金，又可以引入社会民间资本。在融合市场经济机制的 PPP 模式下，政府与社会民间资本是平等

① 贾康、孙洁、陈新平、程瑜：“PPP 机制创新呼唤法治化契约制度建设”，《经济研究参考》，2014 年第 13 期，第 44—51 页。

的经济主体，既要做到风险共担，也是利益共享的命运共同体。需要注意的是，在经济下行期，有些政府为吸引社会民间资本可能会开出比较优惠的条件，但经济形势一旦转变，就又可能以“防止国有资产流失”的名义要求修改当初的合同条款或不予执行，导致“共患难但不可同富贵”的局面。PPP 项目可以借用金融生态环境的概念，由民间自发组织将所有的 PPP 项目均统一备案，通过信用评级机构或其他机构对合同履约过程跟踪评估并发布结果，评估一个地区市场经济生态的完善程度，同时有效监督约束政府不良行为，实现政府与社会民间组织彼此监督、互得共赢的局面。

与财政和国企相比，私营部门在融资上普遍存在融资渠道窄、融资成本高以及融资规模小的困难，而公共基础设施建设项目往往投资大，周期长，收益低，成本回收期长，这些因素都极大地影响了私营部门参与公共设施项目的能力和意愿。通过 PPP 模式，鼓励和吸引私人资本进入基础设施和公共服务建设领域，不仅可以激发非公有制经济的活力，而且可以减少政府财政支出压力，降低政府债务负担。比如说，韩国通过逐渐完备化、系统化有关 PPP 内容的制定与修订，加之政府对购置土地的特许权的支持以及财政支持等方式，促使 PPP 快速发展，导致私营投资在 PPP 模式中所占比例呈不断上升趋势，如图 3－1 所示。

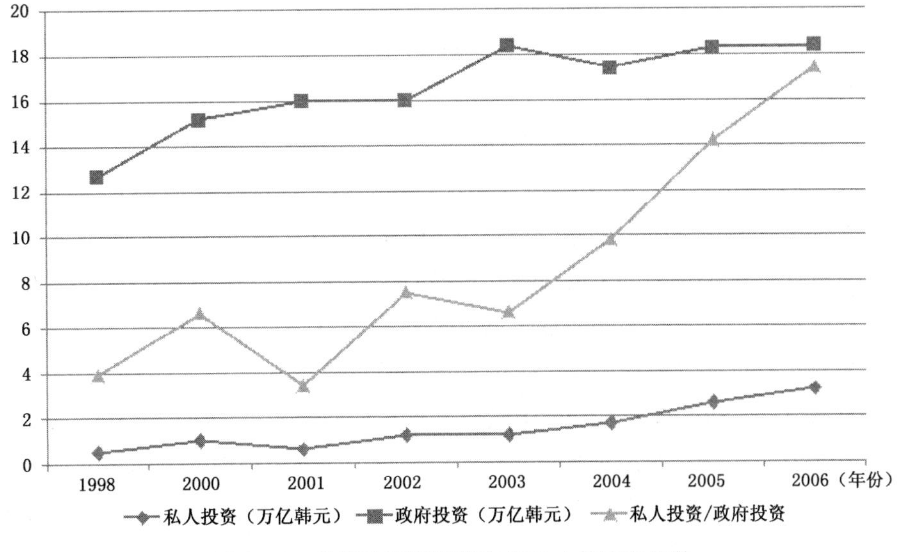

图 3－1 韩国私营投资额在 PPP 中的变化趋势

资料来源：PIMAC 报告：PPP Project Management and Challenges in Korea，2008 年 4 月。

目前，中国地方政府债务融资模式主要有四种：一是1993年出现的以地方融资平台为依托的“城投债”模式；二是1998年出现的财政部发债和转贷地方政府的国债转贷模式；三是2009年出现的以财政部为依托的“中央代发债”模式；四是2011年开始实行的试点省（市）“自行发债”模式。其中城投债模式占据主导地位。地方政府债券发行模式由以地方融资平台为主的城投债模式，发展到中央代发模式，再发展到试点地区“自行发行”模式，地方政府在债券发行过程中的主体性和自主性越来越深化。由此可见，中国政府长期以来主要依靠融资平台和“土地财政”模式获取融资，然而，这些传统的融资模式由于各自的局限性，不仅不能为未来的城镇化提供持续的、充足的资金供给，而且导致了政府边界模糊、地方政府债务高筑、公共产品与公共服务供给效率低下等难题，导致“玻璃门”、“旋转门”、“弹簧门”等事件层出不穷，不具有可持续性。因此，积极探索多元化的融资渠道，利用PPP模式引入民间资本，不失为缓解此矛盾的有效途径。

毫无疑问，中国未来城镇化需要巨额资金投入。根据中国社科院的《中国城市发展报告（2012）》蓝皮书测算，在未来20年内，要将四五亿进城农民完全市民化，至少需要投入40万亿—50万亿元的巨额资金。以交通基础设施建设投资为例，前瞻产业研究院发布的《2014—2018年中国港口码头行业市场前瞻与投资战略规划分析报告》研究显示，中国交通固定资产投资从2010年的18.57%下降到2012年的0.33%。中国水运建设投资2012年投资同比增长6.33%，远低于2011年的19.93%。除此之外，在公路建设方面，前瞻公路建设行业报告分析显示，2010年后，中国公路建设投资速度从2010年的18.75%下降到2012年的0.94%。以上数据表明，中国2010年以来交通基础设施的投资规模整体呈下降的趋势[①]。中国发展PPP模式，即可以促使政府部门节省公共资金投入，节约成本，提高效率，又可以使民营部门取得相对稳定的投资回报，提高企业知名度，并开拓投资领域，从而盘活社会民间资本，拓展城镇化建设资金筹集来源，大力促进城镇化发展。

总而言之，PPP模式有利于中国拓展投融资渠道，促进政府和社会资本资金链条一体化，筹建社会普遍服务基金，有利于实现全面的后台引领，加速财政金融融合，是融资模式和实践升级，无疑成为政府化解地方债务同时满足城

① 吴修乾：“国务院推80个PPP项目交通基础设施建设将再提速”，《上海经济》，2014年第5期，第26页。

市化融资的有效手段，可以破解“融资平台债务高”、“公共产品与公共服务的供给效率低”及公共领域“社会民间资本准入门槛高”等三大难题。这不仅可以满足城市化进程中对大量公共产品和公共服务的融资需求，化解政府旧债，而且通过成本分担机制，变政府投资为沉淀成本，社会民间资本为运营成本，达到疏通并盘活大量社会民间资本同时化解政府在拓展领域内资金短缺问题的目的，积极发挥市场在资源配置方面的决定性作用，同时约束并缩小政府在公共领域对资源的直接配置。

第四节 打造国际资源配置中心

21 世纪，不平衡增长与包容性发展成为世界经济的主题，提升经济密度，减少区域分割，缩短与市场距离成为创新国家发展的主引擎。中国当前可以以加入世界贸易组织《政府采购协定》（GPA）为战略契机，以会展为战略抓手大力打造国际资源配置中心。

一、以加入 GPA 为战略契机

因此，随着国际贸易自由化深度与广度的发展，世界各国逐渐开始重点关注政府采购领域的开放。世界贸易组织（WTO）早在 1996 年就实施了具有法律约束力的《政府采购协定》（GPA），其宗旨是促使世界各国的政府采购市场国际化，即通过架构有关政府采购的法律、规则、程序和措施等各方面的权利与义务的多边框架，要求其成员国的企业可以进入其他成员国的政府采购市场，并获取“国民待遇”，以此来促进参与方开放政府采购市场，积极发展并扩大国际贸易自由化，推进全球化进程。同理，中国要走创新国际化道路，就必须最大程度地吸纳和利用国际资源。这是中国把开放优势转化为创新优势，实现创新引领、高端跨越的重要途径。中国自 2007 年正式递交加入 GPA 的申请以来，历经四次出价修改，逐步扩大市场准入，规范国有企业，降低门槛金额等，力争加入 GPA。不容置疑，PPP 模式扩大了政府采购范围，集交割、交易、网联为一体，无疑有利于加快中国加盟 GPA 的步伐，进而加速经济市场化改革，增强国内厂商竞争力，获取最大的经济利益。

中国可以运用PPP模式，利用加入GPA的机会，科学谋划，抢占先机，以原创产业的关联效应和旁侧效应带动供应链、产业链和价值链的高端化，整合全球创新资源，推进跨国技术转移方面进行了大胆的探索和实践，搭建国际交流合作平台，吸引全球创新资源落地中国，围绕高科技、高端医疗、养老、医疗教育、医疗科研等重点领域，搭建中国产业创新国际合作平台，引进国际先进技术，吸附优秀人才团队落地。由此，中国就可以达到吸附全球优势资源，形成结算网联中心，打造国际资源配置中心，促进“产学研金政”协同创新，推动产业持续升级，综合提升创新活力、创业活力与抵御风险的能力，切实增加国家核心竞争力的战略目的。

由于全球化进程中风险与机遇并存，化解风险，把握机遇，成为各国增强自身发展的必然选择。2008年后的金融危机、主权国家债务危机背景下，贸易保护主义明显抬头，世界经济复苏缓慢。世界经济进入深度转型调整期，经济低迷将成为全球经济新常态。国际金融危机正在催生全球经济新版图。欧美日等发达国家和地区经济复苏十分乏力，新兴经济体逐步成为引领全球经济增长的新动力。新兴经济体要求在国际事务和国际规则制定中拥有更多的话语权，新老势力围绕分享全球经济治理权力的博弈正在展开，世界经济发展新格局重塑。21世纪是“亚洲时代”、“太平洋时代”，尤其是中国构筑大国战略的时代。各国纷纷将战略重点转向亚太。美国提出了“战略东移”、“重返亚洲”、“亚太再平衡”的战略。国际大格局和国际关系的深刻调整，给中国发展带来重大机遇。

在此战略机遇期，中国通过PPP模式加入GPA，倒逼本国政府采购市场改革，可以有效提高政府采购的规范化程度，实现在规则的制定与执行等方面与国际接轨，不仅将大大鼓励其他发展中国家加入GPA，扩大国际贸易范围，增加潜在贸易利益变为现实的可能性，而且能够拥有进入美国、欧盟、日本等先发国家政府采购市场的通行证，并就美国、欧盟、日本等先发国家在承认“市场经济地位”、贸易救济措施的滥用、高新技术出口等问题上交换利益，剔除关于发展中国家的特殊和差别待遇条款，维护并扩大我国利益。

二、以会展为战略抓手

会展业作为一个新兴的服务行业，对推动生产发展、商品流通，促进国内国际贸易发展，起到了不可估量的作用，已经成为社会和经济生活中不可缺少的一种经济形式。在全世界发展的新时期，各国必须充分发挥会展产业链优势，全面提升会展经济，推进经济可持续健康发展。会展业不仅能带来场租费、搭建费等直观收入，而且还能拉动或间接带动数十个行业的发展，直接创造商业购物、餐饮、住宿、娱乐、交通、通讯、广告、旅游、印刷、房地产等行业的相关收入。会展业对一个城市或地区的经济发展和社会进步能产生重大影响和催化作用，据有关统计表明，一个好的会展对经济拉动效应能达到 1：9，甚至更高。会展业具有影响面广、关联度高的特点，对结构调整、开拓市场、促进消费、加强合作交流、扩大产品出口起到了不可替代的重要作用。因此，会展经济正逐步发展成为中国新的经济增长点，在城市建设、精神文明建设、和谐社会构建中日益显示出其特殊的地位和作用。中国应充分发挥会展产业链优势，着力推进经济持续健康发展。会展业汇聚巨大的信息流、技术流、商品流和人才流，发展会展业意味着各行业可以在扩大的开放潮中，在产品、技术、生产、营销等诸方面获取比较优势，从而大大减少国内资源的机会成本，有助于增强综合竞争力。而会展对于当地经济最本质的意义，就在于更大范围地开放、更实际地比较、更精确地选择、更有效地配置，进而实现经济质量的提高，以增强经济安全系数。会展经济的发展，将直接刺激外贸、旅游、宾馆、交通、运输、保险、金融、房地产、零售等行业的市场景气，从而有力推动当地第三产业的发展。

然而，会展业虽然一般被认为是高效益、无污染的行业，其利润率大约在 20%—25% 以上，却具有公共产品的性质，有占地面积大、投资大、期限长等特点，难以纯粹市场化运作，一般需当地政府的财政投入，其场所也成为城市基础设施的组成，具有公益性质和基础服务性。政府通过 PPP 模式可以汲取资金，促进会展业的跨越式发展，进一步达到集聚并重新调配资源的目的。这是由于，会展一方面可以聚集商品和服务信息，为参展商品贸易商建立新的客户关系，寻求贸易伙伴，获取经贸信息提供便利，另一方面，很多展览在宣传企业产品的同时，也是去展出一种时尚、一种概念，是生产方式、生活方式和价值观的一种宣传。企业可以利用会展向广大商家宣传企业的服务理念、产品品牌，增强国外客商对企业的了解，扩大企业影响，走出国门，迈向世界。

总而言之，中国完全有可能利用 PPP 模式，发挥市场在资源配置中的决定性作用，打造国际资源配置中心，网联全球资源，从而促进区域经济一体化的进程，引领经济社会的新一轮跨越式发展。

第五节
铸造全面支撑产业发展服务平台

PPP 模式以政府和社会资本合营为核心，有效引入市场要素作为基础，充分发挥财政资源在优化资源配置方面的杠杆作用，进而满足资本的趋利性，吸引社会民间资本有兴趣参与公共产品和公共服务的提供，并使参与各方各展所长，避其所短，促进技术、人力和金融三大资本的微观融合，实现政府公共部门的职能同时为民营部门带来利益，从而为产业发展提供强有力的服务支撑平台。PPP 模式不仅能为产业发展筹集雄厚的资金，促进基础研究、应用研究及开发研究，打造“技术开发平台、创意衍生平台、技能扩散平台”，构建知识共享系统、知识流变系统以及信息共享系统，而且能够形成产业发展不可或缺的财政平台、税收平台等政策共享系统及金融共享系统。特别是，PPP 模式是市场行为，较为关注能够撬动资源并整合资源的杠杆，注重运用整合机制的能力对顾客及其需求的准确把握，有利于对环境及其变化趋势的关注和把握，从而能为产业发展提供准确的航标。

PPP 模式以其特有的属性，既有利于矫正过多过密的政府与国有企业的合作关系，进一步加强对各级政府尤其是地方政府债务风险的防控与管理；又有利于化解国有企业对私人经济发展的挤出效应，为私人资本开拓更为广阔的投资空间、提供更为多元化的投资机会，有利于通过私人企业的精细化管理和私人资本的刚性约束，提升政府和社会资本合作制下供应公共产品和服务的质量与效率，同时有利于通过政府和社会资本合作的制度性安排，强化公共部门、私人部门的合作意识、契约意识、法律意识、社会责任意识。而且相对于国有企业而言，私人企业的财务约束、风险意识和效益观念更强。经过三十多年的改革开放，中国私人资本的规模已经十分庞大，正需要更为广阔的投资领域和多元的投资渠道。如今适逢深化财政和国企改革、加快建立现代财政制度和混合所有制经济的良机，总结与反思国有企业的发展得失，学习与借鉴英国等先发国家的做法和经验，适时引入并有序推行 PPP 模式，以更多的政府与私人企业的合作来替代一部分原有的政府与国有企业的合作，对于全面支撑产业发展服务平台具有重大意义。

总而言之，随着经济社会快速发展，国有资本投资的低效率很难再次推动国家经济的提速，需要投资灵活、效率高的社会民间资本逐渐深入基础设施建设和公共服务领域，大力发展 PPP 模式。然而，中国 PPP 模式的相关运作机制和管理经验的积累还需要一段时间，推广 PPP 将是一个循序渐进的过程，稳步推广该模式应着力处理好“三个关系”，即政府与市场的关系、当前与长远的关系以及传统与创新的关系。特别是，在利用 PPP 模式有效促进中国城镇化进程时，除了根据城镇化进程中公共产品的不同形态和不同特点选择合适的 PPP 操作模式外，还需要采取一系列措施，保障 PPP 模式的有效运行。因此，中国要加快法律法规建设，完善政府制度约束，优化利益调节机制，坚持科学分配风险，加强多重监督管理，处理好宏观与微观、短期与长期、政府与市场、传统与创新的关系，不断提高对公共产品与公共服务投资的规模和质量，使 PPP 模式真正成为有限的政府资源撬动无限的市场资源的重要战略路径，大力促进国家可持续发展。

第四章
我国发展PPP模式的战略选择及法制化建设

第一节 我国发展PPP模式的战略选择

一、PPP模式选择

模式选择已成为PPP模式应用的重要内容，一个确定的PPP模式不但在打包、操作组合、合同协议和团队选择等方面提供了一个战略框架，而且也可设定项目具体参与方、各种项目参与者之间的责权利关系。识别并使用一个适宜的模式，对项目的成功有关键作用。

据学者统计，选择合适的项目模式可以减少5%的建设成本。因为每个项目都有自己的特点和要求，且目的是成功，所以项目模式选择必须具有满足项目业主和承包商要求的技术特点，同时还要兼顾政府部门的需求。近几年，不同的项目选择模式与日俱增，这意味着对某些特定的项目应该找出一些系统的、有规律的选择方法。各种模式选择方法的发展可以帮助客户选择最适当的采购制度，以满足他们特定的需要。

（一）PPP 模式选择的影响因素

决策者在选择合适的 PPP 模式时，首先要理清哪些是制约决策做出的因素。国内外关于 PPP 模式选择因素的研究比较少，大部分还处于定性研究阶段。PPP 项目选择因素繁多，不但考虑具体的项目特性，还要考虑不同模式的具体特性、当地政府和私人部门的能力与经验以及环境因素等，表 4－1 将应当考虑的因素进行了简单列举。

表 4－1　　PPP 模式选择应考虑的因素

编号	因素	因素含义
A	风险评估与分担	包括风险评估、风险分担、风险应对、风险管理
B	财务、成本、投资及技术的评估	有关财务技术等评估，如回报率评估
C	特许期的长短与价格确定	私人部门承包期及基础设施的定价
D	政府支持与政府经验	公共部门对项目的支持和此前运作此类项目的经验
E	政府治理、管理	政府对项目的监管力度，包括监督、控制等
F	相关的制度与法律	有无制度和法律的支持
G	私人部门技术、融资的能力与经验	私人部门运作项目的能力和经验
H	有效的合同设计、条款和方案	公私的合同的有效性
I	PPP 外部市场	包括承包商的数量、外部市场的成熟度
J	公众的支持和价格的承受能力	公众对设施的态度
K	外部金融机构的支持	外部的支持
L	合作伙伴的关系	包括公私之间的相互信任、沟通以及解决冲突的能力
M	项目经济性	如交通量增长
N	外界的影响	如高水平信息发展

（二）PPP 模式选择方法综述

具体项目模式的选择，对项目建设是否能够顺利成功进行，具有非常重要的意义。在整个建设过程中，模式决定了项目参与者职责和权限的整体框架和结构。PPP 模式的选择方法归纳起来有：用定量仿真模型评估法、AHP 法、模糊优选法、Vague 集理论的决策方法以及多属性决策方法等。

（三）多属性决策理论法

PPP模式选择的方法很多，在此仅介绍多属性决策理论。多属性决策理论已在复杂决策问题得到广泛的运用，为了解决更为复杂的问题，决策方法的发展也表现出了多样性。

1. 多属性决策定义

多属性决策是通过研究问题的属性来对实际问题进行评价或方案选择。为了得到更合适的方案，需对每一种属性设立一个指标，按照指标对每种方案进行计算，得出最佳方案。根据PPP模式不同的属性设立多个指标，然后计算每种方案的综合值，可以得到最佳模式。

在决策分析中，决策问题往往涉及不同属性的多个指标。多属性决策指在一定数量的备选方案中进行偏好决策，如选择、排序、评价等。在选择PPP项目模式时，需要考虑公共部门、私人部门、项目本身等多个问题特点，并且每一个问题下又有多个属性指标。比如公共部门的需求和对项目的控制度。这些指标之间有不同的量纲，某些指标之间存在一定的矛盾性。因此，采用多属性决策方法不仅克服以上困难，而且还能全面地对不同的PPP模式进行评价。

通常PPP项目规模宏大、因素众多、层次结构复杂，要全面、准确地选择不同PPP模式，不能仅通过单一的属性实现，需要通过多个相互关系、相互作用的评价指标，而多属性决策方法的指标体系正是解决此类问题的有力工具。

2. 多属性决策方法简介

多属性决策发展至今已经演变出多种方法，结合国外文献，可将多属性决策的经典问题归纳为：无偏好信息的方法、有属性偏好信息的方法和有方案偏好信息的方法，不同方法的信息特征各不相同。总的来说，常用多属性决策方法分类如表4-2所示。

表4-2 决策方法分类

决策者给出的信息类型	信息特征	主要方法
无偏好信息	标准水平	属性占优法、最大最小法、最大最大法
	序数	联合法、分离法
	基数	字典法、删除法、排列法

续表

决策者给出的信息类型	信息特征	主要方法
属性偏好信息	边际替代率	线性分配法、简单加权法、TOPSIS 法
		ELECTRE 法、PROMETHEE 法
	相互偏好	层次支付法
方案偏好信息	相互比较	LINMAP 法、交互简单加权法
		多维测度法

在表 4 - 2 中，无偏好信息方法包括属性占优法、最大最小法、最大最大法，它们不需要决策者的偏好信息就可以优选出最佳方案。该类决策方法的特点是决策者在进行决策时了解真实的自然状态，可以确切知道各种行动的后果。属性占优法是在进行决策之前对方案进行筛选，删除不占优方案，在余下的占优集中再进行决策。最大最小法则是选择在最低属性上具有最合适值的方案，即选择属性最小值中的最大的值。与最大最小法不同，最大最大法是靠方法属性的最大值进行选择，在该方法中，首先要识别每一个最大值，然后通过比较这些最大值来选择具有最大值的方案。

有属性偏好信息方法是指决策者对属性或方案存在偏好信息，然后根据这种信息进行属性内部和属性间的比较。该类决策问题常用的方法包括简单加权法（SAW 法）、理想解方法（TOPSIS 法）、淘汰选择法（ELECTRE 法）、排序组织法（PROMETHEE 法）等，其中简单加权法大概是最广泛使用的多属性决策的方法，它要求对每个属性赋予权重，并对属性间的值进行数值测度，决策者通过每个属性值测度比率与赋予属性的权重相乘，然后将所有属性乘积结果相加获得每个方案总分，具有最高分值的方案就是最合适的方案。该方法用数学语言描述如下：

假设，决策者赋予属性一个重要性权重，$\omega = (\omega_1, \omega_2, \cdots, \omega_n)$，那么，最偏好的方法 A^+ 是：

$$A^+ = \left\{A_i \mid f(A_i) = \mathrm{maxmax}_{1<i<n}\left[\left(\sum_{j=1}^{n} \omega_j X_{ij}\right) / \sum_{j=1}^{n} \omega_j\right]\right\}$$

其中，X_{ij} 是第 i 个方案关于第 j 个属性的属性数量化测度结果。$f(A_i)$ 为加性加权函数。通常权重是标准化，所有 $\sum_{j=1}^{n} \omega_j = 1$。

理想解方法（TOPSIS法）是建立在计算每一个方案与正、负理想点之间的加权距离，然后选择与理想方案的差距最小并且与负理想方案差距最大的方案，即最优方案。淘汰优先关系法是Roy等人在20世纪60年代提出的，其版本很多有ELECTRE－Ⅰ、ELECTRE－Ⅱ、ELECTRE－Ⅲ、ELECTRE－Ⅳ、ELECTRE－TRI，这些方法都是由方案相互比较构成，并基于方案评价和偏好权重的一致和冲突方案间的相互比较占优关系程度。针对选择问题的方法是ELECTRE－Ⅰ法，ELECTRE－Ⅱ、ELECTRE－Ⅲ和ELECTRE－Ⅳ解决多属性决策中的排序问题，ELECTRE－TRI则是通过每个方案单独与每个分类的参照对象进行比较，解决有序分类问题。排序组织法（PROMETHEE法）与ELECTRE法一样，是建立在级别优先关系上的排序方法，能较为方便地确定方案集上的偏序和完备序关系。

有方案偏好信息方法需要决策者能够指出他们对方案的偏好，评定这种信息的要求比评定属性信息要求更高，LINMAP法和交互简单加权法使用相互偏好信息作为输入，而多维测度法则解决有方案成对相似信息的多属性决策问题，当方法具有太多属性或在某些时候具有不确定或未知的属性时，多维度测度方法在多属性问题的解决中就具有优势。

此外，层次分析法（AHP法）、蒙特卡洛法（Monte Carlo法）和数据包络分析（DEA）是对多属性决策基本方法的综合应用，都基于多种来源信息，常被作为综合方法来处理较为复杂的决策问题。

二、PPP模式的行业选择

PPP模式早期的表现形式主要是BT、BOT，适用行业以水厂、高速公路等公益设施和收费基础设施等方面。我国推广PPP模式应当先从拥有价格调整机制灵活、市场化程度较高、投资规模较大、长期合同关系清楚、具有长期稳定需求的项目入手，如包括市政供水、供暖、供气，医疗和养老服务设施，以及污水处理、保障房、轨道交通等领域，再逐步推广开来。

（一）PPP模式行业选择的标准

国际上运用PPP模式的项目有稳定现金流、行业变化速度较慢等特点，涵盖电信电力、交通基础设施、市政基础设施、社会公用事业等范围。概括起来，PPP模式在推广中的行业选择方面应当坚持以下标准：

（1）待选项目应当是政府存在某种义务的项目。能够作为PPP的项目，应当是政府站在公共服务或者公共利益角度，需要政府融资、政府支持或者政府倡导的项目，这些项目有政府元素。在政府元素体现方面，这些项目应当纳入政府的建设规划，是通过合法的规划程序确定下来的项目。至于说政府的义务多大，或者公共利益占多大比例，在确定能否列入 PPP 项目时可以不过多考虑。

（2）在日常经营过程中，待选项目应当具有稳定的现金流，具有盈利或者潜在盈利能力。PPP 项目吸引社会资本投资公共设施或者服务，社会资本的目的是获利，不是捐献。政府引资不是向社会资本借债，而是向社会资本出售股权、引进社会管理、优化公司治理、提高经营效率，因此，要求拟采取 PPP 模式的项目，应当能盈利，以满足社会资本的需求。PPP 项目最终都应有一定的盈利能力，利润率通常相当于同期国债利率加减 CPI 的值。

（3）待选项目的风险可控。对于社会资本来说，经营管理不应该有太大风险。PPP 项目一般利润较低，风险也相应较低。

（二）推广 PPP 模式应坚持的原则

（1）坚持理论与实践相结合原则，大力推动制度创新。各级财政部门和相关企业，要高度重视制度设计和制度创新，遵循“顶层设计和摸石头过河相结合”的原则，不断在实践中总结经验教训，逐步形成有利于 PPP 模式发展的长期制度性安排，建设有利于 PPP 市场的规范、透明、健康发展的制度环境。

（2）坚持权责对等原则，处理好政府与市场的关系。在 PPP 项目的建设运营过程中，要坚持市场运作，确保项目质量，降低项目成本。特别要强调的是，政府要切实履行监督管理职责，发现问题及时解决，绝不能随意更改项目内容、推诿责任。

（3）坚持科学决策原则，确保项目“物有所值”。各级财政部门要会同有关方面，积极借鉴“物有所值”评价方法，在项目选择时进行全面评估，对不同采购方式所对应的资本结构、运行成本及可获得的利润进行综合分析，重点关注财政承诺、定价机制、风险分担、项目效率、运营成本等要素。同时，对质量和公众满意度提升等有形投入价值，以及利益相关方参与度提高、组织能力增强、发展目标拓展等无形投入价值进行综合分析，最终判定项目采用 PPP 模式的可行性。

（4）坚持激励相容原则，激发社会资本活力和效率。一方面，要通过建立动态调整的收费定价或政府补贴机制，对社会资本产生足够的吸引力，形成长期稳定的投资回报预期；另一方面，要建立严格的绩效评价机制，对项目运作、公共服务质量和资金使用效率等进行综合考核评价，确保项目建设运营达到预期效果。

（5）坚持公共利益最大化原则，有效平衡经济与社会效益。在进行项目设计时，要确保通过PPP模式使项目的经济效益和社会效益均有所提高。对社会效益较好、经济效益差的项目，可以考虑适度给予财政补贴。同时，要有效行使监督管理权，对社会资本的行为进行有效制约，切实维护好公众利益。

（三）推广PPP模式的行业选择

在我国推广PPP模式，应当先在PPP条件较为成熟的领域进行，逐步扩大PPP的适用领域。根据国务院《关于创新重点领域投融资机制鼓励社会投资的指导意见》（国发［2014］60号）的精神，目前适合PPP模式的领域可以分为以下七大重点领域：

（1）生态环保方面。生态环保是指转变观念和思路，加强引导，树立绿色低碳发展观，发展绿色低碳经济、促进生态健康可持续发展。在生态环保方面，通过林业管理体制改革，鼓励社会资本进入森林经营、荒山荒地造林和退耕还林、林地林权依法流转、发展林下经济、森林旅游等生态产业；环境污染治理方面，在环境监测服务、第三方治污方面开展PPP模式；推荐制度；在污染减排和排污权交易方面开展PPP模式，有效促进环保和节能减排。

（2）农业水利方面。在农田水利设施、水土保持工程、节水供水重大水利工程、重大水利工程等农业水利建设运营方面推广PPP模式。

（3）市政设施方面。市政设施是指由政府、法人、或公民出资建造的公共设施，一般指规划区内的各种建筑物、构筑物、设备等。在城市道路（含桥梁）、城市公共交通、供水、排水、燃气、热力、园林绿化、环境卫生、道路照明、工业垃圾医疗垃圾、生活垃圾处理设备、公园配套服务、场地等设施及附属设施建设运营方面推广PPP模式。

（4）交通方面。在城际铁路、市域（郊）铁路、资源开发性铁路和支线铁路、高速公路与普通公路的建设和运营方面，在建设航电枢纽、港口、内河航运设施方面，在建设枢纽机场、干线机场以及机场配套服务设施等方面推广PPP模式。

（5）能源设施方面。电力建设方面，在常规水电站和抽水蓄能电站、核电设备研制和核电服务、风光电、生物质能发电、背压式热电联产机组、清洁高效煤电项目建设、燃煤电厂节能减排升级改造、电网建设、分布式电源并网工程、储能装置和电动汽车充换电设施等方面推广 PPP 模式。在油气管网、储存设施和煤炭储运建设运营方面，在油气管网主干线、沿海液化天然气（LNG）接收站、地下储气库、城市配气管网和城市储气设施、油气管网支线、原油和成品油商业储备库、铁路运煤干线、煤炭储配体系建设、石化基地炼化一体化项目等方面推广 PPP 模式。

（6）信息和民用空间设施领域。电信业方面，在宽带接入网络建设和业务运营、移动通信转售业务试点工作、信息基础设施方面开展 PPP 模式。国家民用空间基础设施建设方面，在研制、发射和运营商业遥感卫星，提供市场化、专业化服务，在卫星导航地面应用系统建设等方面推广 PPP 模式。

（7）社会事业领域。在养老、旅游、体育、教育、医疗、体育健身、文化设施建设与经营方面推广 PPP 模式。

第二节
我国发展 PPP 模式的法制化建设

通过上文阐明分析美国、英国、澳大利亚关于 PPP 模式的相关法规、文本，借鉴经验且结合我国现有法律环境进行分析，本书认为采用国家统一立法和单项立法相结合的立法模式，是适合我国现状的立法架构。

一、主要国家 PPP 模式法制化状况

在国际上，PPP 模式的立法也没有统一形式，往往根据各国的法律制度及 PPP 模式发展情况而定。联合国发展计划署认为 PPP 是指政府、营利性企业和非营利性组织基于某个项目而形成的相互合作关系的形式。通过这种合作形式，各合作方可以达到比预期单独行动更有利的结果。合作各方参与某个项目时，政府并不是把项目的责任全部转移给私营部门，而是由参与合作的各方共同承担责任和融资风险。PPP 模式可认为是政府公共部门与民营部门合作过程中，让非公共部门所掌握的资源参与提供公共产品和服务，从而实现政府公共部门的职能并同时也为民营部门带来利益。其管理模式包含与此相符的诸多具体形式。通过这种合作和管理过程，可以在不排除并适当满足私人部门的投资

营利目标的同时，为社会更有效率地提供公共产品和服务，使有限的资源发挥出更大的作用。

（一）英国 PPP 模式立法状况

在普通法即案例法中，例如英国，美国，威尔士，爱尔兰等国家，主要法律依据取决于案例法，而不是成文法。以案例法的立法解释为需要根据司法先例，即法官需根据先前司法案例判决做出审判。

英国政府没有专门针对 PPP 模式的法律，但为了促进 PPP 模式的发展，不断推出各种非法律性文本用以引导 PPP 模式在英国公共工程中的应用。1992 年英国保守党首次推出 PFI 模式，主动增加民营企业参与公共服务的机遇，利用民营金融机构作为融资的一部分。英国财政部 2003 年公布的 PFI: Meeting the Investment Challenge 即可视为 PFI 私人主动融资的主要依据。通过对 PPP/PFI 采购项目的调整与规范，确保公平，透明和竞争的主要原则。随着 1997 年工党大力推行 PFI 模式，截至 2011 年年底，共促成 712 个项目，同时获得 54.3 亿英镑的总资产。这些项目中包括，学校，医院，监狱，法院和政府办事处，道路，桥梁，地铁运输以及更为特殊的输入项目，例如防御训练模拟器，海防工程和空中交通控制系统。

英国采用三级模式共同负责 PPP 模式的运作，财政部负责制定公私营机构合作政策及批准纲领，合伙经营机关向公营部门提供私营机构的专门知识及资源，以建立更好的合伙人关系，以及协助公营部门落实 PPP 模式的重要目标，如促进公私合作或者提高效率、提高效益等。公私营机构合作署（Public Private Partnership Programme）是一个由政府拨款成立的地方政府机关，该署向由地方政府协会（Local Government Association）委任的董事局问责，并为发展及进行公私营机构合作的地方机关提供支持工作。

公私营机构合作的合伙人的选择如施工投标、物资采购英国政府采用欧盟统一的平台，按照欧盟的采购指引制定了英国公共工程的基本程序（National Procurement Strategy for Local Government in England）和纲领，同时修订了标准的私营机构注资计划合约，如 PFI 合同文本。英国在 PPP/PFI 模式的推广中，鼓励私营机构改善服务、降低成本及创造就业机会，对此制定了一系列的处理措施。

英国政府认为公众的理解和支持非常重要，因此通常会进行公众咨询，其审计局于 2002 年就公众咨询工作发表的指引是政府主要的法律依据。对于需要政府提供财政支持的 PPP 项目必须取得发起部门及跨部门的项目复检小组的批准。政府对于 PPP 项目的营运监督、合约履行监察，公众服务的质量放在第一位，采购机关应确保私营合伙人的服务表现符合有关法定服务的要求，也可行使对合同的变更、中止等特权；政府每年出版一份有关私营机构注资计划的进展情况详细报表。另外，为了保证公私营机构合作的监管制衡，还应由国家审计署主要负责评估公私营机构合作计划。对于公私营机构合作项目的财务运作，由英国财政部提交国会进行监督，英国合伙经营机关制备多份指引，以使国会了解项目目前的经营状况。

（二）澳大利亚 PPP 模式立法状况

尽管澳大利亚是英联邦成员国，但其 PPP 一开始的发展并不像英国由中央政府统领，而是各州各自为战。2008 年，根据澳大利亚基础设施法案，国家设立了 Infrastructure Australia，其主要职能是协助政府制订基础设施开发蓝图，制订基础设施融资的规章，为政府、投资人和基础设施拥有人提供咨询服务，并通过基础设施和运输部向澳大利亚议会提交年度报告。

在澳大利亚政府的主导下，Infrastructure Australia（澳大利亚基础设施建设）在 2008—2011 年间发布一整套全国公私合作指南。在此系列评估指南中，Infrastructure Australia 提出应将 PPP 项目的决策过程分为投资决策阶段与采购决策阶段，前者确定项目的经济合理性和财务可行性，后者回答公私合作在投资与运行费用、工期、服务质量、运营管理、效率、风险分担等方面是否优于传统采购。根据基础设施服务范畴的分类，2008 年 Infrastructure Australia 发布了适用于社会基础设施的标准的合同范本，即 Commercial Principles for Social Infrastructure，2011 年又发布了适用于经济基础设施的标准合同范本，和 Commercial Principles for Economic Infrastructure。截至 2009 年，澳大利亚的 PPP 市场达 920 亿美元，分布在国防、公路、铁路、卫生、教育、司法、娱乐等部门。

（三）日本 PPP 模式立法状况

日本最初引入 PPP 机制的目的是为了“缩小政府规模”。日本的 PPP 模式借鉴了英国的 PPP 理念，确切地说，是借鉴了英国的 PFI 模式，引进后大力推广，在十几年的时间里，日本的 PFI 事业迅速扩张，取得了良好的经济效益和社会效益，并成为日本基础设施建设的重要力量。

日本政府通过立法手段推动公共服务向社会开放，1999 年通过了《民间融资社会资本整备（PFI）法》；以政府文件形式明确了“民间能做的事交给民间去做”的改革指导原则；并相继发布公共服务改革的政策框架与推进 PPP

实施的五个“指南”等等。

2009 年，日本政府进一步修订、完善了 PFI 法，将原来法案中规定的 PFI 活动只针对道路、医院、国家及地方自治体的办公楼等措施，扩大到人造卫星领域，即将社会力量引入宇宙开发领域。

另外，日本 PFI 法中对于事前的风险评价以及公共部门与私人部门的权责划分，极大地推动了 PPP 模式的成功运用，也值得借鉴。

二、我国关于 PPP 模式的法制建设情况

PPP 模式在我国虽然已经实施多年，但并没有在各个层面上推广开。在法制建设方面也没有统一针对性的立法、缺乏的管理机构、立法层级低、政出多门、项目实施过程中缺乏合法监管，对于私营机构介入基础设施建设运营，缺乏必要的法律法规和详细的操作程序，不能完全适应 PPP 模式的发展。

（一）政出多门、缺乏统一管理

目前，我国没有专门制定 PPP 政策的机构，国务院、原外贸经贸部、原国家计委、原建设部和交通部都制定有各自与 PPP 相关的政策性文件。这种管理形式造成 PPP 管理系统混乱、PPP 规定可操作性差等问题。对此建议由政府某一特定部委对 PPP 项目进行专属管理，负责制定与之相关的政策；此外，还应在此部门下设立 PPP 项目采购、合同管理的经济咨询机构，利用现有行业部委属下的具有相应专业知识（例如交通等）的技术咨询机构，满足 PPP 模式在各行业的应用需求。

（二）评估体系缺失，不利于 PPP 模式推广

我国现行的政策法规在 PPP 项目评估方面缺乏明确的规定。到目前为止，没有任何政策提出过物有所值的概念和定量计算物有所值的方法，也没有任何政策为 PPP 项目的选择提供可靠依据。评估体系的缺失以及对 PPP 项目的适用类型理解不清，直接导致了目前我国 PPP 模式选择的盲目性，不利于其推广和应用。

（三）缺乏私营部门选择标准

我国现行对 PPP 项目私营机构的选择方法也是采用的招投标的方式，但规定过于笼统，可操作性不强，没有提出私营机构的选择标准和私营机构的选择过程，导致现有私营机构选择方法具有盲目性。

（四）合同范本及管理有待健全

在我国现有的合同管理政策中，包括《城市供水特许经营协议示范文本》、《城市污水处理特许经营示范文本》等文件，对于服务定价、服务标准、服务监督以及包括延误风险、法律风险在内的部分风险进行了规定，但仍然存在以下问题：一是规定笼统，缺乏操作性；二是对包括通货膨胀在内的金融风险缺乏评估规定以及处理措施；三是对知识产权的处理缺乏规定；四是对政府公正缺乏规定。

（五）缺乏有效的监管部门

我国在投招标阶段的监管中，没有制定专门针对 PPP 的市场准入措施，与完善的招投标阶段监管仍存在差距。在运营阶段的监管中，虽然提出了应该对价格制定监管、对产品服务质量评价标准监管、对特许经营者违法行为依法进行查处等各方面的内容；但是仍存在很大问题：即规则不够细致、没有合适的监管机构、没有明确监管流程说明、不具有全国性的监管方面的专门政策、对 PPP 项目可能的意外考虑不足等。

（六）解决争端方法有争议

我国在争端处理中，虽然提出了仲裁，但是此方法仍然存在法律争议。《中华人民共和国仲裁法》第二条规定“平等主体的公民、法人和其他组织之间发生的合同纠纷和其他财产权益纠纷，可以仲裁”。第三条规定“下列纠纷不能仲裁：依法应当与行政机关处理的行政争议”。PPP 项目有行政机关的参与，满足《仲裁法》的消极条件；同时也有 PPP 特许经营权合同，满足《仲裁法》的积极条件；所以目前中国 PPP 项目的可仲裁性仍存有争议。

综上所述，在争端处理中我国现行政策还没有明确的处理方法和相关程序，并且在 PPP 项目是否具有可仲裁性的关键性问题上法律规定存在自相矛盾的地方。我国应该出台相关政策，完善争端处理的方法以及步骤；对《仲裁法》中关于 PPP 项目的矛盾成分做出法律解释。

三、我国 PPP 模式立法建议

PPP 模式作为有效吸引国内外私营资本参与基础设施建设的创新途径，在全国范围内已经被广泛地认可和应用，而合理的法规、政策和指南是 PPP 模式能够成功运用的关键。

（一）PPP 模式进行全国统一立法

为了不引起混乱、树立投资者的信心，一部国家性的法律可以显示国家的决心和给予投资者充分的法律保障，菲律宾、印度、巴西、日本和韩国等国均采取了国家统一立法的模式。根据我国的现行法律体系，我国应当对 PPP 模式进行单独立法，制定有全国范围内统一适用的高层级法规。一方面，能够对全国的 PPP 模式制定统一标准，便于 PPP 模式在全国推广应用；另一方面，又能够避免各地政府、不同政府部门的制定各自领域的规章制度，避免政出多门的局面，节省各省及相关部门制定各自规章制度的费用。

（二）单项立法及地方规章对统一立法进行补充

单项立法及地方规章是对统一立法很好的补充，单项立法在国家统一立法的基础上针对某一具体项目或地区进行专门的调整，使其最大限度地与当地情况相符。地方政府不应只是被动地接受来自上级的安排，而是要相对独立并有一定自主权有利于发挥地方政府的积极性，推动 PPP 模式的发展。统一立法为单项立法解决宏观层面的问题，如税收、各种风险担保、公司成立、项目监督、纠纷的解决等方面；但单项立法的效力层次较低，无法超越国法，统一立法才可以解决这一问题。

（三）建立负责 PPP 项目的专门机构

一个 PPP 项目往往复杂而耗时，且市场也会随着政治、经济情况的变化而变化，政府有必要设置一个专门负责 PPP 项目设计、开发、监督和管理的机构。一方面，这一机构有利于减少 PPP 项目的风险，提高资金使用效率并保证 PPP 项目的有效运作；另一方面，也是政府保证由私人投资者提供的公共服务和产品的质量和价格的手段。

PPP 模式在实施过程中，需要对其各阶段活动进行实时监管。因为 PPP 模式一般都不是暴利，需要在严格、精细化管理中才可能有明显利润，如果管理规范可能导致 PPP 项目亏损，而亏损就会影响到民间资本对 PPP 项目的兴趣，干扰到后续的 PPP 项目招商过程。同时 PPP 项目建成后，是否盈利是决定收费的价格和期限的依据，这期间也必须有相应的监管，避免经营者瞒报经营业绩，虚报亏损骗取政府补贴、延长收费时间和提高收费标准。PPP 模式推广的成功与否，与项目实施全过程的密切监管分不开，这就要求政府建立严格、高效的监管机构。

政府对于提供公共服务和产品的责任，并不会因为采取 PPP 模式而消失。当然，这样一个机构的设置有赖于政府基础设施建设主管部门、相关部门以及行业主管部门之间的良好沟通和协调。

（四）设立 PPP 项目纠纷解决机构

PPP 模式下的项目，不同于一般的民事主体之间签订的单纯民事关系，它是由政府与民营主体签订的合同，在出现纠纷时，一个公正、独立于政府的纠纷解决机构十分必要。通过人民法院诉讼程序解决纠纷，在法律角度没有障碍，而通过仲裁机构进行仲裁，就可能因为 PPP 项目双方不平等的地位，成为仲裁的消极因素，而双方合同的约定又成为仲裁机构受理的积极条件。面对 PPP 项目仲裁的争议，需要国家成立专门解决 PPP 项目的纠纷解决机构，用来专门处理 PPP 项目纠纷。

第五章 PPP 综合服务平台技术架构

第一节 概　述

一、基本情况

本章主要描述了开发 PPP 综合服务平台所采用的技术架构规划、规划原则、技术路线、技术架构设计等内容。

“PPP 综合服务平台”建立在国家政务外网上，整合国家信息中心大数据资源，为政府和社会资本达成合作伙伴关系提供线上线下结合的平台，为政府项目单位和国内外 PPP 项目建设商、运营商、供应商、销售商、咨询服务机构、金融机构、投资者开展 PPP 业务提供政策发布、信息公告、项目库服务、项目招投标、项目投融资、产权交易、项目运营在线监管、咨询服务、信用评级服务、研究报告服务、广告与推介、线上线下展会和培训等全方位服务；向政府监管部门和行业协会提供大数据信息，为 PPP 相关政策、法律法规的全面落实提供数据支撑，为监管和决策提供依据；平台支持跨地区、跨政府部门的信息共享和业务协同，为政府各级管理部门高效参与 PPP 管理提供保障。

下面用到的专门术语的定义和外文首字母组词的原词组介绍如下。

面向对象分析（OOP）：一种系统分析方法。

UML 语言：UML（Unified Modeling Language）是一种标准的图形化建模语言，它是面向对象分析与设计的一种标准表示。

B2B：Business To Business。

SOA：Service - Oriented Architecture，面向服务架构。

Web Services：Web Service 便是基于网络的、分布式的模块化组件。

ESB：ESB 全称为 Enterprise Service Bus，即企业服务总线。

Web 2.0：相对 Web 1.0（2003 年以前的互联网模式）的新的一类互联网应用的统称。

RIA：Rich Internet Applications 的缩写，翻译成中文为富因特网应用程序。

EIP：Enterprise Information Portal，企业信息门户。

Ajax：Ajax 是 Asynchronous Java Script and XML（以及 DHTML 等）的缩写。

Spring：一种开源的 Java EE 的 Ioc 和 AOP 框架。

Struts：一种开源的 Java EE 的 MVC 框架。

Hibernate：一种开源的 Java EE 的 ORM 框架。

iBATIS：一种开源的 Java EE 的 ORM 框架。

JPA：SUN 公司关于 ORM 模型的规范。

Apache CXF：一种开源的 Java EE 的 SOA 框架。

UCD：（User - Centered Design）以用户为中心的设计。

PPP：政府和社会资本合作模式。

电子支付：是指单位或个人通过电子终端，直接或间接向银行业金融机构发出支付指令、实现货币支付与资金转移的行为。

网上支付：电子支付的一种形式。网上支付是以互联网为基础，利用银行所支持的某种数字金融工具，发生在购买者和销售者之间的金融交换，实现从买者到金融机构、商家之间的在线货币支付、现金流转、资金清算、查询统计等过程。

支付网关：位于互联网和传统的银行专网之间，主要完成通信、协议转换和数据加解密功能，以保护银行内部网络，安全连接互联网，将不安全的互联网上的交易信息传给安全的银行专网，起到隔离和保护专网的作用。

个人会员：指使用过 PPP 综合服务平台业务并在网站登记个人信息，享有会员信用度的客户。

机构会员：指使用过 PPP 综合服务平台业务并在网站登记机构信息，享有会员信用度的客户。

国家政务外网：国家电子政务外网（简称政务外网）是按照中办发［2002］17 号文件和中办发［2006］18 号文件要求建设的我国电子政务重要公共基础设施，是服务于各级党委、人大、政府、政协、法院和检察院等政务部门，满足其经济调节、市场监管、社会管理和公共服务等方面需要的政务公用网络。政务外网支持跨地区、跨部门的业务应用、信息共享和业务协同，以及不需在政务内网上运行的业务。政务外网由中央政务外网和地方政务外网组成，与互联网逻辑隔离。

二、平台技术架构需求

（一）技术架构性能要求

1. 响应时间

在实际运行中，排除运营商因素，网络带宽不小于 128Kbps 的条件下，90% 的单笔交易响应时间应小于 3 秒，单笔业务的总处理时间应不大于 15 秒（不包括人工键入所占用的时延）；首页的响应时间不应大于 5 秒；日终处理（不含备份）的时间≤3 小时。

2. 交易成功率

应用系统在模拟环境中，交易成功率应达到 99.9%。

应用系统在实际运行中，交易成功率应达到 98%，最低不得低于 96%。

3. 业务处理能力

达到最高峰期间处理的业务量日均交易 2 万笔/天；查询量 10 万笔/天。达到这一目标时，主机 CPU 利用率不高于 75%，I/O 平均利用率不高于 70%）。

4. 交互界面要求

所有人机交互界面要求汉化、美观、易学易用，在线帮助清晰、准确，对于固定的输入选项应提供列表选择和快捷输入方式。各种界面、报表及系统提示清晰明了，可以进行多种联机查询及通过屏幕和打印机输出查询结果，能够提供业务操作和管理界面。

（二）平台可扩展性需求

综合服务平台应具备良好的可扩展性。综合服务平台通过灵活的系统配置方式来适应业务需求变化和业务量增长，为今后预留可扩展的空间。

（三）平台可靠性需求

综合服务平台要求具有高度的可靠性、稳定性。重要数据能及时备份和恢复，关键操作可以进行回退操作，对紧急情况应该有相应的应急处理措施。系统应采用具有容错功能、出现故障时能够迅速恢复的应急措施；采用严格的系统运行控制等系统监控功能；当硬件平台、操作系统、应用系统、通信线路等出现故障时应该有相应的措施进行解决使其不影响正常业务的开展。系统应该满足峰值业务量处理的需要。

（四）平台可维护性需求

综合服务平台的维护在整个系统的生命周期中所占比重是最大的，因此，提高平台的可扩充性和可维护性是提高信息系统性能的必备手段。平台设计应便于维护，具备良好的可维护性；应遵循软件工程思路，采用层次化、模块化的设计，做到层次清晰，各模块相互独立性强，模块间耦合度最小；可方便维护各种基础数据资料，可以根据需要方便地进行应用软件升级和改造。

综合服务平台设计要求层次化、模块化，做到层次清晰，模块合理，对其中的模块可灵活抽取替换，模块与模块之间关系明确，方便业务的扩展和新增。应具有横向扩充能力，支持应用服务器和数据库服务器在数量上的增加。

（五）平台安全性需求

PPP 综合服务平台必须建立在成熟稳定的硬件环境和应用软件基础上，应该有一套完善的备份恢复策略、安全控制和可靠的运行管理机制、故障处理手段，保障系统稳定和安全地运行，应符合国家对网站安全的相关规定。

三、平台技术架构特点

1. 整合性和耦合性强，基于 SOA 架构设计的总体规划

SOA（Service - Oriented Architecture，面向服务架构）是一种架构模型。它可以根据需求通过网络对松散耦合的粗粒度应用组件进行分布式部署、组合和使用。服务层是 SOA 的基础，可以直接被应用调用，从而有效控制系统中与软件代理交互的人为依赖性。SOA 的几个关键特性：一种粗粒度、松散耦合服务架构，服务之间通过简单、精确定义接口进行通讯，不涉及底层编程接口和通讯模型。在 SOA 架构选择上采用 Web Services 开放标准的数据交换技

术路线。Web Services 是用标准的、规范的 XML 概念描述的，称为 Web Services 的服务描述。

基于 ESB 架构整合多个外部系统架构，ESB（Enterprise Service Bus，即企业服务总线）提供了网络中最基本的连接中枢，是构筑平台整合的必要元素。ESB 支持 SOA 中的服务交互，并对其进行管理。使服务交互在服务提供者和服务请求者之间进行，并可以使用各种中间件技术和编程模型来实现。使服务交互参与方不直接交互，而是通过总线进行交互。ESB 需要保持一致的基础架构，提供虚拟化和管理功能来实现和扩展 SOA 核心定义。ESB 作为 SOA 的切入点，使最小投入将已有系统纳入到 SOA 架构中来。

2. 稳定性高，主要是采用成熟的 Java EE 开放平台和分层设计规划

Java EE（Java 2 Platform Enterprise Edition，简称 Java EE）是一种利用 Java EE 平台来简化企业解决方案的开发、部署和管理相关的复杂问题的体系结构。Java EE 体系结构提供中间层集成框架用来满足无需太多费用，而又需要高可用性、高可靠性以及可扩展性的应用的需求。

分层是从逻辑上将子系统划分成许多集合，而层间关系的形成要遵循一定的规则。通过分层，可以限制子系统间的依赖关系，使系统以更松散的方式耦合，从而更易于建设、维护和进化；可以根据业务的变化，通过快速开发或者配置调整系统以适应新的业务需求。

◆ 层次清楚，多层的结构，每一层的作用都有明确的规定；

◆ 具有很强的稳定性，多层结构，每一层都相对稳定，只要接口不变，每一层的改变都不影响其他层；

3. 适应能力强，基于组件的开发和快速原型响应需求

基于组件的开发是普通应用程序开发的变体，它具有如下特点：应用程序由各自独立的组件组成，这些组件的开发和部署保持相对的独立性，而且很可能是由不同的团队开发和部署；通过仅对这种应用程序的某些组件进行升级，从而对其进行小幅度的升级；组件可以在不同应用程序之间共享，因此可对它们复用，但同时也产生了项目之间的依赖关系；尽管并非与基于组件完全密不可分，但基于组件的应用程序倾向于分布式结构；建设多种信息技术渠道的解决方案，多渠道共享业务逻辑。

同步、异步都能处理，既能满足快速反应的业务的需求，又能满足大数据量、复杂的、异步的业务的需求。

4. 开发效率高，可维护性强，基于平台构件复用进行设计开发

软件构件是一种定义良好的独立、可复用的二进制代码，包括功能模块、被封装的对象类、软件框架和软件系统模型等。这些封装起来的业务对象就是目标管理系统软件的骨干成分，或者看成是一些“标准件”，已经实现了用户需求的大部分。这样，用户需求中极具个性化的部分可以花较少的资源和代价即可完成。这种方式把标准化与个性化这两个相克之物隔离开来，先解决通用问题，再解决个性要求问题，符合人类解决问题、完成工作任务的规律。

5. 具有很好的可扩展性，支持分布式部署

模块化使系统很容易在纵向和水平两个方向拓展：一方面可以将系统升级为更大、更有力的平台；同时也可以适当增加规模来增强系统的网络应用。在扩充或修改功能时，基本不会破坏原有结构的稳定性。

6. 良好的用户体验，遵循 Web 2.0 规范和 RIA 技术

Web 2.0 则更注重用户的交互作用，用户既是网站内容的消费者（浏览者），也是网站内容的制造者。RIA（Rich Internet Applications，富因特网应用程序）是下一代将桌面应用程序交互的用户体验与传统 Web 应用的部署灵活性和成本分析结合起来的网络应用程序。

7. 兼容性高，与操作系统、中间件平台、数据库系统无关，与主流硬件无缝集成

本技术架构支持多种操作系统，如 Windows 系列、Linux 系列和 UNIX 系列。也支持多种中间件平台，开源的有如 Tomcat、JBoss 等，商业化平台如 Web - logic、Web Sphere、Oracle Application Server 等。数据库系统支持 Oracle、MS SQL Server、MySQL 等。

架构可安装在主流的服务器上、虚拟环境中等。支持互联网和移动互联网上部署。

8. 安全性高，综合硬件、系统软件和应用软件的整体安全性

基础安全架构可融入防火墙保护、防病毒服务、数据安全与备份、入侵监测、漏洞扫描等。应用安全架构采用统一身份标识、RBAC（基于角色的访问控制，Role - Based Access Control）的用户权限管理模型、应用信息的存储和传输加密处理以及安全日志和审计等手段来保障。

第二节
技术架构规划和原则

根据总体设计指导思想和目标，考虑到 PPP 综合服务平台目前需要的功能和以后的扩展性等方面的要求，结合应用的特点以及使用人员的特点等各方面因素。现进行了详细的分类和整理，归纳和总结出系统架构设计的一些基本策略。

一、总体技术架构规划

作为一个综合服务平台的软件支撑系统，并且考虑到未来的扩展性，需要让平台上的所有的应用系统共享平台的硬件资源，同时平台还要提供数据共享的机制来保证各个应用系统之间的数据和信息的共享，并且要提供统一的管理和配置方法对这些软件和信息进行统一管理。在这种情况下，综合服务平台必须要从用户管理、系统接入、认证、资源授权及访问、应用管理等多个方面进行统一规划和设计，以保证这些功能的实现。

按照“先平台后业务系统”的建设思路，将重要的架构和业务逻辑归纳融入到平台中，在业务系统中则着重从业务功能的正确性、规范性、易用性出发。平台的建设理念为：先进性、标准型、抽象性、可扩展性，平台总结业务系统的技术上和业务上的需求，提供符合业务需求的组件，进行插件式管理，满足各业务系统要求。而业务系统则真正意义上做到技术上平台是无缝连接的，业务上为用户量身定做。

根据以上分析结果，平台技术架构设计时充分考虑了“总体规划，分步实施，急用先行”的指导思想，针对业务中存在的弊端，将重点放在规范操作、加强管理监督、简化操作程序、便于分步实施上。以核心系统平台框架为依据，提出了平台的总体架构，分别从业务角度、软件结构和实现技术上对系统的体系架构进行了深入的阐述。

二、技术架构设计原则

为了保证平台建成后的良好运行和发挥最大的功能和效益，平台的设计应该突出考虑实用性、先进性、扩展性、可靠性、安全性，以求达到和保证系统的高可用性、适应性、准确快速性、友好性和自动性的要求，还应充分考虑到平台要求的可靠性和附加能力。平台建设中应遵循以下技术架构设计原则：

1. 统一性

平台的建设要坚持统一领导、统一组织、统一规划、统一标准、统一实施的五统一原则，建立一整套包括会员、业务、资源、交易等多种业务处理在内统一的应用软件平台。

2. 先进性

平台整体技术架构要符合信息技术的发展趋势。硬件系统应选择具有先进性、成熟性、稳定性，并拥有优良性能价格比的设备；软件系统的选择与开发应在满足业务需求的基础上具有易改造、易升级、易操作、易维护的性能。

3. 经济性

考虑信息技术的高速发展和软硬件设备的快速更新换代，综合服务平台建设以满足 5 年的业务发展要求为设计目标。应充分考虑合理利用已有国家电子政务外网或其他相关成熟平台的网络、软件、硬件、信息等资源，以减轻项目建设的投资压力。

4. 前瞻性

平台结构既要满足当前业务需求，又要充分考虑未来业务的发展和管理的变化，方便新业务和新需求的扩展和支持，满足未来业务持续发展和经营管理决策的需要。平台应具备良好的可扩展性，系统设计及系统配置要能够适应业务需求变化和业务量增长，为今后预留可扩展的空间。

5. 灵活性

平台可通过模块化设计及参数配置，提供较好的灵活性。既要满足标准性规范业务的要求，又要适应区域化业务的灵活要求。

6. 高性能

平台具备高性能是保证多业务正常运行的基础。平台要求具有冗余功能，而且有较强的灵活性，便于扩展；能承受大负荷冲击的能力。

7. 阶段性

应充分考虑平台建设内容与项目实施时间的辩证关系，既要保证总体目标的最终实现，又要考虑在有限时间内实现阶段性目标的合理性。

8. 开放性

平台应遵循开放性原则，提供良好的数据接口，满足与其他系统之间互联互通的要求。

9. 安全性

平台必须建立在成熟稳定的硬件环境和应用软件基础上，应该有一套完善的备份恢复策略、安全控制和可靠的运行管理机制、故障处理手段，保障平台稳定和安全地运行，应符合国家对网站安全的相关规定。

10. 服务性

平台时刻体现着以客户为中心的服务思想，为不同业务定制相应的业务流程和展现界面，为客户提供最好的服务和网站的设计思路。

11. 交互性

各项在线服务的提供，以及友好的对话关系，极大地改善企业的办事效率和形象。平台使用起来简单方便，尽可能地适应不同业务、领域、知识层次的客户需求。

12. 宣传性

提供良好的实用的宣传功能，突出平台文化特色和定位，使之成为平台自身宣传的重要载体。建设平台时应该充分考虑业务发展的总体规划，建设中应遵循“集中管理、分业务处理和闭环控制”的业务组织原则。

三、本系统的技术路线

（一）基于 SOA 架构设计的规划路线

SOA（Service - Oriented Architecture，面向服务架构）是一种架构模型，它可以根据需求通过网络对松散耦合的粗粒度应用组件进行分布式部署、组合和使用。服务层是 SOA 的基础，可以直接被应用调用，从而有效控制系统中与软件代理交互的人为依赖性。SOA 的几个关键特性：一种粗粒度、松散耦合服务架构，服务之间通过简单、精确定义接口进行通讯，不涉及底层编程接口和通讯模型。

（二）基于 Web Services 开放标准的数据交换技术路线

Web Services 是用标准的、规范的 XML 概念描述的，称为 Web Services 的服务描述。这一描述囊括了与服务交互需要的全部细节，包括消息格式（详细描述操作）、传输协议和位置。该接口隐藏了实现服务的细节，允许独立于实现服务基于的硬件或软件平台和编写服务所用的编程语言使用服务。这允许并支持基于 Web Services 的应用程序成为松散耦合、面向组件和跨技术实现。Web Services 履行一项特定的任务或一组任务。Web Services 可以单独或同其他 Web Services 一起用于实现复杂的聚集或商业交易。

（三）基于 ESB 架构体系

ESB（Enterprise Service Bus，即企业服务总线）提供了网络中最基本的连接中枢，是构筑平台整合的必要元素。ESB 支持 SOA 中的服务交互并对其进行管理，使服务交互在服务提供者和服务请求者之间进行，并可以使用各种中间件技术和编程模型以实现。使服务交互参与方不直接交互而是通过总线进行交互。ESB 需要保持一致的基础架构，提供虚拟化和管理功能来实现和扩展 SOA 核心定义。ESB 作为 SOA 的切入点，使最小投入将已有系统纳入到 SOA 架构中来。

（四）采用基于 Java EE 开放平台的技术路线

Java EE（Java 2 Platform Enterprise Edition，简称 Java EE）是一种利用 Java 2 平台来简化企业解决方案的开发、部署和管理相关的复杂问题的体系结构。Java EE 体系结构提供中间层集成框架用来满足无需太多费用而又需要高可用性、高可靠性以及可扩展性的应用的需求。通过提供统一的开发平台，Java EE 降低了开发多层应用的费用和复杂性，同时提供对现有应用程序集成强有力支持，有良好的向导支持打包和部署应用，添加目录支持，增强了安全机制，提高了性能。

（五）基于 Web 2.0 技术构建网站

Web 2.0 则更注重用户的交互作用，用户既是网站内容的消费者（浏览者），也是网站内容的制造者。

（六）采用 RIA 技术，实现优秀的用户体验

RIA（Rich Internet Applications，富因特网应用程序）是下一代将桌面应用程序交互的用户体验与传统 Web 应用的部署灵活性和成本分析结合起来的网络应用程序。

（七）采用基于组件的开发和分层的技术路线

基于组件的开发是普通应用程序开发的变体，它具有如下特点：应用程序由各自独立的组件组成，这些组件的开发和部署保持相对的独立性，而且很可能是由不同的团队开发和部署；通过仅对这种应用程序的某些组件进行升级，从而对其进行小幅度的升级；组件可以在不同应用程序之间共享，因此可对它们复用，但同时也产生了项目之间的依赖关系；尽管并非与基于组件完全密不可分，但基于组件的应用程序倾向于分布式结构；建设多种信息技术渠道的解决方案，多渠道共享业务逻辑。

分层是从逻辑上将子系统划分成许多集合，而层间关系的形成要遵循一定的规则。通过分层，可以限制子系统间的依赖关系，使系统以更松散的方式耦合，从而更易于建设、维护和进化；可以根据业务的变化，通过快速开发或者配置调整系统以适应新的业务需求。

（八）采用基于大颗粒构件复用和基于平台的技术路线

软件构件是一种定义良好的独立、可复用的二进制代码，包括功能模块、被封装的对象类、软件框架和软件系统模型等。这些封装起来的业务对象就是目标管理系统软件的骨干成分，或者看成是一些“标准件”，已经实现了用户需求的大部分。这样，用户需求中极具个性化的部分可以花较少的资源和代价即可完成。这种方式把标准化与个性化这两个相克之物隔离开来，先解决通用问题，再解决个性要求问题，符合人类解决问题、完成工作任务的规律。

第三节 综合服务平台技术架构设计

一、总体部署架构

PPP 综合服务平台构建在国家电子政务外网上。国家电子政务外网为满足政务部门不同的业务需要，通过 MPLS VPN 技术划分出公用网络区、专用网络区和互联网接入区三个功能域，相互之间安全隔离，路由不可达，不同功能域之间需采用必要的安全措施和策略进行数据交换。PPP 综合服务平台的功能域示意图如图 5－1 所示。

对图 5－1 功能域示意图的说明。

第一，外部用户包括政府用户、企业用户、事业单位用户和公众用户。政府用户包含中央政务部门用户和各级地方政务部门用户。企业用户、事业单位用户和公众用户包含运营商、金融机构、咨询服务机构、机构投资者、个人投资者、清算银行、第三方支付机构等用户。

第二，客户端支持多种接入模式，包括台式电脑、笔记本电脑、智能手机和智能终端等。接入渠道主要是通过互联网和移动互联网。

第三，互联网接入区是政务部门通过逻辑隔离安全接入互联网的网络区

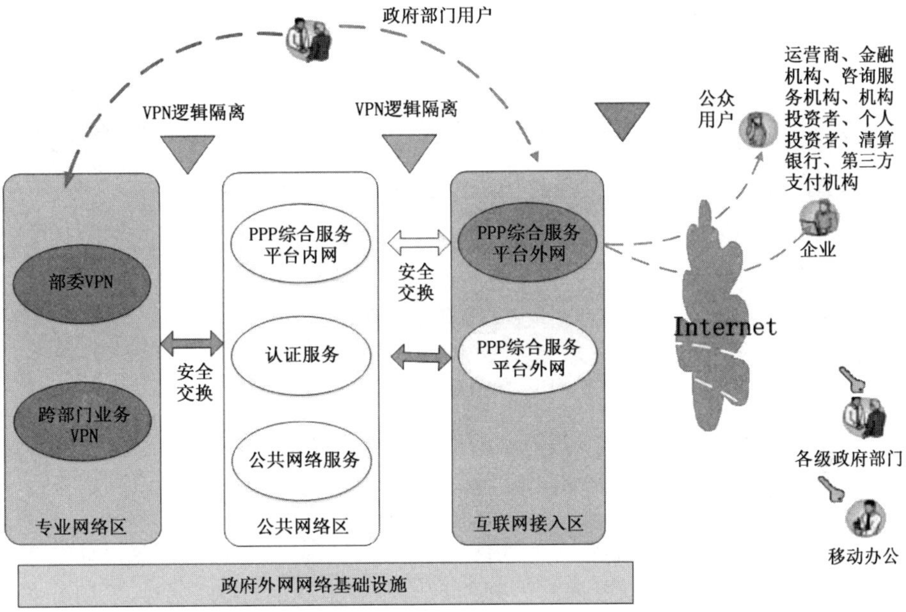

图 5-1　PPP 综合服务平台功能域示意图

域，在互联网接入区部署 PPP 综合服务平台的外网部分，主要是 Web 接入服务器系统和网关服务器系统。

第四，公用网络区是各部门、各地区互联互通的网络区域，为政务部门公共服务及开展跨地区、跨部门的业务应用提供支撑平台。在公用网络区部署 PPP 综合服务平台的内网部分，主要是应用服务器系统和数据库服务器系统。

基于以上的 PPP 综合服务平台功能域，PPP 综合服务平台采用集中式的总体部署架构，如图 5-2 所示。

统一建设模式是指主机系统和业务逻辑均集中在国家电子政务外网中心，在中心配置应用服务器和数据库服务器等设备，集中存储业务数据，集中部署应用逻辑，实现在全国中心的统一维护和管理。

（1）Web 服务器主要负责对客户端应用程序的集中管理，采用集群方式部署。

（2）网关接口服务器主要负责与外部系统进行数据交换、消息分发等业务。采用分布式部署。

（3）应用服务器主要负责应用系统的逻辑结构、数据关系和整合结构，包括企业服务器总线、业务事务处理等。采用集群方式部署。服务层是相关业

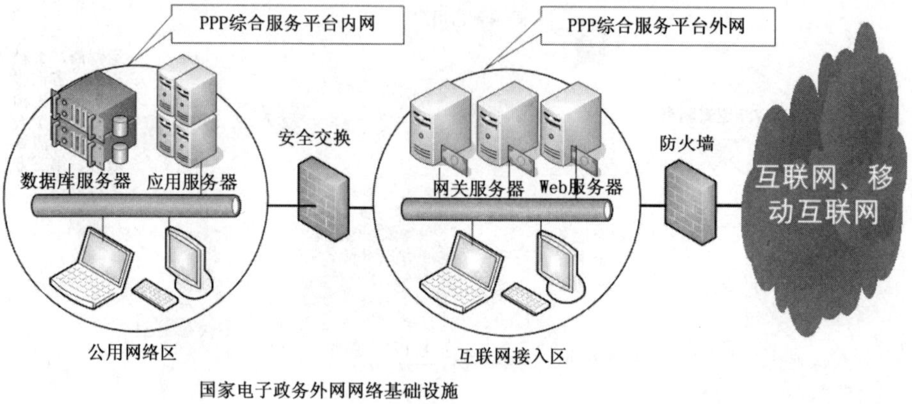

图 5－2　PPP 综合服务平台总体部署架构

务逻辑的处理中心。

（4）数据服务器则主要负责数据的存储和组织、分布式管理、备份和同步等等，数据服务器可以根据其处理的具体业务不同而分为多个，采用分布式部署。

软件部署图是用来显示系统中软件和硬件的物理架构。从部署图可以了解到软件和硬件组件之间的物理关系以及处理节点的组件分布情况。使用部署图可以显示运行时系统的结构，同时还传达构成应用程序的硬件和软件元素的配置和部署方式。本平台的部署如图 5－3 所示。该部署图描述了平台运行时的硬件结点，以及在这些结点上运行的软件组件的静态视图。部署图显示了系统的硬件，安装在硬件上的软件，以及用于连接异构的机器之间的中间件。

前台 PC 的 B/S 用户或 C/S 用户通过 Web 服务器访问服务接入并连接到应用服务器，智能终端用户通过移动互联网服务器访问服务接入并连接到应用服务器，多个 Web 服务器做负载均衡，多个应用服务器做集群，同时可针对不同的业务模块由两个数据库服务器也做热备份。双数据库服务器采用存储系统来进行数据的保存。应用服务器通过网关服务器去调用外部系统，如第三方支付、基金系统、银行系统等。

二、平台整体逻辑架构

参考了通用信息门户和互联网应用的体系结构与功能，结合 PPP 综合服务平台作为统一接入、应用集成和工作门户平台的实际需求和特点，对平台进行了全面设计。

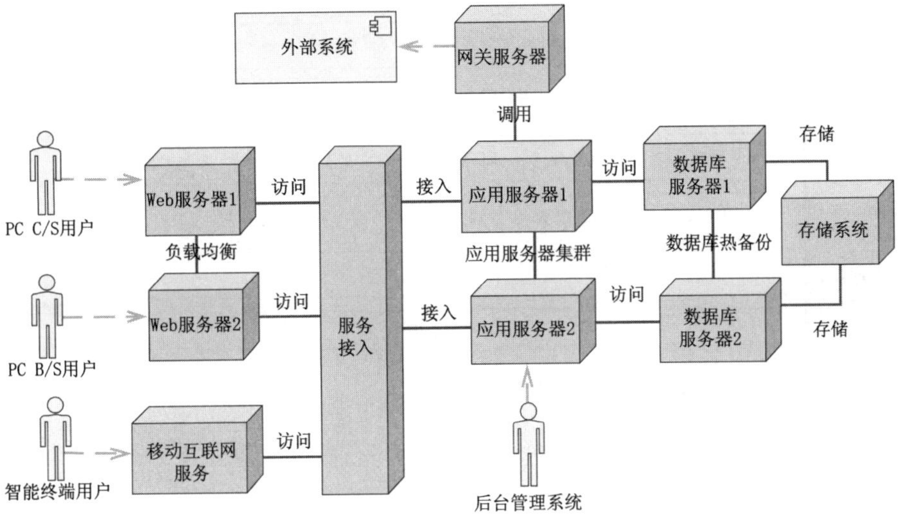

图5-3 PPP综合服务平台软件部署图

PPP综合服务平台是多层次框架（展示层、服务层、业务层、数据层等），这是一个完整的Web互联网应用服务架构下，能够为用户提供多渠道访问、个性化服务、协作服务等多种功能。整个架构是面向今后发展的、具有很好整合能力的架构，可以防止今后出现在数据、应用、用户界面层面的孤岛，实现资源的再利用。除了快速满足现有的业务系统的功能性要求的同时，还可以快速将新的应用部署到架构中来，共享架构所提供的共用服务，在架构上满足了系统的扩展性、高性能、高可用性等要求。其系统逻辑架构如图5-4所示。

PPP综合服务平台逻辑架构设计分为五个层次：第一层次是PPP综合服务平台门户应用系统；第二层次是业务管理层次；第三层次是应用系统基础平台；第四层次是基础服务平台；第五层次和第六层次是系统基础软件平台和硬件网络平台。所有层次都是通过ESB总线来进行整合和调度。下面分别说明这几个层次的构成。

（一）PPP综合服务平台门户应用系统

工作门户平台的主要由用户工作界面和处理界面等部分组成。

综合信息门户（Portal）位于用户接入层，支持用户通过多种不同渠道进行信息及服务的访问，比如，内部网站、客户端、通信网关、呼叫中心等形式，并有效地整合系统所涉及的相关应用和信息，使内外用户可以通过单一的

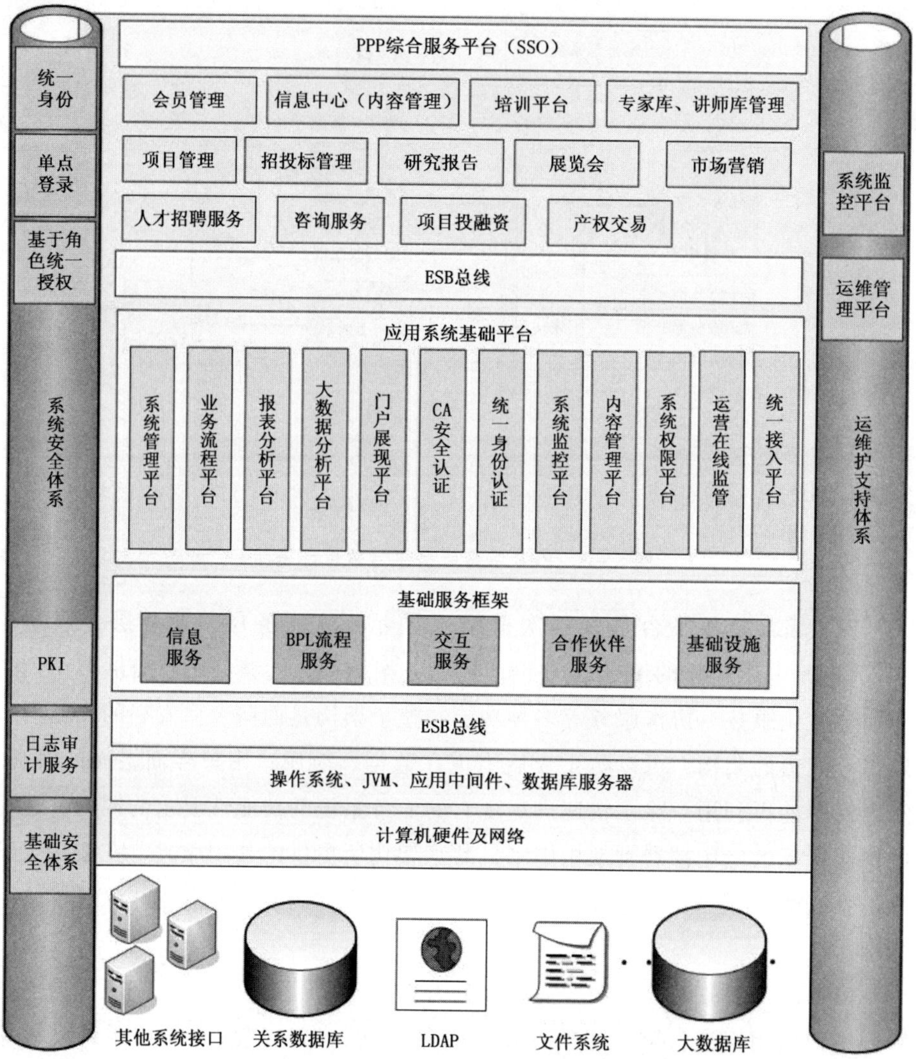

图 5-4　PPP 综合服务平台逻辑架构设计

入口，使用多种渠道个性化地访问相关的各种类型信息，从而保障同一身份的用户从不同渠道进入系统时，可获得一致的信息。

综合信息门户（Portal）是一个统一服务平台，是为所有的应用系统提供的统一服务。同时，信息门户还提供了个性化、单点登录（SSO）、统一用户管理、统一认证和多渠道（移动电脑，智能手机、平板电脑灯）接入等服务。

建立综合门户系统可以实现如下目标：

（1）由于可以访问相关性更强的信息并且可通过单一接入点访问应用，因此可提高用户的满意度。

（2）增强各后台人员的协作能力，缩短事务处理周期，提高工作效率。

（3）使信息流和管理得到改善，而且拥有一致的基础设施，因此可降低运营成本。

（4）统一的数据和处理逻辑，支持多种渠道接入方式，统一进行展示。

（5）提供统一的管理平台，提高管理水平。

（6）由于可以访问相关性更强的信息并且可通过单一接入点访问应用和协作工具，因此可提高员工的工作效率。

（7）在展示层面不同应用系统间的集成及互操作性，进一步提供工作效率。

（8）安全性更好，并且可实现单点登录，因此可减少管理员的密码数量并改善用户体验。

（9）统一的显示外观和一致的用户界面可降低培训成本。

（10）灵活度更高，快速响应市场的变化，通过门户平台技术所提供的应用与数据间的松散耦合特性，为日后动态增加功能模块提供基础。

（11）对现有网站资源的利用和重用，保护现有投资，并实现系统的平滑扩展。

（二）业务应用层次

针对各个业务系统的管理，PPP 综合服务平台现阶段规划有系统有会员管理系统、信息中心（内容管理）、专家库、讲师库管理、项目库管理系统、招投标管理系统、研究报告、展览会、市场营销、培训与交流、人才招聘服务、咨询服务、项目投融资（含互联网金融创新）、产权交易（含互联网金融创新）、运营在线监管、大数据及政务外网服务等。当有新的业务加入，可以采用插件模式加入到整个 PPP 综合服务平台中。

业务应用管理是实现业务逻辑和业务数据的重要资产。通过集成已有的应用和信息将可以在系统上实现更多增值服务，以服务为中心的信息资源整合通过应用访问服务来实现对已有应用和信息集成。以服务为中心的信息资源整合通过业务应用服务实现新应用集成。一方面，业务应用服务实现开发可重用、可维护和灵活的业务逻辑组件；另一方面，业务应用服务也提供运行时的集成提供对业务逻辑组件的自治管理。

（三）应用系统基础服务平台

应用系统基础服务平台采用可复用的软件构件。软件构件是一种定义良好的独立、可复用的代码，包括功能模块、被封装的对象类、软件框架和软件系统模型等。这些封装起来的业务对象就是平台的骨干成分，或者看成是一些“标准件”，已经实现了共性需求的大部分。这样，用户需求中极具个性化的部分可以花较少的资源和代价即可完成。这些构件包括系统管理平台构件、BPM 业务流程管理平台构件、报表管理平台构件、CA 安全认证构件、统一身份认证构件、加解密处理构件、系统权限处理构件等，这些服务构件抽象了诸如任务管理业务需求，为开发各种个性化的业务需求提供了强大的二次开发平台和开发工具。在业务数据服务平台的支撑下为全局业务的整合、集成和重新部署提供一个技术基础。

应用系统基础服务平台采用 SOA 架构，基于 Web Services 技术，支持 ESB 等模式，提供基于服务整合思想实现非侵入式信息共享和集成。

（四）基础服务框架

以服务为中心的信息资源整合采用“关注点分离”的方法规划信息资源整合中的各种架构元素，同时从服务视角规划每种架构元素提供的服务，以及服务如何被组合在一起完成某种类型的集成。架构元素提供的服务即包括狭义的服务和广义的服务。从服务为中心的视角看来，服务包括下面五类：

（1）信息服务。系统数据的分布性和异构性是应用系统，方便访问系统数据和在系统数据之上提供增值服务的主要障碍。数据集成和聚合技术用于提供对分布式数据和异构数据的透明访问，以服务为中心的信息资源整合通过信息服务提供集成数据的能力。

（2）BPM 流程服务。PPP 综合服务平台内部的各个系统通过将业务活动自动化来提高业务活动的效率，但这些系统的业务活动并不是独立的，而是和其他系统的活动彼此关联的。将彼此关联的业务活动组成自动化流程可以进一步提高业务活动的效率。以服务为中心的信息资源整合通过流程服务来完成业务流程集成。在业务流程集成中，粗粒度的业务逻辑被组合成业务流程。流程服务提供自动执行这些业务流程的能力。

（3）交互服务。交互服务负责将 PPP 综合服务平台中适当的信息，在适当的时间，传递给适当的客户，而不管客户在哪里，客户用什么样的设备接入，减少中间环节。以服务为中心的信息资源整合通过交互服务来实现用户访问集成。

(4) 合作伙伴服务。以服务为中心的信息资源整合通过伙伴服务提供与监管部门、银行、第三方支付等外部的系统的集成能力。因为业务伙伴系统的异构性，伙伴服务需要支持多种传输协议和数据格式。

(5) 基础设施服务。为业务流程和服务提供安全、高效和健康的运行环境也是以服务为中心的信息资源整合重要的部分，基础设施服务管理包括两部分：分别是安全和目录服务，系统管理和虚拟化服务。安全和目录服务一般涉及用户、认证和授权管理，如单点登录（SSO）。而虚拟化服务主要是用于管理服务器，存储、网络和其他IT资源。

（五）ESB集成

ESB（Enterprise Service Bus，企业服务总线）是SOA架构中核心组成部分，ESB对于PPP综合服务平台各系统，各种应用相互连通，相互交互的大动脉起着举足轻重的作用，并把自己提供的服务部署在ESB，同时也通过ESB引用其他应用提供的服务。ESB通过各种适配器技术将各个业务系统中的业务逻辑和业务数据包装成企业服务总线支持的协议和数据格式。通过企业服务总线，这些被包装起来的业务逻辑和数据就可以方便地参与上层的业务流程，从而已有应用系统的能力可以得以继续发挥。这里的已有应用包括遗留应用、预包装的应用和各种系统数据存储。

ESB所提供的基于标准的连接服务，将应用中实现的功能或者数据资源转化为服务请求者能以标准的方式来访问的服务。ESB借助服务注册管理以及问题域相关的知识（如业务方面的一些规则等）自动进行的，不需要服务请求者和提供者介入，从而实现了解耦服务请求者和提供者的技术基础，使服务请求者不需要关心服务提供者的位置和具体实现技术，双方在保持接口不变的情况下，各自可以独立地演变。

所以，ESB采用总线结构模式简化了应用之间的集成拓扑，通过源自实践的模式，提供了基于标准的通用连接服务，使服务请求者和服务提供者之间可以以松散耦合、动态的方式交互，从而在不同层次上使面向服务集成解决方案是一个松散耦合、灵活的架构。需要注意的是，ESB是一种架构模式，不能简单地等同于特定的技术或者产品，但实现ESB确实需要各种产品在运行时和工具方面的支持。

（六）第五层次和第六层次是系统基础软件平台和硬件网络平台

系统基础软件平台支撑平台包括操作系统、关系数据平台、NoSQL数据库、大数据平台等。网络硬件支撑平台基础设施包括基础网络平台、主机/服务器、存储、备份设备及其他辅助设备。

（七）两类保障体系

安全保障体系包括安全支撑平台和安全基础设施两部分。其中，安全支撑平台提供统一用户管理服务，即提供统一的用户管理、角色管理、授权、认证等；另外，还提供信任服务、基本安全防护、故障恢复及容灾等服务。安全基础设施包括：物理安全、网络安全、系统安全、应用安全、安全管理等。

运维支持体系包括：运行、维护、支持与培训体系，贯穿系统设计到运行的全过程，提供良好的运维支持功能。

三、平台的组件架构

逻辑架构主要支持功能性需求——即在为用户提供服务方面系统所应该提供的功能。本平台的组件视图如图 5 - 5 所示。逻辑视图的风格采用面向对象的风格，其主要的设计准则是试图在整个系统中保持单一的、一致的对象模型，避免就每个场合或过程产生草率的类和机制的技术说明。平台的组件视图是用来反映平台中系统组件间关系。从该组件视图中，可以了解各软件组件之间的运行时依赖关系。使用组件图可以将系统划分为内聚组件并显示代码自身的结构。

组件图 5 - 5 对于不同的小组是有用的交流工具，可以呈现给关键项目发起人及实现人员。通常，当组件图将系统的实现人员连接起来的时候，逻辑图展示了对将要被建立的整个系统的早期理解。其层次组件架构分为五层，分别为 User Interface 组件层、Enterprise Service Bus（ESB）集成层、业务逻辑和基础平台层、接口层和数据库层，详见表 5 - 1。

四、平台分层技术架构

PPP 综合服务平台构建高效的应用软件架构。系统软件的逻辑结构应具备良好的层次结构，各功能层次间的调用关系定义清晰，各层次的功能扩展与调整相对独立，不同的层次结构间的耦合关系尽可能的小。同时，在高效的应用软件架构下构建综合服务平台的业务系统，可以充分保证平台的可扩展性和可维护性。针对 PPP 综合服务平台，系统的技术架构如图 5 - 6 所示。

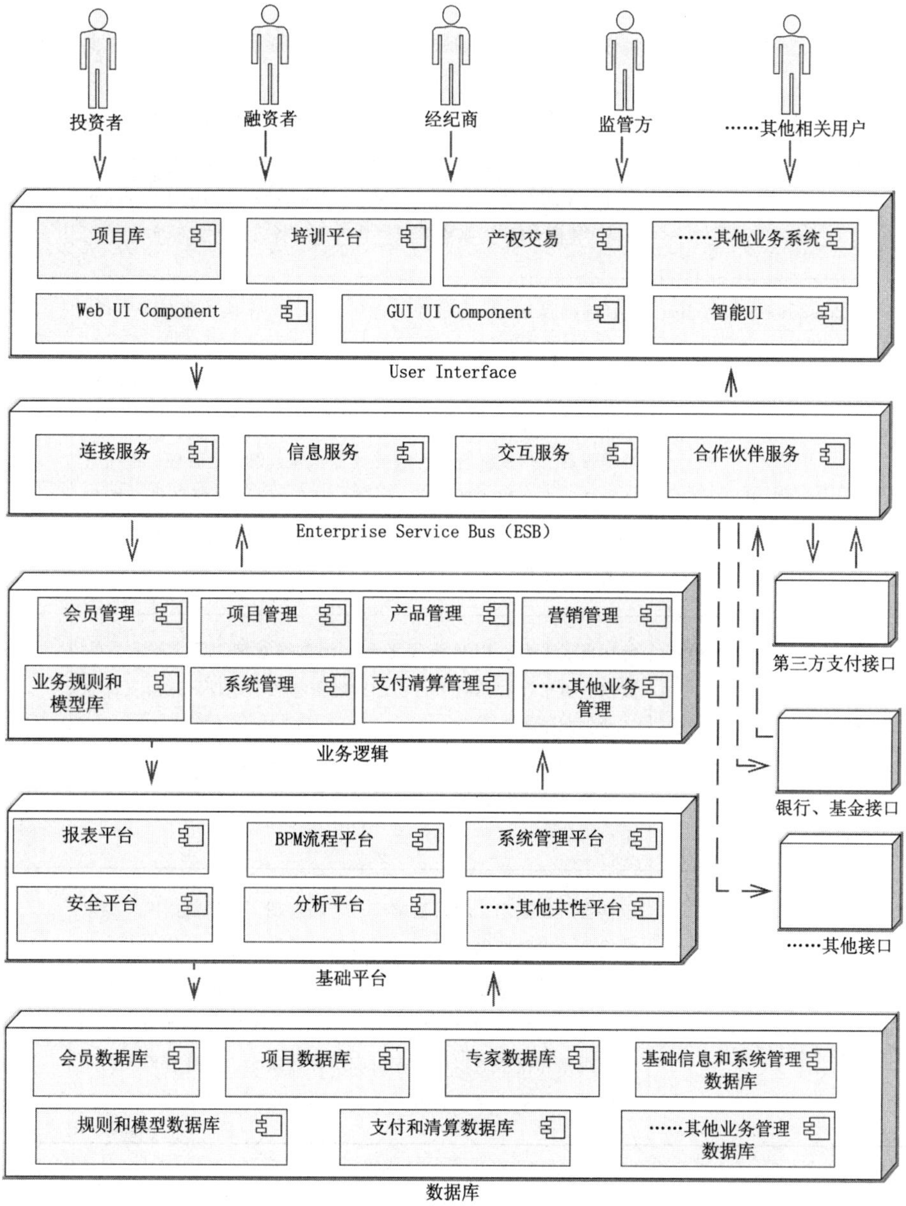
投资者
融资者
经纪商
监管方
……其他相关用户
项目库
培训平台
产权交易
……其他业务系统
Web UI Component
GUI UI Component
智能UI
User Interface
连接服务
信息服务
交互服务
合作伙伴服务
Enterprise Service Bus (ESB)
会员管理
项目管理
产品管理
营销管理
业务规则和模型库
系统管理
支付清算管理
……其他业务管理
业务逻辑
第三方支付接口
银行、基金接口
报表平台
BPM流程平台
系统管理平台
安全平台
分析平台
……其他共性平台
基础平台
……其他接口
会员数据库
项目数据库
专家数据库
基础信息和系统管理数据库
规则和模型数据库
支付和清算数据库
……其他业务管理数据库
数据库

图 5－5 平台组件架构

表 5-1

序号	层组件	说　明	备注
1	User Interface 组件层	包括会员管理、信息中心、专家库、讲师库、项目库、招投标、研究报告、展览会、市场营销、培训与交流、人才招聘服务、咨询服务、项目投融资（含互联网金融创新）、产权交易（含互联网金融创新）、运营在线监管、大数据及政务外网服务等。采用的访问渠道有 Web UI Component、GUI UI Component、智能 UI。主要覆盖用户各种渠道接入的方式和实现	
2	Enterprise Service Bus（ESB）集成层	包括连接服务、信息服务、交互服务、合作伙伴服务等组件。主要实现服务接入和转换	
3	业务逻辑层	包括会员管理、项目管理、产品管理、培训管理、专家管理、讲师管理、招投标管理、研究报告管理、展览会管理、市场营销管理、人才招聘服务管理、咨询服务管理、项目投融资管理、产权交易管理、大数据管理、系统管理等组件，是业务实现的核心组件	
4	基础平台层	包括报表平台、BPM 流程平台、元数据管理、安全平台、大数据分析平台、策略平台、加密解密算法等组件。主要支持业务逻辑层组件	
5	接口层	包括第三方支付接口、银行接口、基金接口、清算接口、政府接口、信用接口等外部组件	
6	数据存储层	包括会员数据库、项目数据库、产品管理、培训数据库、专家数据库、讲师数据库、招投标数据库、研究报告数据库、展览会数据库、市场营销数据库、人才招聘服务数据库、咨询服务数据库、项目投融资数据库、产权交易数据库、基础信息数据库、规则和模型数据库、支付和清算数据库、系统管理数据库等组件。未来扩展会有数据中心和大数据平台等组件	

技术架构采用多层结构，分别为用户层、数据表现层、服务接口层、业务逻辑层、数据处理层和数据源层。关于这些层次的介绍，在下面进行详细说明。

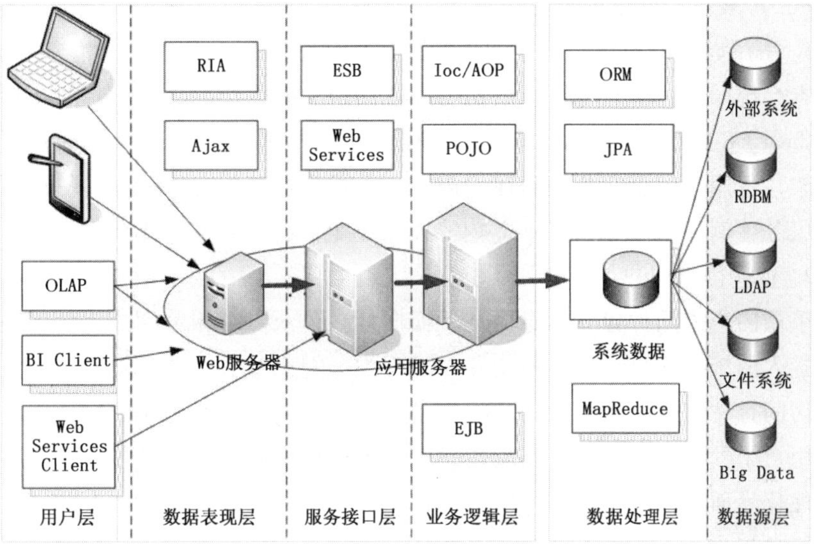

图 5-6 系统技术架构

(一) 用户层设计

1. 设计思路

客户端是系统与用户的接口，对于系统整体性能，客户端的影响较小，但对于系统的可操作性和界面友好性，却起着决定性的作用。另外，客户端同核心应用服务器承担了应用系统的不同实现逻辑，共同完成系统需求的各项功能。这就要求客户端同核心应用服务器在技术上应基于同一体系，在同核心的数据交换格式、协议方面也应该统一。

在分析本系统业务内容的基础上，从实用角度考虑，在规划软件平台的客户层时，可考虑采用 Web 方式支持日常性的操作处理、查询等，以充分利用 Web 界面的简洁、美观的特点。Web 方式采用 RIA 技术和 Ajax 来实现。除此之外，短信、智能手机等技术的应用也提供了更为丰富的接入手段。在设计软件平台的用户层时，需要未来对这些技术手段接入的需要，提出了信息渠道的概念，通过统一的渠道接入管理服务实现多种渠道接入，达到共享业务逻辑及数据的目的。

2. 实现方案

各种客户端接入方式多种多样，对于 Web 客户端采用标准的 HTTP/HTTPS 协议通过内网或外网门户接入，调用相关服务器端业务逻辑。

（二）表现控制层设计

1. 采用成熟的商业门户中间件产品建立信息门户

本系统的设计和开发基于成熟的商业门户中间件产品之上，构架于业界领先的 Java EE 应用服务器基础之上。商业门户中间件为用户提供了一个可扩展的框架，可用于和企业应用程序、内容、人员和流程的交互，同时提供了各种附加服务，例如单点登录、Web 内容发布、个性化、企业应用集成等。

2. 企业信息门户

采用门户中间件建立信息门户，面向社会公众以及相关商业单位，提供多渠道接入的统一入口。在本系统建设过程中，需充分考虑到公众网络用户对系统的访问，着重强调数据及访问安全问题。信息门户实现的功能包括：

用户个性化应用界面。不同用户、不同应用可以定制风格相似、内容不同的个性化界面，满足不同用户的业务使用需要。

信息集成。不同的业务应用系统通过相应的 portlet 将应用系统的数据和信息集成到同一显示页面中，通过不同的 portlet 用户与不同的应用系统进行交互操作。改变已往用户需要在不同窗口操作不同应用系统的繁琐工作。除了新建的 Web 应用之外，对已有的基于 B/S 的应用都可以通过 Portlet 进行集成。Portlet 不但可以连接本地应用，又可以通过 portlet 代理访问远程应用系统，从而做到系统访问不受地理位置的限制。

统一用户档案。系统用户访问不同应用系统时，只需使用一套用户身份和验证信息。系统解决此用户在不同应用中的身份验证和角色管理。用户无需使用不同身份多次登录不同应用系统，提高了工作效率。

3. 采用基于 Struts 或 Spring MVC 的表现控制层框架

在表现层的实现上，将门户服务器同 Web 应用服务器从逻辑上分开进行考虑，以便于系统表现层的集成。可采用当前流行的 Struts 框架或 Spring MVC 作为 Web 层的基础应用框架。Struts 是源自于 Apache 的 Jakarta 工程，是一个开源代码工程，在结构上完全遵照 MVC 模型设计，是目前最为成熟和流行 Web 层框架。在 Struts 中，主要使用到了 Java EE 中的 JSP、Javabean、Taglib、XML 和 Servlet 等技术，并结合了多种经典的设计模式，将 Web 应用开发的主要技术整合到一个统一的框架中，开发人员利用其进行开发时不用再自己编码实现全套 MVC 模式，极大地节省了时间。

（三）服务接入层设计

基础服务框架平台采用 SOA 架构，应用 Web Services 技术，支持 ESB 等模式，提供基于服务整合思想实现非侵入式信息共享和集成。在服务接入层采用 Apache CXF 框架。Apache CXF 是一个开源的 Web Services 框架。除了支持众多的标准、数据绑定、传输协议。

（四）业务逻辑层设计

1. 总体设计思路

业务逻辑层基于成熟中间件产品设计和开发，用于部署应用系统的核心业务逻辑，是整个软件平台的核心层次。业务逻辑层，按照横向（子系统）、纵向（技术实现层次）两个维度进行规划。

按照横向划分，将该层划分为公共服务平台与核心业务组件两大部分，其中核心业务组件按照子系统、模块进行组织，涵盖了各子系统。业务组件通过定义对外服务接口供表现层调用或其他业务组件调用，完成业务处理过程。通过划分子系统和业务组件，可以实现各子系统的灵活部署，既可以将所有业务组件集中部署，也可以按照子系统划分单独进行部署。其中，公共服务平台由一组抽象出来的与具体业务无关的公用服务组成，为业务逻辑层的组件提供支撑服务，该平台的主要服务功能包括：服务接入管理，数据访问服务，工作流服务，用户权限管理，日志管理服务，安全审计服务等。

按照纵向实现划分，业务逻辑层由服务接入（Facade）、应用服务（Application Service）、业务对象（Business Object）、数据访问服务（Data Access Service）组成，其他公共服务作为底层支撑对以上各个部分提供基础服务。

2. 业务处理请求接入方式（Facade）

业务逻辑层的统一入口，任何接入渠道都要通过 Façade 来访问业务逻辑。考虑到系统的客户端与核心系统间的交互的协议是 RMI/IIOP 协议，同时由于系统应用的集中必然导致用户访问数量及密度的提高，采用 Session 作为客户端的接入网关（Facade）。

上述接入方式主要处理在线交易型业务请求，实现业务的同步操作。对于异步型事务处理方式，框架采用 Message Driver Bean 技术实现访问接入。

3. 业务访问代理（Delegate）

客户端在访问核心应用服务器时，并不由客户端直接访问核心应用服务器，而是通过访问代理（Delegate）组件间接连接到应用服务器。在业务访问代理中，封装了应用服务器远程访问的细节，包括服务定位、初始化等操作，降低了客户端同应用服务器之间的耦合程度，以利于系统的开发、发布及运行维护和系统升级。

4. 数据访问服务（Data Access Service）

主要提供和数据库、文件等等数据访问的服务。该服务主要将业务逻辑和具体数据存储分离开，有利于系统的扩展和升级维护。

5. 数据传输方式

客户端和服务器之间采用 Event 技术实现数据的封装和传输。Event 技术事实上是一种 DTO 技术，将业务数据（或封装业务数据的轻量级对象，即 Value Object）以属性值方式保存在 Event 中，通过远程调用访问的方式实现数据传输。同时封装在 Event 中的数据还包括一些辅助数据，如用户身份识别信息、访问状态信息等。根据系统交易型业务处理的特点，针对请求—应答信息，分别定义 Request-event 和 Response-event 两种类型的对象，用以封装请求、应答数据。

6. 访问请求的处理过程

所有的客户端接入都经过接入网关，保证了系统的一致性和良好的维护性。在 Façade 中，首先要校验该访问的有效性和合法性，从根本上杜绝了客户端对系统的非法访问请求。

在数据客户端的访问数据接入业务逻辑层后，在调用业务处理逻辑之前，先用过滤器对上传的数据做有效性检验，只有当数据属性满足相应业务要求之后，系统才会将请求传送给设定的业务处理逻辑，以避免因先天数据畸形影响系统数据的完整性。

完成数据有效性校验后，系统将调用业务处理逻辑（Application Service）做具体的业务处理。在处理过程中，Application Service 将根据逻辑要求访问相应的业务对象（Business Object）完成具体的业务操作。

7. 系统结构设计

根据业务逻辑将系统分为公共模块和业务逻辑处理两部分，其中公共模块包括了业务应用中抽取出来的公共服务和公用组件，是基于该平台作为应用开发的基础。基于这些组件，开发人员可以将注意力集中在具体的业务逻辑实现上，而不必担心底层技术实现的细节，减轻开发人员的工作量，提高了开发效率。同时，也提高了系统的可靠性。在业务逻辑处理方面，将业务实现又按照分层的原则分为 Filter、Application Service、Business Object、持久层等多个层次，一方面可以使开发人员可以根据不同的业务内容分工完成不同的开发内容，提高了并行开发的工作效率；另一方面可以提高代码的复用度，避免了大量的代码冗余，提高了系统的清晰度；同时，各个应用模块都是以组件方式开发和发布，很大程度上降低了系统的耦合度，增强了系统分布式部署的特性，提高了系统部署的灵活性。

通过良好的系统设计，最大限度地满足应用系统对性能等各项指标的需求，是系统建设完成后顺利运行的前提条件。

（五）数据资源层设计

数据资源层用来保存持久型的数据资源。可使用四种不同的形式来保存各种不同的持久型数据资源，它们分别是：关系数据库、目录服务器、文件系统和大数据文件系统。

1. 关系数据库

可使用关系数据库系统来保存系统的业务信息、审计信息以及一些重要的日志信息。对于数据库的类型，可使用成熟、稳定的关系型数据库，也可以使用最新的面向对象型数据库。

2. 目录服务器

可使用目录服务器来保存系统中的用户档案信息。用户档案信息包括用户的姓名、系统用户名、密码以及功能权限和数据权限等信息。使用目录服务器来统一保存用户档案信息，从而支持系统的单点登录功能。

3. 文件系统

文件系统来保存系统的日志信息。这些日志是不需要系统提过查询功能的日志。使用文件系统来保存日志信息，可以使得用户更简单、灵活的操作和管理日志文件。此外，还可以使用文件系统保存一些非结构化的数据，如图片、语音文件等。

4. 大数据文件系统

对于大量的、历史的关系数据、非关系数据和半关系数据。为了更好地进行大数据分析，建立大数据文件系统，包括分布式文件系统、NoSQL 数据库系统、大数据分析系统等。

五、平台安全架构

（一）基础安全架构

基础安全架构包括防火墙保护、防病毒服务、数据安全与备份、入侵监测、漏洞扫描等。这个完全采用国家电子政务外网安全保障体系。

国家政务外网安全保障体系由安全管理、网络防护、网络信任、安全服务等构成，实现分级、分层、分域保障网络与信息安全，中央政务外网已达到信息安全等级三级的防护要求。包含内容如下：

第一，安全管理。进行网络安全态势监测、预警，制定安全管理制度，制定网络安全接入、安全互联互通及数据交换等安全规范。

第二，网络防护。提供基础安全防护，主要保障中央政务外网的可用性、完整性、可控性等。保障措施包括 VPN、防火墙系统、入侵防御系统、防病毒系统、远程安全接入系统、流量监测系统等内容。

第三，网络信任。由电子身份认证基础设施和密钥管理基础设施构成政务外网网络信任服务体系，为部署在政务外网上的业务应用提供身份管理、身份认证、密钥管理等应用安全基础服务，在此基础上还可为业务应用提供数据加密、数字签名、电子签章、时间戳等应用安全增值服务。国家信息中心“政务 CA”证书服务在政务领域是首屈一指的。对网络身份包括人、设备、数据、软件、资源的身份进行管理，保障网络安全。

第四，安全服务。提供网络与信息安全的风险评估、等级保护等咨询服务。

（二）平台应用系统业务安全架构

信息安全方案可以最大限度地保护信息不受诸多威胁的侵犯，目的是确保业务连续性，将业务成本和风险降低到最低程度，将操作人员的满意度提高到最大限度。业务安全架构主要是基于业务的统一身份标识、用户权限管理模式、存储和传输加密、日志和审计等。

1. 统一身份标识

建立全局性唯一用户身份标识是实现统一授权、单点登录以及应用整合的先决条件。所谓统一用户身份标识是指该标识在所有的应用系统中独一无二的代表该用户。根据企业信息系统的实际情况确定职工在整个合平台系统的唯一性身份标识。这就为平台建设提供了最基础的保证。通过访问控制组件可以集中地管理平台的所有用户。为了符合平台的人员结构和管理层次，访问控制组件可以实现用户的分层管理。

PPP 综合服务平台对客户账户及密码的校验，PPP 综合服务平台整合国家信息中心“政务 CA”数字证书服务技术，证书管理系统采用“政务 CA”数字证书认证系统。该系统用于给服务器、网上客户颁发证书，并对证书有效性进行验证。

2. 用户权限管理模型

在即将建设的平台上，将要建立一个基于 RBAC（基于角色的访问控制，

Role-Based Access Control）模型的、统一的用户档案管理，统一的用户认证与授权机制，从而实现各个应用子系统的用户权限统一管理机制，并有效的支持单点登录功能的实现。用户权限管理模型是现实中的人员、人员的职责和机构之间的关系在系统中的抽象，它是系统实现统一认证、授权和权限管理的基础。用户认证与授权机制包括用户、角色、功能（资源）、权限、组织机构等方面的基本概念。SSO（单点登录）要求用户只需要进行一次身份认证，就可以访问到所有的授权应用。

平台使用用户权限管理模型来解决由于业务不同而产生的功能权限、数据权限的差异，同时通过这种灵活的配置来实现系统中“共性和个性融合”的特点。

3. 存储和传输加密

PPP综合服务平台要提供加密和解密模块，对系统传递的关键信息进行加密和解密；对敏感数据如客户密码、操作员密码等要实施数据加密存放，并具有密钥的管理和更新。

4. 日志和审计

PPP综合服务平台要建立完备的系统日志，对各个模块的运行情况和用户关键操作进行跟踪记录。通过周期性审计、实时审计和事后审计等审计策略，以发现非法违规操作，进而发现网络安全漏洞并及时采取补救措施。需要进行日志记录的内容包括：各类操作人员的关键操作信息、前后台业务交易和清算处理的关键信息、用户及机构变更等与安全管理相关的信息等。

六、基于服务总线整合多个政务系统架构

对于一些国家政务系统，可以通过松散耦合的服务总线集成到PPP综合服务平台中，其集成的架构如图5-7所示。

ESB（企业服务总线，Enterprise Service Bus）是SOA整合中的基础设施，实现对应用服务之间交互的管理和监视，能够在PPP综合服务平台内部与国家政务系统之间连接新的和现有软件应用程序，从而在服务请求程序和服务提供程序之间提供了多方面的分离，达成应用独立，服务共享的松散耦合机制，为系统提供适当的适应性与灵活性。

ESB的功能可以简单概括为这几个方面：在服务与服务之间路由消息；在请求者与服务者之间转换传输协议；在请求者与服务者之间转换消息格式；处理来自于各种异构源的业务事件。

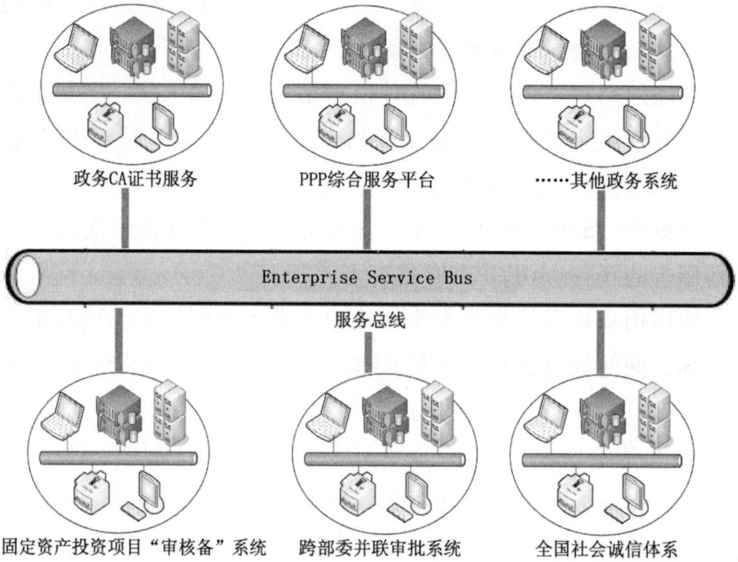

图5-7 ESB整合其他政务系统

以ESB为PPP综合服务平台整合系统的核心，可以有效地重用了现有的国家政务系统及服务，降低了时间、成本以及集成的风险，实现了灵活的业务模型，为新业务的开展提供了可能与方法。而且，它制定了基础的集成规范，为未来系统的集成提供指导标准。

整合的系统包括但不限于下面的政务系统。

（一）整合国家信息中心的信息安全服务

国家信息中心“政务CA”证书服务在政务领域是首屈一指的。平台上的电子认证服务解决网络身份问题，是一切安全的基础。电子认证不依赖网络，除了在政务网外，在互联网、局域网上也可以用。对网络身份包括人、设备、数据、软件、资源的身份进行管理，保障网络安全。PPP综合服务平台可以利用国家信息中心“政务CA”证书服务对平台内会员进行认证和安全保障。

国家信息中心“政务CA”证书服务未来的目标是在网络空间提供“信任服务”，包括两种产品：电子数据证书和电子政务本。现在23个部委在用此证书，并且在22个省已经建立起一级数据管理中心，5年后预计成为全国最大的电子认证服务体系。服务对象包括700万公务员，2300万事业单位，还有国企，预计服务对象有5000万个。国家非常重视网络空间信任安全体系的建设，设立了“加强网络信息空间安全保障”的研究课题，以推动网络信息安全的基础建设。

（二）整合全国固定资产投资项目“审核备”系统

全国固定资产投资项目“审核备”系统收集的是项目过后的信息，已经上线。本系统主要存储了国家正在审核和审批的项目信息，包括项目的一些详细信息，如区域，类型，投资额，进度等等。

利用固定资产投资项目“审核备”系统的项目信息，能在 GIS 地图上看到某一区域的同类投资情况，另叠加 4 个规划情况。这样给投资者充分信息让投资者决定是否投资。

（三）整合跨部委并联审批系统

跨部委并联审批系统是解决项目的串联审批问题，从一个编码、一个项目信息表开始，在多个部委流转，并联同时审批，效率将大大提高。监察部从中监督。符合中央领导要求大数据、云计算提升政府事中事后的监管服务水平的要求。本系统由国家信息中心牵头开发。

利用跨部委并联审批系统，可以加快大型项目的审批进度。

（四）全国社会诚信体系

全国社会诚信体系主要是实现三类信用评级：自然人、法人、地方政府。国务院决定由发改委和人民银行“双牵头”。金融征信在人民银行，未来会建接口。除此以外的 36 个部委要有数据交换平台，设在国家信息中心的国家政务外网上。国家信息中心是部级联席会“技术支撑组”组长。将委托几家大型互联网公司开发增值服务。

全国社会征信体系对 PPP 综合服务平台及其重要。信用源可以有多个，可以是国家依法产生的，也可以是社会产生的，PPP 综合服务平台也可以形成一个新的信用源。

第六章

以平台数据为基础成立 PPP 产业引导基金和扩大市场融资渠道的研究

伴随着新常态经济发展阶段的确认，我国进入全面改革新时期，决策层对 PPP 展现了高度重视与明确要求。2014 年亚太经合组织财长会议上，我国财政部长楼继伟提出把促进基础设施投融资合作作为一个重点领域，并指出未来要积极推动基础设施的政府与社会资本合作（PPP）模式。这不仅切中当前亚太区域经济发展需求，也将为今后亚太经合组织合作打下坚实基础。同年，国务院总理李克强 10 月 24 日主持召开国务院常务会议，会议称："积极推广政府与社会资本合作（PPP）模式。优化政府投资方向，通过投资补助、基金注资、担保补贴、贷款贴息等，优先支持引入社会资本的项目。创新信贷服务，支持开展排污权、收费权、购买服务协议质（抵）押等担保贷款业务，探索利用工程供水、供热、发电、污水垃圾处理等预期收益质押贷款。"2014 年 11 月 26 日，国务院要求创新投资运营机制，扩大社会资本投资途径，建立健全政府和社会资本合作（PPP）机制。由此可见，PPP 模式将成为未来经济发展的一大趋势。

目前，我国的 PPP 相关立法与实践都在大力推进过程中。2014 年 9 月，《财政部关于推广运用政府和社会资本合作模式有关问题的通知》（财金［2014］76 号）出台；2014 年 11 月 29 日，财政部下发《关于印发政府和社会资本合作模式操作指南（试行）的通知》（财金［2014］113 号）；至 2014 年年底，由国家发改委牵头起草的《基础设施和公用事业特许经营法》（征求意见稿）已经过了 8 次修改讨论。

国务院总理李克强 2015 年 1 月 14 日主持召开国务院常务会议，决定设立国家新兴产业创业投资引导基金，助力创业创新和产业升级。本研究认为，尽快设立国家级 PPP 产业引导基金，通过政府和社会、民间资金协同发力，促进产业升级与创新，推动 PPP 发展。

另外，在大数据时代的背景下，平台数据因其有效性、及时性等众多优势得到了越来越多的应用，将平台数据与 PPP 产业引导基金相结合，可以发挥两者的优势，对我国经济发展具有重要意义。

第一节 PPP 产业基金

一、产业基金的历史

产业基金包括产业投资基金和产业引导基金。

产业投资基金是指通过向多数投资者发行基金份额设立基金公司，由基金公司自任基金管理人或另行委托基金管理人管理基金资产，委托基金托管人托管基金资产，从事创业投资、企业重组投资和基础设施投资等实业投资。

产业引导基金是国家和地方政府为了引导行业发展而创设的产业融资平台，通常指由政府设立并按市场化方式运作的政策性基金，主要通过扶持创业投资企业发展，引导社会资金进入创业投资领域运行。

产业引导基金设立的重要目的之一是撬动民间资金投入到重点扶持引导的行业、产业中。一般有几种不同的运作模式：对创业投资发展处于初期阶段的地区，可采用引入“补偿基金 + 股权投资”的模式以快速启动引导基金，尝试引导社会资本引入创业投资领域；对创业投资发展处于成长阶段的地区，可通过引入“引导基金 + 担保机构”的模式，扩大融资规模，加速创业投资的发展；对创业投资发展处于相对成熟的地区，可将引导基金作为母基金吸引社会投资，发挥其最大功效，促进创业投资发展。

本节主要讨论的是其中涉及公私合作模式（PPP）的产业引导基金的历史发展。我国产业引导基金在不同时期对企业不同发展阶段投资情况如图 6 - 1

所示。

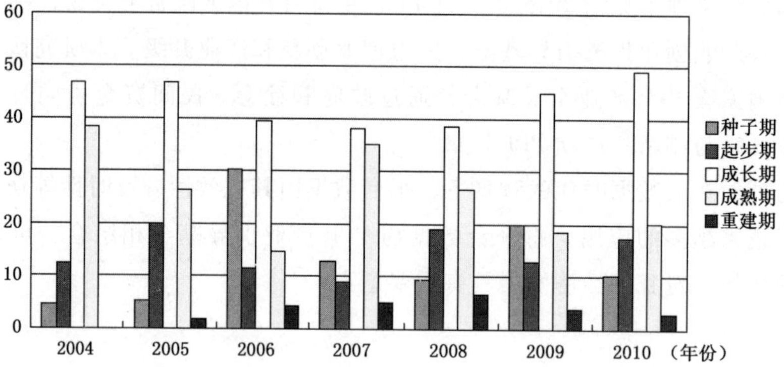

图6－1　我国产业引导基金在不同时期对企业不同发展阶段投资情况（单位：%）

在我国，产业引导基金的发展历史一共经历了以下三个阶段，详见表6－1。

表6－1　产业引导基金的发展历史

时间	发展阶段	相关法律规定	发展状况
2002—2006年	起步探索阶段	2005年11月国家发改委、科技部等十部委共同发布《创业投资企业管理暂行办法》，明确提出国家及地方政府可以设立创业投资引导基金，采取参股基金、融资担保等方式去支持创业投资企业	2002年1月，北京市中关村管委会在全国率先设立“中关村创业投资引导资金”，随后在法律和政策鼓励下，北京、上海、江苏三地开始设立引导基金，截至2006年年底，我国共设立了6只创业投资引导基金，总额为40亿元
2007—2008年	迅速发展阶段	—	从科技部到地方政府，纷纷筹划设立引导基金。2007年6月，科技部、财政部启动设立了规模为1个亿的首个国家级创业投资引导基金—科技型中小企业创业投资引导基金，带动了全国创业投资引导基金的发展。2007—2008年间，全国新成立政府创业投资引导基金超过20只，总规模超过110亿元

续表

时间	发展阶段	相关法律规定	发展状况
2009 年以来	规范运作阶段	2008 年 10 月 18 日，《关于创业投资引导基金规范设立与运作的指导意见》正式生效，明确了引导基金设立与运作的基本原则，解决了引导基金运作的很多操作性难题，为各地引导基金的设立与运作提供了操作指南	我国创业投资引导基金步入到规范化发展的轨道，加上创业板的推出，各地政府设立引导基金的积极性高涨，引导基金的设立进入新一轮高潮。截至 2010 年年底，全国已设立政府引导基金超过 40 只，基金总额超过 300 亿元

数据来源：2013 年政府引导基金专题报告（29 页）。

二、国外产业基金的现状与启示

（一）欧美国家产业引导基金的法律环境与现状（以美国、英国为例）

美国的国家产业引导基金存在着两种模式：一种是通过立法形式确定的小企业投资公司（SBIC）计划，SBIC 计划是私营经济与政府之间的合作，是按照私营的创业资本基金加入政府设立的小企业投资公司计划的形式与政府之间开展合作。其支持对象主要为处于种子期和初创期的中小企业。另一种是新兴市场创业投资促进（NMVC）计划，NMVC 是对处于中低收入地区的小企业给予股权融资和密集的操作援助。

英国在 1998 年设立了政府创业投资基金，成立之初，其管理是由中小企业政策理事会负责，2000 年 4 月起，由新成立的小企业服务局负责。该基金是以支持各地区设立创业投资基金的形式来增加对中小企业的投资。在整个经济体制中，英国大规模的推广了公私合营，包括四种公私合营类别：第一类为所有权，即将私营部门的所有权纳入国有企业。第二类为提供服务的公共部门（包括基础设施），包括引进和特许，这些私营部门将承担提供公共服务的义务，例如维持、加强和建设必要的基础设施。英国的第三类公私合营是从公共资产中生产商业价值，比如出售政府服务，将其纳入更为广泛的市场和其他的一些合作中，这些合作利用了私营部门的经济能力和专长去开发公共产业的商业潜力。第四类为重叠类，是公共部门，私营部门和第三部门三方共同来促进政治经济发展的方式。

其中，在英国最广泛运用的公私合营模式是民间融资计划（Private

Finance Initiative，PFI）以及在此基础上精化的 PF2 项目。PFI 在 1992 年作为一种利用私营部门的管理技能和商业知识的手段被引进，已成为英国的公私合营体制（PPP）形式中最常使用的一种模式。在这个模式中，政府将公共服务等工作任务外包，利用市场部门的技术和资源来根据公共部门（各级政府或社区等）提出的规范要求提供公共基础设施和公共服务，政府按照服务的质量支付。PFI 将适当的风险转移到私营部门，为整个项目的成本周期和服务的传递提供了一个创新的方法。

（二）亚洲产业引导基金的法律环境和现状（以印度为例）

印度政府作为强大的后盾鼓励私人部门投资，主要存在三种公私合营的模式，包括修改设计加建造（总承包）合同，以绩效为基础的管理/维修合同以及应用最多的 BOT（建设—操作—转换）模式，形成了一个包括机构、开发者、融资人、股本提供者、政策和程序的公私合营的生态系统。其公私合营的项目领域分布和金额分布如图 6－2、图 6－3。

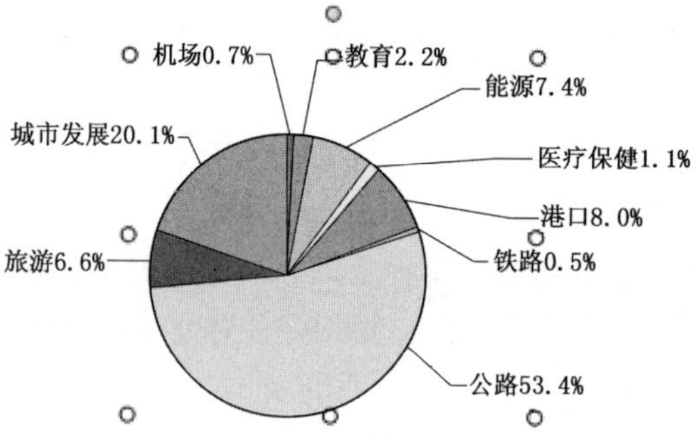

图 6－2 印度公私合营项目领域分布图

来源：印度公私合营项目数据，2011 年 7 月 31 日。

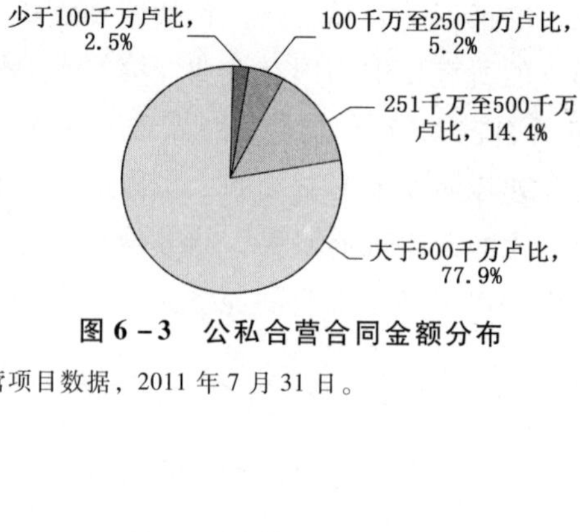

图 6－3 公私合营合同金额分布

来源：印度公私合营项目数据，2011 年 7 月 31 日。

（三）非洲产业引导基金的法律环境与现状（以南非为例）

南非的产业引导基金始于1997年，拥有详尽的公私合营项目周期，项目周期涵盖了公私合营的两个主要阶段：准备阶段和项目时间。准备阶段包括项目周期的第一至第三阶段：公私合营的启动、可行性研究和采购阶段，并且包括了公私合营协议的签订阶段。项目时间包括第四至第六阶段：发展、服务和退出。

（四）澳洲产业引导基金的法律环境与现状（以新西兰为例）

在新西兰，CRAIGS投资合作公司和MORRISON & Co PIP有限公司创办新西兰社会基础设施基金，可以通过公私合作关系让新西兰投资者参与到社会基础设施资产建设中去。其中，PIP基金是根据于2008年5月份生效的2008年有限责任合伙法案组建的有限合作企业。PIP基金将由MORRISON & Co公司完全自主运行的下属公司管理，拥有远高于预期的投资回报率，并且允许PIP基金投资者参与到任何类似资产分红中。

三、我国产业基金的现状与特征

（一）我国产业引导基金的相关法律法规

自2006年以来，我国政府颁布了多项法律，鼓励企业创业投资的发展，同时也对产业引导基金的发展作出了相应规定。表6-2列出了我国对产业引导基金的相关法律法规。

表6-2　　我国对产业引导基金的相关法律法规

法律法规名称	规定内容
《创业投资企业管理暂行办法》（2006年3月1日起实施）	第二十二条提出“国家与地方政府可以设立创业投资引导基金，通过参股和提供融资担保等方式扶持创业投资企业的设立与发展”
《国家中长期科学和技术发展规划纲要》（2006—2020年）	提出“探索以政府财政资金为引导，政策性金融、商业性金融资金投入为主的方式，采取积极措施，促进更多资本进入创业风险投资市场”。“鼓励有关部门和地方政府设立创业风险投资引导基金，引导社会资金流向创业风险投资企业，支持保险公司投资创业风险投资企业，允许证券公司开展创业风险投资业务，允许创业风险投资企业通过债权融资方式增强投资能力。”

续表

法律法规名称	规定内容
《关于创业投资引导基金规范设立与运作的指导意见》（国办发［2008］116号）	对引导基金的各方面作出了详细的规定，提出引导基金的性质是由政府设立并按市场化方式运作的政策性基金，宗旨是发挥财政资金的杠杆放大效应，引导基金的资金来源是支持创业投资企业发展的财政性专项资金；引导基金的投资收益与担保收益；闲置资金存放银行或购买国债所得的利息收益；个人、企业或社会机构无偿捐赠的资金等。引导基金应按照“政府引导、市场运作，科学决策、防范风险”原则运行。在管理上，应该遵照国家有关预算和财务管理制度的规定，建立完善的内部管理制度和外部监管与监督制度。引导基金可以专设管理机构负责引导基金的日常管理与运作事务，也可委托符合资质条件的管理机构负责引导基金的日常管理与运作事务，并将其纳入公共财政考核评价体系。财政部门和负责推进创业投资发展的有关部门对所设立引导基金实施监管与指导并且引导基金章程应当具体规定引导基金对单个创业投资企业的支持额度以及风险控制制度

（二）我国产业引导基金的现状与启示

目前，在我国政府引导基金中，按照资金来源大体可以分为两类：一种是政府财政独立出资设立的，包括国家和省级、地市级政府（省、市、区政府、高新区等）单独出资及国家和地方政府联合出资两个层次；另一种是地方政府联合政策性银行共同设立的创业投资引导基金。

经过发展，我国政府引导发展基金基本上形成四类比较典型的模式：深圳模式、上海模式、天津模式和江苏模式，详见表6－3。

表6－3　几种模式的现状

模式种类	发展状况	措　施
深圳模式	高新技术产业产值以平均35%的速度增长，高新技术产品产值占工业总产值的比重超过50%，高新技术企业累计达到上万家	在创业投资方面，由政府向人大提出议集，由市财政拨款5亿元，由深圳市投资管理公司作为出资人，深圳市能源集团公司、深圳市机场集团公司、广深铁路有限公司、深圳市盐田港集团公司、深圳市深宝饮料公司、深圳中兴通讯公司等出资2亿元人民币，发起成立了深圳市创新投资有限公司。按照公司制进行设立，并组建专业团队进行管理。经营团队严格按创业投资理念和市场化模式运作，网罗国内外优秀人才和精英组成投资专业队伍，经营上把短期与长期结合起来，连续几年产生收益分红，很快产生了示范、引导和放大作用，影响了整个深圳地区的创业资本形成和创业资本运作模式

续表

模式种类	发展状况	措　施
上海模式	目前，上海创业投资公司在信息技术、生物医药、新材料与环保四个领域投资了 150 余个项目，带动了近 30 亿元人民币社会资本	上海创业资本基金由政府出资 6 亿元人民币，作为国有独资公司—上海创业投资公司成立，相当于上海独资的国有资本创业资本基金，最初严格作为基金公司形式出现，本身不设立专业管理团队，而是将基金管理对社会实行招标制度，从多家管理公司中优选出 22 家，将创业资本基金以切块方式提供给各专业管理公司进行委托管理。从 2004 年起，上海市财政每年投入 20 亿元人民币，连续 3 年支持重大产业科技攻关项目。2004 年先期投入的 20 亿元人民币由上海创业投资有限公司和上海大盛投资有限公司分别管理，以资本金注入、无息委托贷款等方式支持首批 29 个重大攻关项目。国家开发银行上海分行从 2004 年开始，每年提供专项贷款，以“分批借贷、分批还款”方式贷给科技型中小企业，2004 年发放的 1 亿元人民币贷款通过市科技创业中心和浦东生产力促进中心统借统还，2 家中心负责评审借贷项目和企业
天津模式	天津市科技创业促进中心由天津市科委全权负责，作为一种事业单位而存在。天津市科技创业促进中心管理着一只由市财政拨款建立的创业投资专项资金，它采取引导基金的方式进行运作	首先，天津创业促进中心并不直接运作这个基金。这一基金作为各创业资本基金的参与者，按照 10%—20% 的配比，对各创业资本基金进行参股，确保了政府创业资本具有 5—10 倍的放大能力。2005 年 1 月，天津创业投资有限公司与国外创业资本基金合资创立成长基金，基金采取委托管理模式，由合作双方再合资设立创业投资管理有限公司，受托管理该成长基金在天津的投资业务。合资基金是按照《外商投资创业投资企业管理规定》设立的国内第一家“非法人制”组织形式的中外合资创业资本基金，实际上是“有限合伙制”在中国当前法律框架下的翻版，将出资人与管理人的责任与权利有机结合，有效地避免了双重征税问题。第二，这一基金天津方面只能以投资人身份参与到投资公司的股东与董事会层面，不参与具体的创业投资运作，要参与合资投资公司的具体投资运作，也只能采用另外的投资管理公司名义参与。第三，创业投资子基金既可以采取合二为一的管理模式，也可以采取委托代理制度

续表

模式种类	发展状况	措　施
江苏模式	10个创业资本基金（政府与商业资本混合的子基金），其中3家创业资本基金是和地方政府合作的，7家创业资本基金是和商业资本合作的，并且这其中还有3家创业资本基金是与境外资本合作的。10个创业资本基金投资总规模11亿元，其中省级基金投资29亿元，占26.3%	江苏模式又可以分为四种运作模式： 1. 与地方政府共同发起建立创业资本基金这类创业资本基金的法律组织形式为股份有限公司。在这一模式下，项目的投资决策在经理层获得通过以后，关键是须经由董事会成员为主要成员的投资评审委员会的审议通过。2. 与非政府性质战略投资人共同发起建立创业资本基金这类创业资本基金的法律组织形式仍为股份有限公司。由创业投资家或团队，（相当于合伙人）先注册成立一个自限责任性质的财务顾问或咨询类的公司，然后由这一财务公司与其他战略投资人股东共同出资（一般财务公司持股10%左右）设立创业资本公司（基金），然后将该公司（基金）以契约形式委托于财务公司管理。3. 委托专业创业投资管理公司管理创业投资管理公司多为由企业出资设立的有限责任公司。创业投资管理公司往往同时管理来自不同渠道的多个基金会。创业投资管理公司须根据受托管理基金的资金额度配套自有资金，一般配套的额度为资金总额的3%—10%。将政府创业资本基金委托给创业投资管理公司，政府基金的出资占据90%以上的份额。4. 根据地区性政策法规建立有限合伙制创业投资机构2002年6月，江苏省高新技术投资公司以受托的政府创业资本基金13000多万元，联合其他战略投资人创建了一家有限合伙制的创业投资中心

数据来源：中国人大网，《关于技术改造和科技创新项目实施情况的调研报告》，2009-10-28；浙江省风险创业投资网，《江苏省创业投资快速稳健发展》，江苏创业投资有限公司总经理，沈捷尔。

对四种模式进行比较可以看出，深圳模式、上海模式、天津模式和江苏模式各有优势，也各有缺陷。主要体现在两个指标上：对货币资本的放大和对创业投资家队伍的培养。从货币资本放大角度看，深圳模式具有的资本放大能力，无疑是放大系数最大的。天津由于缺乏深圳创新投资公司这样的示范效应，缺少“深圳创新投”这样一个层面的放大，将牺牲放大能力；上海模式缺乏了创业资本基金的放大，会在天津创业资本基金的基础上再次降低放大能力。由于放大系数上的几何效应，这种放大能力的降低体现在实际绝对量上会有巨大的悬殊。

在创业投资家队伍的培养上，上海模式无疑最有利于创业投资家成长，在中国国情下，许多创业投资管理团队不拥有足够的财富来支付创业资本基金的

1%，更难支付创业资本基金 10%—50% 的资本金，上海模式显然降低了创业投资家产生的门槛，这一门槛足以使许多地区创业投资家丧失入门资格。而深圳模式虽然在门槛上具有同样的机会，但这种机会肯定会受到两个方面的限制：一是各个团队如果在体制上纳入“创新投”体制，则会抑制部分投资经理的个性与优势的发挥，所以创新投资集团在对外输出管理时也必须解决这一问题；二是很难形成上海模式“百花齐放”、“百家争鸣”的局面，即使创新投资集团的区域性公司进行制度改革，引入合伙制，仍然还会缺乏物竞天择的竞争机制。相比较而言，天津模式和江苏模式接近上海模式，鼓励管理团队的独立化、但由于不排斥合二为一的选择，总体上对创业投资家培养上的贡献略低于“上海创业投资”，但会远远高于“深圳创新投”综合创业资本形成对货币资本、人力资本和信用资本三要素结合的机制，以及上述国有资本介入创业投资三种模式的利弊分析，政府选择天津模式，则可以兼得两利，是比较稳定的介入模式。这种模式从体制上可以隔断政府与行政对创业投资家的干预，保证创业投资家队伍的健康成长；这种模式运作方式上可以减缓创业投资家运行闲置资本进行短期投资的压力，从而专心培育经典个案；这种模式也可以有效放大国有资本，带动社会资本加入创业投资领域，从而促进创业资本市场的发育和完善（如图 6－4）。

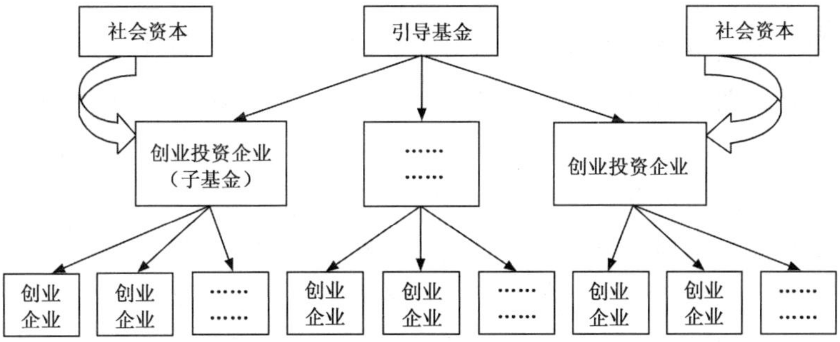

图 6－4　参股支持模式

四、产业基金在经济发展中的意义和作用

在中国，企业可以通过以银行贷款为主的债务融资及以转让股权为主的权益融资进行筹资，而一些小型的创业投资民营企业，资本并不充足，难以进行上述两种方式的筹资。而这些小型民营企业的活跃发展可以很大程度上地带来市场经济的繁荣，因此为了支持这些企业的发展，产业基金显然是极其重

要的。

产业基金具有以下三个重要功能：一是引导作用。可以实现政府的政策性目标，在带动社会资本加速积聚、规模化集中、资本性转化方面，在形成创业资本上可以发挥示范作用。二是信用支持作用。为创业投资家提供信用支持，通过国有资本的公信力弥补创业资本中信用资本缺乏问题。三是放大作用。通过资本匹配方式，吸引社会资本进入创业资本。在发起创业资本基金中，通过放大作用，不仅不会挤出民间资本，而且对民间资本向创业资本转化起到加速、放大的作用。

产业基金通过为创业企业提供资金及管理增值服务，扶持企业发展，推动科技成果转化和产业化，从而推动经济的不断发展。从全局和长远角度出发，政府应采取措施来支持鼓励创投产业的发展，而引导基金则是一种重要的途径。引导社会资本集聚，有利于实现风险资本来源多元化，引导基金的设立，有了政府信用的保障，有利于吸引机构投资者资金、民间资本、国外资本等更多社会资金参与到风险投资之中，一方面提高政府资金使用效率，形成资本供给效应，改善创投资本来源问题；另一方面，同时也相对降低了社会资本的投资风险，让社会资本分享了专业机构的智慧、资源和成果。政府引导基金有较强的政策导向，通过引导基金参与风险投资，建立合适的风险分担、激励机制，吸引社会资金对初创期企业的投资，是一种相对比较有效的形式，可以帮助一批创新能力强、发展前景好的早期企业度过企业发展最初的困难时期，同时也为创投机构的进一步投资规避了一定程度的风险，引导其后续投资，帮助企业做大做强。弥补政府出资设立创业投资机构直接从事风险投资的人员专业化不足，经验不匹配上的缺陷。引导基金通过联合社会资本共同设立创业投资机构，同时委托专业的、市场化的风险投资家负责经营管理，发挥了专业人才的投资管理专长，避免了政府直接设立的创业投资企业由于缺乏专业知识而导致的运作盲目性和低效率。促进风险投资的区域平衡，引导资金区域流向。

五、我国产业基金面临的问题和挑战

我国产业基金主要面临如下三类问题和挑战。

首先是引导基金的政策目标和社会资本的商业目标不一致产生的委托代理问题。由于创业投资机构在创业企业中的股权比例往往偏低，无法有效控制创业企业家的道德风险；股权比例偏低也造成创业投资家缺乏干预或控制创业企

业发展方向并进行结构调整的手段与能力。股权比例不足，无论是管理控制还是资本运作，创业投资家们的意志均无法有效地或顺利地实现。被投资企业的创业者往往既是大股东又是经营管理者，可能侵损创业投资家的利益，例如股权稀释、滥用资金、过分追逐风险、不遵循机构本身的投资策略和既定方针、给自己订立过高的报酬，以及一些关联交易等等。在创业投资中道德风险的特点还在于其存在着非独立性，即项目经理可能会与被投资方串通合谋，在投资前制作和报告虚假信息或是在投资后参与被投资企业管理时擅自表态、滥用职权，对创业资本机构的利益构成更大的威胁，从而大大增加创业投资的失败率。

其次，引导基金的评价问题。在政府创业投资引导基金的运作中，会出现政府要追求“公益性”，企业要追求“效益”，两者之间不能说存在着绝对的冲突，但在实际运作中往往容易出现“顾此失彼”。比较有操作性的评价方法是按照政策性项目和经营性项目分别考核的办法，即政策性项目主要是支持具有自主知识产权项目以及高科技、高风险的种子期项目；经营性项目，立足于市场机制运作和经济效益考核，投资决策时主要以经济效益为主，适当降低政府政策目标的要求。通过政策性项目和经营性项目的组合，最终实现保本微利经营的同时，也能实现政府的公共政策目标。我国创业资本基金发展历史较短。目前采用单位基金净值作为单一评价指标的方法有较大缺陷，已不能适应基金业迅速发展的要求，迫切需要借鉴国外的成功做法，并结合我国创业资本基金的现实，设计和建立一套客观、公正、合理的创业资本基金业绩评价指标和方法体系。

最后，引导基金机制设计中内部管理机制、监管约束机制及利益分成机制问题。引导基金的使用监督权和收益所有权都归其出资人政府所有，而政府不是具体的法人或自然人，这样就造成了一种所有者虚位的状况，加上内部管理机制尚不健全，从而使引导基金的监管约束机制尤为重要。由于政府资金的政策目标和社会资金逐利目标存在的固有矛盾，引导基金需要对社会资本进行一定的补偿，以弥补政策性目标对社会资本获利的影响。但是在实践中，对社会资金的利益让渡和激励机制不够，例如政府在与合作机构“谈判”时不提或者少提业绩报酬、管理费，或者等本金收回后再提业绩报酬，在利润分配上设计不合理，没有让利于民的意识，这些都降低了对创业投资机构的吸引力及社会资金的参与积极性。

六、成立和发展 PPP 产业引导基金势在必行

（一）九大产业目前投融资存在的突出矛盾

九大产业是指国家发改委大力支持重点产业发展，有钢铁、汽车、造船、石化、轻工、纺织、有色金属、装备制造、电子信息 9 个支柱产业。

目前我国九大产业投融资中存在着突出矛盾。在九大产业中，不仅仅有一些国有大型企业，还存在众多中小企业，难以获得资金支持，特别是难以获得商业银行的贷款支持。

对于这些中小企业而言，在规模和收益较少的前期发展阶段，需要大量的资金流入，可是银行借款需要企业具有一定的信用基础并且拥有实物资产进行抵押贷款，因此，这些企业难以从金融机构获得借款，也就无法扩大生产，实现较高的收益。对于这些企业而言，只有从金融机构借到钱之后，才能进行发展，成为大企业，才能实现金融机构对借款者的要求，对于银行而言，更愿意将钱借给更具有信用的大企业，而这些大企业往往是资金储备相对充裕，对向银行借款的需求并不强烈，银行与企业借贷之间出现了不匹配性，从而形成了双方间的投融资矛盾（如图 6－5）。

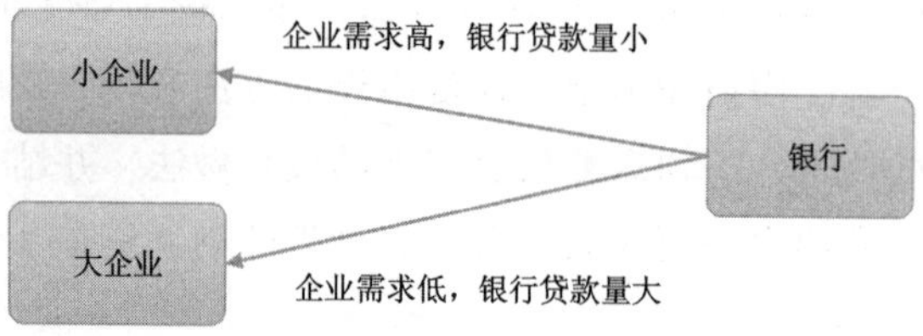

图 6－5　银行与企业的投融资矛盾图

（二）国家规划与市场预期发展

对于九大产业国家所进行的规划与市场预期如下。

1. 钢铁产业

国家规划。《钢铁工业“十二五”发展规划》指出，在指导思想上，以钢铁工业结构调整、转型升级为主攻方向，以自主创新和技术改造为支撑，提高质量，扩大高性能钢材品种，实现减量化用钢，推进节能降耗，优化区域布局，引导兼并重组，强化资源保障，提高资本开放程度和国际化经营能力，加快实现由注重规模扩张发展向注重品种质量效益转变。在基本原则上，坚持结构调整，坚持绿色发展，坚持自主创新，坚持区域协调，强化资源保障。努力

做到，加快产品升级，深入推进节能减排，强化技术创新和技术改造，淘汰落后生产能力，优化产业布局，增强资源保障能力，加快兼并重组，加强钢铁产业链延伸和协同，进一步提高国际化水平。

市场预期。这次规划重点在于指出钢铁产业要保质减量，节能减排。淘汰落后和重组将会给行业的繁荣稳定起到积极作用，不过实际推进起来可能存在一定的困难，在对这些企业进行淘汰时，可能因为各种政治和经济上的原因，遭到各种阻力。同时节能减排这一问题，对于我国资源密集型的生产方式会带来很大挑战，将导致一些企业无法适应这一转变，而退出钢铁产业，导致行业不稳定的发展状态。

2. 汽车产业

国家规划。《节能与新能源汽车产业发展规划（2011—2020 年）》指出中国在“十二五”期间，将实现汽车产业的结构性转型，发展重点不再是单纯的产销量，尤其是传统燃油汽车的产销量。重点推进纯电动汽车和插电式混合动力汽车产业化，推广普及非插电式混合动力汽车、节能内燃机汽车，提升我国汽车产业整体技术水平。

市场预期。关于新能源汽车的政策措施此前已经推出了很多，这些措施一方面可以刺激内需，扩大小排量汽车销售；另一方面是鼓励车企进行研发投入发展自主品牌。在实际应用中，这一政策措施会起到一些作用，但由于人们对燃油汽车的心理惯性影响，以及新能源汽车的成本等方面的因素，会影响这一措施的实施效果。

3. 纺织产业

国家规划。《纺织工业“十二五”发展规划》指出要增强自主加强纺织标准体系建设创新能力；加快技术升级步伐；加强质量管理和品牌建设；加强节能减排和资源循环利用；发展现代产业集群；优化产业区域布局；提高国际化水平；加强人力资源建设；优化组织结构及提高管理水平。在保障措施方面，进一步完善产业政策体系，充分发挥财税政策作用，用好金融支持政策，改善贸易环境，强化行业标准工作，加强纺织原料保障，发挥行业协会作用。

市场预期。发挥财税的政策作用，可短期减缓企业压力。我国的纺织产业有大量的出口量，因此退税政策和改善贸易环境给产业的发展提供了良好的环境，有利于改变纺织工业出口面临的困难。但是，由于经济危机的影响，很多国家的经济发展水平仍然没有恢复到 2008 年之前的发展水平，目前仍处于恢复期，对进口产品的需求量处在相对较低水平。因此，行业面临的最突出问题是外需不足，提高出口退税等减负政策只是让出口企业有了更多的降价空间，并不能创造外部需求。对于目前出口面临的困难，政府调控的空间并不是很大。纺织行业以中小企业为主，资金问题已经成为纺织服装行业遭遇最严重的问题之一，此次计划提出的金融支持政策可以缓解这一问题。

4. 装备制造产业

国家规划。《国民经济和社会发展第十二个五年规划纲要》提出推进重点产业结构调整，装备制造行业要提高基础工艺、基础材料、基础元器件研发和系统集成水平，加强重大技术成套装备研发和产业化，推动装备产品智能化。推动装备制造由生产型制造向服务型制造转变，推进产品数控化、生产绿色化和企业信息化。发展战略性新兴产业及基础设施等重点领域所需装备。推进铸造、锻造、焊接、热处理、表面处理等基础工艺专业化生产。提升轴承、齿轮、磨具、液压、自控等基础零部件水平。在高端装备制造产业领域，重点发展航空装备、卫星及应用、轨道交通装备、智能制造装备。

市场预期。中国装备制造业的国家竞争优势正在形成，一批具有国际竞争力的优势企业将在危机后崛起。此次规划将带来三方面的实质性影响。国产设备占有率将得到提高，基础配套件行业迎来新的发展机遇，政策支持将有助于国内企业进行行业整合装备制造业振兴规划中。

5. 石化产业

国家规划。《石化和化学工业“十二五”发展规划》指出坚持内需为主。立足国内经济社会发展需要，为全社会及其他行业的发展提供有效供给。坚持结构调整。继续坚持原料多元化、上下游一体化、集约化、基地化发展模式。坚持技术进步。加强关键技术和大型成套装备研发，提高科技创新对产业发展的支撑和引领作用。加坚持绿色发展。发展循环经济，推行清洁生产，加大节能减排力度，推广新型、高效、低碳的节能节水工艺。坚持国际合作。

市场预期。石化产业规划考虑到了从上游到下游的全部领域，提出上下游一体化，有助于减少相应的经营成本。采取鼓励技术进步，加快产业升级等政策措施，可以促进石化企业的发展，大力发展下游精细化发展领域才能消耗上游的过剩产能，才能满足国内的基本需求，才能促使我国化工行业健康发展。

6. 轻工产业

国家规划。《轻工业“十二五”发展规划》提出着力推动产业结构调整，引导和支持企业针对市场需求和生产中的薄弱环节，不断采用和推广新技术、新材料、新工艺、先进装备，对现有生产设施进行技术改造，提高企业核心竞争力。加快提高技术创新能力，加强质量安全和品牌建设，满足国内市场多层次需求，巩固开拓国际市场，提升产业集群发展水平，积极推进节能减排，大力推进“两化”融合。

市场预期。轻工业涉及范围广泛，与人们的生活息息相关，轻工业的发展规划，提高了对技术和质量的重视程度，将有助于人们形成对轻工业质量水平良好的预期，同时满足多层次的需求，也可以提高农村的生活水平。

7. 有色金属产业

国家规划。《有色金属工业“十二五”发展规划》指出要大力调整产业结构，提高资源保障能力，加快企业技术进步，加大重金属污染防治力度，大力推进节能减排。

市场预期。目前，有色金属生产企业都面临消费萎缩、需求不振、产品价格急剧下跌、库存迅速增加、减产停产范围不断扩大、效益严重下滑、流动资金极度紧张、生产经营极为困难的被动局面。从中长期来看，振兴规划若能有效实施或将对我国巨大的资源需求起到一定作用。

8. 电子信息产业

国家规划。《电子信息制造业“十二五”发展规划》指出我国电子信息制造业需要综合考虑国家总体战略部署及产业自身发展需求，从较为宏观的角度去谋划产业实现转型升级所需完成的任务。主要包括提升产业核心竞争力、发展战略性新兴领域、构建产业合理分工体系、优化产业空间布局、统筹利用国内外市场资源、推进产业绿色可持续发展、加强信息技术推广应用、推进公共服务体系建设等八个方面。

市场预期。振兴规划体现出保增长、促升级、强创新、拉内需的作用。电子信息产业相对于其他产业来说对技术水平的要求更高，也是支持国家经济发展的重要支柱产业，而我国的电子信息产业的竞争能力明显弱于其他发达国家，缺乏竞争力。此次规划的实施能有效的提升电子信息产业的竞争力，有助于增强我国的国际竞争力。

9. 船舶产业

国家规划。《船舶工业“十二五”发展规划》指出推动技术进步和创新，加快产业组织结构调整，实施品牌和质量提升战略，打造高效的船舶制造体系，优化产业布局。

市场预期。产业振兴规划实质性的影响主要体现在下面几方面，一是针对船舶需求迅速下滑，新增订单停滞不前，加快老旧船舶报废更新和单壳油轮淘汰，创造部分新增需求。同时严格控制新增产能的投放，改善行业的供求关系；二是通过技术改造专线资金的投放支持企业加快技术升级，提高产品附加值。振兴规划体现了政府做强船舶产业的决心。

从总体上来看，我国对九大产业的规划均涉及优化产业结构，提高产品质量这两个方面。对于企业而言，完成这些规划需要大量的资金，从而形成了企业的融资活动。在企业融资过程中，一方面可以通过借债融资，此时金融机构会对企业进行考核，来决定是否对企业进行借款。在这章前面已经论述过，对于一些急需资金的小企业而言，很难获得银行的贷款。因此国家需要这些企业在财政和金融提供支持，对这些企业提供支持帮助，来引导企业发展。另一方面，可以采用股权融资方式，但由于我国的证券市场发展还不完善，这一方式对于还未上市的企业而言显然也是难以实施的。

（三）九大产业投融资中存在的风险问题

在九大产业进行投融资的过程中存在着风险问题，按照风险发生的对象进行分类，主要有面对贷款方，即金融机构的道德风险和面对借款方，即九大产业内的企业的经营风险以及面对贷款方和借款方的法律风险。

道德风险是指从事经济活动的人在最大限度地增进自身效用时做出不利于他人的行动，是由于企业与金融机构间信息不对称而导致的。在我国，由于没有形成完善的信用评级体系，银行对企业的评价缺乏客观性，同时由于缺乏普遍的社会信用信息记录，仅有的企业信用信息在金融机构之间又无法实现共享，企业违约的信息得不到传递，银行很难对企业的信用进行评价。

当企业从银行那里得到贷款后，两者之间就形成了一种委托—代理关系。银行（委托人）的利益要靠企业（代理人）的行动来实现，但银行一般不参与企业的投资运作管理决策和日常经营管理，这就给企业为了实现自身利益的最大化，而向银行隐瞒信息。当企业和银行的利益发生冲突时，企业就可以利用非对称信息作出对银行不利的行为选择，从而产生了道德风险。

道德风险问题的存在不仅仅会影响银行的利益，也会对企业，尤其是中小企业的长期发展带来不利影响。出于道德风险的考虑，银行很可能不愿意将资金借给没有信用担保的中小企业，从而形成了一种恶性循环。

可以通过建立博弈树模型来解释这一风险，如图 6 - 6 所示。

在模型中，C 为企业向银行借款总额，i 为银行贷款利息，p 为企业向银行贷款所带来的企业经济效益的提升，E 为企业隐瞒信息，即发生道德风险时的额外收益，a 为企业向银行隐瞒信息给银行带来的损失。

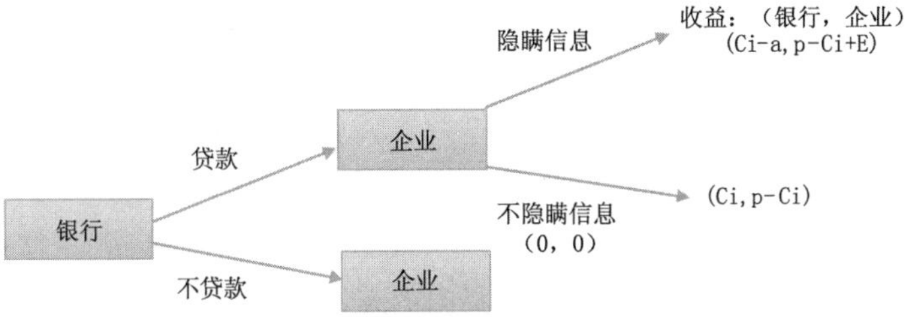

图 6-6 企业与银行间的博弈树模型

假设最初银行选择贷款给企业，此时企业存在两种选择，一种是隐瞒信息，另一种为不隐瞒信息。此时，获得贷款的企业可以分为几种类型，一类是理性的且希望与银行建立长期合作关系的企业，这类企业会预期到，一旦其发生隐瞒信息的情况且被银行发现时，银行不会再贷款给企业，因此企业为了长远考虑，会选择不隐瞒信息，银行与企业的收益为（Ci，p-Ci），一类是非理性的企业，这类企业希望与银行维持合作关系，但又在资金使用过程中，出于侥幸心理的存在，希望为追求自身利益的最大化而损害银行的利益并且不被发现，此时银行与企业的收益为（Ci-a，p-Ci+E），在此时 Ci-a 为正数，银行虽然利益受损，但还是会获得正的收益，而这种合作关系的维持要根据银行是否发现企业行为而决定。最后一类是不希望和银行有长期合作，只为了追求短期利益的企业，此时，企业为了追求自身利益，不仅会损害银行利益，甚至会利用各种方式拖欠归还银行贷款，不再归还。虽然此时银行与企业的收益仍为（Ci-a，p-Ci+E），但此时 Ci-a 为负数。由于大企业的资金较多，可以有较好的信用担保，银行的收益不会为负数，因此出现这类情况的多为中小企业。

由于企业的不同选择，给银行带来了不同的收益与损失，银行需要分辨前来贷款的中小企业属于哪种类型，但在信息不对称的情况下，银行无法知道中小企业的信用情况，因此银行为了预防损失出现，会将有限的贷款资金借给信用更有保障的大企业，以保证其收益为正，对小企业则会出于存在第三类企业状况的考虑，加大不贷款选择的可能性。在这种情况下，由于一部分中小企业为银行带来的道德风险，影响了整个中小企业的贷款情况，甚至那些理性的且希望与银行建立长期合作关系的企业也会受到影响。

经营风险是指公司的决策人员和管理人员在经营管理中出现失误而导致公司盈利水平变化从而产生投资者预期收益下降的风险或由于汇率的变动而导致

未来收益下降和成本增加。大企业内部管理相对完善，各部门分工协作，进行监督管理，出现经营风险的可能性较低，而对于小企业而言，由于企业的私人管理模式、社会认可度不高、工作保障较差等各方面因素的影响，一些高素质人才偏好于到大企业中就业，导致我国中小企业管理人员的综合素质普遍欠佳、管理知识不齐备。同时中小企业由于规模小，管理人员还往往身兼数职，无法实行有效的监督管理，公司某一部门的运行甚至完全依靠一个人的单独决策，与大型企业专而精的管理层次无法比拟。因此中小企业的经营风险显得尤为突出。中小企业所面临的经营风险使中小企业在与大企业竞争中处于不利地位，从而影响中小企业的利润。利润增长无法赶超大企业，中小企业就无法提升员工福利，吸引高素质人才，从而形成一个循环怪圈（如图 6－7）。

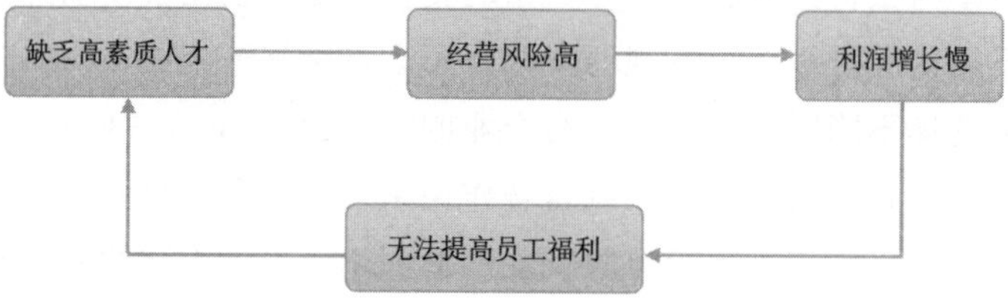

图 6－7 企业经营风险循环图

法律风险包括企业法律风险和商业银行法律风险。企业法律风险是指在法律实施过程中，由于企业外部的法律环境发生变化，或由于包括企业自身在内的各种主题未按照法律规定或合同约定行使权利、履行义务，而对企业造成负面法律后果的可能性。商业银行法律风险是指商业银行的日常经营活动或各类交易应当遵守相关的商业准则和法律原则。在这个过程中，因为无法满足或违反法律要求，导致商业银行不能履行合同发生争议/诉讼或其他法律纠纷，而可能给商业银行造成经济损失的风险。法律风险对企业和商业银行都会带来损失，因此企业和银行都必须强化风险意识，加强借款合同的管理。

（四）PPP 产业引导基金是推动九大产业快速发展的重要引擎

对于企业而言，为了实现自身的发展，增强竞争实力，需要大量的资金作为后盾，而在这其中，大企业由于规模巨大，资金的储备较多，同时由于大企业信用较好，容易从金融机构进行借款。比较而言，相对资金缺乏的小企业却很难通过借款弥补资金空缺。九大产业的快速发展繁荣，所依赖的不仅仅是大企业的繁荣发展，也要有小企业为经济发展增添活力。而为了解决小企业发展的问题，引入 PPP 产业引导基金显然是合理的。

PPP 模式即 Public - Private - Partnership 的字母缩写，是指政府与社会资本之间，为了合作建设城市基础设施项目，或是为了提供某种公共物品和服务，以特许权协议为基础，彼此之间形成一种伙伴式的合作关系，并通过签署合同来明确双方的权利和义务，以确保合作的顺利完成，最终使合作各方达到比预期单独行动更为有利的结果。

PPP 这一模式在我国并非新生事物，20 世纪 90 年代在一些基础设施建设领域引入的 BOT（建设—经营—移交）、BT（建设—移交）、BOO（建设—拥有—经营）等公私合作管理模式都属于 PPP 模式的一种。

我国真正形成具有现代意义的 PPP，还是要以党的十六届三中全会为重要标志，会议通过的《关于完善社会主义市场经济体制若干问题的决定》已经明确指出，清理和修订限制非公有制经济发展的法律法规和政策，消除体制性障碍。放宽市场准入，允许非公有资本进入法律法规未禁入的基础设施、公用事业及其他行业和领域。

财政部部长楼继伟在 2014 年 19 日至 20 日在印尼举办的“第 20 届亚太经合组织财长会议”上表示，在当前私营部门修复资产负债表，公共部门财政困难的情况下，应通过 PPP 等方式积极调动私人资本参与基础设施发展。

融资职能是人们对 PPP 最早的认识，直到现在还有相当多的人认为 PPP 是一种融资模式。PPP 兴起之初，其主要目的也就是为基础设施融资，具体形式较多地表现为公路建设、铁路建设的融资。政府在建设公路、铁路等基础设施时，往往由于资金不足，让民营部门进行投资，民营部门通过收费的形式收回投资。

在目前，中央财政收入增速低于预算目标、地方债务不断积累的情况下，政府需要增加 PPP 项目来满足基础设施建设的需要，而九大产业，也与基础设施建设息息相关。

PPP 产业引导基金与九大产业相结合，在政府机构与九大产业的企业之间建立伙伴关系，实现利益共享和风险分担，一方面，可以弥补九大产业的基金缺乏问题，通过与政府机构合营，将两者的资金结合到一起，可以拥有充裕的资金流入，既可以使企业有更多的资金进行生产活动，同时也可以弥补政府部门单独进行基础设施建设所面临的财政困难；另一方面，可以使九大产业的发展符合政府政策的需要，从而推动九大产业的快速发展。

小结：PPP 产业引导基金在国外已经有了广泛的应用发展，在我国产业引导基金的发展也有了一定的进展，国家也出台了一些法律对产业引导基金做出了相应的规定，同时在产业引导基金的模式发展上，出现了深圳模式，上海模式，天津模式，江苏模式这四种主要的发展模式。而我国对九大产业的规划，需要企业拥有大量的资金，而企业所能获得的资金与发展要求的不匹配，导致企业需要向金融机构进行借款，但由于企业，尤其是小企业所存在的各类风险，使金融机构无法满足企业的借款需求，同时我国目前政府基础设施建设项目多，资金面临财政困难，因此我国需要将 PPP 产业引导基金与九大产业相结合，使与基础设施建设相关的九大产业与政府结合起来，保证资金的充裕，解决企业和政府机构存在的资金需求问题，加快我国的经济发展速度。

第二节 平台数据与 PPP 产业引导基金及市场融资渠道之间的辩证关系

互联网数据中心（IDC）的研究表明，2009—2020 年，全球数字信息量将实现 44 倍的增长，其中需要管理的文件数将增加 67 倍，总存储容量将增长 30 倍。在当今社会，大数据时代的背景之下，平台数据有了越来越重要的地位，平台数据是通过采集行为数据，并对数据进行统计分析，从而客观、及时地反映采集数据对象整体的发展状况的多个层面（宏观与微观），为参与者提供多方面决策支持。平台数据对管理，分析数据，发掘数据价值具有重要作用。将平台数据应用于 PPP 产业引导基金之中，可以实现对 PPP 产业引导基金更有效的管理。

一、平台数据特征

（一）及时性

平台数据可以对数据随时进行记录，从而形成一个庞大的数据系统，对新出现的数据进行及时的归纳记录，同时可以为用户提供方便的用户接口，保证平台的数据可以及时反映给使用者。

（二）有效性

在数据平台的搜索中，可以利用现代搜索引擎的索引，实现有效率的快速搜索。同时可以对程序的并发操作加以控制，防止数据库被破坏，杜绝提供给用户不正确的数据。例如，海康威视大数据处理平台 HDH（Hikvision's Distribution of Apache Hadoop），包含了分布式文件系统、分布式数据库和分布式计算框架等多套组件。HDH 面向视频监控的海量半结构化、非结构化数据分布式存储与处理，为各行业提供大数据存储、检索、分析与挖掘的通用平台，提高监控数据处理能力和品质。

（三）持续性

数据平台可以对数据进行连续有效的记录，通过系统处理，可以存储不同数据类型，对产生的海量数据，具有高并发读写的能力，能够处理 PB 级的数据，保证数据记录的完整性，可以实现对数据进行着每时每刻的记录，防止在人为记录数据中出现的数据遗漏问题。

（四）规模化与适度性

建立平台数据，可以形成规模庞大的数据系统，可以采用复杂的数据模型表示数据结构，数据冗余小，易扩充，实现对数据进行规模化管理。同时平台数据可以通过数据模型使数据规模保持在适度的范围内，便于分析查找。

二、平台数据是 PPP 产业引导基金发展壮大的必要条件

（一）PPP 产业基金的半公益性特征与盈利性特征的矛盾

一方面政府与私人部门的 PPP 项目一般会涉及关乎民生的重要经济事项，因此往往是具有公益性的。这样形成的 PPP 项目不能以实现利润最大化为目标，而是要符合政府的政策目标。作为 PPP 项目合作方之一的政府机构也主要出于促进经济发展的角度参与 PPP 项目，因此，PPP 产业基金具有半公益性。但另一方面，PPP 项目的另一参与方，私人部门是以追求利润最大化为目标的，如果 PPP 项目无利可图，私人部门不会参与到这一项目中。私人部门的这一特点导致了 PPP 产业基金的盈利性特征。

因此在政府机构和私人部门之间形成了公益性与盈利性之间的矛盾，这使 PPP 产业基金一方面要满足政府部门公益性的要求，同时也要满足私人部门盈利性的要求，形成了 PPP 产业基金的半公益性特征与盈利性特征的矛盾，这使私人部门、民营企业或机构不能获取超额的垄断利润，而是要从 PPP 项目中取得相对平和、稳定的投资回报。

（二）平台数据是 PPP 产业引导基金的指示器

平台数据是利用信息系统对数据进行及时的记录，完整准确地反映给使用者的一种数据记录与分析模式。由于平台数据记录的及时性，可以对在 PPP

项目中的出现和使用的数据进行及时的记录，因此可以及时地反馈给合作双方，合作双方可以对平台数据的反馈进行分析、预测，从而对 PPP 项目的未来发展做出更好的规划。可以通过对平台数据的利用，实现对 PPP 项目未来发展的规划，从而实现了平台数据是 PPP 产业引导基金的指示器这一功能。

（三）平台数据对 PPP 产业引导基金运营的修正和检测

虽然，PPP 项目可以通过风险共担特征，降低私人部门因为无法实现预期收益而出现的经营风险，以及政府部门管理层易发生的道德风险问题，但在 PPP 产业引导基金运营中，仍然会存在一些问题，此时利用平台数据，可以实现对 PPP 产业引导基金运营的修正和检测。

一方面，在 PPP 项目合作过程中，由于 PPP 产业基金的半公益性特征与盈利性特征的矛盾，私人部门为了追求效益的最大化，很可能会侵犯政府部门的利益，违反半公益性原则，对于政府部门来说，无法时刻对 PPP 项目的进展进行监督检查，会出现道德风险。此时利用平台数据，可以对 PPP 项目中的数据进行完整的收集，政府部门可以通过查看平台数据中的相关数据，进行分析，从而判断 PPP 项目的运行情况，实现 PPP 产业引导基金运营的修正和检测。

另一方面，对合作双方而言，在 PPP 项目中可能会存在决策失误的情况或是项目的运行和经济的发展状况有悖。此时，通过对项目表面的观测，很难发现实际的问题出处，而数据平台可以提供一个快速寻找到项目中存在问题的地方的方法。

（四）平台为 PPP 产业基金提供交易流通通道，加快 PPP 产业基金发展

对于 PPP 项目中的合作双方而言，数据平台是一个良好的交流沟通平台，无论是私人部门还是政府机构都可以从数据平台上找寻到自己需要的和 PPP 项目相关的信息，实现信息的共享和流通，实现更有效的交流（如图 6-8）。

对于其他想了解 PPP 产业基金的机构而言，数据平台也为他们提供了一个可以充分了解 PPP 产业基金的渠道，这些机构可以通过对数据平台上的数据进行分析。尤其是对一些也想申请 PPP 产业基金的企业提供了清晰的认识，数据平台的建立实际上实现了对 PPP 产业基金的一种宣传普及，有助于加快 PPP 产业基金发展。

最后，为了保证 PPP 产业引导基金的快速发展，不仅需要建立数据平台来加深社会对 PPP 产业基金的了解，也要确保我国财政部与发改委在 PPP 的

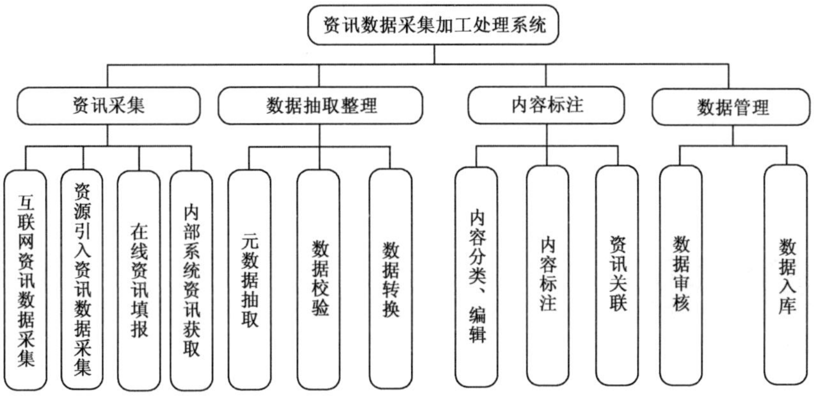

图 6-8　数据平台对数据的资讯加工处理系统图

政策口径上保持一致，只有这样才能向社会资本释放统一的信号，并维持国家的政策权威性。否则，将会导致社会资本从财政部和发改委接收到不一致的 PPP 信号，不仅会影响 PPP 产业引导基金的作用效果，甚至会从根本上影响到 PPP 产业基金的发展。

应尽快推进从国家层面制定的 PPP 立法。PPP 立法应是一个综合性的法律，各个政府部门的协同及能力建设至关重要。立法内容应该包括但不限于 PPP 及其应用范围的界定，政府审批权限、流程和管理程序等问题，从而使之具备全国统一的原则性做法和较强的法律效力，避免由中央部门之间或地方法规政策所带来的冲突。由于 PPP 项目涉及多个部门，因此多部门的分工合作、众多政策间的协调尤其重要。在政策制定调整的过程中，也应充分重视数据平台中反映出的具体问题与情况。

第七章

我国推行发展 PPP 模式需要的政策支持

第一节 PPP 模式中政府职能

一、PPP 模式的环境要求

（一）经济环境

公用事业项目融资要求健全的投融资体制和良好的市场环境。如果外商参与项目，对一国通货膨胀、汇率变动以及进出口政策等因素的考虑必须包括在内。如果一国经济没有过度的通货膨胀和过快的汇率变动，外资的通货膨胀风险和汇率风险大大降低，更有利于项目协议的达成。

（二）法律环境

对公用事业的建设和运营会涉及各种法律问题，诸如公用事业对民间投资的开放程度、项目融资的适用领域、工程招投标规范、争议解决方式和适应法律等。此外，还涉及项目融资的有关法规，如外商独资企业法、中外合资企业法、税法、土地法、合同法、担保法、知识产权保护法等。如果引入国外大型的企业和财团，还应该考虑到国际惯例。

这些融资模式在法律制度相当成熟的国家容易实施。特别是 BOT 和 PPP 模式对法律环境的要求较高。目前，我国有关 BOT、TOT 和 PPP 的专门法律尚未出台。在我国投融资体制改革尚未到位的情况下，TOT 的融资方式对法律环境的要求相对低一些，更能有效地吸引外方投资者。因为 TOT 方式有已建成的项目资产为担保，即使在法律体系尚不健全的条件下，也能有效地吸引投资者。

（三）监管环境

不同方式在产权和经营权上的安排上有差异，对政府监管要求也不同。BOT 项目的所有权、经营权在特许期限内属于项目公司，政府在此期间只拥有对项目的监督权，基本上失去了对项目的控制权。待特许期满，项目的所有权移交给政府或指定的机构。与 BOT 不同，PPP 项目中参与各方整合组成战略联盟，对协调各方不同的利益诉求起了关键作用，并使政府部门和私人企业的关系发生了根本变化。合作和信任取代了命令和控制式的敌对关系。合作各方就一些需要提起诉讼的问题进行协商，可以达成谅解，免于诉讼。由于没有涉及建设环节，TOT 项目首先关注的是转让方必须取得合法的转让权，然后在合理估价的基础上把公用事业的产权和经营权转让给投资方。在现实项目运作中，可以做一些变通，只转让使用权、经营权等权益，不转让所有权，或者转让部分所有权和经营权等等。可见，TOT 模式中政府机构的监管职能主要涉及转让前项目的审批、估价及转让后的回购等问题。

二、PPP 模式中的政府角色

（一）政府作为公私伙伴关系中的管制者

在“经营城市”的过程中，政府不是“运动员”，而是“裁判员”。政府制定合理的公私伙伴关系“门槛”，这是一个管制者的角色，政府管制是政府作用于经济的一种特殊形式。这种方式的特点在于，相对独立的政府管制者（机构）依照一定的法律法规对被管制者（主要是企业）所采取的一系列规范、约束和监督行为。根据效用不同，政府管制可以分为经济性管制和社会性管制两大类。经济性管制通过制定特定产业的进入、定价、融资以及信息发布等政策对主体行为进行有效的调整，以达到避免出现竞争主体过多或过少而引起过度竞争或竞争不足，而造成的资源浪费、配置效低以及服务供给不稳定。社会性管制是为解决外部效应（这里特指负外部效应）问题，保障劳动者和消费者的安全、健康、卫生以及保护环境与防止灾害，通过行政法规、经济政策等具有强制性的规章或市场机制，对经济主体的行为进行规范。公私伙伴关系项目往往事关国家民生，而民间投资最终还是以营利为目的，并不能主动保证项目的质量和效率以及对公众的良好服务，为此，政府应该保持一个有力的管制角色，积极参与公私伙伴关系项目的确定、实施与评估。

从政府实践来讲，政府作为管制者的角色，应该从根本上改变既做裁判员又做运动员的状态，有进有退，统筹规划公私伙伴关系的发展，确定特许权经营制度，批准特许权经营项目，签订特许权项目协议，并对整个项目过程进行监督。其中，最重要的主要包括三个方面：（1）进行项目的可行性分析。政府应该根据国家财政上的收支情况，对整个基础设施建设进行宏观规划，明确未来基础设施项目实施的范围和优先权，制定出动员私人资本参与开发基础设施建设的比例。当确定通过公私伙伴关系模式进行开发时，政府应该对项目的公私伙伴关系模式的政治、经济、社会、技术以及间接因素的可行性分析。（2）选择合格的私人合作者。选择一个最合适的私人合作者，是关系到公私伙伴关系项目是否成功的另一个重要问题。这个问题的解决可以通过一个竞争性的招投标过程来实现，包括项目发起和目标的识别、资格预审、标书评审、合同谈判以及特许权授予等。（3）实施项目的持续性评估。在确定了合格的合作者之后，政府与民间通过特许权协议建立起一个公私合营的合作方式，而政府应当在项目中继续其积极的作用，并且专注于项目的整个实施过程。当然，对于我国而言，中国政府在改革和完善现有政府管制制度的过程中，还应该借鉴西方发达国家政府管制制度的经验，着重把握合理性、独立性、公正性、高效性以及合法性等原则，并进一步深化行政体制改革，彻底打破政企不分、政资不分、政事不分以及政社不分的传统体制格局及其惯性，从而建立起较为中立和有效的行政体制，直到由形成自由市场、社会参与政府管制三方边界均衡的状态，并最终实现政府、项目特许人、消费者三赢的局面。

（二）政府作为公私伙伴关系中的合作者

公共财政和先进技术的缺乏，以及其他一些限制约束使世界各国政府转向民间部门寻求开发基础设施的资金，公私伙伴关系可以看作是一个不需大量财政拨款而进行公共基础设施建设的有效融资模式。这种模式的开展需要有利的法律、政治和经济环境，以及独特的公私合营的合作关系。政府作为项目的发起人，在创造这些条件和巩固这种关系的过程中扮演着一个决定性的合作者角色。对于公私伙伴关系项目，政府主要有两个义务：一是有效地吸引进行国家基础设施建设所急需的资金；二是确保有效地使用私人投资以满足公共利益的需要。其实，公私伙伴关系的最重要特征在于，公私组织通过合作追求共同的或一致的目标，而合作的基础在于双赢与共担风险。依据这种制度安排，民间部门较多地扮演公共服务的长期提供者角色，而政府部门更多的则扮演合作者的角色，政府把主要的精力和资源放在发展规划、绩效监督、契约管理方面，而不是放在服务的直接管理和提供方面，具体而言：（1）政府应该转变观念，将公民参与引入行政管理体制，树立起社会运作诚实的思想。（2）政府应该建立政策的公信力，减少国家政策与实际执行之间的差距，以消除政策不确定性带给民间参与的成本增加。（3）政府应该确保公私合作有利于整个社会的发展，全民受益，而不仅是对政府、企业或其他组织和个人有利。（4）政府应该遏制腐败及其他寻租行为，并为确保项目实施提供良好的服务。（5）政府应该在国家的长期发展战略中，明确各个时期采用公私伙伴关系模式的项目以及担保类型。（6）政府应该追踪整个项目发展的全过程，及时沟通与交流，从而以一个积极角色确保各方的共赢。

（三）政府作为公私伙伴关系中的促进者

政府拥有公私伙伴关系的特许权、管制权，同时拥有本国政治资源、经济资源和行政资源，为此，政府行为对于这种策略的顺利推行至关重要。作为公私伙伴关系的促进者，政府不是置身于市场之外或直接干预市场，而是通过制定规则、维护规则，对吸引民众参与以及整合民间资源发挥催化剂的作用。真正的促进者角色，在于政府能够开发与引导民间潜能，并通过授权、权力分享让民众自觉成为公共服务的拥有者、参与者，而不仅是被保护者，进而实现政府、民间的共营共赢。其中，政府需要进行以下几个方面的努力：（1）确保健全的市场环境。政府必须确保市场环境的健全和市场信息的畅通，以免受制于民间参与力量。（2）提供公平的游戏规则。政府的招标与投标程序应具备公开、公平、公正的竞争原则，让真正有诚意、有绩效、信誉好的民间力量进入到公共服务体系。（3）进行持续有效的监督。政府必须建立职能性的监督组织，持续地监督民间参与的建设活动，而且必须发展一套客观的评估标准及反馈系统，以随时改善民营部门不当或越轨的服务。（4）实现精确的成本效益。政府要选择符合成本效益的民营化方式，成本与效益的预估一定要准确。（5）督促高度的服务品质。政府应该督促民间提高服务品质，从而使民众支持该项公共服务的可能性大为增加。（6）评估相关的影响。政府必须考虑一项服务的提供是否会对其他服务产生不利的影响。（7）制定灵活的应变措施。

政府必须要求民间参与力量研究拟定紧急应变措施，以免发生意外事件时，民间部门无法解决，反而成为政府的责任。

三、公私伙伴关系中的政府责任

从更深层次来看，建立在程序化、理性化、非人格化基础上的、兼具“掌舵”与“划桨”功能的传统政府官僚制，将过多的资源消耗在维持公共行政的形式理性方面，却忽视了效率、效果、经济、公平和责任等价值的实体意义。对于一个公私伙伴关系模式来说，法律、政治、贸易等制度环境的支持以及合适的政府担保是非常必要的。公私伙伴关系的实现，最重要的是合理的制度保证。这种制度安排即为一种“掌舵”的政府管理体制。当然，制度安排应该是一个整体，可收费公共产品、公私伙伴关系模式、政府内部管理则是制度安排中三位一体的要素，而不同的公共产品需要不同的提供方式，不同的提供方式需要不同的政府治理模式。参考盖伊·彼得斯对政府治理问题的分析范式，本书从治理理念、政府结构、政府管理、公共决策以及公共利益等五个方面，对公私伙伴关系模式的政府体制安排进行宏观分析。

（一）从治理理念上看

在对政府不满普遍存在的年代中，政府变革的核心理念应该发生重大转变，政府职责不在于提供服务的专业技术，而是如何视公民为合作伙伴而非“找茬者”，逐渐形成一种真正为民服务、为民着想的运作风格，进而出色扮演公共产品和服务的管制者、合作者与促进者。

（二）从政府结构上看

政府进行审批制度改革，实现结构上分权，并设置相应协调机构，将特许权授予给合适的项目相关人，使其通过市场原则进行融资和运营，而政府则通过财政补贴等方式保证项目人获得利润，同时通过预算约束和绩效评估达到公共目标，从而以最优的方式获得公私伙伴关系的优势。

（三）从政府管理上看

政府需转变“以管为本”以及“政府是不可替代的实体”的有害的观念，改变传统官僚机构公共产品和服务供给不佳的状态，将企业精神引进政府管理，确保服务供给的明确而连贯的目的和责任，并允许民间组织拥有经营自主权以及财务的独立性。

（四）从公共决策上看

在进行项目选择和准备之后，政府本着市场竞争的原则，并借助社会中介组织或者专业的咨询公司，公开进行招投标宣传、资格审核、邀请正式投标、评标和择标、特许合同的谈判和签订以及融资合同的签订等等，从而促进公共决策的市场竞争取向与决策体制的科学化和民主化。

（五）从公共利益上看

政府应该提供一个确保整个决策过程公平、公正、公开的制度安排，实现公共利益表达、聚合、认定、执行以及评估的社会参与，从而达到政府利益、公共利益、民间利益的动态平衡，进而为社会公众提供更加有效、更有品质的公共服务。

四、公私伙伴关系的制度不足

（一）建立适用的法律框架和规则体系缺乏

公私合作制会使原有的政府或私人部门与消费者之间的双向直接关系变为政府、私人部门与消费者之间的三方委托代理关系。鉴于这种互动关系的复杂性和重要性，在实施公私合作制之前建立有效的法律框架是非常必要的。目前我国公私合作制或整个公用事业的法制建设还远远没有达到与这一重要程度相匹配的水平。但从根本上讲，公用事业服务和政府监管过程仍处于“无法可依”或“少法可依”的状态，突显了基本立法和可操纵性规定的空白。

我国现行有关公私合作制度及政府监管的法律、法规与规定不协调、不配套。由于缺乏基本性立法，使在本来不多的已制定和颁布的法律法规中，其内容规范经常以部门利益主导的行政政策或规章为依据，造成我国的公用事业的法律制度“始终处于一种杂乱无章、上位立法不足，下位规章泛滥的局面”，而且由于它们彼此之间“缺乏应有的呼应与联系，经常出现监管法律、法规之间的内容模糊和条款冲突”。法律框架不健全，法律法规互相矛盾、不一致带来的一个直接后果是给私人部门在参与公私合作制时带来了较高的沟通成本，私人部门面对的是一个支离破碎的市场，对政府行为和预期政策的发生将很难把握，导致了不可控性、风险性的增加以及对私人部门自身收入回报做出可靠理性预期能力的下降，大大损伤私人部门参与公私合作制的积极性和可能性。

（二）维护公共利益的机制缺失

维护公众的基本利益，保障社会发展的需要是政府在公私合作制中首先应该明确的前提。由于公私合作制中私人部门或多或少地会获得政府（公共部门）转让的公共资源，甚至部分的公共权力，这就使私人部门在追求经济利益的同时可能损害到公共利益。而且，长期以来，我国行业主管部门和地方政府部门被赋予过多的经济管理权力，使其被私人部门“权力寻租”和“俘获”的机会大大增加。“政府管制俘获理论”认为私人部门作为一种利益集团，它与消费者等利益集团对政府管制者具有相对的游说目标，即企业要求订高价，而消费者要求订低价，但不同利益集团对政府管理者具有不同的影响力。由于企业规模较小，而且每个企业都能敏感地认识到可从政府管制中获得的利益，这就容易采取共同一致的行动；而与企业相对的消费者利益集团则由数以万计的个体构成，政府管制政策对其造成的不利影响由各个消费者负担，对个人的影响并不大。因此，消费者个人往往缺乏为本集团的利益而积极努力的动机。总而言之，这表明了私人部门相对于消费者而言确有对政府部门和政府管制的特殊影响，加之我国政府权力深深嵌入经济领域以及私人部门，注重将大量资源投入非市场的行政运作的路径依赖，如何避免世界银行在研究发展中国家私人部门参与能源供应项目之后，导致收费价格普遍上涨这类损害消费者利益的现象，让消费者（民众）确实感受到公私合作制的实惠，对赢得公私合作制的社会基础而言是至关重要的。

（三）保护私人部门的正当权利的不足

公共事业行业具有同一般商品市场完全不同的风险特性，这是因为私人部门不仅要面临市场风险，更要面对行政风险，而且从我国的现实情况来说，行政风险往往要大大高于市场风险。公私合作制要求政府履行监管者的职责，然而政府监管的法制化程度和规范化程度直接关系到对私人部门正当权利的保护和对私人资本的吸引力，如果监管范围没有限制、监管不透明、在微观层面上干预过多，就会打压私人部门投资的积极性。因此，政府的监管必须要是有限度的、透明的、讲究诚信的、公平和连续的。这点对私人部门总体上仍处于发展壮大期的广大发展中国家来说，尤为重要。

（四）长期合作相互信任关系未能建立

公私部门在合作中的互信直接关系到合作项目的成败。毫无疑问，前文所述三点均为双方建立互信的基础，在此要强调特定政治文化背景下的政治支持对构建互信的积极意义。公私合作制首先诞生在英国，并在西方世界得到大范围适用并不是偶然的，这既是政府公共行政行为对社会经济发展的回应，也与西方文化中根植的“合作”、“伙伴”观念不无联系。而在我国儒家文化的背景之下，十分注重的是对“秩序”的强调；在计划经济体制下形成的以“单位”为基础，以上下等级关系实现的社会组织形态在今天也还有不小的影响，因此整个社会在总体上仍比较习惯于等级观念和自上而下的决策体制，而其中政府（公共部门）又明显地占有优势地位（这种优势既包括资源优势，也包括心理优势）。在这样一种政治生态中，政府（公共部门）对培养政府和私人部门之间长期合作的基础，建立公私部门之间的互信就负有关键作用。信任不仅来自于对双方利益和目标的尊重，更重要的是意味着有制度结构保证的可连续的政治支持。所谓政治支持，是要求一旦合作关系得以确立后，政府（公共部门）必须要积极地参与到项目中去；政府要以平等、客观和理性的态度来对待公私合作制实施过程中可能的挑战，并愿意承担其中的风险，而不是简单地寄以不切实际的过高期望；要选择一个合适的私人部门合作伙伴，这个选择应以其在相关领域里的业绩为标准，而不是仅仅考虑竞标价格；要能通过制度性结构，有效地与私人部门进行双方信息的互换，以及在此基础上展开可能的谈判。成功的公私合作制离不开来自政府的政治支持，只有公私合作的概念及实践获得了政治认同，才可能建立公私部门之间长期合作的基础。

第二节
推动公用事业投融资体制改革

我国政府不仅承担了具有纯公共物品性质的项目的建设，而且承担大量的具有准公共物品性质的项目的建设。政府通过直接投资、直接安排生产、直接经营垄断了基础设施的建设，其结果是导致低效率的生产。政府提供基础设施产品或服务的方式应由直接生产转向以签订合同、授权经营、经济资助、政府参股、法律保护私人进入等为主要形式的间接生产，并逐步从具有准公共物品性质的基础设施项目的建设经营中退出来，将它交给非政府资本投资和经营。这样不仅有效地打破了政府垄断经营，有利于提高基础设施产品或服务的供给效率，而且有利于减轻财政负担，可以使政府在组织规划和政策管理上投入更多的资源和精力。这里所指的非政府资本包括了国内民营企业的闲置资金、城乡居民拥有的闲置资金和国外非政府资本，可概括为国内民间资本和外资两种。

一、推进公用事业多元化融资

（一）引导、鼓励国内民间资本进入公用事业项目

吸引民间资本进入基础设施项目的实质，是将市场机制引入基础设施产品和服务的提供。市场机制的引入拓展了基础设施项目的资金来源，通过市场提供可以减轻政府提供的压力。但必须强调的是，引入市场机制并不意味着政府的地位和作用的削弱，反而是加强了。政府必须积极引导国内民间资本并加强监督管理才可能使公用事业的公共利益性与民间资本追求盈利性的要求得到有机的统一。积极引导国内民间资本进入城市公用事业项目，具体措施可从以下五方面着手实施。

第一，制定颁布“民间资本投资城市公用事业目录”。以法规的形式公布鼓励、限制、禁止民间资本投资公用事业的领域，以此明确民间资本的扩张空间和进入深度，防止其利用公用事业的特性形成垄断性市场结构。

第二，逐步形成合理的公用事业价格体系。政府部门应有步骤地规划价格机制，提高公用事业项目的资本收益率，使其反映真实的成本和价值，才能推进利用民间资本的力度。随着市场机制的建立和完善，以及企业机制的转变，公共产品及服务价格要逐步形成在政府确定价格和实施监审基础上，由企业根据市场变化因素确定价格的机制。

第三，大力培育资本市场，为国内民间资本投资提供渠道。尽管我国国内储蓄资源丰富，但由于我国资本市场的发展才刚刚起步，可供居民选择的金融投资工具十分不足，大量的储蓄存款余额被搁置在银行里。政府有必要采取灵活多样的方式加快发展资本市场，利用发行股票、企业债券，组建各类产业投资基金的形式拓展民间资本的投资渠道，把分散的社会资金筹集起来，投向公用事业项目。

第四，改革以行政审批为主要特征的投融资管理体制。实现企业自主决策，银行独立审贷，政府宏观调控，只要符合国家发展规划、产业政策、地区布局、环境保护和经济安全，国家都予以支持。

第五，建立相应的风险补偿机制。城市公用事业投资大、建设周期长，同时还要承受较大的投资风险，风险和收益并存，如果投资者未得到相应丰厚回报的话，城市公用事业对民间资本而言就缺乏诱惑力。因此，政府应建立相应的风险补偿机制，以保护民间资本所有者的自身利益。

（二）加强对民间资本的监督和管理

首先，在调动民间资本参与公用事业建设积极性的同时，有必要调整政府对公用事业规划的现行体制，制定科学的总体规划、地区规划，地区规划与总体规划衔接和配套，发挥聚合效益，杜绝盲目投资，低水平的重复建设。同时，政府经济规划应重视对现有设施的充分有效利用。

其次，对民间资本所投资建设的公用事业项目进行全过程、全方位的管理和监督。一是在项目建设前期阶段中，政府要参与可行性研究论证并与投资者签订完备的合同。二是政府在进行项目审批时，增加竞争透明度，采用公开招标的形式，利用民间资本之间的竞争，从中择优，减少内部交易成本。三是鉴于城市公用事业项目都具有强弱不等的自然垄断性，政府应持有数量不等的股份，以便对其有一定的影响力。四是对民间资本控股、参股的公用事业项目要建立公开的财务制度，严格实行工商行政监督、税务检查和公共审计，防止欺诈行为，防止其利用公用事业垄断优势转嫁成本和谋取超额利润。

二、加快以产权改革为核心的国有公用事业改革

在推进市场化过程中，深化市政公用企业内部管理机制改革，建立符合现代企业制度的企业经营机制。实行政企分离后，割断了现有城市公用事业管理部门与企业的“父子关系”，政府将不再直接干预企业的日常生产经营活动，企业则根据政府颁发的经营许可证的有关条款，按照市场经济原则开展生产经营活动，实现企业经营机制的根本性转换。其主要特征是企业拥有相对独立的生产经营决策权，这是企业成为市场主体的先决条件，也是企业进行市场活动的活力所在。对已经成立的从事公用事业建设、管理的国有独资公司继续深化改革，使其真正成为自主经营、自负盈亏、自我发展和自我约束的生产经营公司。企业按照市场经济原则开展生产经营活动，可以在不超过政府规定的最高限价下，按市场需求自由决定定价策略，自主经营。

在政企分开的新体制下，企业要达到利润最大化也就是要实现成本最小化，这就促使企业要千方百计地通过技术创新、优化生产要素组合等途径降低生产成本，通过向消费者提供更好的服务以扩大经营业务，提高规模经济与范围经济效益。以追求最大利润为经营目标，企业的利润和员工及经营者的利益直接挂钩，使追求利润成为企业经营者和员工的自觉行动。

企业是经营风险的实际承担者，具有抵御风险的机制。对于经营过程中的风险，企业是唯一的实际承担者，有了这个压力，企业才会努力经营并分散经

营风险，力求风险最小化。加大市政公用企业改制的力度，全面建立现代企业制度，完善企业法人治理结构，探索建立多元主体的产权机制、有效竞争的管理机制、适应市场的营销机制、客户至上的服务机制、能进能出的用工机制以及激励贡献的分配机制等，向消费者提供较低的价格和较好的服务，以争取尽可能大的市场份额。

三、建立多元化的产权结构和多渠道的融资方式

公用事业虽然利润率不高，但具有现金流回报稳定、收益风险低的特点并且未来随着收费机制的进一步到位，其资本回报收益还有进一步上升的空间，因此成为各种资金青睐的对象。多种形式的投资经营格局是加速推进市政公用事业发展的助推器。从我国各地改革的实践来看，城市市政公用事业市场化改革的实质性推进，主要是由投融资体制改革所带动的，由于投资主体不再是政府，融资方式也不再仅仅是银行贷款，所以追求投资回报的机制发生了作用，迫使市政公用事业向现代企业经营方式改革，从经济机制上促进了改革的深化。

通过对城市公用事业运营企业进行改制，吸纳其他经济成分参股，也可实行部分或整体有偿转让。通过城市公用事业企业股权结构的改革来改善企业的治理结构，促进现代企业制度的建立，实现政企分离、政资分离，实现国有产权的多元化。同时在城市公用事业领域在国家统一政策指导下，允许鼓励各种非国有经济在公用行业的发展，允许各种非国有经济成分兴办、合办投资城市公用事业。对于存量资本市场，将过去由政府垄断经营的城建存量资产投放市场。通过对固定资产存量经营权转让，例如 TOT 方式，股权转让以及资产转让等方式，盘活存量资产，为增量建设聚集资金。同时开放增量资产市场，吸引民间资本进入城市公用事业投资领域。

第三节 建立收费补贴制度 完善财税政策

一、建立合理的收费制度和补贴制度

公用事业市场化改革应以市场为取向，建立公开、合理的价格与收费管理

体制。其总目标应体现效率和公平，既要考虑生产经营企业的收益，有一定的投资回报率，又要考虑社会的承受能力，即注意消费者和用户的利益。应在充分考虑资源的合理配置和保证社会公共利益的前提下，按照市场经济规律，根据行业平均成本并兼顾企业合理利润，即“企业成本税费合理利润”的原则，以促进社会分配效率、刺激企业生产效率和维护企业发展潜力为价格管制的三大政策目标，确定供水、燃气、污水处理等行业的产品和服务价格，并在城市公用事业中长期价格规划和公共支出增长计划的指导下，根据社会平均成本、年度价格指数和各地用工制度、劳动力成本变化等情况，适时对价格和定额标准予以调整。为保证城市公用事业的公益性，对于价格背离价值所造成的政策性亏损，政府要在认真调查核算的基础上，严格界定政策性亏损和生产经营性亏损，建立合理的政府补偿机制。

改变单一定价模式，实行差别化定价，并科学制定差别的标准。实行差别化定价可以调节供求矛盾，既可以在供给紧缺的时候降低消费量，以缓解供给紧张，又可以在消费量降低的时候增加消费，减少资源和设备闲置带来的损失。差别化定价还可以使资源得到合理利用，避免因过度消费而产生的资源浪费，环境污染等问题。差别化定价不仅能够反映公用产品稀缺程度，还能够真实反映公用产品本身的商品价值，使消费者进行选择性消费。具体定价办法还要根据不同公用产品类型而定。对于能源型的公用产品，像供水、供气、供暖等公用事业产品，可采取阶梯式定价；对于有些公用产品的需求量随时间变化出现周期性上下波动，形成明显的高峰需求和非高峰需求，可采取峰谷式定价模式。为满足高峰需求而设计的生产能力和设备，在非高峰时即出现过剩和闲置。可以通过制定合理的峰谷时间差价，来公平分摊公用产品的需求成本和从量成本，并适当地调节需求，以缓解高峰时的拥挤，充分利用和保护资源。适于峰谷式定价的产品有电力、交通等。

在建立起全面的公用事业定价收费制度的同时，对现行的公用事业财政补贴制度进行改革。经营性的城市公用事业定价关系到投资者的积极性、消费者的承受能力和社会的整体利益。建立科学合理的价格形成机制和科学可行的财政补贴机制，使其既能刺激企业愿意投资，主动降低成本，提高效率，又能满足公共利益的需要，保证城市公用事业的可持续发展。

补贴对象分两类：一是企业；二是个人，主要是弱势群体。对企业的补贴，为保证城市公用事业的公益性，对于价格背离价值所造成的政策性亏损，政府要在认真调查核算的基础上，严格界定政策性亏损和生产经营性亏损，确定因政府定价行为和承担法律、法规及政府规定的指令性义务形成的政策性亏损，建立合理的政府补偿、财政补贴机制。

二、完善财税政策

（一）完善财政预算管理制度

进一步增强财政预算的完整性、透明度和有效性。建立并不断完善科学完整、结构优化、有机衔接的政府预算体系，全面反映政府收支总量、结构和管理活动，统筹运用好公共资源。健全预算编制和执行管理制度，强化预算科学化、精细化管理，增强预算编制的科学性和准确性，提高预算执行的及时性、均衡性、有效性和安全性。完善预算公开制度，健全公开机制，规范预决算公开内容和程序，促进预决算公开常态化、规范化和法制化，增强财政预算透明度。健全预算绩效管理制度。将绩效观念和绩效要求贯穿于财政管理的各个方面，逐步建立预算编制有目标、预算执行有监控、预算完成有评价、评价结果有反馈、反馈结果有应用的全过程预算绩效管理机制，提高财政资金使用效益。

（二）完善税收政策

强化税收促进经济结构优化和发展方式转变的作用。在实施和完善消费型增值税的基础上，结合增值税立法，稳步扩大增值税征收范围，相应调减营业税等税收，进一步消除重复征税，最终实现货物与劳务税制的统一，促进服务业特别是现代服务业发展。合理调整消费税范围和税率结构，将部分容易污染环境、大量消耗资源的产品等纳入消费税征收范围，增加消费税应税品目，充分发挥消费税促进节能减排和引导理性消费的作用。完善企业所得税制度，鼓励科技创新。进一步推进资源税改革，将煤炭资源税计征办法由从量征收改为从价征收并适当提高税负水平，其他矿产资源等提高从量计征税额，并适时将水资源纳入资源税征收范围，促进资源节约和环境保护。选择防治任务繁重、技术标准成熟的税目开征环境保护税，并逐步扩大征收范围，促进环境友好型社会建设。

（三）债券

PPP 模式的改革与创新，需要把政策支持和市场机制有效结合，尤其要发挥好依托国家信用、服务国家战略、资金运用保本微利的开发性金融的“供血”作用，为 PPP 项目提供依法合规、操作便捷、成本适当、来源稳定的融资渠道，保证资金需要，并努力降低资金成本。由国家开发银行成立专门机构，实行单独核算，采取市场化方式发行与 PPP 有关的金融专项债券，加大资金的扶持力度。

（四）政府采购

政府采购有助于节约财政支出，但节约支出，提高支出效率并不是建立政府采购制度的唯一出发点。因为政府采购是社会总需求的一个组成部分，它对社会经济的流通、生产、分配和消费环节均有重要影响。这个制度的建立和发展，直接反映政府介入社会经济的规模和深度，也反映着公共财政在经济生活和社会生活中的地位。因此，政府采购制度的实行不仅具有财政意义，更具有广泛的社会意义和政治意义。

从国外经验看，良好的政府采购制度的主要功能之一是发挥宏观调控作用。政府采购客观上对于不同的产品和行业有一定的选择余地，可以据此体现不同的政策倾向。于是市场化国家政府通常把环境保护、生态平衡、资源节约与合理开发利用等特定政策目标纳入政府采购的通盘考虑。我国随着国民经济和社会的快速发展，能源和环保问题日益突出，节能已成为国家未来中长期确保融资安全、改善环境质量、实现社会经济长期可持续发展的一个重大战略问题。这就从客观上决定了节能更应当成为我国宏观调控的一个重要政策目标，也应当将节能纳入政府采购范围。

第四节
其他相关配套措施

一、完善政府职能和管理体制

在城市公用事业市场化改革后，企业承担了投资风险，政府再也不能用行政命令的办法管理企业经营。政府职能应逐渐从公共服务的生产者、提供者的角色转移到决策者、监管者以及市场环境创造者。而公用事业必须进行和加强监管，因为这些行业具有很大的外部性，消费者处于弱势地位。因此，必须明确重建政府职能和管理体制，明确政府和企业在公共事业领域的职责定位。

市政公用事业市场监管体系的建立，需要一个逐步完善的过程。当前需要尽快做好以下几项工作：一是加快市政公用事业各行业主管部门的职能转变，研究提出市政公用事业管理体制改革的指导意见，明确建设行政主管部门监管主体的法律地位，妥善解决改制过程中的监管主体不明确带来的一系列问题。二是研究科学的监管办法，建立规范的市政公用事业市场监管制度，完善政府监管的手段，程序和要求，严格监管行为，提高政府监管部门人员的素质，维护好市场环境和公众利益。三是完善市场要素，规范中介组织。中介组织在城市公共事业改革市场化项目运作中，将起到弥补政府监管机构知识面不全、专业性不强、人员力量不足缺陷的重要作用，为监管的公正性和科学性提供了保证。因此要严格规范中介组织，对中介组织的市场准入条件、作业范围、作业的程序给予必要的规范。

二、完善生态环境补偿制度

保护生态环境必须依靠制度。党的十八大报告明确提出，“加强生态文明制度建设”，“建立反映市场供求和资源稀缺程度、体现生态价值和代际补偿的资源有偿使用制度和生态补偿制度”。这对大力推进生态文明建设具有重要意义。为了完善生态环境补偿制度，需要逐步实现生态补偿的规范化、标准化、动态化。

逐步实现生态补偿规范化。我国各地各部门积极探索生态补偿制度建设，目前已初步建立了中央森林生态效益补偿基金制度、草原生态补偿制度、水资源和水土保持生态补偿机制、矿山环境治理和生态恢复责任制度、重点生态功能区转移支付制度等。今后，一方面应在实施过程中对这些制度加以完善；另一方面应在顶层制度层面逐步形成完整的更具法规功能的生态补偿条例和实施细则。有必要制定专门的法律法规，在法律层面明确生态补偿的必要性，明确生态补偿责任和生态主体义务，为生态补偿机制的规范运作提供法律依据，不断推进生态补偿的制度化和法制化。

逐步实现生态补偿标准化。在建立科学的生态价值评价体系前提下，完善分类及测算方法，分别制定生态补偿标准，加快建立生态补偿标准体系，将主要标准“指数化”，控制上限下限，控制变量因素，防止随意性。还应尽快制定和完善监测评估指标体系，及时提供动态监测评估信息，逐步建立生态补偿统计信息发布制度，抓紧建立生态补偿效益评估机制。最重要的是完善经济社会发展考核评估体系，把资源消耗、环境损害、生态效益等体现生态文明建设状况的指标纳入经济社会发展评价体系，使之成为建立生态补偿制度、推进生态文明建设的重要导向。

逐步实现生态补偿动态化。生态损害的修复是一个长期的过程，生态环境损害后负面影响的显现也是一个长期的过程。因此，科学的生态补偿制度应该是动态化的，能够反映生态修复成本的不断提高，反映生态环境损害叠加累积的效应及逐渐恶化的趋势，反映人们对生态文明建设成果的更高需求，以可持续的生态补偿保障经济社会可持续发展，实现人与自然和谐发展。

三、健全资源有偿使用制度

近十几年中，我国工业化进程的快速发展，资源不足成为突出的瓶颈问题。数量稀缺且分布不均的资源成为制约中国经济社会发展水平的“短板”。补足资源“短板”正是建立资源有偿使用制度的现实意义所在。资源有偿使用制度是指国家采取强制手段使开发利用自然资源的单位和个人支付相应费用的一整套管理措施。

第一，建立真实反映资源稀缺程度、市场供求关系、环境损害成本的价格机制。应该按照维护自然资源可持续利用的原则要求，构建合理的自然资源价格的差比价关系，正确地处理自然资源与资源产品、可再生资源与不可再生资源、土地资源、水域资源、森林资源、矿产资源等各种不同资源价格的差比价关系；纠正原有的不完全价格体系所造成的资源价格扭曲，将资源自身的价值、资源开采成本与使用资源造成的环境代价等均纳入资源价格体系。通过完善资源价格体系结构，为资源有偿使用制度的实施提供体制保障。

第二，严格执行资源开采权有偿取得制度。石油、煤炭、天然气和各种有色金属等都是面临枯竭的不可再生的宝贵资源，因此资源开采者必须向资源所有者——国家交纳相应的税费以获得开采权。应彻底取消自然资源一级市场供给（行政无偿出让和有偿出让）的双轨制，使企业通过招标、拍卖等市场竞争手段公平地取得资源开采权。对于此前无偿或廉价占有资源开采权的企业均应进行清理。

第三，发挥财政职能，做好资源有偿使用收入的管理工作。发挥财政的配置职能，形成合理的资源成本分摊机制，将资源自身价值及开采费用、开采资源造成的环境恢复费用、资源开采生产的安全费用等共同成本合理地分摊到资源开采、资源产品和产品服务等产业链条之中；发挥财政的调节职能，将资源有偿使用的收入进行有效的分配，在中央与地方按比例分成的基础上，实行“专款专用”；发挥财政的监督职能，依据财经制度促使使用资源的经济成分准确、及时、足额地交纳有关税费，同时对造成资源有偿收入的税源和费源“跑冒漏损”现象进行检查验证。

第四，加强资源开发管理和宏观调控。营造公平、公开、公正的资源市场环境，形成统一、开放、有序的资源初始配置机制和二级市场交易体系，建立政府调控市场、市场引导企业的资源流转运行机制，通过市场对资源的有序配置，提高资源的利用效率，改变人们利用与消费资源的传统方式，以资源的永续利用保障经济社会的可持续发展。

四、完善相关法规体系

现代市场经济国家的经验表明市场经济需要有更加完善的法律体系来保障。欧美发达国家的政府部门多数针对 PPP 模式建立了适合本国的法律、法规。建立国家级法规和针对民间投资的立法，该法律体系应该对政府部门和企业在项目中所具备的权利以及承担的义务做出明确的界定。明确民营企业的法律地位，减少对民营企业的政策性歧视。逐步建立政府退出机制，以避免产生投资的挤出效应，权威机构应当对保障房 PPP 政策方针给予全面控制与解释，并对 PPP 模式发展提供全面支持。

为规范和引导市政公用事业市场化改革，需要尽快建立市政公用事业改革的法规体系，完善相关配套政策。当前各地迫切需要完善关于市政公用事业国营企事业单位改革改制、土地使用权处置、国有资产或股权处置和转让、财政补贴和收费、市场准入的条件及程序、市场监管的相关技术标准和服务规范等具体配套措施。具体包括：（1）进一步提高市政公用事业改革和特许经营制度的法律地位，以国务院文件或条例的形式，更好地规范市政公用事业改革。（2）进一步明确特许经营制度的适用范围，把实施特许经营制度扩大到全社会的市政公用事业。（3）制定出台市政公用事业市场准入实施办法，规范招投标行为。建立市政公用事业特许经营咨询机构评估制度。建立市政公用事业从业人员培训考试制度，为提高市政公用事业市场准入“门槛”创造条件。（4）加快污水、垃圾处理等收费政策的立法研究，尽快规范收费主体、收费方式及收费资金的使用，本着分类指导、逐步理顺的原则，按照“保本微利”的方式，建立以政府对污水和垃圾处理经营主体进行成本约束，服务和产品质量考核为基础的，合理盈利的收费与支出机制。

第八章

政府职能部门利用PPP综合服务平台参与PPP项目管理的意义和应用

2014年10月24日国务院常务会议决定积极推进PPP模式后，各界人士普遍认为，推进这项创新工作意义重大、难度很大。当前急需构建全国统一的PPP综合服务平台，将推进PPP模式与政府职能转变紧密结合，自上而下推进PPP操作公开透明，打造地方政府与社会资本之间信息对称、地位平等的伙伴关系。并通过信息完全交互打破地方利益格局，提高政府公共项目管理效率，打造现代国家治理体系。各政府职能部门也要加强协调配合，依托PPP综合服务平台，向社会资本释放统一信号，消除社会资本进入公共产品服务领域的各种疑虑，促进我国经济社会发展迈上新台阶。

第一节 政府与社会资本在PPP模式中的关系

一、政府与社会资本在PPP模式中关系的现状

（一）信息不对称，合作缺基础

社会资本参与PPP项目设施建设，必须对项目具体信息充分了解。但目

前许多项目在政府部门网站上公示时，仅显示项目名称、法人代表和投资额等信息，关键信息基本都“犹抱琵琶半遮面”，加上各政府部门审批程序错综复杂，更让社会资本“望而退步”。这些信息的不对称使社会资本只会选择熟悉地域投资、或选择与有关地方政府负责人进行私下联系。社会资本的地域性选择，大幅增加了投资壁垒，让政府部门只能在固定范围内选择“合伙人”，缺乏充分市场竞争的社会资本，也使得政府部门难以选到最合适的“合伙人”。

（二）角色错位，合作不平等

长期以来，我国一些地方政府往往身兼投资者、经营者和监管者的三项职能，经济活动一旦出现问题或纠纷，地方政府基本依靠行政命令强行解决。由于地方政府处于绝对强势地位，遭遇违约的社会资本常常不敢、不愿、也不会与地方政府部门“撕破脸皮”。地方政府这种强势的管理作风，与 PPP 模式要求很难兼容。PPP 模式的核心是地方政府与社会资本的“伙伴关系”，PPP 模式更加注重契约精神、公开透明和市场观念。

近二十年来，很多成熟的市场经济国家都争相尝试将 PPP 的各种模式应用于本国或区域内的基础设施建设。从 20 世纪 90 年代初开始，全球 PPP 项目迅猛崛起。随着 1997 年亚洲、俄罗斯和巴西金融危机的出现，全球 PPP 项目有所减少，随后又在平稳中开始回升。

我国众多“准 PPP 项目”归纳起来主要有两种模式：一是特许经营，伴随着出让股份或者是增资扩股，也就是融资加运营，主要发生在供水领域、城市燃气领域；第二个模式就是 BOT、TOT，主要是污水处理厂、垃圾处理厂、高速公路等领域，还种模式主要是融资和运营一体化的。“新 36 条”鼓励和引导社会资本进入公路、水运、港口码头、民用机场、城际轨道交通等基础设施建设，但真正操作起来，仍然困难重重，常常遭遇不切合实际的技术条件、人员资格、注册资金等进入这些领域的实际门槛，严重制约了社会资本参与 PPP 项目的意愿和可能性。

2014 年 4 月 23 日，国务院决定在基础设施等领域推出一批鼓励社会资本参与的项目。首批推出 80 个示范项目包括铁路、港口等交通基础设施、信息基础设施、大型清洁能源工程、油气管网及储气设施、现代煤化工和石化产业基地等，大多属于新型基建投资，在改善民生的同时来对冲房地产投资下滑的负面影响。2014 年 8 月以来，全国各省市都加大推出吸引社会资本的力度，四川、安徽、湖南、山西、江苏、江西、福建、河北、吉林和武汉、西安等省市共推出超过万亿元的投资项目。

2014年10月22日召开的APEC财长会议形成了非常有利于PPP发展的共识，过去出口一直是APEC经济体的增长引擎，但面对当前全球经济的需求面持续薄弱，增长不均等问题，未来刺激增长必须鼓励投资，重点在基建项目，以推动需求和经济增长。出席这次会议各国财政部门代表均表示，各国自有的公共资金非常有限，十分需要鼓励社会资本向公共产品领域投资。

因此，未来我国政府在公共基础设施建设中应加快转变角色，由过去"一味自己干"的主导角色，转变为与社会资本合作提供公共服务的监督、指导以及合作者的角色。在这个过程中，政府应对公共基础设施建设的投融资体制进行改革，对管理制度进行创新，拓宽社会资本真正可进入的领域，激活经济发展内生动力。

（三）法治土壤缺失，合作存风险

当前，我国仍然处在市场经济不断完善的进程中，相关制度建设滞后、地方政府政绩考核、负债观念扭曲，PPP模式可能会出现新的利益输送。若操之过急可能走偏，酝酿新的市场风险。

二十年的发展，使我国PPP领域形成了一个"双轨制"的格局，就是政府提供服务和市场提供服务并存的"双轨制"，其特点：首先是经营主体，"政府轨"是政府直接控制的企业，包括投融资平台公司、原来的供水公司、排水公司等。"市场轨"是相对较为独立的、以民营企业为代表的社会资本主体。其次，"市场轨"的PPP项目企业的获得途径是市场竞争，而"政府轨"的公用事业企业是政府自己成立的。三是政府发挥作用不一样，"政府轨"的企业，政府部门会凭借行政权力直接干预，而对"市场轨"的PPP项目，政府一般只能依据法律和合同进行监管，不"越界"指挥。

造成"双轨制"的原因，表面上看是现在政企没有完全分开，在城市化快速发展过程中，地方政府认为需要保留一些行政干预权。深层次原因则在于，我国经济社会发展中的法治环境和契约精神较差、政府和社会资本风险意识较弱、政府职能转变不到位、固有利益集团阻碍改革发展等等，都限制了PPP模式的推广和应用。

十八届三中全会之后，我国经济社会发展的宏观环境已经发生了很大变化。三中全会提出市场要在资源配置中起决定性作用之后，土地财政的发展模式面临重大调整，尽管土地财政不会完全退出，但比重将会大大下降。同时，当前我国资本市场开放度、成熟度和过去已经不可同日而语，我国公用事业融资有了更多选择。

从 PPP 在我国的发展历程来看，PPP 首先应用于空间相对封闭、边界较为清晰、具有一定的排他性、风险收益测算比较简单、易于监管的公共产品领域，例如污水处理厂、自来水厂，高速公路等。投资者在投资之初可以清晰地测算出自己所面临的风险和预期的现金流，这部分项目多以 BOT、TOT 为形式进行的 PPP 项目。而随着发展的需要，PPP 逐渐应用于投资空间相对发散、边界相对模糊、排他性较弱、风险收益测算相对较复杂、不易监管或发生错误时纠错需要耗费较高的谈判成本的公共产品领域，例如自来水管网、燃气管网、甚至一片土地的集中开发。这种合资的模式表现在原有的公共事业企业与新社会资本建立起的新合资企业。

第二类产品的 PPP 项目，需要政府和企业均具有较强预判能力和风险防控意识，并具有较强的合作意识。政府要充分考虑到未来因社会发展需要所带来违约风险，以及社会资本因特定事件发生后，获得超额利润与民争利时，政府该如何在法律框架内通过协商等手段进行调节。而社会资本也要充分考虑到，未来预期收益发生变化时，如何在合同框架内通过协商保障投资收益。

未来 PPP 项目将更多以第二类产品为主，政府在公用事业中的角色，需要有一个合理的、相对清晰的授权。在公用事业管理方面，政府相关部门必须牵头做好规划，公共产品的职能必须落实在一个只有政府牵头才能做好的通盘规划里。具体而言，政府要做上层的规划，企业做项目的规划，两个层次的规划要衔接。

我国已经形成了比较雄厚社会资本力量，社会资本主观上愿意积极参与 PPP，进一步拓展自己生存和发展的空间。社会资本能做的事情，政府没有必要跟它争着做。采取各种措施不断吸引社会资本，充分利用 PPP 综合服务平台，形成具有中国特色的 PPP 模式，是推动我国经济社会发展迈上新台阶的必由之路。

二、现代 PPP 模式政府与社会资本关系的特征

十八届三中全会提出“允许社会资本通过特许经营等方式参与城市基础设施投资和运营”。在新形势下，我们对新一轮 PPP 的理念要进行再认识。PPP 模式的本质是政府与社会资本合作，为提供公共产品或服务而建立的全过程合作关系。政府购买服务的方式上，也从以往单一年度的预算收支管理，逐

步转向强化中长期财政规划，与深化财税体制改革的方向和目标高度一致。通过 PPP 综合服务平台，可加速 PPP 项目的信息流通、多路径和“点对点”传输，打破信息盲区，从而防止中间环节对信息的垄断和截留而导致的贪污、截留、挪用等腐败行为。

与传统的融资方式相比，PPP 模式表现出下面不同：首先，融资仅作为 PPP 模式发展的目的之一，而不是全部，政府除了利用社会资本以外，大多都还利用了社会资本的生产与管理技术，提升政府效率。当前我们对 PPP 的认识和理解是有偏差的，我们改革的动机是为了吸引投资，而在国际上，PPP 的主要目的在于提高公共服务效率。从大政府到小政府，从公共事业的民营化，到政府事业的外包，都是为了解决政府的低效率问题。

一些政府部门仅仅把 PPP 作为融资的手段，而没有去考虑效率问题，由此形成了我们独特的 PPP 模式即融资和运营一体化的模式，影响 PPP 项目的运行效率。在一个 PPP 项目中同时含有融资和运营，融资是目的，运营只是因为社会资本有支出，政府要给许诺社会资本二十五年到三十年的时间去收回投资，获得盈利。在这种独特模式下，政府往往认为搭建 PPP 模式后，后续就与政府不产生任何关系，运营了一段时间后，当需要追加投资或其他需要公共协商的问题发生后，PPP 项目的稳定性就会受到影响。PPP 不仅是融资工具，更是一种新型的管理模式。

（一）PPP 的第一个特征：伙伴关系

与传统 PPP 项目具有相对明确的边界、投资收益能够在自己的体系内实现不同，通过 PPP 综合服务平台，新时期的 PPP 项目包含范围更广。

以成片的土地开发为例，这些项目的复杂性远远超过了以往 PPP 项目。除了签订协议外，政府为了支持这样一个项目，往往会出台一份支持这个项目发展的政策性文件，在这样一份文件中会出现关于政府的公共财政、公共政策、一些政策上的优惠和政策上的配套。这种成片的 PPP 项目涉及所有方面上，都体现出更为复杂的公私合作的特点。

伙伴关系不是简单地政府购买商品和服务、给予授权、征收税费和收取罚款。比如，即使一个政府部门每天都从同一个餐饮企业订购三明治当午餐，也不能构成伙伴关系。PPP 中社会资本与政府公共部门的伙伴关系与其他关系相比，独特之处就是项目目标一致。公共部门之所以和社会资本合作并形成伙伴关系，核心问题是存在一个共同的目标：通过 PPP 综合服务平台，在具体项目上，以最少的资源，实现最多最好的产品或服务的供给。社会资本通过 PPP

综合服务平台，以此目标实现自身利益的追求，而公共部门则是通过 PPP 综合服务平台，以此目标实现公共福利的追求。

正是由于从建设主体到合作伙伴的角色转换，PPP 综合服务平台应运而生，推动了政府和社会资本合作投资建设过程中的规范化、法制化，让社会资本充分享有合同规定的权利，并接受合同相应条款的制约。未来随着 PPP 综合服务平台的广泛应用，PPP 模式的推广力度将会进一步加大，将会大幅增强社会资本的信心，提升社会资本效率。

（二）PPP 的第二个特征：利益共享

资本的本性是逐利，想要在盈利性相对较弱的公共产品投资中引入社会资本必然要考虑社会资本回报问题。PPP 中公共部门与社会资本并不是简单分享利润，政府的一项重要责任是调节进入资本的盈利空间，一方面要保持项目回报率的吸引力；另一方面需要控制社会资本可能的高额利润，即不允许社会资本在项目执行过程中形成超额利润。主要原因是 PPP 项目是带有公益性的项目，不以利润最大化为目的。如果双方想从中分享利润，只要允许提高价格，就可以使利润大幅度提高，不过，这样做会带来社会公众的不满，甚至还可能会引起社会混乱。既然形式上不能与社会资本分享利润，那么，如何与社会资本实际地共享利益呢？共享利益除了指共享 PPP 的社会成果，还包括使作为参与者的社会资本、民营企业或机构取得相对平和、长期稳定的投资回报。利益共享显然是伙伴关系的基础之一，如果没有利益共享，也不会有可持续的 PPP 类型的伙伴关系。

在多数有稳定回报的领域，社会资本已经深度介入。目前，推进 PPP 模式的关键在于那些没有稳定回报预期的行业和项目，如何通过制度改革、后期的经营和服务创新，来创造出吸引社会资本的条件。如此可以逐步解决地方政府的债务问题，而且政府投资的有效性也将大大增强。

（三）PPP 的第三个特征：风险共担

伙伴关系作为与市场经济规则兼容的 PPP 机制，利益与风险也有对应性，风险分担是利益共享之外伙伴关系的另一基础。如果没有风险分担，也不可能形成健康而可持续的伙伴关系。无论是市场经济还是计划经济、无论是社会资本还是公共部门、无论是个人还是企业，没有谁会喜欢风险，所以要千方百计地避免风险。PPP 模式在实际应用中，如何将公共部门和社会资本就项目中风险的分配达成一致，是需要双方重点评估的关键问题。

第二节
各方利用平台参与 PPP 项目管理的好处

参与感是 PPP 模式的灵魂。全国统一的 PPP 综合服务平台与国家电子政务外网有机结合，各部门对项目的审批、招标等信息在平台上完全公开，这将是打破政府部门既得利益的重要抓手。此外，PPP 项目投资主体在建设初期，必须安装流量监测、视频监控等电子设备，并与平台连接，而税务、审计等部门数据都录入系统，则项目经济数据和流量将在系统内自动生成，政府各部门可直接通过平台进行监管，甚至直接使用平台产生的数据收取税费等，大幅提高政府对公共项目管理的效率。PPP 综合服务平台搭建后，新的变革将会不断涌现，政府职能转变随之加快，建立个部门有效利用 PPP 综合平台数据和各项服务的良性机制势在必行。

一、利用平台参与 PPP 项目促进社会发展

（一）发改部门利用 PPP 综合服务平台

发改部门筛选 PPP 适用项目后，在 PPP 综合服务平台上向全社会“亮相”，包括项目投资规模、融资管理、运营补贴和项目监管等信息。这一全国统一的平台将能获得所有社会资本的关注，实现充分竞争。

新阶段 PPP 项目的特点之一是参与主体比较复杂，除了社会资本和政府以外，会涉及财务顾问、法律顾问、评估机构、规划设计顾问、市场顾问等专业机构。所有顾问机构完成的成果都会集成在政府与企业的协议中，这是一份很大的协议，有很多的附件。完成一份复杂程度如此的协议，单凭政府和社会资本是很难做到的。PPP 综合服务平台搭建后，专业机构大量进入，不仅为政府与社会资本之间的合作模式提供成熟脚本，而且将促进发改部门从明确投入方式、选择合作伙伴、确定运营补贴到提供公共服务做好制度设计和政策安排，并明确 PPP 模式的项目类型、采购程序、融资管理、项目监管、绩效评价等事宜。同时发改部门还可筛选 PPP 模式的适用行业和项目，作为跟踪推进的重点。

通过充分竞争，社会资本也可在全国所有 PPP 项目中进行筛选和参与。

社会资本在综合服务平台上可以对地方政府招商引资环境进行直接评价，双方的“自由联姻”将是PPP模式不断推进的原动力。

（二）财政部门利用PPP综合服务平台

面对地方政府债务压力和快速城镇化进程中资金短缺的巨大压力，财政部成立了PPP工作领导小组，力推政府和社会资本合作模式，得到各地积极响应。地方财政部门作为政府资金、资产及政府性债务的综合管理部门，可通过PPP综合服务平台为政府性投资争取更多渠道。

第一，吸纳社会资金。长期以来，信息不对称严重阻碍了社会资本进入公用事业领域，大量希望投在收益相对平稳、回报期较长的公共产品领域的社会资本，因信息缺失而发生供需错位。PPP综合服务平台搭建后，政府项目、社会资本充分集中，信息充分流动，财政资金的引子作用将被凸显，有利于吸引社会资本参与公共事业和基础设施建设，建立多元可持续的资金保障机制。

第二，盘活存量资金。目前，国内部分地区有很多适合PPP模式引入社会资本的项目大量占用了财政资金，或依靠大量的债务融资。对于这类项目要逐个项目、逐笔资金进行排查，充分利用平台的信息优势打破信息孤岛，该收回的坚决收回，该调整的及时调整，运用PPP模式盘活存量资产，化解项目现有债务，创造更多现金流用于新项目建设。

第三，用好金融资金。通过PPP综合服务平台，财政部门以盘活土地、国有股权及注入其他优质资产等方式，可进一步改善融资平台资产结构，提高其融资能力，扎实高效地做好融资工作，保障重大项目建设的资金需求。

第四，保证财政资金安全。传统模式下，通过公开招标实现了PPP项目中财政资金支出最少、社会资本收益较低。一旦PPP项目通过全国统一的综合服务平台交易，零散社会资本集中参与其中，将大幅拓展基础设施建设的资金供给渠道，其收益率需求必然让缺乏竞争的金融行业发生“鲶鱼效应”，形成金融供给多样化，从而推动更为合理的基础设施建设市场化价格的形成，有利于降低合作代价并挤掉预期超额利润。

二、利用平台参与PPP项目提升社会管理

（一）税务部门利用PPP综合服务平台

传统的PPP项目相对孤立。而PPP综合服务平台上专设有投后管理子平台，我国可建章立制要求各部门直接在平台上在线审批、立项和管理项目，各部门信息完全公开透明，提振社会资本信心。同时，社会资本在建设中必须安

装流量监测、摄像头等高新技术并与平台联网。各级税务机关可以通过这个平台共享信息，掌握企业线索，防范偷税、漏税等事件的发生。目前，税务机关加大网上税务局建设，扩展网上办税功能，并探索手机移动办税，促进了网上办税推广，这些业务可以考虑与 PPP 综合服务平台结合起来，简化工作流程，加强监督管理，实现“一箭双雕”。企业通过 PPP 综合服务平台在家里或企业办公室就能完成税务登记、税务申报、税款划拨、查询税收公报、了解税收政策等业务，非常简洁方便。

（二）审计部门利用 PPP 综合服务平台

多年来，国内一些被审计对象依法接受审计意识欠缺，拒绝提供审计必需的资料，有的协查单位甚至存在威胁恐吓审计人员的情况等。而传统的 PPP 项目相互独立，审计工作要分头进行难度较大。因此，多年来地方政府通过地方融资平台进行市政建设，尽管对改善民生和社会事业发展起到积极作用，但也带来债务规模较高等弊端。审计署最新公布的数据显示，融资平台公司是政府负有偿还责任债务的最主要举借主体，债务余额达到 4.08 万亿元，或有债务余额达到 2.9 万亿元。PPP 综合服务平台建好后，有关 PPP 项目全部进入平台，相关项目从启动、运营到工程完毕，均可在平台上体现。审计部门事前、事中和事后都可以对有关项目进行审计，校正偏差，引导规范，让资金用到实处，见到成效。

（三）统计部门利用 PPP 综合服务平台

在 PPP 项目的选择上，要进行充分的项目统计、评估，提高项目决策的科学性和合理性。可以借鉴国际“物有所值”评价方法，在项目选择时进行全面评估，对不同采购方式所对应的资本结构、运行成本及可获得的利润进行综合分析，重点关注财政承诺、定价机制、风险分担、项目效率、运营成本等要素。同时，对质量和公众满意度提升等有形投入价值，以及利益相关方参与度提高、组织能力增强、发展目标拓展等无形投入价值进行综合分析，最终判定项目采用 PPP 模式的可行性。

三、利用平台参与 PPP 项目满足资本需求

（一）银行部门利用 PPP 综合服务平台

当前以及未来一段时间，PPP 项目的主要融资渠道还是靠银行贷款，在目前经济形势严峻的情况下，银行可以利用 PPP 综合服务平台掌握企业业务往来、经济状况、企业信用、法律法规规章政策等多方面的情况，相关数据库信

息对企业开放、方便企业利用，为银行安全放贷、顺利回收提供一个新的权威平台。

（二）社会资本利用 PPP 综合服务平台

PPP 综合服务平台可以实现社会资本的自由进出。各类社会资本可通过此平台以基金、债券、信托等形式直接参与到 PPP 项目的投融资活动中，项目合作方如果想退出时则可借助此平台出售、转让股权，而平台上所投项目的在线经营数据完全公开，零散的社会投资者可即时掌握项目进展指标，如同“K 线图”一样成社会投资者是否“入股”项目的衡量指标，以推动提高投资方和运营方的投资管理效率，形成长效化机制。

当前除中国人民银行打造的个人和企业法人征信体系外，国家电子政务外网正打造政府征信平台。PPP 综合服务平台建成后，将于上述两大征信平台直接相连，今后不仅政府部门在 PPP 综合服务平台上，可直接了解企业的诚信情况，企业也可在 PPP 综合服务平台上了解各地政府的信用情况，查看地方政府是否有违约先例。对时常出现违约现象的地方政府，社会资本可斟酌是否投资当地的 PPP 项目，这将是对地方政府考评的重大变革，推动地方政府征信体系的建立，也直接推动地方政府向服务者角色的转变，促使政府部门从行政命令履职向法制化履职模式的转变，成为推动建设国家现代治理体系的重要杠杆。

第三节
政府利用平台参与 PPP 项目面临的问题

目前我国地方政府的管理模式仍然是内部管理型的，按区域、级别、行业划分，各部门独成一体，相互之间信息共享较为困难。目前看，这种传统模式存在的一系列局限和问题，不能适应 PPP 模式发展的要求，对各有关政府职能部门利用 PPP 综合服务平台参与 PPP 项目管理造成了很大障碍。

一、信任基础缺乏仍是障碍

当前，缺乏合作精神是制约 PPP 模式的重要阻碍，这不仅存在于政府，也存在于社会资本。作为政府部门，其对社会资本的不信任表现在两个方面：

第一，政府和公众认为社会资本进入公用事业领域的根本目的是掘金，认为社会资本进入公用事业领域必然导致公共产品价格的提升。对于外资，更认为其目的是为了控制中国的公用事业，掌控中国的命脉。第二，政府部门在吸引社会资本后往往表现得不负责任，对于项目在运行的过程中产生的问题，经常推给社会资本，或是项目设计之初，一味向社会资本推卸风险，甚至一卖了之。这些行为不利于以综合服务平台为载体，推进 PPP 发展。

一些社会资本对公共事业的理解也存在问题，有的社会资本没有认清公用事业本身是一个长周期、低回报但比较稳定的特点，经常设定不切实际的预期收益，将政府看成“冤大头”，希望政府知识不足而得到一个比较偏向自己的协议。这种前置思维定式不消除，PPP 综合服务平台很难充分发挥作用。

二、低效与寻租现象普遍

由于政府自身的运行以及向公众提供公共产品存在交易成本，且政府系统缺乏明确的绩效评估体系，事前审批、事中操作和事后监督没有形成一套统一、规范的制约，因此在公共设施建设过程中，常会出现“政府失灵”的现象。政府官员也是理性的经纪人，公共产品在政府作为投资主体时也难免存在特殊利益集团的“寻租”现象。比如，由于现在还没有一套统一的流程规范，政府官员有时会为了获取更多的利益而为 PPP 模式在应用过程中设置繁多的名目以获取更多利益，因而多数政府官员不愿应用公开透明、信息对称的 PPP 综合服务平台。

三、政府占据完全主导角色

我国公共设施建设的决策机制通常是“自上而下”的方式，即通过行政命令来推动公共产品的供给。在公共设施建设运营过程中，政府部门身兼直接投资者、直接经营者和直接监管者的三项职能。例如，在一些公共基础设施等项目中，政府独立完成本应与企业一起制定的项目规模、规划路线和选址等前期准备工作，然后再找企业投资建设，而比政府更专业化、市场化的企业只能被动接受既成事实。PPP 综合服务平台应用后，企业的这种被动接受将不复存在，政府部门将不再“说上句”，而是与社会资本形成了真正的伙伴关系，这是一些地方政府部门不愿看到的。

在实际工作中，一些和“市长工程”相联系的 PPP 项目，经常出现政府干预情况，甚至要求特许经营企业在“合同外”追加投资，如果特许经营企业拒绝参与，双方就会产生矛盾。此外，政府拒绝调整价格，也拒绝提供补贴，导致 PPP 项目定价常年低于成本，也影响 PPP 工程。目前来看，政府在项目设计、谈判、后期的监管等能力还存在严重不足的情况下，在 PPP 项目中承担过于强势的主导角色，会影响 PPP 综合服务平台的应用。

四、社会资本融资存在严重障碍

当前我国基础设施建设资金需求量大，而金融机构的贷款是资金供给的最主要来源。但当前我国金融机构市场化竞争不充分，实际金融供给严重短缺，相对于其他投资主体而言，社会资本不得不承受更高的融资成本，使基础设施建设价格被金融供给的垄断价格“绑架”，成为社会资本“低回报”投资 PPP 项目的“拦路虎”之一，也加大了基础设施建设市场化价格要素的形成。

在实际工作中，政府发起的 PPP 项目经常将融资和运营相统一。但实际运作过程中，很多拥有资金的社会资本并不一定具有运营能力，例如 PE、产业投资基金、社保基金和保险业基金等都被拒之门外。而一些专业的运营机构，虽然可以保证项目的顺利推进，却因为投融资能力不足也被拒之门外。如何解决资金和运营关系是未来 PPP 项目发展的重点。

PPP 综合服务平台充分运行后，将会形成新的公共基础设施价格发现机制，大幅降低金融机构投放给公共基础设施的资金价格，削弱金融机构从公共基础设施领域获得超额利润的能力，因此，金融机构会阻碍 PPP 综合服务平台的建设和发展。

五、项目运营和监管存在人才瓶颈

PPP 项目投资量大、运营期长，随着基础设施老化，社会资本运营困难也在逐步加大。同时，政府部门进行长期的监管也存在一定难度，对 PPP 综合服务平台的运行能力提出了更高要求。目前国内 PPP 项目在漫长的运营期间疏于持续监管的现象较为普遍，问题多发，这与国外大量人员从事运营，建设和运营并重形成反差。PPP 是舶来品，建设 PPP 综合服务平台，要重点要解决好平台运营、监管、升级过程中的人才保障问题。

导致以上问题的主要原因是政府职能转变没有跟上项目的转变。不少 PPP 项目是过去的垄断行业或者国企行业转变而来，此前的监管比较松散。在转化为 PPP 项目之后，地方政府对数据、合同履行的控制监督依然按照之前的思路，这样会导致很多隐患。此外，PPP项目投资量大，运营期长达几十年，这些都对PPP综合服务平台的长期性、有效性提出了挑战。

第四节
依托综合服务平台加快推进PPP法治化建设

PPP模式能够有效引入社会资本，实现资源配置效率与综合绩效水平的提升，让市场发挥决定性作用。但目前我国PPP模式缺乏高层级法律保障，现行PPP有关法规还存在空白，一些需要法律法规确定的关键问题无法得到有效保护，对社会资本保护严重不足，一旦社会资本与政府部门出现利益纠纷，很难通过行政或者民事诉讼来解决。依托综合服务平台加快推进PPP法治化建设迫在眉睫。

一、福建泉州刺桐大桥项目法治化缺失的案例反思

20世纪90年代修建的福建泉州刺桐大桥是中国第一个民营资本介入的PPP项目，建成初期被誉为社会资本参与公共基础设施建设的典范。随着经济社会发展和政策环境变化，却因制度规范缺失导致问题丛生，政府与社会资本合作双方矛盾不断。刺桐大桥项目20年的发展历程，为我国全面依法积极推进PPP进程提供了一面多棱镜式的参考样本。

（一）合同文本不完善，法制保障欠缺，未建立利益争端解决机制

泉州晋江刺桐大桥项目中，政府部门通过其子公司入股占40%，剩余60%股份是民间企业持有，以往政府工程中的常见问题如工期延长、返工、无法问责、超预算等，在该项目中都没有出现，该项目最终提前半年通车。但是刺桐大桥建成后，地方政府在晋江上又修建了6座大桥，分流了车流量，对项目利益形成竞争性分割，2013年刺桐大桥的通车费从2006年的顶峰时期的8100万元降至4200万元。如今，刺桐大桥周边有7条政府投资建设的桥梁，且这些大桥已全部免费，刺桐大桥收费站逐渐成为往来晋江两岸车流、物流的“拦路虎”。按国际惯例，PPP项目要依法依规确定排他协议，然而刺桐大桥的社会资本方面却拿不出任何要求政府部门进行协议调整的合同法律依据，使

得双方合作逐步陷入僵局。

（二）政府与市场职能界限不清，政府既当“运动员”又当“裁判员”

刺桐大桥运营初期的盈利能力超过政府预期后，1998 年，地方政府安排刺桐大桥 PPP 项目公司投资 4300 多万元建设刺桐大桥连接线 324 国道复线公路 6.3 公里。2006 年，地方政府再次安排项目公司投资 7800 多万元建设另一段公路。

地方政府资金拮据时，鼓励名流公司与政府合作进行基础设施建设；政府资金相对宽松、且与业主方利益相左时，便马上变脸，其深层次原因是地方政府违反法治原则，在合作开端当“运动员”，随后又兼任了“裁判员”，抑制了市场在配置资源中的作用。

（三）收益情况未形成依法依规的调整机制，政府与社会资本“联姻”难长久

刺桐大桥建成初期，拥有较高车流量，能够获得高额车辆通行费，没有相应的调整机制对其收益情况进行约束；而随着人工成本和生产要素成本的上涨，管理成本大幅增加后，也没有调整机制对其收益率进行补充修订，收益调节机制缺乏法治保障。

二、解决制约 PPP 法治建设的关键问题

在 PPP 项目规划和实施过程中，社会资本最关注的是回报率，但由于 PPP 模式项目的时间跨度长、投资额度大，如调价机制不明确，几乎没有社会资本敢在 PPP 项目上投入，因此有效建立浮动收益率机制，是解决制约 PPP 法治建设的关键问题，也是激发社会资本参与基础设施建设热情的重要因素。加强依法浮动收益率机制须坚持多方面原则：

（一）既实现合理回报，又避免暴利

PPP 项目收益率以略高于银行贷款利率为妥，项目方案对企业投资内部收益率的设计原则上应按 8% 测算，可结合行业特点和利率水平进行适当调整，确立这一原则后，则可通过第三方机构前瞻和预测，结合物价水平、社会经济发展速度等多种因素，科学测算项目建造运营和预期收益，制定可控的价格调整预案，确保社会资本利润率处于法律法规允许的合理区间。

（二）坚持社会资本“不兜底”，政府部门不能与社会资本约定固定回报率

因为“兜底”不符合依法推进 PPP 制度建设的主旨，很容易消解社会资

本加强经营管理、提高效率的动力，背离发展 PPP 模式的初衷，因此 PPP 项目收益率机制不能固定，而应是机遇与风险并存。

（三）固定周期内重新核算收益率

当前国际上对 PPP 项目收益率通行做法是，为降低项目风险，政府提供担保或者未来最低流量承诺，但我国现有的法律框架规定，政府不允许提供担保和承诺，因此当前建立浮动收益机制过程，还应伴随多项微观政策调整。

浮动收益率机制应固定一个周期，然后根据环境的变化重新核算，每个周期执行一个固定价格，企业通过提高效率，便可获得一定的超额利润。到下一个周期后，根据经济社会发展的新形势，政府可依法依规对价格进行动态调整，有助于形成良性的正向激励，促进 PPP 模式健康发展。

三、加快推进 PPP 法治化的具体建议

（一）依法确保合同的权威性，为进行下一步依法规范监管打牢基础

由于 PPP 伙伴合作关系建立在特许经营合同基础之上，因此监管首先是依托合同实施。国外很重视 PPP 合同范本的制定，很多重要领域的 PPP 标准合同的页数一般在 1000 页以上，而监管有效与否的关键在于合同规定的明确程度。有关法律法规应明确要求 PPP 项目各方依托全国性 PPP 监管平台，在特许权协议中应依法详尽规定应承担的责任与义务、风险应对及违约处理事项，依法强化涉及双方的利益条款。

（二）加强 PPP 项目准入环节的法治监管和依法审批，引入财政"一票否决"，建立中长期预算规划

PPP 属于政府投资公共项目，其未来每年的支出总额便是政府未来债务。国际货币基金组织强调财政部门在 PPP 项目立项上有否决权，而我国目前财政部门的约束力比较弱。PPP 模式独有的长期付费机制需要配套的预算支持，但我国实行的年度预算机制使 PPP 长期款项支付难以保证。建议出台相关法律法规，明确规定依托全国性 PPP 综合服务平台，建立 PPP 项目中长期预算规划，对其中政府支出责任的部分明确列示，予以监管，确保项目有支付能力。

（三）依法建立针对政府监管的评价体系和依法问责机制

落实政府监管机构在 PPP 项目实施中的责任追究制度，强化对监管者的问责。国务院颁布的《城镇排水与污水处理条例》2014 年起正式施行，其中

规定“污水处理费应纳入地方财政预算管理，专项用于城镇污水处理设施的建设、运行和污泥处理处置，不得挪作他用”，但因该条例没有配套处罚办法，政府支付运营费用随意性大。建议依托全国统一的 PPP 综合服务平台，探索建立针对政府监管的绩效评价体系，引入民众参与，对政府监管越位、缺位和失信行为进行监督。

四、通过法制化建设推动政府转型

（一）通过立法确定重大项目信息完全公开透明，打破各部门既得利益，形成政府和社会资本平等合作主体地位

当前我国投资额达 5000 万元以上的项目必须审核备案，全国统一的 PPP 综合服务平台通过与国家电子政务外网有机结合，各部门对项目审批、招标等信息将在平台上完全公开，有关部门只需对公务办结时限、类型和模式进行规则确立，这将是打破政府部门既得利益的重要抓手。

（二）通过立法确定以信息化手段审批和监管项目，大幅提高政府管理效率，规避权力寻租

PPP 项目投资主体在建设初期，必须安装流量监测、视频监控等电子设备，并与 PPP 综合服务平台连接，而税务、审计等部门数据都录入系统，则 PPP 项目经济数据和流量将在系统内自动生成。地方政府各部门可直接通过平台对项目进行监管，这将成为依法推进 PPP 改革、加快政府职能转变的重要手段。PPP 综合服务平台上数据信息公开化后，社会资本也可依法依规对政府行为形成约束。

（三）通过立法推动建立政府征信体系，打造国家现代治理体系

当前，国家电子政务外网正打造政府征信平台，今后不仅政府可了解企业的诚信情况，企业也可查看地方政府是否有违约先例。对经常出现违约现象的地方政府，社会资本可斟酌是否投资当地的 PPP 项目，这将是对地方政府考评的重大变革，推动地方政府征信体系的建立，也直接促使政府部门从“行政命令履职”向“法治化履职”转变。

第五节
推动政府利用平台参与 PPP 项目的对策建议

推广 PPP 模式是一个循序渐进的过程，其成败关键在于“制度设计、论证科学、重诺履约”。通过搭建科学完善的 PPP 综合服务平台，逐步完善解决 PPP 模式推广中遇到的各类问题，使项目管理流程得到改造，推进服务型阳光政府的建立。

一、加快培养优秀人才

PPP 综合服务平台最重要的功能是实现信息的充分流动，不仅要保证政府和社会资本能够通过其进行高效对接，而且 PPP 项目所需要的专业服务机构、中介机构也要介入整个平台，实现 PPP 项目的顺利启动和运营。所以，搭建科学完善的 PPP 综合服务平台首先需要专业的技术人才。

PPP 模式的实施是一个理论与实践相结合的过程，涉及担保、税收、外汇、合同、特许权等诸多方面，内容复杂，文件繁多，需要懂经济、法律、财务、合同管理等各方面的人才。譬如 PPP 综合服务平台还要开发配套平台，比如对接微博、微信、QQ 空间等的客服平台，就特别需要懂新媒体运作的专门人才。

采用 PPP 模式需要长时间评估，进行复杂的合同谈判，实现合理的风险分担，并实行有效监管来防微杜渐。因此，政府推进 PPP 模式必须得到专业机构的支持。对于政府部门来说，PPP 项目在招标、设计、融资、监理等环节如果能充分利用专业的机构，各取其长，社会资本将会成为“透明人”。因此，一方面要求参与方制定规范化、标准化的 PPP 规章规定和交易流程，对项目的运作提供技术和相关政策支持；另一方面需要专业化的中介机构提供具体专业化的服务。

需要注意的是，PPP 综合服务平台的建设不是简单的人才和专业机构组合，更重要的是融合。目前来看，我国开展的 PPP 项目相对初级，一些专业人才参与 PPP 项目时难以避免将 PPP 简单化，在实务操作过程中，容易低估风险，增加试错成本。因此一方面要加强复合型、开拓型人才的培养，增强私营企业或外商的投资信心，确保项目立项、签约、实施能够高效率地完成；另一方面要针对国外较为复杂的 PPP 案例进行剖析，提升 PPP 参与者的风险意识，使 PPP 综合服务平台的建设从一开始就站在较高的起点。

二、设立专门监管机构

针对国内对 PPP 管理模式认识有限的情况，我国需借鉴国外经验组建承担政策咨询、技术支持、能力建设、促进或直接投资等重要职能的 PPP 中心。当前，凡是 PPP 市场较成熟的国家，都建立了国家 PPP 中心甚至地方 PPP 中心。中心利用自身专业人员和大量外围专家，可以为政府提供专业技术支持，有效解决政府在 PPP 管理上的机制性失效问题，在成功推行 PPP 进程中发挥着至关重要的作用，PPP 综合服务平台将成为 PPP 中心履行职能的最重要载体。

未来发展 PPP 要以 PPP 综合服务平台为载体，引入财政“一票否决”，建立中长期预算规划。在 PPP 项目中，未来每年支出的现值总额便是政府债务。如果 PPP 项目规模或总额过大，可能给政府带来财政风险。国际货币基金组织强调财政部门在 PPP 项目立项上有否决权，国内还做不到这一点，财政部门监督和约束力弱。PPP 模式独有的长期付费机制需要配套的预算支持，但我国施行的年度预算使 PPP 长期款项支付难以保证，可尝试建立 PPP 项目中长期预算规划，对其中政府支出责任的部分明确列示，予以监管，确保项目有支付能力。

三、促进法规和监督机制建立

健全的法律制度环境是 PPP 模式赖以生存的基础，也是增强投资者信心、降低项目风险的有效措施。PPP 模式作为项目运作的监督者和指导者，政府部门应从保护和促进公共利益的立场出发，利用 PPP 综合服务平台，建立一套执行 PPP 项目的规范化、标准化交易流程，对项目的具体运作提供技术指导和相关政策支持，确保项目运作全过程公开与公正。政府部门与企业通过 PPP 综合服务平台，要对项目中需要承担的责任、义务和风险进行明确界定，保护双方利益。通过完善的法律法规和平台的透明作用，对参与双方进行有效约束，最大限度发挥各自优势并有效弥补不足。

在实际操作中，企业往往认为与政府打交道，风险很难避免。如果想进一步规避风险，就要求位于顶层的政府拿出切实有效的举措来保证企业投资者的利益，这样的举措就是基于 PPP 综合服务平台的严格立法。

在监管层面，要以 PPP 综合服务平台为载体，对各级地方政府进行充分细致的培训和指导，充分了解企业公开运作模式和后台流程的区别，明确如何防范私营企业者投机取巧，在充分保障公共需求的条件下，让企业获得合理利润；其次，以 PPP 综合服务平台为载体，实施投资管理监督建设和运营过程监管。政府不仅要从招投标开始进行监督，更重要的是在整个建设运营过程中进行实时贯穿的全程监督。在具体项目中社会资本对银行和对政府的表述，基本上就是两个完全不同的版本，如果政府部门把这些个方面都掌握在自己手里，这对社会资本来说将是一个极为有效的监管。因此，以 PPP 综合服务平台为载体，确立一套良好的审计、监督体系，对建设项目实施过程中灰色地带加以监控，是确保 PPP 模式能够健康有效地应用实施的重要条件。

四、完善 PPP 平台功能

政府部门作为 PPP 模式的一方，应以 PPP 综合服务平台为载体，通过合同管理，控制工程质量、进度和投资规模，达到投资效益和社会效益最优。当经济活动各方出现纠纷时，主要依靠经济或法律手段而不是行政干预来解决。

以 PPP 综合服务平台为载体，可探索融资和运营相分离的投资模式提升资金使用效率。传统模式下融资和运营相结合的方式效率较低，因为同时具有很强的融资水平和运营能力的企业较少，导致竞争不够激烈，政府选择少，资本市场和运营市场都没有达到效率最优化。未来需要应以 PPP 综合服务平台为载体，把融资和运营相分离，在资本市场上实现融资目标，达到融资成本最小化。通过专业化的 PPP 运营公司实现项目的专业管理，即降低了准入门槛，又大大提升 PPP 的运行效率。

五、丰富 PPP 合同版本

PPP 伙伴关系建立在合同基础之上。因此监管首先是依托合同实施，这是一个重要前提。PPP 综合服务平台将提供大量的各类合同模板。国外很重视 PPP 合同范本的制定，很多重要领域的 PPP 标准合同的页数一般在 1000 页以上，而监管有效与否的关键在于合同规定的明确程度。PPP 项目各方必须在特许权协议中详尽规定应承担的责任与义务、风险应对及违约处理事项，强化涉及公私方的利益条款，一旦出现问题，可借助 PPP 综合服务平台依章办事。

六、构建绩效考评机制

绩效评价支持下所形成的激励约束机制是实施 PPP 模式不可忽视的重要条件。要充分认识到，推广 PPP 管理模式除要以提升政府在公用事业领域内的投资强度为目的，还是为了充分调动社会上的闲散资金，刺激经济活力。但是并非所有项目都适宜 PPP 模式。PPP 综合服务平台实现信息高度透明公开后，可以注意避免将以高盈利为目的的企业带入到盈利率比较低的市政项目中来。

为此，各地财政部门可依托 PPP 综合服务平台督促行业主管部门加强对 PPP 项目公共产品或服务质量的监督，建立由政府、服务使用者共同参与的综合评价体系，对项目的绩效目标、运营管理、资金使用、公共服务质量、公众满意度等进行统计评价。评价情况应依法对外公开，接受社会监督。同时，要依据评价情况，根据合同定期对价格、补贴等进行调整，激励社会资本通过管理创新、技术创新提高公共服务质量。

在 PPP 管理过程中，可以依托 PPP 综合服务平台进行绩效评估。无论是公共部门还是社会资本衡量绩效一般可分为三个步骤：第一是衡量实际绩效；第二是将实际绩效与标准进行比较；第三是采取管理行动来纠正偏差或不适当的标准。在第一步，社会资本衡量实际产生的投资回报如何，而公共部门衡量的是社会公众所产生的反应如何。在第二步，社会资本更多地在考虑实际产生的绩效与以往的其他项目进行比较；而公共部门则将实际取得的绩效与合作前进行比较。第三步是采取相应的管理行动纠正偏差。

七、强化平台的收益控制和风险分担功能

风险转移和风险分担是 PPP 模式的核心环节。政府推行 PPP 模式，是为了更好地提供公共服务；而社会资本参与 PPP 项目，首先考虑的则是风险分担和投资收益问题。社会资本要追求利润，这就需要政府设计合理的制度，通过建立动态调整的收费定价或政府补贴机制，对社会资本产生足够的吸引力，形成长期稳定的投资回报预期。因此项目评估时，要综合考虑公共服务需要、责任风险分担、产出标准、关键绩效指标、支付方式、融资方案和所需要的财政补贴等要素，平衡好项目财务效益和社会效益，确保实现激励相容。

财政部门未来应以 PPP 综合服务平台为载体，建立一种动态调整的定价或政府补贴机制，形成长期稳定的投资回报，同时还要有绩效评价机制，根据企业的经营状况调整投资回报率，从而对社会资本产生吸引力。此外，为了吸引资金，地方政府往往承诺“兜底”，以至于后期产生高昂成本。未来，要防止恶性竞争，因为在这个过程中需要引入大量资金，肯定会产生一定竞争，省际之间、地区之间不能为了吸引资金让渡过多的利益。

实现风险最小化是政府运用 PPP 管理模式目的之一，而政府在其中承担的风险主要为如何确定补贴机制和控制社会资本收益空间。2014 年 9 月底，财政部下发《关于推广运用政府和社会资本合作模式有关问题的通知》明确，对项目收入不能覆盖成本和收益、但社会效益较好的 PPP 项目，地方各级财政部门可给予适当补贴。在 PPP 管理框架下，政府为了吸引社会资本进入，减少社会资本的经营风险，会确保其经营具有一定的收益水平，但又不应收益过高，如果收益过高，政府方面也要相应控制。

八、统一政策声音出口

在 PPP 推进过程中，财政部门主要在存量上做文章。发改委系统的职权是在新增项目、新投资项目、需要中央审批和备案的大项目上做 PPP 的文章。各有关部门在制定 PPP 的政策过程中，一定要充分借助 PPP 综合服务平台，与李克强总理在主持国务院常务会议时向社会公布的 PPP 政策指导思想相一致。中央政府各部门要向社会资本释放统一信号，绝不能各自为政，更不能为了本部门、本系统的利益，置国家和社会的整体利益于不顾。否则，将使中央政府政令不统一，导致向社会资本发出不一致的信号，危及 PPP 事业，全面深化改革的愿景也将成为空谈。

第九章

中国加入 GPA 谈判背景下政府采购和 PPP 模式研究

加入 GPA 出价谈判是我国政府提高投资效率、提供更好的公共服务和公用事业、基础设施建设发展的重要举措。从全球趋势看，政府采购正逐步由政府规范实体采购向规范选择实体方向发展“购买公共服务”模式。政府角色的转变体现在政府采购指令范围在缩小的同时，逐步重视对政府购买指令的规范，特别是对日益增多的 PPP、BOT 等的应用和管理越来越规范。从国内情况看，随着行业准入逐步放开，民间资本可以通过竞争进入基础设施建设、公用事业等领域，发挥积极作用，特别是通过 PPP 项目管理模式实现政府、企业和社会合作共赢。因此，在我国加入 GPA 谈判的背景下研究以政府和社会资本合作模式完善政府采购，尽快与国际规则接轨有重要现实意义。本报告在分析 GPA（Government Procurement Agreement，政府采购协议）的基本情况以及中国加入 GPA 谈判程序的挑战与压力基础上，介绍中国加入 GPA 谈判的过程与进展以及对政府采购的影响，进而针对中国加入 GPA 出价谈判的配套改革以及政府采购改革提出建议。

第一节 GPA 的基本情况以及中国启动 GPA 谈判程序的挑战与压力

一、GPA 的发展以及成员方情况

GPA（Government Procurement Agreement，政府采购协议）是 WTO 框架下的诸边协议之一，目标是促进成员方开放政府采购市场，扩大国际贸易，推动贸易自由化。自第二次世界大战以来，每年总额基本达到各国国内生产总值（GDP）10%—15%的政府采购，已远远超越了公共财政的范畴，成为国际贸易的一个重要组成部分。

1979 年 GATT 东京回合谈判时，缔约方达成的《政府采购守则》（GPC），首次将政府采购纳入到国际贸易规制体系中。1994 年乌拉圭回合谈判时，以美国为首的几个核心发达国家极力推动对《守则》的修订，并签署了 WTO《政府采购协议》。该协议不仅把政府采购的标的从货物扩展到服务合同和建筑项目，而且把采购实体从中央政府实体扩大到地方政府实体和依照 GPA 进行采购的所有其他实体。该协议于 1979 年签订之后，经过多轮修改形成 1994 年版本（即 1994 版）。1994 版规定，参加方在协议生效后 3 年内，继续就协议文本和扩大出价展开新一轮谈判。为了适应电子技术和采购途径的不断发展，GPA 成员方又在 2006 年 12 月通过谈判对 GPA1994 的框架做了全面的修改，并要求以后其他 WTO 成员必须以 2006 修订版为基础启动加入 GPA 的谈判。2011 年 12 月 1 日的 WTO 部长级会议通过了 GPA 新文本，各方也就新一轮出价达成一致。2012 年 3 月 30 日，WTO 政府采购委员会召开正式会议，一并颁布了 GPA 新文本（即 2012 年版）和各方新一轮出价。

2012 版《政府采购协议》分为正文和附录两大部分。第一部分是正文，正文为协议的实体条款，包括序言和二十二条条款，具体内容包括定义、适用范围、例外情况、发展中国家的特殊和差别待遇，以及从参加条件、供应商资格、招标、时限、谈判、投标文件的处理和合同授予到审查程序及争端解决等一系列参加方政府采购的程序等。第二部分是各签约方根据该协议规定和有关谈判所承诺开放的政府采购市场的情况以及发布政府采购信息的刊物，共有 4 个附录。附录一是各缔约方适用于本协议的市场开放清单，界定了各签约方的承诺范围，包括 7 个附件，附件 1 列出了中央政府的采购实体名录及相应的“门槛值”，附件 2 列出了地方政府的采购实体名录及相应的“门槛值”，附件 3 列出了其他采购实体（如公用事业单位）的名录及相应的“门槛值”。附件 4 列出了货物采购范围。附件 5 以“肯定方式”界定适用协议规则的服务业及其范围。附件 6 列明建筑服务采购。附件 7 是总备注，注明一些特殊情况及例外事项。附录二至四为各缔约方发布政府采购信息的刊物清单，其中附录二为发布政府采购招标和中标信息的刊物名称，附录三为发布供应商信息的刊物名称，附录四为发布政府采购法律、法规、司法判决、采购程序等信息的刊物名称。

GPA 由 WTO 成员自愿签署，截至目前，GPA 共有 43 个成员方，以发达国家和地区为主：加拿大、欧盟（包括其 28 个成员国）、中国香港、冰岛、以色列、日本、韩国、列支敦士登、荷属阿鲁巴、挪威、新加坡、瑞士、美国、亚美尼亚、中国台北（2009 年 7 月 15 日加入）、克罗地亚（2013 年 7 月 1 日加入）。28 个观察方：阿尔巴尼亚、阿根廷、澳大利亚、巴林、喀麦隆、智利、中国、哥伦比亚、格鲁吉亚、印度、印尼、约旦、吉尔吉斯斯坦、马来西亚、摩尔多瓦、蒙古、黑山、新西兰、阿曼、巴拿马、俄罗斯联邦、沙特、斯里兰卡、塔吉克斯坦、前南斯拉夫的马其顿共和国、土耳其、乌克兰和越南。此外，还有四个国际组织也是观察方，分别为国际货币经济组织（IMF）、经济合作与发展组织（OECD）、联合国贸易和发展会议（UNCTAD）和国际贸易中心（ITC）。还有 10 个观察方成员正在加入 GPA 的进程中。

加入 GPA 后，政府采购市场只是有限开放，目前各成员方开放的市场规模仅为 1.1 万亿美元，但各成员方普遍将中央部门（含军事机构）、地方政府和国有企业等公共实体，以及这些实体采购的货物、工程和服务项目列入了出价（即承诺开放的范围）。由于各成员方政府采购制度健全、市场壁垒丛生，实际开发度很低，约 1100 亿美元。

二、GPA 框架下政府采购界定

“政府采购”（Government Procurement）在国际上没有统一的定义，大部分定义是从采购主体、采购对象、采购目的和资金来源等角度进行界定。一般来说，政府采购“是指一国政府及其所属实体为政府消费的目的而以法定方式、方法、程序使用公共资金购买所需商品、工程和劳务的行为。政府采购不仅是指具体的采购过程，而且是采购政策、采购过程、采购程序、采购管理的总称。”①

对于政府采购，GPA 也没有明确的定义。政府采购协定第 1 条第 2 款对政府采购表述是“以契约方式进行的采购”，但未就何谓采购（procurement）做出定义。概括 GPA 的内容，简言之，WTO《政府采购协定》将政府采购界定为：成员方的中央政府、地方政府实体、其他所有依该协定进行采购的实体以购买、租赁、租购等任何契约方式采购货物、服务、工程及公共设施的行为。在此，我们可以从 GPA 的主要构成来分析其对政府采购的界定。

从政府采购主体来看，GPA 规定，采购主体是“由直接或基本上受政府控制的实体或其他由政府指定的实体”。从 GPA 附录的采购主体来看，政府采购协定适用于各成员方承诺开放的中央机关、中央以下次级政府机关、附属机构所办理的工程、产品及服务采购，但采购的金额须达到各成员方所承诺的门槛金额。协定适用的政府机关均以谈判协定为准，虽然附件一与附件二的中央与次级中央机关相对比较一致，但各国政府能控制、影响的事业机关种类繁多，因此各缔约方在附件三所提出的机关清单差异性最大。由此可见，政府采购主体不仅包括政府机构本身，还包括其他实体，如政府的代理机构。此外，GPA 还规定，采购主体除中央一级的政府采购实体外，还包括地方政府采购实体，主要是地方大城市及其经济实体，属于地方一级的水力、电力、石油、天然气等能源部门以及汽车、铁路等公共运输及邮电通讯部门也都纳入受约束的地方政府采购实体清单，归入 GPA 的附件。

从政府采购对象来看，适用于缔约方一定金额的货物、工程（基本建设工程特许合同除外）和服务的采购。其中，中央一级采购实体在货物采购方面受 GPA 管辖的最低限价为 13 万特别提款权，而中央一级采购实体在服务方面、地方一级采购实体在货物和服务方面受 GPA 管辖的最低限价由各成员方协商确定，并列入 GPA 附件。工程采购项目，以联合国中央物品分类第五十一章所列建筑工程为准。

从政府采购限额来看，GPA 对于采购限额分别从以下四个方面进行规定：第一，中央政府，中央政府实体采购货物价值在 13 万特别提款权或以上的合同。第二，地方政府，各缔约方的标准各不相同，取决于各方的出价和谈判结

① 楼继伟：《政府采购》，经济科学出版社 1998 年版，第 18 页。

果。一般情况下，地方政府实体采购的货物或服务超过 20 万特别提款权以上者，适用本协议。第三，公用事业单位，货物或服务的采购价值在 40 万特别提款权以上，适用本协议。第四，建筑合同在 500 万特别提款权以上，适用本协议。

从政府采购程序来看，协议主要通过招标的方式来规定，不同的招标方式，程序有所不同。GPA 规定的招标方式主要有：公开招标采购（open tendering），选择性招标采购（selective tendering），限制性招标采购（limited tendering），电子拍卖（electronic auctions）。电子拍卖是新规定。电子拍卖是指一种重复性程序，是为有关估价标准的数量化非价格竞标因素，由供应商使用电子手段展示新价格或者新价值或者两者兼有，最后确定竞标的排序或者再排序[①]。该规定汲取了电子通讯和电子技术在政府采购领域里的应用经验，要求在开始电子拍卖前，将自动评价方式，包括计算公式、对竞标因素的最初评价结果，以及有关拍卖活动的其他相关信息提供给每一个参加者。

三、GPA 框架下实体开放的含义及影响

加入 GPA，向各参加方开放相关的中央政府实体、地方政府实体（即次中央实体）和其他实体，将这些实体列入开放清单，意味着这些实体在采购列入出价范围的货物、工程和服务项目且采购达到门槛价时，应适用 GPA 规则，招标过程中应按国际规则招投标，允许国外 GPA 参加方的供应商参与竞标。

任何市场开放都会产生两个方面的可能影响，加入 GPA，开放相关实体，同样如此。其有利的一面体现在：一是可以通过互惠市场准入，获得进入其他参加方政府采购市场的机会；二是借助 GPA，促进我国政府采购体制的改革和完善。我国的政府采购体制仍然很不完善，法律之间的协调、监管的有效性等都存在比较严重的问题。GPA 的透明度、公平、公开、程序合理、第三方监督等规则，有助于改进和完善我国的政府采购制度。

其不利的方面体现在：一是开放规模庞大的政府采购市场，意味着我国相关产业在这一市场上将遭遇更激烈的国际竞争，可能丧失部分原有的市场份

① Electronic auction means an iterative process that involves the use of electronic means for the presentation by suppliers of either new prices, or new values for quantifiable non - price elements of the tender related to the evaluation criteria, or both, resulting in a ranking or re - ranking of tenders.

额，对相关产业造成不利冲击。与 GPA 其他参与方相比，我国产业竞争实力明显较弱。加入 GPA，投入的财政资金规模一定的条件下，开放实体获得的国外产品、服务、工程增多，公共产品、服务及工程的质量可能提高，同时，开放实体由于对国外企业资质缺乏全面了解，国外采购的风险加大。我国电力、煤气及水的生产与供应业、交通运输及仓储业、建筑业等行业企业面临市场领域扩大，企业间的竞争程度加剧。我国开放实体在采购时，不仅向国内企业开放，也向 GPA 参与国的企业开放，我国政府采购市场将被竞争力强的 GPA 参加方的国家产品和服务占领，尽管激烈的市场竞争会促使国内相关行业的企业改善经营管理、提高技术创新，增强竞争力，但短时期内，难以扭转我国出口额下滑、进口额增加的趋势，经济持续增长的压力增大。二是 GPA 规则在国内的实施将对我国现行政府采购制度提出更高要求。从政府角度看，加入 GPA 开放实体对政府如何更好地提供基本公共服务提出了更高的要求，政府必须更加尊重市场竞争规律，制定更加完善的制度，规范市场行为而不是过多的行政干预。加入 GPA 后，列入 GPA 出价范围的项目，即使是政府投资项目，也不能直接指定由某企业或某国有企业承担，而应通过国际招投标程序，允许国际供应商参与竞标。此外，加入 GPA 将对政府采购政策的实施效果产生重大影响。即如政府投资项目无法给本国企业，意味着来自纳税人的政府投资资金不能用于支持本国产业发展，国家通过政府采购政策支持产业的目标就难以实现。

四、中国加入 GPA 谈判程序的挑战与压力

中国加入 WTO《政府采购协定》（GPA）的谈判自 2007 年年底启动以来已进入关键阶段。从最新的出价和要价来看，中国和美国、欧盟等 GPA 主要参加方的最大分歧在于国有企业是否以及在多大程度上纳入出价清单。同时，中国国内的政府采购制度还不统一，与 GPA 新文本的要求也差距不小。因此，当前中国加入 GPA 谈判面临的挑战主要有三个：一是如何看待国有企业的 GPA 出价问题；二是完善国内政府采购制度，并与 GPA 接轨；三是地方实体的开放。

（一）国有企业的 GPA 出价问题

各参加方出价清单中的附件 3 涵盖的是“其他实体”，但对于其他实体究竟包括哪些类型的实体，GPA 并没有做出明确的规定。从各国政府采购制度来看，许多非政府机构由于具有公共服务职能或公共机构属性，接受政府指

导、控制或影响，而受到本国政府采购制度的管辖。因此许多公共事业领域的国有企业、公共机构都被纳入一些GPA参加方的出价。但在我国的入世工作组报告书中，中国政府承诺国有和国家投资企业将不被视为政府采购，特别是我国《政府采购法》未将国有企业采购纳入政府采购管理范畴，也就是说，国有企业采购不得援引有关国民待遇原则的例外。这和其他国家将公共事业的国有企业或公共机构纳入政府采购制度是有很大区别的。因此从这个意义上说，无需再将我国的国有企业纳入出价清单。但是由于此前形成的先例，美欧等国要求我国将所谓公共事业领域的国有企业纳入出价清单，而其实际要价清单甚至超出了公共事业范围。

（二）国内政府采购制度与GPA的接轨

中国的政府采购法制建设在上个世纪末以来取得了一定进展，但问题也不少，主要表现在：政府采购基本法《政府采购法》和《招标投标法》严重冲突；《政府采购法》的调整范围过窄，配套制度不到位，采购程序不规范，救济制度乏力；《招标投标法》规定的招投标形式过于僵化，不能满足企业多元化采购需求，而且救济机制同样不完善；现行政府采购法律制度与GPA新文本的要求差距比较大。这些问题不仅严重影响了政府采购功能的发挥，而且制约了中国加入GPA的进程。在近年来的GPA谈判中，欧盟等参加方多次要求中国政府完善政府采购法律制度，实现政府采购制度与GPA的接轨，国内外学者也明确指出中国加入GPA的最大挑战在于国内政府采购体制的调整和制度完善。

（三）地方政府实体的开放也是谈判的难点问题

GPA参加方对我国地方政府提出了很高的要价，不仅要求包括全部省级政府，还要求包括23个副省级城市，欧盟甚至还要求把地级市纳入出价清单。而我国在第三次出价中首次将北京、上海、天津、浙江和江苏列入清单，并且限定只针对省级政府的本级机关。我国虽然是单一制国家，但中央对地方财政和预算管理较为松散，各地方政府采购可以自主管理，因此中央政府原则上不宜硬性要求地方政府加入GPA。而事实上，现有GPA参加方在地方实体出价上差别较大，有的较为全面，基本涵盖各个层次的地方政府，如日本、韩国、欧盟等，而有的较为有限，如美国只承诺37个州的州级政府，我国台湾地区只包括三个市级政府等。因此，我国在地方政府出价上仍有较大的谈判空间，由于缺乏明确的判断标准，这也将是谈判中的一个难点问题。

第二节 中国启动加入 GPA 谈判的过程与进展

一、中国加入 GPA 的外部压力

鉴于政府采购在国际贸易中的重要地位，一些发达国家成员方借助 WTO 平台，迫使申请入世的发展中国家答应申请加入 GPA，并以此条件进行入世谈判，这其中就包括中国。在中国申请加入 WTO 的谈判过程中，是否签署 GPA 一直备受关注。一些发达国家瞄准了中国规模巨大、前景广阔的政府采购市场，强烈希望中国签署 GPA，并将 GPA 与其他加入 WTO 的强制性条件捆绑在一起，作为中国加入 WTO 的条件。美国干脆把未来 GPA 谈判的重点确定为中国、中国台湾和澳大利亚。欧盟也提出，希望中国尽快加入 GPA，并享受 GPA 的权利，然后再承担义务，即中国的供应商可先进入其他成员的政府采购市场，获取采购合同，到一定的时间以后，再让其他成员的供应商进入中国的政府采购市场。其实，GPA 诸边协议的性质意味着中国入世后可以不必签署它，但欧美欲使中国接受 GPA 的意图不仅停留在谈判桌上的口头表示上，更被记录在中国加入 WTO 的法律文件中。“一些工作组成员表示，中国应成为 GPA 的参加方”，工作组成员希望“中国应自加入时成为 GPA 观察员，并应在加入后 2 年内通过提交附录一出价，开始加入该协定的谈判”。

面对有 200 多年政府采购法制发展史的西方发达国家，政府采购制度才刚起步的中国并没有贸然启动加入 GPA 的谈判程序。我国的政府采购公共服务制度起步较晚，始于 2003 年以来才在上海、广东、北京、浙江等地区所进行的试点探索。中国的政府采购制度在 2003 年建立之初确实基本接受了 GPA 所倡导的以节省采购资金、建立强制性市场竞争机制为核心的制度设计。这对中国及 GPA 成员各方，乃至世界政治、经济的发展具有举足轻重的影响的谈判直到 2007 年底才正式启动。

二、中国加入 GPA 的内部压力

除了外部压力，加入 GPA，中国国内也有很大压力，主要表现在以下几

方面。

（一）国内政府采购体制机制不完善

第一，《采购法》虽然对政府采购的基本框架、主要内容和运作方式做出了规范，但大多规范过于原则，操作性不强。如《采购法》中关于政府采购所执行的社会政策目标的规定，第 9 条和第 10 条关于政府采购政策目标的规定，即政府采购应当有助于实现国家的经济和社会发展目标，包括保护环境，扶持不发达地区和少数民族地区，促进中小企业发展，购买国货等，这些原则性政策目标，难以指导实践工作；《采购法》规定的关于政府采购法律关系的主体有：采购人、供应商、采购代理机构（分为民办与官办，官办的称为集中采购机构）、监管机构，而采购代理机构是受采购人委托办理采购事项的主体，但在立法中对采购人、采购代理机构、集中采购机构的权利、义务，以及责任却未进行准确界定，尤其是采购人与集中采购机构的关系相当模糊，权利与义务不清晰，容易导致在政府采购实践中出现纠纷。

第二，立法存在空白。《采购法》只有对供应商资格审查的内容规定，而缺乏对供应商资格预审程序的规定；关于供应商权利救济制度，只有行政救济与行政诉讼救济，缺乏民事救济的规定；没有一般性中标原则，更没有针对履约担保的明细规定；关于采购人违反法律所应承担的责任，也缺乏民事责任的规定。《采购法》、《招标投标法》只是在管理程序上规范公用事业领域政府采购，但缺乏对公用事业实体的统一规范的法律制度。从全球趋势看，公用事业领域政府采购正逐步由规范实体采购到规范选择实体的方向发展的“购买公共服务”模式。随着行业准入逐步放开，私营企业可以通过竞争进入公用事业领域，政府从投资兴办实体的角色逐步转变到政府购买公共服务。政府角色的转变体现在政府采购指令范围在缩小的同时，逐步开始重视对政府购买指令规范，特别是对日益增多 PPP、BOT 等的应用、管理越来越多，越来越规范。应当尽快将国内公用事业采购纳入政府购买公共服务体系。

第三，立法技术有待提高。关于“国货”的法定界定不甚明了。虽然“采购法”规定优先购买国货，但何为“国货”，以什么标准进行认定，其与非国货的区别是什么，相关法律、法规却没有规定。现实中，采购单位专门采购“洋货”而不采购“国货”的现象较为严重，对国货市场造成很大影响及伤害。由于没有制定统一的标准，导致该规定在实践中很难操作。这反映了立法技术尚需进一步提高。

第四，相关法律之间的规定存在着矛盾和冲突，造成法律适用的困惑。如关于《采购法》与《招标投标法》之间的不协调问题，使得规范政府采购行为的法律作用大打折扣。

（二）国内相关产业将面对 GPA 框架下国际产业竞争环境的冲击和挑战

加入 GPA 后中国将开放政府采购市场，其对国家及区域产业的发展将是一把“双刃剑”，既存在机遇也面临挑战：加入 GPA 后政府采购的某些对内政策功能将弱化，国内相关产业的市场开放性将大大加强，相关产业既面临着竞争升级带来的自主创新提升和国际市场开拓的机遇，同时也将面对 GPA 框架下国际产业竞争环境的冲击和挑战。

长期以来，我国产品多是低层次水平的，技术含量不高，根本无法与实力雄厚的国外厂家竞争市场。加入 GPA、开放我国政府采购市场，企业面临强大的国际竞争，对我国经济的最大影响是对相关弱势产业的冲击，例如软件、汽车等高新技术产业可能会受到一定冲击。国外供应商要进入我国市场和国内企业竞争，使国内企业不出国门，也将面临国际竞争。GPA 禁止使用抵偿办法，这对以前实行当地含量、技术转让、合作生产要求等规定的产业和相关企业参与竞标也十分不利。即使政府采购市场对等开发，国内企业进入外国市场的能力有限，以往依靠政府订单生存的一些企业，极有可能减少或失去原有订单。

（三）军事部门、国有企业等公共实体和大型公共工程项目面临巨大的出价压力

加入 GPA 后，在技术含量较高、资金投入较多的项目上，我国承包商不但没有了比较成本优势，反而可能会比国外承包商的成本更高，而且还可能不能保证工程的质量和尽量，因而，有必要在国际市场上招标。然而，国外的公司承包关系到我国国计民生的重大工程项目，我国军事部门、国有企业等公共实体和大型公共工程项目将面临巨大的出价压力，对我国的经济甚至社会安全构成威胁。此外，国外公司的产品进入我国的军事领域，还可能在一定程度上威胁到我国的军事安全。

三、中国加入 GPA 的谈判进程

为履行承诺，2007 年 12 月 28 日，中国递交了加入 GPA 的申请书和初步出价清单，这标志着中国正式启动加入 GPA 谈判进程。按照 WTO 规定的 GPA 谈判程序，加入 GPA 首先要以政府名义向 WTO 政府采购委员会提出加入申请，并提交两份材料：一是国情报告书，说明国内有关政府采购的法律、法规和规章，以及相关的管理体制、操作程序与GPA的异同；一份是初步出价清单，主要是拟开放的中央机构、地方机构和其他机构，以及这些机构开放的工程项目和服务项目5个清单。初步出价清单实际上是全部谈判的基础，谈判的主要内容是政府采购市场开放范围，包括与谈判方相互开放的中央采购机构、次中央实体采购机构和其他采购机构清单，以及这些机构开放的货物、服务和工程采购项目。

2007年12月，中国政府提交的加入GPA第一份出价清单是根据GPA2006提出的，初步出价清单由4个附件和总备注构成。附件1包括外交部、国家发展和改革委员会、教育部等50个中央部委，附件3包括新华通讯社、中国科学院、中国社会科学院等14个中央事业单位，附件4是设备和机械租赁、国外培训等两类服务项目，附件5是公用房和住房两类工程项目，总备注主要是载明我国与GPA成员谈判的基本原则以及不适用于GPA的情形等。GPA出价清单中还有一个附件2，用于载明开放的省级政府采购实体，我国的初步出价清单中，该附件暂未编列。此外，在所列采购实体名录中并没有国有企业。

自从中国加入WTO后，欧美等GPA主要成员方就不断催促着中国的出价清单，也在不断抱怨中国没有及时开展谈判。2008年金融危机爆发之后，中国出台了旨在刺激经济增长的总投资约4万亿的10项措施，其中至少有8项都与政府采购密切相关。2009年6月，中国九部委联合发文要求4万亿刺激方案优先购买国货。这一切使得欧美急切地感到：必须尽快让中国加入GPA，否则他们无法控告中国没有按照GPA所要求的国民待遇给予他们国家供货商同等的机会。因此，当中国的初步出价清单千呼万唤始出来的时候，他们表示出了极大的欢迎。但是，另一方面，他们又显示出极大的不满。因为欧盟和美国从2006年开始与中国政府接触时，就多次要求中国能像欧美一样将国有企业和部分地方政府纳入采购清单中，而中国提交的初步清单显然让他们失望了。此外，欧美对我国出价清单还有两处不满。其一，我方在总备注第11条提出加入GPA的15年后再履行协议，他们认为15年的过渡期太过漫长。其二，欧美认为我国的报价基本上没有涉及服务合同的开放。

2010年7月，我国提交了加入GPA第二份出价清单，附件1把中央实体扩大到60个，新增加国家粮食局、能源局、国防科技财富局、烟草专卖局等15个采购实体；货物规定，实施后第1—2年50万SDR，第3年40万SDR，第4年30万SDR，第5年起降至20万SDR；服务规定，实施后第1—2年50万SDR，第3年40万SDR，第4年30万SDR，第5年起降至20万SDR；工程规定。实施后第 1 年 1 亿 SDR，第 2 年 8000 万 SDR，第 3 年 5000 万 SDR。备注规定，将初次出价按我国《政府采购品目分类表》标准，调整为联合国《主要产品分类》（CPC）中的货物项目，但取决于中国政府根据 GPA 第 23 条第 1 款所做的决定。总备注第 7 条将中国加入 GPA 的过渡期由 15 年调减 5 年后履行协议。

2011 年 11 月，我国提交了加入 GPA 第三份出价清单，附件 1 增加了北京、上海、天津、江苏、浙江 5 个次中央实体的 171 个实体；货物、服务规定未做调整；工程规定调整如下，中央实体从实施后 1 年的 8000 万 SDR，逐步降低至第 5 年起 1500 万 SDR，地方实体从实施后 1 年的 1.5 亿 SDR，逐步降低至第 5 年起 3000 万 SDR。

2012 年 11 月 29 日，我国提交了加入 GPA 第四份出价清单，附件 1 增加了福建、山东、广东 3 个地方政府的 100 实体，降低了工程项目的门槛价，中央实体起始价由 8000 万 SDR，降低 5000 万 SDR，地方实体起始价 1.5 亿 SDR 降低 1 亿 SDR。增加了货物附件，删减、调整了有关例外情形。

2013 年底，我国提交了加入 GPA 第五份出价清单，对参加方要价做出积极回应，加大了出价力度。第五份出价清单共包含 7 个附件，附件一至三是采购实体开放清单，分别载明了承诺开放的中央政府实体、次中央政府实体、其他实体及各自开放项目的门槛价，附件四、五、六为货物、服务、工程采购项目开放清单，附件七为总备注，列明了执行 GPA 规则的例外情形等。出价清单对“依据本协定条款进行采购的中央政府实体”中的中央政府实体做了相应调整；“依据本协定条款进行采购的所有次中央政府实体”名单中增列了多个中部省份，在 A 组公布名单中，除原先公布的 5 省 3 市外，新增了辽宁省和重庆市，B 组则列入了河南、河北、湖南、湖北等 4 省份；在门槛价方面，出价清单大幅降低了“依据本协定条款进行采购的所有次中央政府实体”和“依据本协定条款进行采购的所有其他实体”的工程项目门槛价，前者由原先实施后第 1 年 1 亿 SDR（特别提款权）、第 2 年 8000 万 SDR、第 3 年 5000 万 SDR、第 4 年 4000 万 SDR、第 5 年起降至 3000 万 SDR 调整为实施后第 1 至第 2 年 6000 万 SDR、第 3 年 5000 万 SDR、第 4 年 4000 万 SDR、第 5 年起降至 2000 万 SDR。后者由原先实施后第 1 年 2 亿 SDR、第 2 年 1.8 亿 SDR、第 3 年 1.5 亿 SDR、第 4 年 1.3 亿 SDR、第 5 年起降至 1 亿 SDR 调整为实施后第 1 至第 2 年 8000 万 SDR、第 3 年 6000 万 SDR、第 4 年 5000 万 SDR、第 5 年起降至 4000 万 SDR。此外，出价清单还对服务附件做了改进，在商业服务项目中增列了计算机及相关服务的有关计算机硬件安装的咨询服务；在环境服务项目中增列了污水处理服务；在运输服务项目中增列了机动车的保养和维修服务；将实施期限从原先的 5 年调整为 3 年。在此基础上，2014 年，我国政府承诺，还将进一步改进报价，以实现加快加入世界贸易组织《政府采购协定》谈判的目标。

加入 GPA 出价是政府提高投资效率、提供更好的公共服务和公用事业、基础设施建设发展的重要举措。我国政府采购领域投资很多来自政府财政资金或政府财政担保的贷款、融资等。我国政府采购领域政府投资规模大，实体类型多，融资渠道也多种多样。与发达国家相比，我国作为世界新兴市场经济国家，处于上升式经济发展阶段，基础设施建设相对比较落后，城市发展过程中需投入大量资金，加快发展公用事业领域，政府投资规模大。新一届政府组建后，对“十二五”期间铁路、交通、西部地区基础设施建设等都有明确的发展规划，在调结构、促增长的经济发展总基调下，未来一个时期我国投资规模仍将保持一定规模。各国都很关注我国公用事业领域投资项目情况，意图促使我国开放政府采购市场，从中为其供应商参与我国政府采购合同，争取市场商机。

持续至今的 GPA 谈判过程中，我国在开放程度问题上与其他国家之间有着一定的分歧。因此，在中国政府采购市场开放程度和时间上势必将形成一个复杂的国家博弈局面。加入 GPA 后中国将开放政府采购市场，其对国家及区域产业的发展将是一把“双刃剑”，既存在机遇也面临挑战：加入 GPA 后政府采购的某些对内政策功能将弱化，国内相关产业的市场开放性将大大加强，相关产业既面临着竞争升级带来的自主创新提升和国际市场开拓的机遇，同时也将面对 GPA 框架下国际产业竞争环境的冲击和挑战。

四、我国 GPA 出价的特征以及相关领域开放的影响

（一）我国 GPA 出价的特征

我国政府自 2007 年 12 月正式向 WTO 秘书处提交了加入 GPA 的申请书和初步出价清单以来，先后与 2010 年 7 月、2011 年 11 月、2012 年 12 月、2013 年 12 月提交了第二份、第三份、第四份、第五份出价清单。从这五次的出价可以看出，我国当前 GPA 出价的策略有如下特点：

1. 坚持发展中国家立场

我国是典型的发展中国家，在 GPA 出价谈判中，我国有权利争取作为发

展中国家的差别待遇。我国的 5 份出价清单门槛价呈现逐渐递减的特点，第 5 份出价清单附件三“依据本协定条款进行采购的所有其他实体”工程项目门槛价有较大幅度的降低，工程项目门槛价调整为，实施后第 1 至第 2 年 8000 万 SDR、第 3 年 6000 万 SDR、第 4 年 5000 万 SDR、第 5 年起降至 4000 万 SDR。而第 4 份出价清单中设定的工程项目门槛价是，实施后第 1 年 2 亿 SDR、第 2 年 1.8 亿 SDR、第 3 年 1.5 亿 SDR、第 4 年 1.3 亿 SDR、第 5 年起降至 1 亿 SDR。从第五次出价来看，我国门槛价的设定略高于 GPA 参与方的门槛价设定，尽管 GPA 其他参加方对我国的这份出价仍旧不满足，但这份出价是符合 GPA 对发展中国家参与方给予特殊照顾的规定的。

2. 开放实体以中央为主、地方为辅

我国承诺加入 GPA 的中央政府实体范围已由第一份出价的 50 个增加至 65 个，包括绝大部分国务院序列部委；同时各中央政府实体开放范围由最初中央政府实体本级扩展至包含各实体机关本级及其在京所属行政机构。第一、二份出价清单中均未开放次中央政府实体市场；在第三份出价清单中北京、上海、天津、江苏、浙江 5 个地方政府的 171 个实体被纳入其中；第四份出价清单又增加了福建、山东和广东 3 个地方政府的 100 个实体。第 5 份出价清单“附件二依据本协定条款进行采购的所有次中央政府实体”名单按照 A 组和 B 组划分公布，变化比较大：在 A 组公布名单中，除原先公布的 5 省 3 市外，新增辽宁省和重庆市，B 组则列入了河南、河北、湖南、湖北 4 个省份。但是 GPA 其他参加方所期望的将国有企业列入次中央实体范围，我国并没有进行相应的改变。

3. 采购对象范围标准与国际接轨

中央政府实体货物采购范围由初次出价中根据我国《政府采购品目分类表》的办公设备类、一般消耗用品、建筑装饰材料扩展至适用于联合国《主要产品分类》（CPC）中的相应的货物、服务与工程项目，同时，我国政府保留今后对相关实体政府采购例外项目明确细化的权利。第五份出价清单还对服务附件做了改进，在商业服务项目中增列了计算机及相关服务的有关计算机硬件安装的咨询服务；在环境服务项目中增列了污水处理服务；在运输服务项目中增列了机动车的保养和维修服务；为了全面履行本协定各项义务，第五份出价清单对我国的实施期减为 3 年。我国保留对履行相关义务采取过渡性措施的权利。同时，出于国家安全考虑，我国保留对特定供应商适用本协定的权利。

4. 出价体现了渐进开放的原则

结合我国实行分级管理的行政管理体制，地方实体纳入出价范围与否，应由各地结合自身情况决定。我国各区域发展不均衡，地方政府由于普遍不了解GPA，是否加入GPA应审慎选择。我国在地方政府实体开放范围上的选择，既体现了加入GPA真诚务实的态度，又对保护整体地方政府实体的政府采购市场起到积极作用。在开放对象的安排上，也体现了先货物、后服务和工程的渐进策略。

（二）我国公共事业领域开放及其影响

加入GPA将对我国公用事业领域产生一系列的影响，主要体现在：

第一，当前我国政府采购法律法规体系面临挑战。当前我国《政府采购法》和《招标投标法》两大基础性法律不协调，管理体制不顺，公共采购市场被分割；我国政府采购制度的设计存在缺陷，《政府采购法》虽规定政府采购中心作为政府集中采购机构，却没有赋予其“代表政府依法履行采购权”的法定采购人地位，造成政府集中采购机构被边缘化；政府采购的界定范围过窄，占政府采购规模60%以上的公共工程未被纳入政府采购范围。加入GPA，需要加快政府采购法规体系健全、完善。

第二，我国公用事业部门采购活动的收益、风险加大。与GPA其他参与方相比，我国产业竞争实力明显较弱。加入GPA，投入的财政资金规模一定的条件下，公用事业领域部门获得的国外产品、服务、工程增多，公共产品、服务及工程的质量可能提高，同时，公用事业领域采购部门由于对国外企业资质缺乏全面了解，公共事业部门国外采购的风险加大。

第三，我国电力、煤气及水的生产与供应业、交通运输及仓储业、建筑业等行业企业面临市场领域扩大，企业间的竞争程度加剧。我国公用事业领域加入到GPA出价后，一方面，提供公用事业产品、服务、工程的企业，可以在GPA参与方国家投标占领国外公用事业领域市场，但由于我国企业在世界市场的竞争力不高，再加上GPA参与方的技术、制度等方面的壁垒，所争取到的国外政府采购市场有限；另一方面，我国公用事业部门在采购时，不仅向国内企业开放，也向GPA参与国的企业开放，国内政府采购市场竞争性加大；我国政府采购市场将被竞争力强的GPA参加方的国家产品和服务占领，尽管激烈的市场竞争会促使国内相关行业的企业改善经营管理、提高技术创新，增强竞争力，但短时期内，难以扭转我国出口额下滑、进口额增加的趋势，经济持续增长的压力增大。

第四，政府采购相关部门机构设置、人员配备面临挑战。为配合国务院的政府采购工作的推进，财政部把“加入 GPA 谈判应对工作”列为当前政府采购工作要点。各地方政府采购纳入公共资源交易平台，公共资源交易平台建设的模式呈现多样化，平台部门与原政府采购机构间的协调性较差，根据记者谭元斌的访谈，我国 50% 的采购从业人员受访者没有获得过任何与采购相关的专业资质认证，2012 年，66.7% 的国有企业采购从业人员受访者参加培训的时间不足 24 小时，甚至没有受访者接受过 72 小时以上的培训。政府采购专业化、职业化有待提高。

第三节
我国政府采购改革的对策建议

一、以 PPP 项目管理模式推进政府采购改革，推进政府购买公共服务

推广政府购买服务是党的十八届三中全会确定的加快转变政府职能、创新社会治理、改进政府提供公共服务方式的一项重要举措，也是深化财税体制改革、建立现代财政制度的重要内容。政府购买服务的大发展必将推动政府采购规模的增加，加强政府采购制度体系的完善，促进政府部门职能的成功转型。另一方面，为了分散公共事业领域项目的整体风险，提高公共产品和服务的供给效率，弥补公用事业领域发展巨额资金的缺口，有必要通过 PPP 模式引入民营部门、外资机构参与基本公共物品与服务的提供，提高政府采购质量，优化内部投资结构，提高资金的使用效率。PPP 模式的运用将会促进多方共赢机制的建立。

利用 PPP 项目推进政府购买公共服务可以从以下几方面入手：

第一，地方政府需要转变思维方式，充分考虑 PPP 模式的复杂性。在传统的政府采购中，政府扮演的是“购买者”的角色，比如雇佣承包商修建道路。那么，采用 PPP 方案，政府（公共部门）需要转变为“销售方”，要考虑让投资方相信项目是有吸引力的，能够获得合理的回报，风险可控。与传统采购相比，PPP 方案需要政府在项目前期做更多的准备工作，除了项目技术层面，还需研究项目隐含的商机和吸引力。

第二，授权政府对PPP项目全程承担责任和义务。PPP项目是地方政府用于实现公共目标的有力工具，应当更好地促进城市发展、支持公用事业领域，满足使用者和公民的需要，包括回应他们的投诉。私营部门通过承担一些重要的运营和财务责任在项目实施过程中发挥积极作用。政府主导PPP项目，应该明确的是项目最终责任在政府，政府自始至终拥有这个项目，拥有项目所有权承担相应的风险和监管责任，考虑项目整个生命周期的风险和管理。

第三，建立行之有效的管理保障机制。如果政府采购广泛采用PPP模式，需要严格管理，管理是成功实施PPP的基础，政府应通过设立相应的管理部门来加强对PPP项目的管理。英国是由设立在财政部下的基础设施局负责PPP项目的实施的，该局负责出台PPP的政策、法规，同时也对基础设施项目进行审批，决定是否采用PPP模式。为加强PPP项目管理，我国应加快研究PPP管理机构设立方案，推进国家级PPP管理机构的设立。其管理职能应包括：制订PPP项目相关政策、实施指南、项目决策、评估、发布项目信息、监督管理等。政府管理机构除了同企业共同做好前期规划设计、规定服务标准外，还应事先规定动态调整的定价或补贴政策，并监督企业运营项目的质量和履行好维护设施能力的承诺。

第四，加快特许经营法、基础设施法、公用事业法的制订进程。制定完善的法律、法规是私营部门、外资机构资本进入政府采购领域的保障。一般来讲，政府采购项目投入大，期限长，私营部门、外资机构资本在进入之前首先会考虑风险，希望有相应的法律、法规保障。由于PPP涉及面较为广泛，建议加快特许经营法、基础设施法、公用事业法的制订进程，适时出台，以提高社会资本参与政府采购的积极性。

第五，既要借鉴成功经验也要总结失败的教训。世界各国PPP项目都有很多成功经验，值得学习借鉴，但是也要总结PPP项目失败的教训。我国地方政府早在20世纪80、90年代就开始引入PPP、BOT，特别是2002年以来基础设施和公用事业领域实施了很多PPP、BOT等项目，运行至今也出现一些问题，应当结合我国的经济社会发展特点，总结经验，如何更好地完善PPP项目的管理和监督、监测，解决PPP现在面临的各种问题。

二、加快完善政府采购制度体系，与国际规则接轨

经过几年的政府采购实践，我国政府采购的管理体制和运行机制已经初步形成，但与政府采购国际惯例接轨还有相当大差距。因此，必须进一步完善政

府采购制度，与国际规则接轨，为政府采购市场的开放构筑坚实的制度基础。

（一）建立完善的政府采购法律法规体系

1998 年以来，财政部先后颁布了《政府采购管理暂行办法》、《政府采购招标投标管理暂行办法》、《政府采购合同监督暂行办法》、《政府采购法》、《招标投标法》、《合同法》等相关法律法规，以《政府采购法》为基本法的政府采购法律体系已经基本建立。但我国政府采购制度的很多规定多为原则性和抽象性的，大部分在大范围上加以规定，缺乏更明晰的解释，缺乏可操作性，操作过程难免出问题。而国外一些发达国家在开始实施政府采购的时候，对政府采购的各个环节都做了比较完备的规定。我国应尽快制定和完善政府采购的其他配套法律法规，明确基本的制度所涉及的相关问题，细化政府采购的基本方式和程序，增强我国政府采购法律体系的严密性和可操作性。

（二）建立和完善政府采购管理机制

第一，为适应国际化操作的需要，成立管理和运作国家政府机关的一切物资或服务的采购专门机构，建立集中采购组织管理体制，规范政府采购行为。可以在财政部门内设立一个政府采购主管机构“政府采购管理委员会”，负责编制采购预算，制定采购法规与政策，对政府采购事务进行协调与管理，统计采购统计分析与评估等。

第二，建立健全政府采购预算制度。细化预算编制是实行政府采购制度的前提，在细化预算编制未突破之前，政府采购只能停留在对专项预算的货物、工程和服务的采购上，无法对预算支出中的所有物品和跨部门的采购行为实行规范化管理。改革现行的财政专项资金的拨付管理制度，将预算细化到单位、项目，便于采购单位在编制采购预算时，所报项目预算的准确性；便于财政部门确定各单位具体采购项目的时间和实施方法，将政府采购计划及时下达政府采购执行部门，做到预算内外资金统收统支，严格按照预算进度拨款。强化财政预算约束，对政府采购资金做到严格管理，提高采购资金效益。

第三，建立和完善政府采购方法体系。引入谈判采购、征求意见书、询价采购和伙伴采购等采购方法，建立一套比较完善的政府采购方法体系，特别是建立和完善政府采购信息公开系统。

第四，建立一套适应 GPA 相关规定的招投标程序，并加强对招标代理机构或采购代理机构的管理。认真研究 GPA 对招投标的相关规定，制定政府采购招标文件的标准范本，对招标邀请书、合同条款、技术规格、投标和合同履约保证金、投标报价表、资格证明文件等制定统一的格式，使采购文件标准化、规范化，使我国政府采购工作真正在法制的轨道上健康运行，达到与国际政府采购制度接轨，适应国际政府采购市场开放的需要。

第五，建立政府采购审查与仲裁机构。在“政府采购管理委员会”下设立国家贸易仲裁法庭或调查委员会，建立完善的申诉机制，明确申诉的有效时间、答复期限以及成功解决申诉问题的补偿机制等，加强政府采购的监督管理和政府采购过程中争议的解决，确保跨国采购的各种纠纷得到公平、公正、公开地解决。

（三）建立和完善政府采购制度的保障机制

第一，建立政府采购资金国库集中支付制度。国库集中支付制度是形成有效的制约机制的保障。实行单一国库账户，把资金直接支付给供应商是各国政府采购资金支付的通行做法。我国现行国库制度的有关规定与政府采购资金的直接支付相矛盾。设立“采购资金专户”，政府采购资金由财政部门按采购合同的规定直接支付，即将采购资金通过设立的“采购资金专户”直接按合同支付给供应商，不通过部门单位中转，减少财政资金的中间流失。对自筹资金安排的政府采购项目，也要求采购单位将资金汇入政府采购专用账户，再按采购合同的规定将资金直接拨付供应商。这样不仅减少了财政资金的中间流失，而且使财政部门对政府采购行为中不规范的地方能进行有力的监督管理，可以从根本上杜绝预算执行中的克扣和挪用资金等情况。

第二，完善政府采购信息系统。建立政府信息系统，在政府指定专门的报纸和刊物刊登政府采购信息，配合利用互联网发布政府采购信息，为所有的企业提供平等的竞争机会，增强政府采购市场开放的公平、公开。完善政府采购信息系统，拓宽政府采购信息流通渠道，更加便捷的掌握国内外的政府采购信息，为国内产业进行预警分析，同时，更好地为国内供货商服务。

三、提高政府购买公共服务绩效

（一）加快政府职能转变，提高政府购买公共服务绩效

第一，加快转变政府职能，创新公共服务供给方式，理顺购买相关方的责任关系。政府购买公共服务能否取得良好绩效的关键在于，相关主体（政府、承办方）之间是否在契约基础上建立了清晰明确的责任关系，以契约方式规范政府与承办方之间的管理与责任，从司法公正的角度上赋予二者在法律上的平等地位。政府的责任在于制定公共服务的购买数量与购买质量标准，选择服务承办方，对整个购买过程实施动态监控，及时修正购买过程中的问题，政府

对购买结果向公众负全面责任；承办方拥有依照购买合同使用政府让渡的公共资源权力生产公共产品或提供服务，对政府负责，向政府报告服务提供的状态与流程。需要强调的是，在政府与承办方的责任关系中，服务承办方不再是政府的附属机构，而是独立法人代表。

第二，促进经济发展，为政府购买服务提供资金保障。政府购买公共服务的范围、力度和规范程度，与地方的经济社会发展水平和政府职能转变力度有着密切联系。从当前我国政府购买公共服务的现实状况来看，购买服务主要集中在上海、深圳、北京、南京、宁波等地区。这些地区的企业和社会组织数量较多，实力较强，且政府在考虑提供公共服务时，有明确的政策规定和资金支持。资金缺乏问题是政府购买服务的主要问题之一。

第三，建立政府购买公共服务的法律制度，为服务购买提供法律保障。建立健全的政府购买公共服务法律制度，从法律约束上规范购买相关方的购买行为和购买程序。理顺购买方之间的责任关系，赋予法律上的平等地位，对购买过程中出现的问题，追究相关方的责任，做到依法行政、执法必严、违法必究。

第四，营造竞争的市场环境，降低服务成本、提高服务效率。

（1）降低政府购买的准入门槛，增加政府购买公共服务可选择承办方数量。

（2）尽可能采取竞争招标的形式进行购买，发挥资金的最大价值。

（3）制定相关的税收减免政策，促进社会组织参与公共服务购买。

（4）提高公众对社会组织的认识，为社会组织的发展提供更好的社会环境。

（二）建立和完善监督评估制度体系

第一，建立并完善监督评估机制，提高服务效率。监督与评估制度为政府购买公共服务提供制度保障。充分发挥内部监督机制的作用：财政部门对政府购买公共服务单位进行资金使用、服务质量、购买程序合理化、购买行为规范方面进行监督，并建立相应的财政审批制度；政府购买服务部门对购买责任人通过实物管理的方式进行监督；加强纪律、监察与审计部门的监督。外部监督要保持客观公正的立场，必须有效利用多样化的外部监督机制，发挥社会公众与媒体监督的作用。公众是公共服务的最终消费者，他们对公共服务的质量最有话语权，他们对政府购买公共服务的满意度最能反映政府购买公共服务的绩效；大众媒体是公众参与政策过程的渠道和平台，引导着公众对政府购买行为、购买方式、效果的态度，也能向政府反映公众的需求，为政府提供决策依据。增强公民有序参与的主动性，提高政府的公信力。政府的公信力直接影响其公民参与的主动性。

第二，拓宽社会监督的平台，降低政府成本。一是通过各种媒体宣传和社会化途径，为公民参与监督提供有效的监督平台。二是通过电子政务推进政府信息公开，实现电子信息的传输和有关信息的共享，促进电子政府建设，实现提高政府工作的透明度和政府购买效率。

（三）严格规范政府购买行为

建立完善的购买程序，明确相关主体间关系，确定购买范围、方式、内容及评估标准，为购买过程中出现的问题提供弥补的机会。

第一，规范购买程序，提高公共服务效率。政府购买程序正当合理的程度直接影响到购买的效果。合理规范的购买程序可以节省时间与资金成本，减少政府随意购买行为，避免公共资源的浪费。从相关调查的案例来看，无论是否签订合同，政府购买公共服务的过程中都存在某种程度上的“程序缺失”情况，购买行为很多情况下是基于熟人关系或者合作惯性。一是明确需求，制订规划。政府应当建立回应机制，了解公众的真实需求，并且积极回应公众的需求，制定购买范围和购买计划，为公众提供满意的公共服务，减少公共资源浪费。二是公开招标，签订合同。政府可以通过媒体、官方网站等多种形式公布所要购买的公共范围项目和预期的财政预算，采取公开招标的形式、严格选择服务承办方、制定明确的购买合同。三是项目实施，监督管理。服务承办方应严格履行购买合同，接受政府与社会的监督。四是评估服务、后续跟进。对承办方已完成的公共服务，政府应当采取多种方式对公共服务的效果进行评估。

第二，扩大政府购买范围和数量、提高公共服务质量，提高公众满意度和社会公正度。公众满意、建立公正的社会是服务型政府建设的基本要求和价值取向，是政府工作的出发点和归宿，是我党执政为民的治理理念和构建和谐社会在公共服务中的具体体现。因此，不论从政府善治的角度出发还是基于服务型政府建设的基本要求，都要求政府积极地去满足广大社会成员日益增长的公共服务需求。国际资料显示：绝大多数的公共服务都可以纳入购买的范围，涉及教育、公共卫生、弱势群体福利、社区服务等各个方面。政府购买公共服务可以更有效利用公共财政资源作为政策工具，促进购买领域的竞争，为社会提供更优质和多样化的公共服务。

第三，推进政府信息成本控制的制度创新，提高政府信息管理能力，促进资金使用透明化。资金使用透明化的关键在于提升政府信息管理能力和推进信息公开，促使政府、承办方与公众之间信息对称，以降低政府成本。首先，政府必须抓好财政管理信息系统建设，通过电子政务推进政府信息公开。信息成本具有固定成本高，边际成本极低，平均成本总是随产量的增加而下降的特点，促使资金使用透明化，成为进一步降低政府信息成本的必然选择。其次，通过规范化的报告机制建设推进政府信息公开。再次，努力健全和完善应急预案体系，加强应急队伍建设，对服务购买出现的问题及时采取补救措施，建立统一高效的应急信息平台。最后，设计有效的激励措施，控制信息成本，实现资金使用透明化。

第四，充分认识和发挥社会组织在公共服务体系中的重要作用，鼓励社会组织发展，提高社会公正度。政府向社会组织购买服务的日益增多充分说明了社会组织在公共服务供给中的独特价值和重要作用。社会组织与政府一样不以营利为目的，且更具有灵活性和应变能力，有效缓解了公共服务需求快速增加和供应不足的矛盾。我国社会组织连续数年迅猛发展，但整体上还处于发展的初级阶段，从社会组织参与公共服务提供的国际经验来看，除合同购买社会组织服务之外，很多发达国家和地区对社会组织给予多方面的资助和支持。譬如，英国政府与社会组织签订了长期伙伴关系协议，运用多种政策工具鼓励支持社会组织提供公共服务。政府应该应用多种政策工具推动社会组织参与公共服务，加大对社会组织的政策支持力度，并通过多种手段，建立与社会组织的合作伙伴关系；政府可以通过委托、授权、引导和监督等方式，支持、保障社会组织与企业共同提供公共服务，有效扩大社会组织的资金来源范围，提高社会组织的公共服务供给能力。

四、利用国际公共会计准则 32（IPSAS32）的原则进行监管，防范 PPP 项目引发的财政风险

运用 PPP 模式推进政府购买，必须要考虑的是如何防范财政风险。当前我国预算方法采用的是收付实现制的分项预算，仅是提供关于当前收入和支出的相关数据，这些数据并不能完全说明资本融资和资本支出，也不能体现公共服务提供的全部信息。改革方向是预算方法采用权责发生制。至少当前应考虑运用国际公共会计准则 32（IPSAS32）的原则对 PPP、BOT 等项目进行监管，以防范财政风险。

国际公共会计准则 32 号是国际公共部门会计准则委员会于 2011 年 10 月

发布的《服务特许权协议：授予方及年度改进标准准则》[①]，服务特许权协议指授予方和运营方之间的约束性协议，该协议下，运营方代表授予方使用服务特许资产提供公共服务，协议期间内，运营方提供的服务获得补偿。公共部门遵循 IPSAS32 的条件下，PPP 的资产负债必须进入政府的资产负债表而不是进入企业的资产负债表来反映。当政府 PPP 项目服务的内容、对象和价格确定，且政府在合同期满后拥有这个项目的经营权，譬如 BOT，或政府拥有 PPP 的控制权后，该项目的资产和负债就应该反映在政府的资产负债表。政府付费条件下，一方面，减少政府资产负债表中的现金；另一方面，减少应付给开发商的应付账款；而在用户付费条件下。一方面，减少政府会计报表中的应计收入；另一方面，减少应付给开发商的应付账款。因此，IPSAS32 使政府采购事项基于收付实现制基础上，真实反映了政府相关部门的资产、负债水平，从而为政府管理控制财政风险提供可靠的会计信息。

① 该协议的主要特征：一是授予服务协议方（授予方）是公共部门主体；二是运营方至少要负责服务特许资产的一部分管理和相关服务工作；三是协议设定了运营方收费标准，授予方对服务协议期间的价格修订进行监管；四是在服务协议期末，运营方都要以极少或无增量对价将规定状态的服务协议资产移交给授予方，而无论最初由哪一方出资兴建；五是该协议应明确规定运营服务标准、价格调整机制以及纠纷协调机制。IPSAS 32 准则为政府、公共部门建设基础设施、维护改善公共服务提供了新方法。它是在全球金融危机爆发后服务特许协议大幅增加的背景下提出的，国际公共部门会计准则委员会主席安德烈亚斯·贝格曼强调，IPSAS 32 提高了公共部门实体关于服务特许协议相关资产、融资情况披露的透明性、问责制，也提高了公共部门实体计量和报告重要与复杂交易事项的服务特许经营协议的一致性。IPSAS 32 规范了授予方使用与国际会计准则第 12 号（服务特许权安排）一致的方法，对服务特许协议事项做出相应的会计处理。国际会计准则第 12 号仅适用于运营商，不使用于授予方。为了使授予方确认其控制的服务特许的资产，IPSAS 32 使用 IFRIC 12 原则来决定是由授予方或运营商来确认服务特许协议中的资产。

第十章

利用外资参与国内 PPP 项目建设问题研究

当前，我国正处于城镇化高速发展时期，这将对城市基础设施、市政公用事业等公共产品产生巨大需求。相对于同期的城镇化水平和经济增长率指标，我国目前公共产品有效供给水平相当低。近年来，公共产品发展所需资金大部分依靠政府信用和行政力量取得。这导致公共产品既难以满足快速增长的市场需求，同时也给地方财政带来了极大的负担。通过改革，引入社会资本满足公共产品生产融资需求已是大势所趋。随着我国对外开放水平日渐提高，外资已经成为我国社会资本的有机组成部分，为我国经济建设做出了重要贡献。允许外资参与国内 PPP 项目，是解决公共产品融资需求问题，扩大公共产品供给的题中应有之义。

第一节　我国外资状况

随着对外开放水平日渐提高，我国融入国际经济的程度逐步加深。国际资本作为国际经济活动的主要载体，进出我国的数量规模越来越大，参与我国经济活动的范围也日渐扩大，给我国经济带来益处的同时，也带来了风险。

一、FDI情况

自改革开放以来，我国就注重外商直接投资（FDI）的引入，特别是注重对外资技术和管理经验的引入。目前，我国已经成为一个FDI大国。根据国家外汇管理局公布的国际投资头寸表，截至2014年3月，我国外商直接投资余额2.4万亿美元，占同期我国外汇储备总量的61%。2014年6月，我国FDI累计633.3亿美元，同比上升2.17%。8月累计达到783.4亿美元。

从FDI进入我国的产业分布看，目前FDI进入我国三产业的次序已是“三、二、一”。商务部数据显示，2013年我国实际使用外资金额1175.86亿美元，同比增长5.25%，其中，服务业实际使用外资614.51亿美元，同比增长14.15%，在全国总量中的比重为52.3%，首次占比过半。而制造业实际使用外资金额实际使用外资金额455.55亿美元，同比下降6.78%，在全国总量中的比重为38.7%。第一产业的比重则为9%。

外资的本性是追逐利润的，因此外资就有一个稳定性的问题。从第三产业的角度看，第一产业和第二产业由于固定资产投入比重较高，具有投资周期长、资产变现能力低等特点，FDI看重的是东道国在自然资源、劳动力价格、内部市场容量等长期较为稳定的优势，因此以第一和第二产业为主要投资对象的FDI稳定性较高。第三产业（服务业）对固定资产要求普遍较低，其资金投入主要集中于营运资本和人力资本的投入，甚至可以采取租赁的形式实现接近“零”的固定资产投资，这种行业特点决定了以第三产业为投资对象的FDI稳定性相对差。

二、短期国际资本情况

短期国际资本也称热钱或国际游资，是指期限在1年或1年以内、以获利为目标、以投机交易为手段、在国际间迅速流动的大额资金，主要由对冲基金、投资基金和石油美元等投机性资金构成，具有较强的流动性、隐蔽性、投机性和不稳定性，且易反转，难以监测。短期国际资本的目标地区通常有四个特征：一是该地区经济增长势头良好；二是货币汇率对其他货币保持升值趋势；三是利率高于其他地区，且有进一步加息预期；四是有可炒作对象。近年来我国经济大体符合这些特征。短期国际资本流入我国的动因主要是：人民币升值预期、中美利差倒挂、国内资产价格上涨以及美元持续走软等，盈利方式主要是套利或套汇，或兼而有之。

我国经常项目早已完全开放，资本项目也已大部分开放。经常项目和资本项目下的业务活动，以及其他现金走私、地下钱庄、空壳公司和银行账户等非法操作，为短期国际资本进出提供了便利。如图 10－1 所示，短期国际资本流动路径主要包括：贸易项目下、非贸易项目下管理漏洞、资本项目下和非法渠道等，但最终都要通过银行体系完成货币汇兑，主要投机于我国股票、房地产和矿产资源等领域，获利后返回境外。

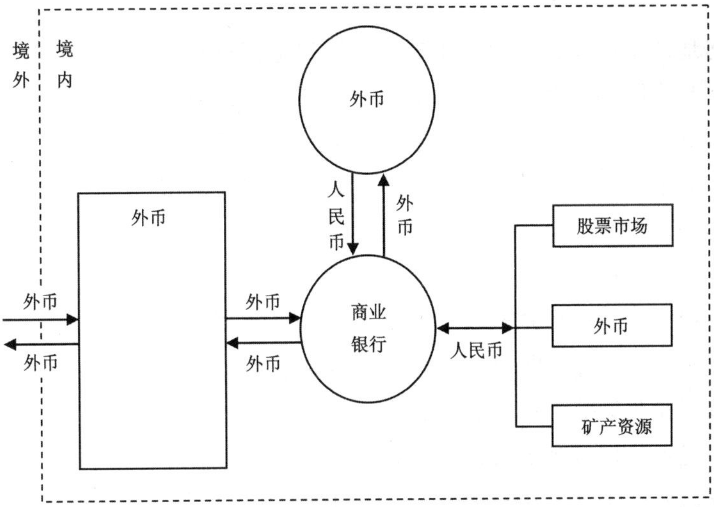

图 10－1 短期国际资本流动路径

进出我国的短期国际资本的规模到底有多大？没有直接的统计数字。我们采用间接方法进行测算，即

$$CF = \Delta FXP - CA - FA$$

其中，CF 表示短期国际资本流动，CF 为正表示短期资本流入，CF 为负表示短期资本流出。ΔFXP 表示外汇占款变动量，以历史成本计价。CA 表示经常项目下的外资流动差额，FA 表示资本和金融项目下的外资流动差额。

根据测算结果，每年都有上百亿美元的短期资本进出我国。经验表明，新兴经济体爆发的金融危机都与短期资本流动相关。就我国而言，短期国际资本主要对股票市场和房地产市场产生冲击。

在资金“推动”下，短期资本流入一般会引发国内股市走牛，反之则导致股市下跌。但是，实际影响股市走势的因素非常多，目前流入我国国际资本规模较小，还难以左右股市行情。短期国际资本在股市中运作，实际就是运用相关市场交易机制和金融工具进行操纵和牟利的过程。首先要经过外汇市场，先攻击一国货币，然后促使股价大幅度波动，这是惯用伎俩。其内在机理为：首先要保证国际投机资本在证券市场获利撤离时，不会因东道国货币汇率高估而造成损失。其次，在固定汇率制度下，如果东道国货币贬值，为了维护汇率稳定，监管当局需提高利率，这将导致股市下跌，正好为国际资本投机创造机会。经验表明，新兴经济体爆发的金融危机都与短期资本流动相关。就我国而言，目前国际资本流入公开渠道是合格的境外机构投资者（QFII）制度，资本规模不大，兴风作浪还只是一种可能性，但也不能掉以轻心。

就房地产市场而言，近十年来，我国房地产价格总体呈上涨形势，而短期国际资本具有剧烈波动的特点，因此很难通过房价波动来判断短期资本流动情况，也很难用短期资本流动来判断房价走势。国际热钱进入我国房地产市场，将获得远高于其他国家的收益率，特别是一些特大城市，如京沪深等地的年收益率可达20%以上，远高于美国房地产投资年均收益率6%—7%。热钱达到目后必然会迅速撤走。如果人民币升值达不到国际热钱预期，加上政策持续调控及物价稳定，也将导致热钱迅速抽走；如果这部分房屋集中抛向市场，必然对市场供求产生冲击。另外，一旦认为房地产市场进入稳定发展阶段，一些游资可能选择撤出策略，同样会导致房地产价格大幅度下跌，将对国内房地产造成打击，且可能影响到宏观经济稳定。

目前国际资本流入公开渠道是合格的境外机构投资者（QFII）制度，资本规模不大，兴风作浪还只是一种可能性，但也不能掉以轻心。

总而言之，如何有效利用和管理国际资本，是我国构建开放型经济过程中必须解决的突出问题。就现有情况看，把外资引入国内PPP项目，不失为是对外资使用和监管的有效办法，因为，一方面，外资可以找到自身的用武之地，找到谋求合理利润的正规渠道；另一方面，政府与外资合作，既满足了生产提供公共产品的融资需求，也将直接对外资活动形成有力监管。

第二节
外资参与国内PPP项目情况分析
——以京津塘高速和兰州水务为例

早在20世纪八九十年代，我国就已经探索引入外资参与公共项目建设。其中，这些项目中既有成功的案例，也有不尽如人意的事情发生。这里，各选择一个典型案例进行分析，以反映外资参与国内 PPP 项目的大体情况。

一、京津塘高速路建设引入外资情况及经验

1988 年开工、1993 年 9 月建成通车的京津塘高速公路，是我国第一次利用世界银行贷款，实行国际竞争性招标，采用国际惯例 FIDIC 条款和工程监理制度建设而成的。高速公路建设期间，为了适应世行贷款的要求，首次成立了作为独立法人的京津塘高速公路联合公司。自 1990 年 9 月陆续分段通车以来，未出现明显质量事故，行车迅速、平稳、舒适，经济效益、社会效益大大超出了预计，受到了国内外各界的广泛好评。

京津塘高速公路在我国公路建设历史上具有划时代的意义，它给我们带来了新的观念、新的技术、新的制度，标志着我国公路建设的技术和管理水平进入了世界先进行列。可以说，京津塘高速路是利用外资的成功案例。总结其利用外资的成功经验，主要有以下几个方面：

（一）按照世行“采购指南”实行国际竞争性招标，选择承包商

京津塘高速公路是利用世界银行贷款的，世界银行规定必须组成京津塘高速公路联合公司，依照 FIDIC 条款，采用国际竞争性招标组织施工。为了招标，先编制招标文件、投标书、投标人须知。这些文件用中文、英文两种文字编写，并报送世界银行审阅，被认定为中国利用世界银行贷款项目土建部分国际招标的样本。其中招标文件包括详细可靠的勘测设计文件，及由此产生的适合本条路的专用条款、技术规范、设计和施工图纸、工程量清单。在招标时，将招标文件等出售给全世界打算投标的承包商，让他们都以此为根据提出投标书，公开竞争。

当招标文件经世界银行认可后，有关部门在国内外媒体报刊上登广告，邀请世界各国承包商参加资格预审。重点审查以下几个方面：第一，施工经验及过去履行类似合同的情况；第二，人员和设备的承担能力；第三，财务状况。写出评估报告送世行审核。最后有 16 个联合体通过预审参加投标。

有关部门共同组织通过资格预审的中外承包商到京津塘现场进行考察，并组织了海关、公安、商务、法律等有关部门参加的专家答疑会。经过公开开标、评标、向世界银行汇报评标情况，最终由国家计委、经委、机械委、交通

部、财政部、外贸部、两市一省分公司等共同研究讨论评标结果，并向世界银行总部通报评标情况。最终经有关领导部门和世界银行同意，由中国招标公司颁发中标通知书。

从上述招标过程，可以看出这项制度的公开性、公平性、竞争性。它防止了垄断、保护、以权谋私现象的产生，使具有真正实力的公司中标施工，不仅能使承包商努力提高工程质量，缩短工期和降低成本，还能为施工现场带来一种团结、友爱、心情舒畅的气氛。这是京津塘高速公路给公路建设乃至公共项目建设带来的一点成功经验。

（二）按照世行“咨询聘用指南”选择咨询公司，建立监理机制

高速公路能否建好，监理工作是重要的一环。经与世行、计委、财政部及两市一省商议，监理工作主要由交通部公路局担任，外国咨询专家和我国工程技术人员共同组成工程监理机构。

外国咨询专家的聘请，也必须采取招标的办法，由国际著名咨询公司投标，不公开登报，而是由业主向在世行注册的成员国约8—9家发出邀请信，邀请各公司按工程项目的内容，提出监理方案、有关设施、工作方法、名单表、参加人员经历及支援事项与费用等，使业主评估，这叫作有限的国际竞争性招标。

评定各公司等级的标准为：公司的一般经验占20%，工作计划与培训方法占30%，人员资历与能力占50%。咨询公司选定后，由该公司派出具有高速公路施工经验的高级工程师和我国的驻地工程师一起组成监理机构，按照合同与施工规范进行施工监理。选择任何提供方案的咨询公司以质量为选取的原则，同时不受价格最低的约束。凡与咨询公司合作的任何制造公司或建筑公司不能参加与本项目咨询任务有关的任何工程或货物的投标。

具体监理操作中，京津塘高速公路监理机构是采用三级监理结构形式：（1）总监理工程师决定财务及法律的事务，包括承包商违约、时间延迟、索赔和纠纷、最后证书、变更命令、同意付款和决定事宜、协调和指导四个合同普遍存在的问题、设计和工程监理的最后责任。（2）高级驻地监理工程师是总监理工程师在工地的执行代表，监视和督促工程地进行，试验和检查材料与操作工艺的质量，澄清各合同文件之间的不一致，补发图纸，批准施工计划，向总监理工程师推荐延长时间，防止索赔发生或将此减至最低，研究索赔要求向总监理工程师作出推荐。（3）工地监理工程师，执行高级驻地监理工程师的指令和交办的任务，对施工进行旁站处理，确认中间交工证书，严把质量关，负责工程计量，每月根据承包商付款申请提出付款证书，处理工地上一般性技术问题。

实践证明，三级监理，在工程质量、计量支付、保证进度及重大的技术问题上起了控制和促进作用，从而全面完成了工程任务，为我国公路建设提供了一个现实的示范模式。

（三）京津塘高速公路实行 FIDIC 合同管理

FIDIC 全称为“国际顾问工程师联合工程施行法”。它是国际上通用的土木工程合同条款，内容包括：招标文件的准备、投标人的资格预审、招标（选择承包人、选择监理工程师）、施工管理等。招标文件包括合同条款、设计图纸、施工规范、工程量清单及说明。京津塘高速公路在施工中严格执行了国际上通用的 FIDIC 合同管理。

在 FIDIC 模式下，业主、监理、承包商呈三足鼎立的状态，各项指标细化、量化，弹性的东西较少，人为的因素降低到最小限度，从而以最合理的投入，换取最大值的产出。FIDIC 明确规定：业主在施工中的主要任务是向承包商提交施工现场的使用权和工程价款的按期支付，以及委托监理工程师监督承包商执行其与业主形成的契约。这里的委托是一种契约关系。监理工程师是受业主委托或通过招标选定的专职监督承包商的公司或机构，它的任务是监督承包商按照招标文件的内容全面完成工程项目。承包商即施工单位，是通过公开招标选中的公司或机构，其任务是按照合同条款、技术规范的要求保质、保量按期完成工程项目的建设。

FIDIC 制度的一个主要特点是政府不能参与合同管理，业主和承包商之间不能有直接联系。因此按 FIDIC 国际惯例，业主承包商和监理不能有所谓“隶属”或“血缘”关系，只有这样，建设监理才能发挥其有效作用。

二、兰州水务引入外资情况及教训

兰州地处西部，属于经济不发达地区。城市基础设施和市政公用事业对当地经济发展，居民生活有非常重要的影响。兰州水务引进外资，是顺应外资在我国市场发展趋势，结合当地经济发展落后情况，做出的一个重大创举。但从目前的具体实践看，兰州水务引入外资并不是一个非常成功的做法。

（一）我国水务引进外资的演变过程

20 世纪 80 年代之前，我国一直把城市供水排水视为公益性事业，自来水厂都是国有企业，污水处理厂为国有事业单位，由政府进行集中统一管理。80

年代中期，外资开始进入我国城市建设。1984年，我国开始组织BOT试点——上海设立“九四专项”，直接到国外筹资，到1986年，共筹集外资32亿美元，且40%用于包括水务项目在内的城市基础设施建设。到1992年底，中国城市供水行业先后利用世界银行、亚洲开发银行等国际金融组织，以及日本、法国等国政府提供的中长期优惠贷款，建设的城市供水项目有140多项，利用外资达17亿美元。

BOT是20世纪90年代后期国内水务改革主要运作模式。BOT（build - operate - transfer）即建设—经营—转让，是指政府授予企业特许专营权，许可其融资建设、经营特定的公用基础设施，收费并赚取利润，期满后，设施移交给政府。

这种模式在水务项目签约中，地方政府往往以保证固定回报的形式，让外商投资城市水厂项目（基本不包括城市管网）。

天下没有免费的午餐。一些地方政府很快受困于外商高昂的固定投资回报率。国家统计局1999年的调查报告显示，外商在中国投资的所有产业中，最有利可图的产业是自来水厂，其利润和成本的比率达24.8%。压力最终由消费者与自来水公司承担。

尽管如此，随着2001年12月11日国家计委发布《关于印发促进和引导民间投资的若干意见的通知》：“除国家有特殊规定的以外，凡是鼓励和允许外商投资进入的领域，均鼓励和允许民间投资进入；鼓励和引导民间投资以独资、合作、联营、参股、特许经营等方式，参与经营性的基础设施和公益事业项目建设。”我国水务行业市场化进程日渐加快，BOT也得到推广。以2004年国务院《关于投资体制改革的决定》放宽投资领域，鼓励社会资本参与经营性公用事业、基础设施项目建设为节点，外资水务在中国迎来特别的十年，以威立雅、中法水务为代表的外资水务企业，在中国一度扩张迅猛。

（二）兰州威立雅水务集团的经营状况

伴随着外资水务在国内市场的扩张，2007年1月，作为已有150多年水务经营管理经验，全球最大的三大水务集团之一的法国威立雅集团，以17.1亿元的投资承诺收购兰州供水集团净资产45%股份。近年来，兰州威立雅水务集团投资1.2亿元，实施“城区老化管网改造工程”。使供水安全可靠性进一步提升，一度取得了很好的社会效益。

但在经营过程中，由于缺乏监管，威立雅外资追逐利润的本性彻底显现，给兰州政府管理、居民生活带来了不少麻烦。

1. 不断提升水价，致使居民生活负担增加

近期，兰州威立雅以成本增加为由，提出申请将兰州居民用水每吨上调 0.3 元或 0.4 元。这在当地引起了轩然大波。根据《瞭望东方周刊》调研，外资水务企业净资产利润率最高，民营企业其次，国有企业净资产利润率最低。在水价制定过程中，威立雅提出的水价调整系数计算公式为“ΔF = aE + bL + cCH + dCur + eCPI”。这个公式囊括了 E（电价）、L（劳动力成本）、CH（化学品成本）、Cur（币值变量）与 CPI 等参数，ΔF 值，则为以百分比形式出现的调价系数。将这个系数乘以政府采购的基准价，就能得到当年政府采购的每吨处理价。从威立雅水务盈利的公式看，威立雅水务卖给地方政府的水价是与这一系列变量挂钩的，随着 CPI 等变量上涨，地方政府必须逐渐以更高的价格收购威立雅水务产品，如果地方政府不能对市场水价形成影响，就不得不动用财政资金、国有企业收益等来支付威立雅水务的高水价。

2. 缺乏监管，威立雅污染事件频发

今年年中，兰州自来水苯超标事件发生，并迅速引起社会广泛。尽管目前污染原因已查明，系中石油一条管道发生原油泄漏、污染了供水企业的自流沟所致。但外资背景的兰州威立雅水务对污染事件负有不可推脱的责任。威立雅在中国多个城市因污染问题曾多次受到公开处罚。2013 年 5 月，威立雅海口白沙门污水处理厂被查出水粪大肠菌群数超标，海口市环保局于 2013 年 11 月对其违法行为进行立案处罚。

2012 年 9 月，中国环境监测总站对广东惠州东江威立雅执行《危险废物经营许可证》情况进行监督性监测时发现，威立雅焚烧炉废气多种元素超标，该项违规在 2013 年 8 月迎来环保部的公开处罚。

2007 年 7 月，青岛威立雅负责运营的青岛麦岛污水处理厂，擅自将污水处理厂回用水管道接到了自来水主管道上，污染了自来水的水质。

从兰州威立雅的事件可以看出，外资进入我国公共事业存在诸多潜在风险。外资的本性是追逐利润。如果政府缺乏对外资的有效监管，缺乏与外资的必要沟通，外资将会按照企业利润最大化原则，通过定价设计等办法，设计最有利于企业的成本—收益方案。

外资在经营过程中谋求自身利益最大化及其相关做法属于企业行为，本无可厚非。但外资进入水务这样的公共品行业，相当于进入垄断行业。如果定价权完全掌握在外资企业手中，垄断定价必然产生，高水价的产生也在所难免。由于水是基本生产生活用品，水价上涨会带来成本推动的通货膨胀，增加企业

生产成本和居民生活负担。如果政府采用补贴的办法帮助居民缓解生活压力，那么政府有限的财政资金将被占用，用于其他方面的支出将被大大压缩，政府宏观调控能力将因此大大降低。

三、外资参与国内 PPP 项目的经验总结

通过京津塘高速和兰州水务正反两方面的经验，可以发展外资参与国内 PPP 项目的规律。

（一）逐利是外资所有活动唯一不变的动机

作为经济行为主体，任何外资都是要追求利润的。不管外资进入何种领域，其第一要务就是赚钱。特别是在外资进入发展中国家时，由于外资有相对先进的管理和技术，赚取利润更是外资的根本动机。也正是由于这个动机，大多数外资会通过各种渠道，不论是合规的，还是违规的，而想办法进入新兴经济体，寻找各种牟利机会。这种动机的存在，在某种程度上使外资不请自来，甚至“削尖脑袋”进入新兴市场国家。但另一方面，也正是追逐利润的动机，使得外资在进入新兴市场国家后，尽量扩大经营利润空间，甚至想办法规避东道国的法规与管制。这种情况下，外资在赚取了巨额利润的同时，也可能对东道国的宏观经济形成冲击。总之，外资进入愿意进入新兴市场国家，对新兴市场国家既有利，也有弊，但这都是由着外资追逐利润的动机而发生的。

（二）遵循合同契约是外资活动的根本做法

大多数外资来自发达国家。由于发达国家市场经济都较为发达，遵循合同契约是发达市场经济的基本要求。受此影响，外资进入新兴市场国家后，由于文化、语言、经济制度等方面的巨大差异，在经济活动中，外资习惯性地依赖并选择按照合同契约办事的做法。外资一般不会与东道国合作方进行合同契约内容之外的合作。这种情况与我国企业间合作会依赖“熟悉”、“关系”等做法截然不同。从京津塘高速路建设的情况看，引入国际通用的土木工程合同条款 FIDIC，在整个工程建设过程中起到了关键作用。合同内容详细指明了招标、投标、施工等各个环节的具体事项，各项指标细化、量化，弹性东西较少，人为因素降低到最小限度。业主、监理、承包商呈三足鼎立的状态，只需按照合同规定严格执行，考虑以最合理的投入换取到最大值的产出即可。相反，兰州水务与外资合作过程中，合同对外资的约束作用并没有体现出来。因此，在引入外资参与国内 PPP 项目时，考虑整个合作过程中涉及的各种情况，制定详细合理的合同契约，并遵照严格执行，对项目成功至关重要。

（三）我国政府是有能力按照市场规律与外资合作的

从京津塘高速公路建设案例看，我国政府为了适应世行贷款的要求，首次成立了作为独立法人的京津塘高速公路联合公司。对处于改革开放之初的我国来说，这种做法极具魄力，表明我国政府改革的决心极大，并能够按照市场经济规律办事。市场经济在我国发展已有三十多年，我国政府掌握了更多的市场经验，对市场规律的认识更加深刻。因此，十八届三中全会提出“使市场在资源配置中起决定性作用”，是有现实基础的。因此，在新的历史时期，我国各级政府应该侧重依靠市场力量，按照市场做法，与外资展开合作。为了实现这个目标，各级政府应锐意改革，大胆智慧地破除旧体制，旧观念，围绕发挥市场的决定性作用做大文章，特别是需要各个不同部门联手合作的时候，各部门应不局限于部门利益，冲破部门分割，形成强大合力，共同服务于市场建设。

第三节　对策建议

随着我国开放型经济建设的推进，资本账户开放水平将快速提高。外资进出我国数量将大幅度增加，参与我国经济领域将日渐扩大，我国与外资的合作深度将日益提高。相比较于国内社会资金，引入外资参与国内 PPP 项目既有共同性，也有其独特的性质。我国政府与外资合作应注意以下几点。

一、关系国计民生的产品定价权不能完全转让

传统的 BOT 模式下，外资企业需要自筹资金，自行建设，企业从自身利益出发需要尽快收回投资，并且在特许期内尽可能获得更多利润。因此，外资企业会想办法提高其产品和服务的收费，然而一些市政公用事业如水产品的需求价格弹性小，其定价直接关系国民经济的正常运行，甚至影响社会稳定。但是，如果政府用特许经营协议提前对价格水平进行约定，因为缺乏对项目成本的合理预测，又会影响到项目的利润，从而降低外资的热情。因此，对于关系国计民生的重要公共产品及其 PPP 项目，在引入外资的过程中，政府对公共产品的定价权不能完全交给外资企业。

二、充分发挥合同契约的作用规制外资，并建立与外资的有效合作

在外资参与国内 PPP 项目过程中，应借鉴京津塘高速路建设中采用的 FIDIC 模式。FIDIC 所建立的是一种契约合同。在这份契约中，业主、监理、承包商是“三足鼎立”的。按照这份契约合同，三者都能做到胸怀工程全局，为完成这一个共同目标而努力工作。因此，在与外资合作过程中，应充分吸收 FIDIC 的有益做法和精神，用合同契约的做法规制外资。同时，要建立与外资的合作。具体来说，在与外资合作建设工程项目过程中，业主要多协调，少干预，多服务，少指挥。监理工程师要严格大胆按照合同条款、施工规范、监理程序办事。但在我国目前的建设管理体制下，还要维护业主的威信，争取业主对监理工作理解和帮助。承包商要完全按照合同条款，执行施工规范，保质、保量、保工期、保投资全面完成任务，使监理工程师满意。但监理工程师也应把严格监理和热情服务结合起来，对严重不合格的工程推倒重来，但对可以补救的工程，则要主动帮助承包商想办法，克服困难加以改正。

三、必须在整个项目运行中对项目资金采取有效的控制与监管

PPP 项目主要涉及公共产品生产提供领域。多数项目投资规模大、建设周期长，为确保 PPP 项目能够顺利完成，针对外资主要做好控制和监管：

（一）政府在邀请投标前，对外资施工总承包商进行有侧重点的资格预审

作为投资人的施工总承包商要在规定的期限内用自己的资金将项目建成，必须具有较强的经济实力和融资能力。因此在资格预审中，要特别对外资投标人的财务状况、银行的资信等级、银行的授信额度等等方面的内容实行严格审查，必要时，还应当到该企业或者相关部门、相关银行进行考察。

（二）政府对外资投资人的资本金注资过程进行监管

以合同价作为项目的总投资额，投资人以自有资金投入作为项目公司的注册资本金。按照国际 BOT/BT 项目惯例，项目公司的注册资金一般为项目总投资的 35%，可根据项目总体融资规划一次性或分次注入。政府监督投资人使其每期注资必须在规定的时间之内足额到位。

（三）政府对 PPP 项目公司融资进行监管

外资投资人可以用政府出具的股权回购函向贷款银行以质押方式进行融资。达成融资协议后，PPP 项目公司及贷款银行必须持融资合同正本向政府登记备案后方为有效。监督 PPP 项目公司防止融资所获资金用于其他用途，或

就已设立质押的内容重复融资。

（四）招标人对于 PPP 项目公司的日常资金运用监管

要求 PPP 项目公司在银行设立工程建设资金专户，并接受政府监管。在项目建设过程中，其专户存款须确保工程款的及时支付，不用于与工程无关的其他任何经济活动，特别是要监管外资不能随便进入股市、房地产市场等购买人民币资产。

第十一章

推行 PPP 模式审计监管问题研究

从 PPP 模式在国内外的发展历程看看，该模式存在沟通成本高、监管难度大等特征，因而存在潜在风险，在一定程度上制约 PPP 预期作用的发挥。PPP 模式在国内的应用不乏失败的案例，究其原因，监督不到位的问题较为突出。推行 PPP 模式过程中，要重视从审计监管的视角加强监督，理清 PPP 模式的审计监管思路，构造审计监管框架，提高监管能力。在审计的监管内容上，要重点关注 PPP 模式推行的进度进展及其治理有效性，评价产权制度是否健全，归属是否清晰，权责是否明确等，推动各种所有制经济依法平等使用生产要素，公开公平公正参与市场竞争。

第一节 PPP 模式推行审计监管的目标

探索推行 PPP 模式，是落实十八届三中全会积极发展混合所有制经济的具体举措，是创新基本经济制度实现形式的重要途径，也是化解财政压力尤其是政府债务压力的客观要求，更是当前和今后一段时期促投资稳增长的直接举措。审计机关在跟踪全面深化改革各项措施的落实过程中，应当持续关注 PPP 模式推行的实施效果，必要时开展特定事项的专项审计调查，在及时揭示体制机制性问题基础上，深度剖析典型案例，全面总结 PPP 模式推行的经验教训，为混合所有制经济发展创造良好外部环境。

一、PPP 模式推行审计监管的总体目标

在 PPP 模式推行审计过程中，审计机关应当全面推进、突出重点，围绕改革和发展，加大审计监督力度。具体来说，要摸清 PPP 模式推行审计监管对象的底数，揭示 PPP 模式推行过程不断出现的新问题新情况，督促被审计单位整改到位，为激发市场活力、推进国有企业改革、推动完善国家治理和可持续发展积极做出贡献。

（一）摸清情况

PPP 模式推行审计监管工作的重点，在于摸清总体情况，为相关部门决策提供参考依据。总体上包括以下三个方面：一是各部门按照职责范围和分工制定具体措施、分解任务、完善制度保障的情况；二是各地区因地制宜承接任务、制订目标、细化方案、明确责任、健全机制的情况；三是各地区、各部门相关措施的具体内容、时间表、路线图和执行进度，以及取得的实际效果。总之，要掌握 PPP 模式推行的方式，是否召开会议、印发文件、制定相关制度；推行的内容，是否明确责任主体、任务分解、制定目标任务细化方案；推行的保障措施，是否制定时间表、路线图，是否开展评估工作。

（二）揭示问题

PPP 模式推行的审计监管，就是通过揭示体制机制层面的问题，打通促进混合所有制经济积极发展有关政策措施贯彻落实的“最先一公里”和“最后一公里”、打破“中梗阻”。问题类型主要包括：项目建设进度是否符合时间要求，财政、信贷和社会资本等资金保障是否到位，各类资金是否及时投入，简政放权等相关改革措施是否落地，各项政策措施是否发挥作用，以及经济发展过程中可能出现的财政、金融、产业、外贸等方面的风险隐患。PPP 模式推行审计监管中的问题，不仅仅限于违法违规问题（当然要包括违法违规问题），还应当关注各地区、各部门在落实政策措施过程中遇到的制度障碍、政策瓶颈和出现的新情况、新问题、新矛盾。总之，审计监管过程中是要揭示 PPP 模式推行中的违法违规问题，但更要揭示该过程呈现的、阻碍经济正常健康发展的制度性和政策性问题。对此，要有正确和清醒的认识。

（三）督促整改

在摸清情况、查找问题的基础上，应重视督促整改，促进 PPP 模式顺利

推行，使各项公共基础设施建设项目落地生根。问题和情况只是表面现象，要解决问题，还应深入分析产生问题的原因。PPP 模式推行的审计监管过程中，应当认真听取部门、地方的意见，客观公正、实事求是地分析原因，提出切实可行的审计建议，督促整改，促进落实。

二、PPP 模式推行审计监管的具体目标

PPP 模式推行审计监管的具体目标包括：促进全面深化改革相关重大政策措施贯彻落实，促进增加公共产品和公共服务供给，推动增强混合所有制经济活力，以及保障国有资本保值增值等。

（一）促进全面深化改革相关重大政策措施贯彻落实

党的十八届三中全会通过的《中共中央关于全面深化改革若干重大问题的决定》指出，混合所有制经济是我国基本经济制度的重要实现形式，发展混合所有制是当前深化国有企业改革的基本方向。党的十八届三中全会对如何推进国有企业改革作了全面部署，使推行 PPP 模式的紧迫性更加突出。PPP 模式推行有关政策措施能否得到及时有效落实，关系到我国能否在新一轮国际竞争中赢得主动，关系到现代化事业和全面建设小康社会的历史进程。为此，审计监管上要及时反映混合所有制有关政策措施的落实情况，推动各项政策措施的贯彻与完善。

（二）促进增加公共产品和公共服务供给

在政府有限的财政投入下，资金使用不透明，缺乏有效的监管，被挤占挪用现象普遍，资金到位率低，浪费严重，更加剧了财政资金的不足，这是造成基础设施等公共产品和服务供给低效的重要原因。在此背景下，促进 PPP 项目信息公开，畅通社会公众偏好表达机制，拓宽融资渠道，提高 PPP 项目的供给效率，有利于解决供给总量不足、结构失衡和效率低下的现状，有利于从整体上提高全社会的福利水平。为此，审计监管过程中要把 PPP 模式是否促进公共产品和公共服务供给作为重要的评价标准。

（三）推动增强混合所有制经济活力

由于国有企业改革不到位，体制机制障碍严重削弱了国有企业的发展活力。推行 PPP 模式，能够把国有企业和社会资本的优势很好地结合起来，推动企业更好更快发展；有助于促进扭转政府职责缺位、财政投入不足的状况，打破自然垄断产业的国家控制、产业垄断、效率低下的局面；可以促进明确产权主体和受益主体，提高市场主体参与到 PPP 模式中的意愿；促进

“公私”双方勤勉尽责，发挥各自优势，实现有序竞争、相互合作，增强混合所有制的活力。同时，协调国家承担的公共责任和企业经营目标之间的关系，防止 PPP 模式成为规避预算限制和债务限制的手段。以上是审计监管的重要立足点。

（四）保障国有资本保值增值

从我国的改革实践看，积极发展混合所有制经济，鼓励允许非国有资本参股国有资本投资项目，探索推行 PPP 模式，出发点和归宿是提升国有企业的活力和竞争力，促进国有资产保值增值。要始终关注国有资产保值增值情况，推动国有资产监管从管企业为主向管资本为主转变。审计监管过程中，可以通过专项审计调查的形式，选择典型地区、典型项目开展研究型调查，切实规范国有资本运作，防范由于程序、制度执行不到位引发的国有资本流失风险。

第二节 PPP 模式推行审计监管的内容

PPP 模式推行过程的审计监管，其内容重点除了资金使用效率效果和效益外，更强调重大经济政策和宏观调控政策的落实，经济、社会和生态等综合效益和绩效，有关领导干部的责任履行，PPP 模式运行的体制机制，以及重大违法违规、经济犯罪和腐败问题。

一、评估 PPP 模式推行的绩效情况

对 PPP 项目进行绩效评估，是判断 PPP 模式推行效果的基础性工作。

（一）PPP 项目建设和资金使用效益

第一，检查项目的可行性论证是否充分，各种分析是否科学，有无人为操控项目论证结果的问题，同时关注能否及时筹措到资金，中长期贷款是否按时到位。

第二，检查项目建设成本发生的合规性。有无建设工程层次转包问题，是否存在因追加环保、安全等设施而增加成本、延误工期或者现金流恶化的问题。加强对投资的审核，避免项目前期成本计算不精确、盲目投资、建设

超期或者超支、不计成本经营等问题。分析社会资本一方的成本结构，评估项目的商业和技术风险及其影响，是否存在因成本超支而过度倚重政府的情况。

第三，检查项目运营中的收益情况。关注项目盈利能力是否受到政府政策连续性的影响，股权配置是否合理，特许经营期设定是否有科学依据，是否存在特许经营期设定过长导致政府部门收益受损，或者由于特许经营期设定过短、社会资本一方收益不足而造成项目融资失败等问题。

第四，分析项目中断、闲置或者被清理、社会资本一方无法获得预期回报的原因。关注政府是否建立了社会资本一方严重违约时的接管办法，违约责任追究机制是否完善等。

（二）PPP 项目的社会效益

第一，评估 PPP 模式的推行在针对特定人群的基础设施建设、指向特定地区的经济发展规划和公共性疾病的医疗合作等领域的作用发挥情况。

第二，评价公共服务的供给数量和质量。关注是否达到政府和社会资本双方在契约中商定的服务标准，相关政策是否满足公平和效率双重目标，揭示社会资本一方融资能力不强、资金供应能力差导致项目服务质量低于规定标准的问题。检查公众承担费用的合理性，是否存在收费价格定得过高、公众需要承担较高的使用费用，导致政府无法实现社会效益目标的问题，同时关注定价过低造成社会资本一方社会资本一方降低服务质量的问题。

第三，评估 PPP 模式在生物多样性保护、建筑节能等领域的作用发挥情况。

二、评价 PPP 模式推行的外部环境

利益分配、风险分担和激励约束体制机制是否健全有效，决定了 PPP 模式能否降低交易费用、防止合作方偷懒，能否满足社会公众对公共服务的需求。这一领域，审计监管主要关注 PPP 项目市场准入制度和特许权制度的健全完善情况，揭示阻碍 PPP 合作契约顺利执行的法律障碍，分析原因，提出完善相关法律的措施，以弥补政府单独投资和运营的弊端。

（一）政府职能定位转变情况

检查政府职能定位是否顺应政府由原来的公共物品和产品的出资者向决策制定者与监管者转变。强化对权力的监控，评价 PPP 项目审批是否合规，特许经营权证照的发放是否及时，推动加快与特许经营管理办法相配套措施和法

规体系的建设。关注税收优惠、财政补贴、部分政府投资的配合等政策扶持的合理性，财政补贴的对象和金额是否明确，能否合理引导社会资本参与到 PPP 项目中。检查政府是否放弃了本应属于其自身的基本责任，以及政府既定目标是否被边缘化。

检查发展改革、财政、环保、安全监督、物价等部门权力行使和责任履行的规范性。关注发展改革、财政部门有关政府和社会资本合作政策的口径是否一致，促进增强中央政策的衔接和权威，向社会资本释放统一信号。关注决策机制是否科学严谨，相关政策和措施是否公开、透明、稳定，相关人员是否具备必要的工程、投资、运营和风险管理等方面的专业知识，揭示因职能定位不清晰造成的监管缺失或者互相推诿等问题。

（二）法律法规和管理制度的建立健全情况

PPP 模式是一项复杂的系统工程，涉及面广，参与者众，法律关系错综复杂，需要系统的法律法规对其加以规范。

审计 PPP 模式在具体适用范围、设立程序、招投标和评标程序、特许权协议、风险分担、权利与义务、合同规范、监督与管理以及争议解决方式和适用法律等方面的内容是否完备，审批手续是否简化，内容相关和相近的法规是否进行了合并，相互冲突的法规是否进行了清理，是否采取有效措施保证政策法规的严格执行，促进从法律法规层面完善激励机制、市场监督机制、道德风险自律机制、收益公平分配机制、利益补偿机制。

关注管理制度健全情况，揭示财务管理、项目投资、运行成本考核、质量与安全监管等制度和法规的缺陷，推动管理制度健全完善。

（三）PPP 综合服务平台运行情况

评估 PPP 综合服务平台在发现有效的基础设施需求、设计投融资方案、组织可行性研究、招标谈判、提供咨询服务和专业技术帮助、协调社会资本一方社会资本与政府的关系、为外商搭建合作平台等领域的作用发挥情况。

关注综合服务平台人才队伍建设情况，是否具备经济、法律、财务、合同管理、工程等复合知识，在 PPP 项目立项、签约和实施等过程能否高效履行职责。

评价提供的咨询和代理服务的质量，向市场推出的 PPP 项目是否具有投资潜力，是否推动了项目资金节约，能否避免政府部门内部多头管理、工作互相推诿和操作程序不规范的弊端。

三、审查 PPP 模式运行的体制机制健全情况

应当明确政府和社会资本两方的责任、义务和风险，完善相关体制机制，并在法律上确认社会资本投资于基础设施项目的经营权益，有效激发社会资本一方的创新意愿。

（一）对 PPP 模式需求的调查情况

引入社会资本之前，审计监管主体应当分析既往公共产品和服务提供情况，关注是否有引入社会资本的迫切需要，防止发生在某一领域一哄而上、无序引入社会资本的情形。

检查偏好表达机制能否体现社会公众的真实需求，是否充分尊重社会公众意愿，广泛听取社会公众意见，实行民主决策，确保优先供给社会公众亟须的基础设施和相应服务，避免脱离城乡居民实际需求的形象工程和政绩工程，保证城乡基础设施建设供给与需求相一致。

（二）PPP 合同的签订、执行和变更情况

检查契约设计的科学性和契约重新谈判机制的合理性。分析投资比例、收益分配、经营权转让等环节的契约安排，是否对社会资本一方不能涉及的领域以“负面清单”的形式做出了明确界定，关注项目风险在政府和社会资本两者间的分配情况。关注将社会资本主导的特许经营商业模式变更为政府主导的股份制经营的商业模式的合规性和效益性，对比分析变更前后政府和社会资本收益分成和风险分担的变化情况。

检查招标合同和文件。审查符合公开招投标要求的项目是否组织了公开招投标，招投标程序是否合规，有无分解项目规避公开招投标的情况，邀请招标或单一来源采购程序是否合规，是否经主管部门批准和备案，招投标文件是否按照规定编制，揭示部分投标人弄虚作假、串通投标、低价抢标或以行贿等不正当手段谋取中标，个别部门对招投标的行政审批和干预过多等问题。

检查政府做出承诺的履行情况，对承诺落空的原因进行分析，并界定相关人员的责任。分析对私人资本进行保护的法律依据，政府进行项目回购的合同条款是否明晰，揭示政府违约提前收回特许经营权的问题。关注政府不能兑现承诺的原因，促进政府明确职责，建立起清晰的责任追究机制和赔偿制度。

检查再谈判过程中的相关决策是否合理，揭示再谈判过早开展、向社会资本一方违规提供优惠条件等问题，防止公共政策不完善、政府审批延误等导致

公私合作出现矛盾，保证项目生产或运营的可持续性，使私人部门的投资成本及运营成本得以补偿，并获得合理回报。

（三）定价机制的科学性

考虑到 PPP 模式内部目标的复杂性和冲突性，有必要建立科学规范的价格形成机制。项目收费价格的高低从根本上决定社会资本一方社会资本能否收回投资、获得效益。

检查价格制定是否兼顾社会资本一方的利益和社会公众的承受能力，定价方法是否公平合理、切实可行，政府是否实行了价格上限规制，社会资本一方的获利空间是否合理，促进社会公众得到满意的服务并符合他们的支付能力，力争使社会公众、私人投资者和政府都满意。

检查第三方定价机制运转独立性、权威性和公平性。关注相关人员是否具有代表性，是否与特定 PPP 项目所涉政府和社会资本一方社会资本一方均无任何利益关联，是否具备一定的专业或者行业专长；评价第三方定价机制能否以最大化社会福利为目标进行价格规制，揭示通过夸大投资额、少报运营收入、少报收费年限等方式来骗取高收费的问题，促进项目合理定价，提高社会资本一方社会资本参与 PPP 项目的积极性。

（四）重大风险防范情况

PPP 项目投资大，周期长，工程复杂，市场需求变化、宏观经济变化、法律变更、自然灾害、审批延误、融资成本变化等事件，导致 PPP 项目的建设和运营存在高度的不确定性。因此，审计监管过程应把相关重大风险的防范作为关注重点，推动建立风险防范绩效评价体系。

检查风险控制和预警体系的有效性。分析风险控制规划、实施方案和风险监控方法，评价风险识别、评估等风险管理的流程对政府和社会资本双方应承担风险的分摊过程和效果，在项目实施前是否建立了风险预警系统，在项目实施中是否对风险进行动态管理，揭示偿债能力、服务质量等风险预警指标设置不科学，风险控制措施形同虚设等问题。

四、检查 PPP 模式有关领导干部的责任履行情况

在 PPP 模式推广过程中，有关领导干部主要涉及有关政府、国有企业，其责任履行则主要涵盖贯彻执行国家宏观经济政策与决策部署、项目运营主体重大经济决策、廉洁从业等领域。审计机关应当加强对 PPP 项目的评估，揭示 PPP 模式推行中的各种权力运用不当问题，将其作为有关部门评价相关责

任人政绩的重要依据，同时加强对奢侈浪费、毁损资源和破坏环境等问题的问责力度。

（一）贯彻执行国家宏观经济政策与决策部署情况

PPP模式推行审计中，应当始终围绕党和政府的中心工作，将有关部门和企业贯彻执行党和国家宏观经济政策与决策部署情况作为审计的一个重点内容。

关注各级发展改革部门的职责履行情况，促进其加强对PPP模式推行的引导、管理和监督。当前，一些国有企业特别是中央企业，正在落实十八届三中全会的精神，积极发展国有资本、集体资本、非公有资本等交叉持股、相互融合的混合所有制经济。有的国有企业在调研基础上，形成了完整PPP模式推行的实施方案，报发展改革部门待批。针对此，审计监管过程中，要查阅有关请示材料和批复材料，在对有关企业进行调查的基础上，审查发展改革部门的职责履行和权力运行，看其是否准确界定不同国有企业功能，是否清晰把握了PPP模式的内涵和外延，决策机制是否科学，决策程序是否有利于改变一些国有企业经营管理机制僵化的弊端、是否有利于混合所有制经济健康发展等。

关注国有企业领导人员贯彻国家宏观经济政策与决策部署情况。2010年中办、国办《党政主要领导干部和国有企业领导人员经济责任审计规定》明确指出，开展国有企业领导人员经济责任审计时，应当关注领导干部在履行经济责任过程中“遵守有关经济法律法规、贯彻执行党和国家有关经济工作的方针政策和决策部署情况”。据此，审计内容主要内容包括：党和国家有关国有企业改革发展战略、产业政策、收入分配政策（包括国家与企业的分配关系即国有资本经营预算政策、企业与职工的分配关系即薪酬政策等）、价格政策、国际经济政策（主要是“走出去”战略）等。

（二）企业重大经济决策情况

通过检查企业重大经济决策制度的制定及执行情况，客观公正、实事求是地反映企业重大经济决策制度的制定、执行及其效果情况，重点揭露企业领导人员在做出重大经济决策过程中存在的问题和可能造成的重大损失，促进企业建立健全各项重大经济决策制度，推动企业领导人员民主、科学、合法决策，促进企业遵守财经法规，提高管理和决策水平，维护国有资产安全。

重大经济决策审计的内容复杂而繁多，各经营主体、各行业之间也各不相同，再加上对重大经济决策的确认标准也不一样，因此，在审计过程中应根据不同项目的实际情况，结合决策事项的资金量或性质，按照重要性原则合理确定重大经济决策事项，并给予客观评价。重点检查重大对外投资、重大工程建设、重大资本运作、大宗物资（服务）采购、重大资产处置、重大担保借款等“三重一大”事项是否贯彻国家重大方针政策和决策部署，决策事项是否合法，程序是否合规，是否存在重大损失浪费等问题。

（三）国有企业领导干部廉洁从业情况

在 PPP 模式推行审计中，通过经济责任审计对国有企业领导人员遵守廉洁从业有关规定情况进行评价，加强对国有企业领导人员权力的制约与监督，对促进混合所有制经济健康发展有重要意义。应当注重揭示和分析违法违纪行为背后的深层次原因，查找制度上和管理上的漏洞，推动被审计单位改进内部管理，促进内部控制制度特别是廉洁从业制度的健全性、有效性，推动领导人员履行党风廉政建设责任制各项职责。

一是梳理企业领导人员任职期间，企业内部发生的、被集团公司、本单位和纪检监察、司法机关立案查处的违法违纪经济案件情况，检查企业领导人员推进廉洁从业制度建立健全和执行情况。二是走访纪检监察、组织人事、财政、国有资产监督管理等部门，听取有关情况介绍，了解掌握与被审计领导人员本人相关的信访和举报事项。三是通过与被审计领导人员本人、领导班子成员、驻该企业纪检监察机构负责人、内设机构和下属企业主要负责人进行个别谈话，召开有关人员参加的座谈会，组织问卷调查等方式，检查和评价被审计领导人员任职期间遵守有关廉洁从业有关规定情况。四是核实对企业领导人员违法违规行为的举报线索，重点关注领导人员是否严格执行领导干部重大事项报告制度，是否遵守财经法规，是否遵守廉洁从业若干规定，是否厉行勤俭节约、反对奢侈浪费，带头落实中央八项规定等。五是查阅被审计领导人员任职期间召开的董事会、总经理办公会、业务会议等有关会议的会议记录和会议纪要，被审计领导人员述职述廉报告，以往年度接受审计的审计报告和审计决定，梳理出被审计领导人员本人直接决定、参与的重要事项，并在审计中注意分析和查找违反廉政规定的问题线索。六是根据了解和掌握的情况、线索，采取查账、审阅文件资料、延伸调查等步骤和方法进行核实，并获取相关证据材料，检查和评价被审计领导人员本人遵守廉洁从业有关规定情况。

五、查处 PPP 模式运行中的重大违法违规、经济犯罪和腐败问题

在 PPP 模式推行审计过程中，既要关注政府的代表利益输送、项目寻租

行为，也要关注社会资本一方虚报高运营成本、毁损资源、侵害公共利益等问题。重点关注重大违法违纪问题、重大损失浪费问题、重大影响真实性问题、重大违反国家产业政策问题、重大资源利用和环境保护问题等重大问题，特别是通过对滥用职权损害国有资产权益行为的审计、对利用职权谋取私利以及损害本企业利益行为的审计、对侵害公共利益行为的审计、对违规进行职务消费行为的审计，揭露重大经济犯罪案件线索。需要强调的是，对于滥用职权损害国有资产权益的行为，审计时需要特别注意在滥用职权、利益输送或造成重大损失、利益回流三方面的取证。

（一）滥用职权

从刑法上看，滥用职权罪是指国家机关工作人员违反法律规定的权限和程序，滥用职权，致使公共财产、国家和人民利益遭受重大损失的行为。2003年《全国法院审理经济犯罪案件工作座谈会纪要》规定，受国家机关、国有公司、企业、事业单位委派——任命、指派、提名、批准等，在非国有公司（含国有控股或参股的股份有限公司）、企业、事业单位、社会团体中工作，应当以国家工作人员论。

对PPP模式推行过程滥用职权损害国有资产权益行为的审计，重点要关注：一是违反决策原则和程序决定企业生产经营的重大决策、重要人事任免、重大项目安排及大额度资金运作事项；二是违反规定办理企业改制、兼并、重组、破产、资产评估、产权交易等事项；三是违反规定投资、融资、担保、拆借资金、委托理财、为他人代开信用证、购销商品和服务、招标投标等；四是未经批准或者经批准后未办理保全国有资产的法律手续，以个人或者其他名义用企业资产在国（境）外注册公司、投资入股、购买金融产品、购置不动产或者进行其他经营活动；五是授意、指使、强令财会人员进行违反国家财经纪律、企业财务制度的活动；六是未经履行国有资产出资人职责的机构和人事主管部门批准，决定本级领导人员的薪酬和住房补贴等福利待遇；七是未经企业领导班子集体研究，决定捐赠、赞助事项，或者虽经企业领导班子集体研究但未经履行国有资产出资人职责的机构批准，决定大额捐赠、赞助事项；八是其他滥用职权、损害国有资产权益的行为。

审计监管过程中，应当广泛收集相关信息，如网络舆情热点、举报信访材料、法律诉讼材料、内部访谈记录等；紧紧围绕企业权力分配与行使，在分析明确企业各种核心权力的基础上，重点了解企业内部权力分配关键人员，如核心资源分配权、工程项目决策权、物资采购决策权、资金调度权与投资权等等；关注经济事项中不合规或明显不符合惯例、常理的现象，如合作理由明显不充分或不成立、合作过程明显异常、可行性研究过于乐观未能完成、供应商资质与业务量明显不匹配、业务开展时间或业务范围变更与领导人员任职时间巧合等。

（二）贪污受贿

应当重视检查社会资本一方向政府输送利益的行为，防止由政府和社会资本合作变成公私共谋、损害项目绩效和公共利益。重点揭示和反映政府和社会资本合作过程中把员工持股搞成私分国有资产，社会资本一方侵吞国有资产等问题。

对 PPP 模式推行中贪污受贿、骗取侵占行为的审计，重点要关注：一是个人从事营利性经营活动和有偿中介活动，或者在本企业的同类经营企业、关联企业和与本企业有业务关系的企业投资入股；二是在职或者离职后接受、索取本企业的关联企业、与本企业有业务关系的企业，以及管理和服务对象提供的物质性利益；三是以明显低于市场的价格向请托人购买或者以明显高于市场的价格向请托人出售房屋、汽车等物品，以及以其他交易形式非法收受请托人财物；四是委托他人投资证券、期货或者以其他委托理财名义，未实际出资而获取收益，或者虽然实际出资，但获取收益明显高于出资应得收益；五是利用企业上市或者上市公司并购、重组、定向增发等过程中的内幕消息、商业秘密以及企业的知识产权、业务渠道等无形资产或者资源，为本人或者配偶、子女及其他特定关系人谋取利益；六是未经批准兼任本企业所出资企业或者其他企业、事业单位、社会团体、中介机构的领导职务，或者经批准兼职的，擅自领取薪酬及其他收入；七是将企业经济往来中的折扣费、中介费、佣金、礼金，以及因企业行为受到有关部门和单位奖励的财物等据为己有或者私分；八是其他利用职权谋取私利以及损害本企业利益的行为。

与滥用职权相同，贪污受贿、骗取侵占的行为一般也发生在一些财务事项或重大经济决策及执行过程中，如资金管理、工程建设、物资采购、产品销售、关联交易等。在审计中除了常规财务审计、决策程序等方面资料外，应重点结合任职期间的信访举报资料、有关家庭成员情况资料等，对供应商库中可疑供应商资质资料、关联交易中可疑企业基础资料、与本企业业务往来密切的企业有关资料进行深入分析，要特别注意对个人或特定关系人利用其职权获利的结果进行调查取证。

（三）奢侈浪费

对违规进行职务消费行为的审计，应结合推动企业厉行勤俭节约、反对奢侈浪费以及中央“八项规定”政策的落实情况，重点关注职务消费、薪酬管理、因公出国（境）经费、公务用车购置及运行经费、公务接待经费、会议费、差旅费、培训费和企业年金等重要事项。具体包括：一是超过报履行国有资产出资人职责的机构备案的预算进行职务消费；二是将履行工作职责以外的费用列入职务消费；三是在特定关系人经营的场所进行职务消费；四是不按照规定公开职务消费情况；五是用公款旅游或者变相旅游；六是在企业发生非政策性亏损或者拖欠职工工资期间，购买或者更换小汽车、公务包机、装修办公室、添置高档办公设备等；七是使用信用卡、签单等形式进行职务消费，不提供原始凭证和相应的情况说明；八是其他违反规定的职务消费以及奢侈浪费行为。

第三节 PPP 模式推行审计监管的制度保障

PPP 模式推行中审计监管作用的发挥，虽不是全新工作，但需要全新的体制、机制、管理、经验和模式，因而需要系统的制度创新作为保障。

一、优化审计监管的管理机制

要进一步把握 PPP 模式及其审计监管的发展规律，加强统筹谋划、组织协调和政策指导，完善工作规则，强化现场管理。认真研究 PPP 模式推行审计监管各相关专业领域主要工作的衔接点，密切协作配合，增强工作合力。要进一步完善工作机制、领导机制和沟通机制，探索实行不定期的工作研讨，及时交流通报工作情况，共同研究并及时解决遇到的困难和问题，加强信息共享，形成监督合力。

（一）现场管理

PPP 模式推行审计监管对审计人员提出了更高要求，需要进一步加强审计监管的现场管理，加强对审计人员的指导。

审计人员应当认真执行审计实施方案，按照方案确定的审计事项、分工和进度要求，依照法定职责、权限和程序实施审计，不得擅自减少审计事项和扩大审计范围。对审计实施方案中没有明确但属于审计项目范围的单位或者事项开展外部调查，应当经审计组组长同意，必要时，应当调整审计实施方案。审计人员应当依照法定权限和程序获取审计证据，不得片面搜集证据，不得涂改、伪造、隐匿和销毁审计证据。审计组组长、主审应当及时审核审计工作底稿，确认具体审计目标的完成情况和审计措施的有效执行情况。对经审核需补充审计证据或者修改审计结论的底稿，审计人员应当及时补充修改。经审核后修改审计结论的，原工作底稿应当附于审定的底稿之后一并留存归档。审计组应当加强对涉密信息资料和涉密电子设备的安全保密管理，严格按规定控制知晓和使用范围。在审计现场应当采取有效措施，防止被审计单位有关人员未经允许接触审计工作资料。审计人员不得打听不宜知悉的审计工作秘密，不得向被审计单位人员泄露审计工作秘密，不得在网络、报刊等公共媒体上泄露审计工作秘密，不得擅自向新闻媒体披露审计情况，不得违反审计组提出的其他保密工作要求。

审计组应当充分运用审计管理系统、现场审计实施系统和项目执行管理软件等信息化手段，对审计现场的信息进行收集、分析、处理和共享，与审计机关实现信息的实时传递，加强对审计现场的动态管理，提高审计现场信息化管理水平。在采用传统审计方法的同时，对工程结算审核、财务数据的采集、筛选、分类、汇总以及审计工作底稿的编制、审计文书的制作等，应当充分利用各类审计软件开展计算机辅助审计，并形成相应的电子档案；施工现场测量、实验、检测等技术工作，可利用 GPS、红外线测距仪等先进专业技术装备辅助审计。

（二）审计监管资源配置

PPP 模式推行涉及财政、金融等多个方面，与全面深化改革的多项任务密切相关。促进 PPP 模式顺利推行是一项综合的审计监管任务，需要对现有审计监管资源进行科学配置，对潜在审计资源进行充分挖掘。通过进一步完善信息和资源共享机制，不断调整审计监管资源配置，努力把审计监管系统各领域、各要素、各方面、各环节整合统筹在一起，全面提高审计工作层次和水平，最终形成力促 PPP 模式平稳推行的良好格局。

整合 PPP 模式推行审计监管的项目计划，统筹安排审计监管项目。应当建立 PPP 模式推行的审计监管动态项目库，做好 PPP 模式推行年度审计监管项目计划与长期发展规划之间的衔接，避免交叉重复；做好预算执行审计与企业、金融、经济责任、资源环境、重大投资项目等方面审计的统筹配合，避免各自为战。

整合审计监管内容，从宏观和全局角度来组织实施审计监管项目。立足于提高 PPP 模式推行审计监管的宏观性、时效性和建设性，突出资金使用效益、体制机制、综合服务平台、法律法规体系等审计重点，探索从激发混合所有制经济活力入手，推动建立健全保障混合所有制经济发展制度体系。

（三）信息公开

PPP 项目的公益性特色，决定了其监督机制应具有公平性、公开性和独立性等特征。应当加大信息公开力度，确保社会公众的知情权、参与权，鼓励社会公众积极参与对 PPP 项目的监督，尤其是引导社会公众讨论 PPP 项目的服务质量和价格高低，及时了解 PPP 项目服务中存在的问题。

二、创新审计监管的理念和组织方式

要不断创新审计监管的理念和组织方式，建立健全协商机制，加强审计监管情况的协调、沟通与交流。一方面，结合 PPP 模式覆盖范围广、专业性强等特点，进一步完善审计监管信息化应用系统、网络系统和安全系统，推动部门之间、区域之间大跨度、多层次、全方位的审计信息融合；另一方面，进一步健全完善上下合作和交叉审计，实现相互督促和共享信息，促进 PPP 项目相关风险的防范和化解。

（一）加强跟踪审计

如果对 PPP 项目仅采用事后评价的监管思路，将难以取得理想的监管效果。PPP 项目多为投资额较大的一次性工程项目，仅凭事后评价无法提升工程质量及公共服务水平。从建立伙伴关系，到设计、融资、建造、运营，历时良久，因此，加强对 PPP 项目的审计监管是一个长期的过程，跟踪审计因而应该成为 PPP 推行审计监管的新常态。审计监管过程中，既要注意查错纠弊，又要根据工程进展情况或计量支付、工程结算等情况，对已经完工的工程和项目，及时开展工程结算审计，做到项目结束一部分，结算审计一部分，项目全部结束后及时进行竣工决算审计。

此外，还应当把契约的调整、修正和补充作为审计监管重点关注的环节，以动态调和政府和社会资本一方的利益冲突，不断适应经济社会环境的变化。

（二）开展专项审计调查

PPP 模式推行是一项系统工程，是一个长期性、战略性的宏大工程。为了实现相关体制机制的建立和巩固，就需要审计部门发挥专项审计调查的优势，持续不断地进行监管。专项审计调查作为一种特有业务类型，其自身所具有的作用宏观、范围广泛、内容集中、方法灵活和建议及时等特点，决定了在推行 PPP 模式中，可以发挥举足轻重的作用。第一，调查作用的宏观性，要求审计监管主体增强宏观意识，精心选题，重点选择导致 PPP 模式推行过程中的热点难点问题实施审计调查，从普遍性、倾向性和苗头性问题中，甄选出制约混合所有制经济活力的典型性问题，作为调查取证的重点。这一过程的关键工作之一，就是设计科学合理的调查表，以加强对审计人员的指导，并提高审计监管工作的质量和效率。第二，调查内容的集中性，要求审计监管主体创新公众参与方式和渠道，从多方了解各种需求，充分占有各方面信息，选准调查题目。在此基础上，明确调查的目标，突出调查的重点内容、重点环节和重点单位，围绕重点领域扎实推进各项审计监管工作。第三，调查范围的广泛性，要求监管主体在调查范围上应当保持一定的覆盖面。PPP 模式涉及的领域广，决定了相应审计监管范围的广泛性。但在实际工作中，受人力、财力等因素制约，监管主体不可能对所有与 PPP 模式有关的所有事项进行全面调查。因此，监管主体要根据以往经验，吸收专家智慧，在确定重点审计事项的基础上合理选择调查样本占总体的比例，以保证调查结论的准确性和权威性。第四，调查方法的灵活性，要求有关人员科学把握混合所有制的科学内涵，围绕 PPP 模式推行中的突出矛盾和问题，加强与被审计单位专业人士的沟通交流，采用适当的方法，得出令人信服的客观结论。第五，调查建议的时效性，要求在 PPP 模式推行专项审计调查的调查取证、分析整理资料、做出调查结论、出具调查报告等环节，均注重工作效率，将专项审计调查结果及时向有关部门报送。

（三）重视借鉴其他国家经验

PPP 模式在英美等西方国家开展得相对较早，因而与其相关的审计监管实践也相对成熟，英国审计署、美国审计署等 PPP 模式推行的审计监管方面做了一些工作，如英国审计署在地铁、航天、医疗等领域开展了多次 PPP 模式的审计，美国审计署在养老服务、房屋租赁等领域的审计，也提出了富有建设性的审计监管建议，这些都对促进 PPP 模式顺利开展发挥了积极作用。目前，上述两国在 PPP 模式推行上已经积累了一定的经验，形成了相对成熟的审计监管思路和方法。

各国家、各地区的政治环境、社会经济发展基础与水平等方面虽有差异性，但我国可以在他们已有工作基础上，差别化地探索和推广有关国家审计工作的成功经验与典型做法，如英国审计署注意到，随着 PPP 模式的推广，一部分政府的人员需要长期到 PPP 项目上去工作，怎样解决他们的福利待遇问题，怎样稳住人心、降低他们的离职率，英国审计署为此进行了专门的审计并发布报告。这些问题，都有可能在今后我国混合所有制经济发展过程中遇到，需要审计监管主体加以重视。

三、形成审计监管的合力

在坚持依法独立开展跟踪审计的同时，根据项目实际情况和工作需要，应当加强与发改、监察、财政和政府督查等部门的协作配合。现场审计监管实施过程中，如工作需要，也可以会同政府质量、安全、环保等监督部门开展联合检查。通过整合多方力量，形成监督合力，提高监督实效。

（一）政府审计内部

对处于关系国计民生的重要行业、重要领域的战略性、基础性、主导性的 PPP 项目，统筹考虑省长经济责任审计、中央企业领导人经济责任审计等审计活动在审计内容和成果利用的衔接、配合。尤其做好国有企业审计与各专业审计资源力量的结合。在统一组织框架下，组建专业复合型的审计团队，注重运用财政、金融、企业、资源环境等专项审计方法，加强对混合所有制经济发展中 PPP 模式推广的审计监管力度。

（二）其他监督力量

近年来，纪检、监察和司法机关通过审计机关移送的违法犯罪线索，及时查处了一批隐藏较深的腐败问题，有效防止了财政资金和国有资产流失，保障了改革顺利进行。实践表明，审计监管在发现案件线索、推动案件突破上有着独特的优势和重要的作用。因此，既要依法全面履行审计监督职责，充分发挥经济监督专门机关的优势，努力提高审计机关的能力，又要进一步加强与纪检监察机关的协作配合，在查处大案要案，做好领导干部的经济责任审计等工作上形成合力，共同为党风廉政建设和反腐败工作做出更大贡献，通过查办案件，营造风清气正的政务环境，又好又快发展的经济环境，促进经济社会的健康发展。

（三）社会审计

针对审计监管任务重、人员缺、监管对象广的现状，应当结合不同 PPP 项目的功能和特点，加大购买外部审计监管服务的力度。所谓政府购买社会服务，是指通过发挥市场机制作用，把政府直接向社会公众提供的一部分公共服务事项，按照一定的方式和程序，交由具备条件的社会组织、机构和企业等社会力量承担，并根据服务数量和质量支付费用的公共服务供给方式。购买社会服务，是审计监管主体通过政府采购等形式，聘请中介机构从业人员或其他专业人员参与审计监管，或者将部分审计监管事项委托社会审计机构完成，并由监管主体根据服务数量和质量向其支付费用的方式。

其中，借助社会审计机构的力量开展 PPP 模式推行审计监管具有可行性。一方面，社会审计机构长期与企业打交道，从事 PPP 模式推行审计时，可以在短期内熟悉工作流程和审计程序；另一方面，社会审计参与到 PPP 推行模式审计监管中，有利于尽快实现审计监管全覆盖。李克强总理强调，审计工作要全覆盖，不能留死角、留盲区，凡使用财政资金的单位和项目，都要接受审计监督。但从审计工作的实际情况看，目前离审计监管全覆盖的要求还有一定的差距。因此，迫切需要监管者大力改革创新，借用好社会机构的审计力量，发挥审计体系整体效能。这一过程中，既可以采取聘用人员模式，也可以采取项目委托模式。此外，要重视制定购买计划，进行公开招投标，将相关经费列入预算。

（四）第三方评估

第三方评估实质是一种更客观的社会监督。引入第三方评估，是政府管理方式的重大创新，体现了政府更加开放、乐于接受监督的胸怀，有助于避免政府在自我评价体系中既当运动员又当裁判员；体现政府抓铁有痕、勤政务实的新风，有助于借助外部力量帮助政府找准症结，对症下药，增强督查实效；凸显政府加大政策执行力度、着力推进行政体制改革的坚定决心，有助于挖掘出阻碍政策落实的“推诿扯皮、拖延应付”等庸政懒政行为，提高政府效能和公信力，打造现代政府。

在 PPP 模式推行过程引入第三方评估，需要多方面摸索实践，积累经验。国家审计是国家治理体系的基石和保障，有效发挥经济社会运行中的预防、揭露、抵御的免疫系统功能，是捍卫人民利益和国家安全、促进政令畅通和廉洁高效、推动民主法治和公开透明、促进深化改革和科学发展的制度保障。审计机关作为一种独立监督，应当合理吸纳第三方评估的合理成分，结合第三方评估的已有成果，推动自身工作进一步细化和让监督更加客观、独立、公正。

四、提高审计监管报告的针对性和实用性

认真总结经验，深入分析各级党委、政府、干部管理监督部门、业务主管

部门和被审计单位等各方面需求，特别是 PPP 项目本身的需求，对 PPP 模式推行审计监管报告进行专题研究，规范报告的格式、内容、重点和写法等。

提高审计监管报告的全面性，实事求是地反映审计情况、发现的问题及相关责任人应当承担的责任，有数字和事实、有成效和问题、有历史和现状，切实为 PPP 模式顺利推行提供客观和可用的依据。

提高审计评价的客观性，严格根据审计查证或认定的事实，准确进行审计评价，坚持审什么评价什么，审到什么程度评价到什么程度，对同一类别、同一层级人员的评价具有一致性和可比性。

提高审计监管报告的实用性，尽可能用通俗的语言、写实的手法来表述审计结论和意见，从管根本、管长远的角度想对策、提建议，给财政、发展改革等有关部门提供清晰、明确、简洁的依据和信息。

充分发挥审计监管的专业优势，注重对在同一类别或同一行业领导干部履行经济职责过程中的共性问题，或负债、环境、资源、土地等经济运行和管理中的重要审计内容进行对比分析，从体制、机制、制度层面发现突出问题，提出审计意见和建议，有效提升审计监管成果的层次和水平。

第十二章

PPP项目领域分类问题研究

根据PPP模式的本质特征及经济社会效应，财政转移支付领域大多适用PPP模式，包括一般公共服务、国防、公共安全、科学技术、文化体育和传媒、卫生、医疗、社保和就业、城乡社区事务、环保节能、教育、农林水事务、交通运输、资源勘探电力信息等事务、商业服务业等事务、金融监管等事务支出、国土资源气象等事务、住房保障支出、粮油物资储备事务等。按照功能可以分为四大类：一是行政管理方面的，主要包括一般公共服务、外交、国防、公共安全、商业服务业等事务、金融监管等事务的支出；二是公共服务方面的，主要包括教育、科技、文化体育与传媒、社保和就业、医疗卫生、交通运输、节能环保、住房保障等项目的支出；三是经济调控方面的，主要包括农林水事务、城乡社区事务、国土资源气象等事务、资源勘探电力信息等事务、粮油物资储备事务等方面支出；四是特殊应急方面的，包括地震灾后恢复重建支出、其他支出等。

本部分主要选择了九大领域。

（一）关于“农村公共产品与服务及新农村基础设施建设”

主要观点是在农村公共产品与服务及新农村基础建设方面，存在外部供给主体单一、农村基础设施资金投入不足、农村地区金融制度缺失严重、供给决策机制不足、政府越位与缺位并存、尚未形成以市场为导向的收费机制和价格机制、农村基础设施建设决策信息公开披露制度缺失、基层政府决策者对农村基础设施建设政绩和利益的不当追求等不足之处，导致农村存在生产基础设施建设薄弱、基本生活设施发展落后、农村经济服务设施建设亟须健全以及农村科技发展与科技创新能力不强等特点。农村公共产品与服务及新农村基础建设中，引入PPP模式既有必要性，也有可行性。为了更好地推进PPP模式在农村建设中的应用，在政策方面本书提出积极构建民间资金进入农村基础设施建设的激励机制、加强全面综合管理、建立PPP专业组织机构、积极宣传和探索在我国新农村基础设施建设中运用PPP模式、重视引导农民积极参与、完善农村基础设施经营管理体制、加强监管、提高投资效益、建立健全农村基础设施建设决策绩效评估机制和绩效问责机制等建议。

（二）关于“教育领域”，主要从学前教育、职业教育、高等教育方面来分析研究

当今世界正处在大发展大变革大调整时期，世界各国都高度重视教育事业发展，教育已成为提升产品竞争力和国家竞争力的关键。改革开放以来，特别是进入新世纪以来，我国学前教育、职业教育和高等教育等教育事业取得了长足发展，但也面临着投入不均衡、管理薄弱等亟待解决的问题，引入PPP模式助推学前教育、职业教育和高等教育事业发展，在政府部门和非政府部门之间建立一种良好的合作伙伴关系，可以创新办学体制，广泛筹集办学经费，加快教育办学条件改善，加强教育评估、监督和问责，促进教育公平化、均衡化、优质化。为实现这一目标，需要政府尊重私营部门的伙伴地位，建设良好的制度与政策框架，积极为私营部门发挥作用创造空间。

（三）关于“保障性住房建设”

首先梳理了当前我国保障性住房投融资的现状，分析中央补助资金、地方财政预算安排的资金、土地出让净收益、住房公积金、商业银行贷款、企业债券融资和社会资本等七种资金来源的规模和特点。然后详细分析我国保障性住房建设中存在的主要问题：面临较大的资金缺口、在保障房的任务分配和区位选择上不太合理以及在质量和管理存在的漏洞。针对以上问题，本书提出了三种具体的PPP模式解决方式，即新建公租房的PPP模式设计（BOT模式、BOS模式、REITS模式、公租房的住房合作社模式）、收储社会闲置房源的PPP模式和成立保障房PPP引导基金。当然，为了推动保障房的PPP模式发展，还需要出台相应的支持政策，包括明确财政支持保障房的法律法规、提高财政资金吸引社会投资的力度及完善住房保障的税收优惠政策等财税政策，住房保障银行、保障房企业债券及鼓励其他长期资本的金融政策，推进征地制度市场化、构建合理的保障房土地规划和储备机制及提高保障房建设的容积率等土地政策。

（四）关于“城镇化连片开发投融资”

目前，我国正处在工业化、城镇化快速发展的关键阶段。连片开发是我国城镇化进程中的核心内容，具有资金需求量大，资金回收期长，经济效益不高等明显特点，城镇化连片开发存在财政资金难以支持，传统地方政府主导的融资模式已经难以持续两大突出问题。城镇化过程中，有必要通过PPP模式引入民营部门参与，以缓解资金供求矛盾，提高供给效率和分散风险。目前，应用较多的是BOT、BT模式，并取得了一些成功经验。在利用PPP机制有效促进我国城镇化进程中，除了选择合适的PPP具体模式以外，还需要采取健全相关法律法规体系，完善政策扶持措施，加强全面综合管理，建立PPP专业组织机构等措施，保障PPP模式的有效运行。

（五）关于“利用PPP模式推动灾后重建的制度分析与政策建议”

过去发生重大自然灾害，灾区政府部门多采取财政投资的“统规统建”方式进行灾后重建。随着发展方式的转变，大力推广PPP模式，形成在地方政府主导下多元投资、广泛参与的灾后重建体系，可更有效地推动各地灾后重建工作。灾后重建耗资大任务重，是“先破后立”的过程，要利用好PPP综合服务平台，努力倾听灾区群众的呼声，创新体制机制，树立灾后重建的PPP行业规范和项目样本，实现“多方共建”，推动我国经济社会可持续发展。

（六）关于“基础设施领域采用PPP模式”

党的十八大提出了我国城镇化发展战略，如何推进城镇化，有两种不同的声音：一种是让农民到城市居住；另一种是让条件好的农村发展为城镇。这两种发展方式都需要有巨大的基础设施投资，这个巨大的投资量不是财政一家所能解决的，它必须通过财政资金的杠杆作用，带动社会资金的共同参与基础设施建设。发挥财政资金杠杆作用的形式就是本书所要谈到的一种已经被发达和发展中国家所普遍认同的PPP模式。

（七）关于“利用PPP模式推动公立医院改革的制度分析与政策建议”

公立医院改革是医改中的关键环节，当前我国公立医院存在财政投入不足、经营政策不配套、多渠道办医格局尚未形成、医疗队伍不稳定等问题。PPP模式可有效解决政府投入不足，发挥社会资本“鲶鱼效应”，提高公立医院经营管理效率，推动公立医院现存主要问题的解决。建议充分利用全国性PPP综合服务平台，着眼长远目标系统推进，科学发挥政府作用，破除体制机制和观念障碍，加快推进相关配套改革。多方合力推动医改取得成功。

（八）关于“逐步完善 PPP 模式建设养老基础设施”

随着人口老龄化趋势不断加深，各国开始大力筹建养老基础设施。中国更亟需加大养老基础设施建设，满足老龄化发展需求。因此，在经济“新常态”下，如何有效破解人口老龄化问题是中国可持续发展的当务之急。基于此，本书深入剖析了国家对养老的扶持政策、养老基础设施当前主要的资金来源以及可能的拓展来源等现状，并且指出养老基础设施建设投融资中存在着市场秩序非公平竞争、负面影响运营效率以及服务对象自由选择度有限等不利因素，因此中国养老基础设施建设亟须 PPP 模式。本书进一步解析了中国养老基础设施建设运用 PPP 模式具有一定的可行性，并且指出 PPP 模式在养老基础设施建设中的应用目标以及各参与方的作用，最后提出了有效保障措施。

（九）关于“环境治理领域推行 PPP 模式的政策分析”

环境问题一直以来是世界各国普遍关注焦点，全球变暖、能源匮乏、大气污染、人口膨胀和物种灭绝时时刻刻威胁着人类的生存环境。我国的环境状况更是不容乐观：大气污染形势严峻；水资源匮乏；固体废物量大而且呈上升趋势；土壤环境状况不容乐观，部分地区土壤污染较重，耕地土壤环境质量堪忧，工矿业废弃地土壤环境问题突出等一系列环境问题。针对我国的环境治理面临的技术和政策瓶颈，本书提出在环境治理领域大力推行 PPP 模式的政策建议：确保环保投入增长幅度高于地方财政投入增长幅度；推行环境治理企业债券；尽快建立清洁水基金、清洁空气基金等财政投入基金；探索 PPP 模式在土壤治理和修复领域的运用；将环保设施定性为公用公益性设施等政策建议。

专项一：农村公共产品与服务及新农村基础设施建设适用 PPP 模式研究

由于软硬件条件的缺失，导致农村存在生产基础设施建设薄弱、基本生活设施发展落后、农村经济服务设施建设亟须健全以及农村科技发展与科技创新能力不强等特点。

一、农村公共产品与服务及新农村基础设施建设（投融资）现状

发展生产、提高农业综合生产能力、提升农村易居度等作为新农村建设的重点，也是建设社会主义新农村的物质基础。进一步优化生活条件、改进文明与村容，转变生产方式、深化农村改革都需有良好的公共基础设施作为保证。近几年，国家已采取“多予、少取、放活”的方针，出台了“两减免、三补贴”等一系列惠农政策，并停征农业税，使农民负担减轻、收入提高，农村基础设施建设有所改善。

（一）农村基础设施建设的特性

1. 农村基础设施的基本特征与特殊性

农村基础设施也具有不易移动性、不可分性和外部性等特征。除此之外，农村基础设施还有其特殊性，主要表现为，与工业和城市基础设施相比，其技术含量和资本含量通常要低得多，所使用的技术相对简单，且包含了大量的劳动积累，由较多的活劳动与少量的资本相配套，活劳动直接转化为凝结的资本形态。

2. 长期性和周期性

长期性包含三个方面：一是基础设施的投资规模大、建设期长，投资通常不能马上见效，甚至这些设施的建设需花费几年的时间，发挥作用也许会在几年，甚至十几年以后；二是基础设施立即形成，会出现某种潜在的功能，会在若干年里一直发挥功能；三是农村基础设施一旦被破坏，恢复起来比较困难，甚至有些不能逆转。这一功能使在农村基础设施的构建和使用中出现时间上的周期性，人民追求短期效益，如果现有的基础设施不堪重负或即将不堪重负时，人们才会决定再重新建设它。由于相对于农村的分散而言，城市的正常运转需要更为集中和巨大的物流、能量流和信息流；所以在一定的空间单位标准下，农业和农村基础设施的分布密度要远低于工业和城市基础设施，在正常的情况下，其利用系数也相对较低，投资回收期一般也会更长。

3. 农村基础设施对服务对象的间接效益和综合效益

农村基础设施投资建设时间长、投资大、高度积聚，管理成本和管理难度相当高，因此基础设施的投资效益与经济管理效益很难评价，但是可以用服务对象的简洁效益和社会效益来评价。如农村公路桥梁、各种福利设施等，因为无法收费，它们自身不能产生利润，但是却能够对农村经济的生产发展起到推动作用，增加农民的收入，改善农民生产、生活条件。

农村基础设施的效益是综合性的，即产生经济效益、社会效益以及环境效益。例如，农村道路的建设，为农村生产提供便利条件，缩小农村生产者和市场间的距离，缩短农产品进入市场的时间，减少物流成本，一次提升农村经济的增长；同时能够为信息的畅通提供基础，运用农村的生产技术，使农村生产者轻松进入市场，提高资源配置效率并改善经济作物的专业化水平。

（二）农村基础设施主要内容与分类

农村基础设施是为农村提供公共服务的各种硬件设施，具体细分为农业生产基础设施、农民基本生活服务设施以及农村经济服务设施。

1. 农业生产基础设施

农业生产基础设施包括农村土地、水利设施、农业科技设施及其他与农村有关的基础设施（如养殖场等），由于农村经济发展的滞后，这些基本设施落后于农村生产需要，急需改善。

首先，农田水利设施建设相当滞后。我国目前许多农田水利工程设施，几乎全是20世纪60—70年代修建，改革开放后的较长时间内，特别是80年代大多建设都停滞。这些设施相当老化，甚至已近失修，虽然国家一直鼓励支持农民采用新型灌溉技术和方法，但是由于成本较高，所以一直没有得到普及，且由于农村生产在信息化、标准化方面存在滞后情况，无法有效的根据当地情况提供服务，导致农产品竞争力不够强。其次，农村科技发展与科技创新能力较落后。我国目前农村的发展中科技进步贡献率不足50%，与发达国家相比平均相差20个百分点，主要体现在技术集成度和成果转化率较低。最后，农村耕地逐年减少，并且质量也在不断降低，耕地中有机质含量持续减少，水土流失和荒漠化问题日益加剧。中低产田占全国耕地面积的70%以上。

2. 农民基本生活设施发展

由于农村不像城市有着高密度的居住人群，且收入相对城市较低，因此使用移动通讯设施、网络等科技产品的人较少，导致通讯设备的安装使用成本高，通讯公司为农村提供服务的积极性低。另一方面，农村电力供应上存在保障不足的现状，据不完全统计，我国大约有近2000万农村人口无法保证有效用电。且大部分农村地区供电空间布局不科学，配电线路半径长，缺少生产用电设施，有些老旧电网存在电压不稳、安全性能不可靠，不能保证农村的用电需求，在一定程度上抑制了当地农业生产和经济发展。从水质、水量、用水方便程度以及供水保证率等方面进行指标选取和衡量，发现我国不完全统计还有3亿农村人口面临饮水安全问题。

教育不均衡现象依然明显，农村校舍达不到国家标准，学校布局不合理，且全国很多农村文化站基础设施简陋，有的文化站有活动室，却没有文化设备，体育设施也严重缺乏，文体活动难以开展，农民文化生活相对贫乏。且由于我国农民教育、农业科技推广等基础设施建设相对滞后，以及农业生产技术落后，导致在农业生产过程中资源的使用效率低下，浪费严重，一些地区的生态环境持续恶化。

3. 农村经济服务设施建设

近 5 年来，我国自然灾害影响大批粮食作物生长、成灾面积和减收面积分别占粮食总播种面积的 24% 和 7%，平均每年使粮食减产达到 250 亿公斤左右。因此，全国农产品的安全生产服务体系构建仍不完善，农村的抗灾和减灾能力较低。农村公路建设与运输服务体系建设起点较低，在覆盖能力与技术处理方面仍面临较大挑战，这也是限制农村发展的主要原因之一。

（三）目前我国城镇化建设的融资模式

城镇化建设主要内容包括产业发展、基础设施建设和公共服务。对于产业发展，政府主要作用在于通过税收和土地规划等给予政策上的扶持和引导，基础设施项目涵盖交通设施、污水处理设施、环境绿化等方面，而公共服务项目包括图书馆、公园、健身广场等。对于这两类城镇化建设项目，当前政府的融资模式主要包括地方政府全额投资，政府运营维护、企业全额投资以及开发性金融支持。

1. 地方政府全额投资，政府运营维护

依靠政府全额投资的建设项目资金来源渠道主要包括国家预算内资金投入，商业银行贷款，地方财政扶持。由于基础设施项目建设周期较长，盈利性弱，商业银行贷款数额较少，而基础设施项目本身要求的投资额较大，地方财政和国家预算内投入有限，这类投资的资金来源主要依靠第二财政土地出让收益。虽然城市发展阶段不同，所处的地理位置不同，但在城镇化建设中，土地出让收益是重要的资金来源渠道。随着国家进一步加强对土地出让的政策监管，土地财政可发挥作用的空间将逐渐减少，依靠土地出让收益进行项目建设融资越来越难以为继。因此，地方政府全额投资的建设模式当前使用较少，主要适用于涉及金额较小而且对所有权非常敏感的建设项目。

2. 企业全额投资类

此类城镇化建设模式是目前应用比较广泛的融资模式，企业全额投资又分为国有企业全额投资和民营企业全额投资。对于国有企业全额投资的模式，由于国有企业规模较大，资金实力雄厚，而且在商业银行贷款较为容易，因此，国有企业承接地方政府城镇化建设项目既不存在资金上的困难，也不存在政策上的掣肘，这类融资模式是地方政府城镇化建设主要追求的模式，因而国有企业也是目前地方政府招商引资的主要对象。另一类民营企业全额投资的城镇化建设模式，主要存在的问题是政策上和观念上的制约。资金方面不存在非常突出的问题。随着改革的深入，传统的交通、能源、基础设施等行业逐渐向民营企业开放，民营企业将大量涌入由政府主导的投资项目，成为政府项目的重要资金来源渠道。但这需要政府项目建设的市场化，适当摒弃“自筹自建”的思维模式，应将组建融资主体和引进投资主体结合起来，大力吸引民营企业参与政府主导的项目建设。

3. 开发性金融支持

开发性金融支持地方政府城镇化建设的模式是“政府入口、开发性金融孵化、市场出口”，这种模式将银行、地方政府以市场化的方式整合起来，充分发挥银行的资金优势和政府的组织协调优势，并最终实现建设项目的市场化运营。目前，全国各地的市政府，以及部分县、镇政府都不同程度地得到了开发性金融的支持，而这些建设项目也都集中在基础设施建设和公共服务项目，交通、能源、电信、保障性住房、原材料工业等领域。

二、农村公共产品与服务及新农村基础设施建设（投融资）存在的问题

在加速实现市场化、现代化和融入国际经济一体化的进程中，城市基础设施建设投融资模式不断创新，有效调动了各方面的积极性，各种大型基础设施迅速建成，对城市和周边地区的经济社会发展发挥了显著效益，许多城市和发达地区借助较为完善的基础设施已经超越小康社会跨入较富裕阶段。广大乡村则出现了鲜明的对照：“三农”问题越演越烈，农业被人们誉为没有希望的行业，农民被誉为最底层的弱势群体，农村特别是边远地区则成为贫困与落后交织的地带和象征，发达与落后并存的“二元结构”社会特征不但没有消除，反而有所加剧。农村基础设施建设严重滞后于农村经济社会发展的需要，极大地制约了农业产业化的实现、农村经济的可持续发展以及农民生活条件的改善。

（一）外部供给主体单一

目前，政府是我国农村公共产品外部供给的单一主体，由于受到财政资金的约束及过去“城乡分治”格局的影响，使政府对农村提供的公共产品不足。

一方面，是由于政府投资与政策不足，另一方面，是供给由政府包办而利用非政府力量不足。一种传统的观念是政府安排或提供的公共产品总是由政府自己来生产，认为政府放弃了生产者的功能，就自然失去了提供者的职能，其实这是一个认识误区。公共产品的提供者不一定要充当生产者的角色，而可以运用政府采购手段完成其职责。在制度安排、机制设计层面，正确区分公共产品的提供者、生产者和消费者，将有利于我们对于不同的公共产品合理选择不同的提供方式，从而充分运用市场环境与机制的潜力，提高公共资金使用效益和引致民间资金介入，缓解农村公共产品有效供给的不足。

（二）农村基础设施资金投入不足

由于我国长期实行“二元”经济结构，国家通过“剪刀差”的方式，以农业补偿工业、农村支持城市，城市基础设施建设远远超过农村，造成了城乡基础设施建设投入两套机制。农村基础设施建设主要由政府和农民共同出资，因为农民增收慢，没有多余资金投入。多年来国家财政投入不够，而需要市场化的基础设施项目投资回报率低，民间资本和金融机构不愿投入，同时，农村资金大量向城市“倒流”等各种原因，导致农村公共基础设施投入严重不足。

（三）农村地区金融制度缺失严重

由于农村资金在运营具有高风险、低回报、投资建设周期长、每笔贷款额度小等原因，自 1999 年以来，四大国有银行将其金融贷款业务一直从农村撤出，大都取消了村级的一级分支机构以及放款权，这样导致农村信用合作社成为了仅有的能提供较为完善的服务的农村支农金融贷款机构，且农村信用合作社也实施了“多存少贷”的政策。可以说，农村金融制度是不健全的，从而直接阻止了我国广大农村地区经济的发展。

（四）供给决策机制不足

我国现有农村公共产品供给决策机制具有“自上而下”“一事一议”的特点，这种决策机制容易导致农村居民对公共产品需求与政府供给间的偏差甚至是结构上的失调。由于政府部门追求的目标与农民的需求并非总是一致的，或农民的不同意愿难以妥协，因此常常会挫伤农村居民为提供真正急需公共产品而筹资的积极性。另一方面，在现行的农村公共产品供给机制当中，基层政府的财权与事权的不呼应主要表现为广义税基未能形成清晰、合理的层级配置，也未形成有力、有效的转移支付制度。基层承担着一系列公共职能，却没有稳定的财源支撑。县乡财政受收入的限制，无法完成相应的事权。

（五）政府越位与缺位并存

市场经济环境下，即使是对农村公共产品的提供，其原则也应是政府公共部门首先负责对那些纯公共产品的提供，而对于准公共产品，应当尽可能地通过市场化的方式让非政府的企业组织来生产或参与生产。无论是越位或者缺位，都不能使社会资源趋向帕累托最优配置。

（六）尚未形成以市场为导向的收费机制和价格机制

农村基础设施的建设与利用至今尚未形成以市场为导向的收费机制和价格机制。农村基础设施基本是国家统一进行投入，无偿使用的，很容易忽视他们的商业属性，这直接导致了农村基础设施的运行与管理不充分、不到位，极大地阻碍了农村基础设施资源的合理配置。

（七）农村基础设施建设决策信息公开披露制度缺失

农村基础设施建设决策信息公开披露制度缺失，体现在事前信息搜集工作制度不健全、搜集信息方法不够科学、农民参与决策受到限制，容易导致收集到的信息片面和失真。另外，现行的农村行政体制也限制了信息采集的有效、全面，我们过多地依靠层层填写、汇总统计报表的方法获得有关信息，在缺乏有效监督的情况下，瞒报、虚报、漏报的现象时有发生，这样获得的信息容易导致决策失误。信息传达缺乏制度规范，易受人为因素的影响。沟通渠道不够多，导致在做决策前收集到的信息不完整，决策失误现象时常发生。

（八）基层政府决策者对农村基础设施建设政绩和利益的不当追逐

农村基层政府及其部门在政绩考核和经济利益的驱动下，在农村基础设施建设方面的行为和目标有可能与农民追求的目标发生偏离。当前最突出的表现是需要大量政府投资又不能短期见效但符合农民长远需求的基础设施供给不足，另一方面，短期能凸现政府“政绩”的农村基础设施建设过剩。

三、如何引入 PPP 模式，助推农村公共产品与服务及新农村基础设施建设

PPP 模式作为一种新兴的融资模式，在国外政府的大型项目建设上得到了广泛的应用。适当的 PPP 模式不仅可以增加较多的私人企业进行项目投资，还可在特定程度上保障私人的投资回报，减轻政府财政负担，提高工作效率。

（一）引进 PPP 模式的必要性

地方政府可用于履行城镇化建设职能的资金有限，远远不能满足城镇化建设的资金需求。针对这一突出矛盾，现有外源融资渠道集中在银行贷款、信托基金、开发性金融扶持等方式，但这些融资渠道只能够满足部分项目资金需要，它们并没有提供一种城镇化建设的长效融资模式。为了解决城镇化建设资金供需的矛盾，推进城镇化建设，必须创新融资模式，构建长效的城镇化建设融资机制，从融资模式上解决城镇化建设面临的资金困境，PPP 融资模式用来助推农村城镇化建设十分必要。

（二）引进 PPP 模式的可行性

目前我国大量民间资金由于资金投放渠道窄，处于闲置状态，甚至有部分走向了非法集资的绝境，民间资金急需寻找一个既有收益又不至于风险太高的投资渠道。国务院、财政部、发改委也适时的出台鼓励民间资金参与社会基础设置建设的文件，民间资金参与政府项目建设成为可行。

PPP 模式具有政府参与性，风险相对较小、没有暴利但是利益能够得到保障，适合民间资金进入；PPP 模式又可以降低政府的负债率，降低政府经营的风险，提高建设、经营项目的效率。PPP 项目会成为民间资金和政府利益都可以得到满足的投融资模式，具有可行性。

（三）PPP 模式下具体建设项目社会资金参与形式

1. 已有的基础设施

政府可以通过出售、租赁、运营和维护合同承包等形式与社会资本合作，由政府向社会资本发放特许经营权证，让民营企业进行经营和管理，可以直接向使用者收费，也可以通过政府向使用者收费。

对于通过购买或租赁的形式获得基础设施的使用权，民营部门就可以在政府的特许经营权下，直接向用户收费。对于民营企业对政府拥有的基础设施进行经营和维护，那么就由政府向民营企业支付一定的费用。

通过出售、租赁、运营、维护的合同承包等形式的合作，可以提高基础设施的使用效率。在出售和租赁的形式中，还可以为政府融资和置换资金，从而支持和从事新的基础设施建设。

2. 扩建和改造现有基础设施

政府可向民营企业发放特许经营权证，由民营企业对原有的基础设施进行升级改造，并对升级改造后的基础设施经营管理。经营者在特许权下根据具体项目情况采取向使用者收费或者接受政府财政补贴的方式获得利益。

3. 农村基础设施的新建

农村基础设施的新建，可根据具体项目的实际情况，结合当地经济发展状况，选择合适的PPP模式。对于不能收费的项目，政府可以采取政府补贴、土地置换补偿、政府回购的方式进行。对于可以向公众收费的项目，根据收费情况，可以采取赋予一定期限的收费，收费期满进行转交政府所有；或者一定期限的收费，不足部分政府补贴的方式。

（四）PPP模式运用中的注意事项

1. 选择合适的项目

如果项目本身的盈利能力弱，则应该注意构造较好的盈利模式，由于垄断性有利于保证项目财务目标的实现，降低经营者风险。因此，盈利能力强的项目，垄断性可以低一些；盈利能力弱的项目，垄断性应该强一些。很多基础设施项目具有较高的间接经济效益社会性强，而直接经济效益较弱。因此，构造盈利模式时可以适度地加入垄断性。另一方面，在农村基础设施建设中强调使用新的技术是十分关键的，如现代水利灌溉技术的推广、农村能源的有效利用等。PPP融资方式的一个重要目的就是利用民营企业的管理效率和新技术，如果公私合作缺乏技术创新，那么就没有必要采用PPP融资方式。

2. 重视财务经济分析

传统的基础设施经济评价重点放在项目的社会经济效益，容易忽视财务状况。重视财务经济分析是国际惯例，但在我国却是薄弱环节。由于目标的差异，民营申办方在获取最大利润目标的驱动下，倾向于把风险推给政府，而政府部门如何判别项目的合理性与可接受性。如何对项目公司做出承诺和担保，如何商定项目设施的收费标准及收费标准的调整幅度，如何合理形成具体的PPP操作方案等，都需要财务经济分析作为依据。

3. 扩大使用范围

PPP模式在农村基础设施中的运用是一项开创性实践，应采用循序渐进的推广战略。首先在发达地区试点，然后逐渐推广。鼓励沿海发达地区和城镇周边地带进行试点，欠发达地区得到中央对于农村较大型基础设施的专项资金支持时，要积极配套和延伸可能的项目。

4. 建立PPP模式后评价机制

通过开展项目后评价，总结经验教训，有利于发现不足，对某些不适应经济发展的技术、政策和一些指标参数进行修正或修订。根据评价结果，调整投资方向、规模以及各产业部门之间的比例关系，实现经济结构调整。

PPP 项目的后评价，通过对 PPP 项目实施全过程进行全面的综合评价，一方面，总结成功经验，并对相关负责单位进行奖励；另一方面，可以发现建设过程的违法、违规行为，并追究负责单位的相关责任。通过项目后评价为政府建立投资监管体系和责任追究制度奠定基础，有利于增强对项目抉择者的监管，实行责任追究可以防止决策者滥用权力，使政府投资能过真正落实到实处；有利于提高管理者的管理水平，依法、按规对项目进行管理；有利于达到提高项目投资效益的目的。

5. 尽早建立并完善有关投资管理办法

作为一种合同式的投资方式，需要有一套比较完善的法律条文作为依据，使双方的谈判有章可循，省时省力。另外一方面，我国中央和地方政府都有一定的项目审批权，如果没有统一的政策导向，往往会导致执行时行为的偏离。由于项目的实施会导致国家金融方面的一些权益丧失，因此，在制定实施政策方面，国家应给予明确规定，这样既保证了政府的一些利益，又增加了投资方资金投入的信心。

四、相关保障措施（政策建议）

农村税费改革后，基层政府制度外筹资能力将大为下降，农村基础投资的资金严重不足，供给总量跟不上。因此，如何改革目前的农村基础设施的筹资机制是农村基础设施建设的核心问题。为了争取 PPP 管理模式在我国新农村基础设施建设中得到成功实施，充分发挥其对新农村基础设施建设的促进作用，提出如下政策建议：

第一，积极构建民间资金进入农村基础设施建设的激励机制。以必要、合理的政策手段，鼓励更多的民营企业财力和信贷资金，参与到新农村基础设施建设中来。国家需要出台一系列的优惠政策，从财政、税收、金融、土地等多方面为私营部门参与 PPP 项目给予政策扶持，增加城镇公共设施 PPP 项目的吸引力。

第二，加强全面综合管理。城镇公共设施的 PPP 项目涉及的利益实体较多，时间跨度较大，没有严格的管理贯穿始终是难以奏效的。从国外经验看，英国、美国等 PPP 推行比较成功的国家都建立了专门的 PPP 管理制度。对 PPP 项目，要从横向管理（合同管理、绩效监控和关系管理）和纵向管理（招标筹备期、工程建设期、项目运营期和项目交割期）两个维度加强管理。

第三，建立PPP专业组织机构。从发达国家的经验看，我国也应在借鉴先进经验基础上，研究建立中央和地方级别的专业PPP单位，帮助公共部门设计和实施PPP项目，为推广PPP提供国家和地方各层面的组织保障。

第四，应积极宣传和探索在我国新农村基础设施建设中运用PPP模式。建议首先鼓励沿海发达地区和城镇周边地带的试点。今后欠发达地区得到中央对于农村较大型基础设施的专项资金支持时，也应积极配套和延伸可能的PPP项目。

第五，重视引导农民积极参与。各地新农村建设中，应高度重视引导农民自愿出资出劳的方式开展小型基础设施建设，或自愿与公共资金“拼盘”从事本地基础设施建设。有条件的地方可采取以奖代补、项目补助等方式给予支持，并由政府方面实施必要的建设与运营监督。

第六，完善农村基础设施经营管理体制，加强监管，提高投资效益。积极探索和完善经营管理体制是有效增加农村基础设供给的有效途径。在财政资金的使用上，应因项目制宜选择合适的PPP投资运作模式，实行项目化管理，可大大提高资金的使用效益。对一些具有较强经营性或竞争性的农村基础设施，可以引入竞争机制，将经营管理权甚至产权明晰、量化到自然人或法人，有偿使用，以使用收费机制为基础设施建设筹资，使其滚动发展，达到效率、公平和环保的目的。非经营性和非竞争性基础设施可以由政府无偿提供，但也要明晰项目产权，落实管护责任。把项目建设与农民增收更好地结合起来，今后政府支持的农村基础设施项目，要在投资计划中专门列支农民报酬，确保农民得到实惠。最重要的是，要让广大农民群众参与到项目建设中来，使广大农民真正行使民主决策和监督管理的权利。

第七，建立健全农村基础设施建设决策绩效评估机制和绩效问责机制。绩效导向的地方政府农村基础设施建设决策机制的一个重要的特征，就是把绩效作为衡量地方政府农村基础设施建设决策的核心标准，把绩效作为激励和约束决策者的重要手段，因此建立健全地方政府农村基础设施建设决策绩效评估机制就成为首要的任务。根据权力与责任对等的原则，绩效导向的地方政府农村基础设施建设决策机制要求决策者承担相应的决策责任，这就需要建立健全地方政府农村基础设施建设决策绩效问责机制，而绩效问责机制涉及“由谁来问责”、“就什么问责”、“如何问责”和“问责的效果如何”四个方面。

专项二：学前教育、职业教育、高等教育领域

党的十八届三中全会通过的《中共中央关于全面深化改革若干重大问题的决定》对"深化教育领域综合改革"做出重大部署，要求各级政府积极引导社会资金以多种方式进入教育领域，鼓励行业企业等社会力量参与公办学校办学，构建政府、学校、社会之间新型关系。以全面深化改革为指导，在教育领域引入 PPP 模式，建立多元化的政府和社会资本合作伙伴关系，对于促进我国教育事业发展、满足人民群众日益增长的教育需求，具有极其重要的理论价值与实践意义。

一、学前教育、职业教育、高等教育发展现状

（一）学前教育

2010 年 11 月 21 日国务院颁布《关于当前发展学前教育的若干意见》以来，学前教育发展得到了显著改善。据统计，2014 年全国共有幼儿园 20.99 万所，比上年增加 1.13 万所，在幼儿园（包括附设班）4050.71 万人，比上年增加 156.02 万人。幼儿园园长和教师共 208.03 万人，比上年增加 19.52 万人。学前教育毛入园率达到 70.5%，比上年提高 3 个百分点。同时，各级政府积极采取措施，创新购买服务等方式，鼓励企事业单位、集体和公民个人举办幼儿园。2013 年，企事业单位办、集体办幼儿园和民办园比 2010 年增加 3.2 万所，增长 26%①。各地积极完善幼儿园准入制度，加强幼儿园收费、安全、卫生、办园质量等方面的管理，采取多种形式宣传普及科学保教知识，提高社会科学育儿能力。

（二）职业教育

职业教育是广大青年打开通往成功成才大门的重要途径，肩负着培养多样化人才、传承机能、促进就业创业等重要职责。经过几十年的持续努力，我国

---

① 文中 2013、2014 两年的数据，均来源于《2013 年全国教育事业发展统计公报》和《2014 年全国教育事业发展统计公报》。

职业教育取得了巨大发展。据统计，截至2013年底，我国共有职业院校1.36万所，年招生1016.7万人，在校生2933.8万人。总的来看，职业院校毕业生就业持续向好，并保持较高水平。中职学校毕业生就业率始终保持在95%以上，高职院校毕业生半年后就业率高于90%。“十一五”以来，职业院校累计为国家输送近8000万名毕业生，累计有4000多万农村新生劳动力在接受职业教育后进入城镇工作。职业教育在调动多元办学主体积极性，特别是在行业企业参与职业教育办学、管理等方面进行了深入的探索，初步形成协调用人方、学习者、办学者等职业教育多元利益相关者的制度框架，建立起行业企业、社会力量对于职业教育的公共参与制度。

（三）高等教育

高等教育是我国教育事业的重要组成部分，是国家科研发展和人才培养的主要力量。目前我国高等教育行业已初步形成一个能够基本适应社会主义市场经济体制，现已进入一个比较稳定和更加有序的发展阶段。截至2014年底，全国各类高等教育在学总规模达到3559万人，高等教育毛入学率达到37.5%。全国共有普通高等学校和成人高等学校2824所，比上年增加36所。此外，我国境内还有各类中外合作办学机构或项目1218个，各地也在积极引进国外教育资源。在国家政策引导下，高等教育注重提高人才培养质量和提升科学研究水平，北京、广东等重点区域已经率先发展高校校办产业，加强校企合作，高等院校利用自身优势创办科技企业，在科技成果转化和产业化，发展高新技术产业等方面发挥了重要作用。高等教育融资渠道的丰富化，促使其资本市场逐渐活跃，高等教育行业投资也因此面临着新的机遇。

（四）民办教育

民办教育机构是国民教育一支重要的力量。据统计，截至2014年底，全国共有各级各类民办学校（教育机构）15.52万所，比2013年增加0.63万所；招生1563.84万人，比2013年增加69.32万人；各类教育在校生达4301.91万人，比2013年增加223.60万人。其中：民办幼儿园13.93万所，比2013年增加5831所；民办普通小学5681所，比2013年增加274所；民办普通初中4743所，比2013年增加208所；民办普通高中2442所，比2013年增加67所；民办中等职业学校2343所，比2013年减少139所；民办高校728所（含独立学院283所），比2013年增加10所；另外，还有其他民办培训机构2.00万所，867.94万人次接受了培训。民办机构在学前教育、职业教育和高等教育等领域发挥了重要且不可或缺的作用。

二、学前教育、职业教育、高等教育领域存在的问题

就总体而言，目前我国教育领域存在的突出问题包括教育财政投入不足，缺乏科学管理监督，办学效益不明显等，这些问题已经引起学界和政策层面的高度重视，相关教育改革也正在逐步向前推进。然而，改革的力度和进度都不尽如人意，特别是教育发展不均衡、教育投资管理薄弱等现象亟待解决。

（一）学前教育

整体上看，学前教育目前仍是教育体系中的薄弱环节，城市入公办园难、入普惠性民办园难、就近入园难、流动人口子女入园难等问题仍比较突出。中西部农村地区，特别是集中连片特困地区、少数民族地区、留守儿童集中地区和人口分散地区入园率整体偏低。学前教育成本分担和运行保障机制尚未普遍建立，绝大部分地区幼儿园教师工资和日常运行主要依靠收费，家长负担较重。师资队伍建设有待进一步加强，幼儿园教师数量短缺、工资待遇低、队伍不稳定的现象仍普遍存在，专业素质有待进一步提高。幼儿园保教质量参差不起，“小学化”现象比较严重。现实迫切需要我国政府、社会共同努力，采取更加有力的措施实现幼儿园的布局结构和老百姓的需求相协调，实现幼儿园运转能力与建设的速度相协调，实现软件建设与硬件建设相协调，基本建成覆盖城乡布局合理的学前教育公共服务网络。

（二）职业教育

随着经济发展方式转变、产业结构调整、技术革新步伐加快，劳动力供不应求匹配的结构性矛盾越来越突出，“就业难”和“招工难”并存的现象愈加凸显。特别是我国技能劳动者总量严重不足，仅占就业人员的19%，高技能人才数量不足5%，技能劳动者的求人倍率一直在1.5∶1以上，高级技工的求人倍率甚至达到2∶1以上的水平，技工紧缺现象逐步从东部沿海扩散至中西部地区，从季节性演变为经常性矛盾。我国农民工中接受过职业技能培训的仅占30%，缺乏技能成为影响他们融入城市、成为新型产业工人的重要障碍。多渠道经费筹措的长效机制迟迟未能建立，缺乏有效的财政、金融、税收、政府购买等政策支持手段，现实中已有的政策规定粗放、不成体系、标准过时，难以调动社会资金进入职业教育的积极性。对行业企业在合作举办职业教育过程中的利益和责任规定不明确，校企合作没有提升到立法层面，没有建立企业参与职业教育的利益补偿机制。

（三）高等教育

《国家中长期教育改革和发展规划纲要（2010—2020 年）》提出至2020 年我国高等教育毛入学率将达到40%，在学总规模扩大至3550 万人。可见，我国高等教育行业仍有较大的发展空间，现实需要大量资源和经费支撑。在规模较小的精英型高等教育模式下，高等教育完全由公共资金提供支持是可行的。但在高等教育开始扩大规模、向大众化高等教育甚至普及高等教育阶段发展后，就不可避免地带来公共高等教育财政的紧张。这就意味着，规模扩大了的高等教育体系需要吸纳大量其他社会资源，不再是完全公立的高等教育。虽然社会资源很丰富，但这部分资源如何才会投入到教育中去则是国家层面及教育政策决策需要解决的问题。此外，我国高校正面临着毕业生数量过剩、就业压力过大等严峻挑战。同时，近 700 所地方本科院校也面临着逐步转型发展的现实考验，如何寻找一条符合实际的发展道路，推动教育事业发展，进而助力经济发展与社会进步，是一项非常紧迫的重要任务。

三、如何引入 PPP 模式，助推学前教育、职业教育、高等教育事业发展

引入 PPP 模式助推学前教育、职业教育和高等教育事业发展，是一条科学可行的政策选择。在政府部门和非政府部门之间建立一种合作伙伴关系，可以较好地处理市场调节与政府调节、集权与分权、教育数量与教育质量之间的关系。公共教育在融资、治理和管理方面吸纳民办教育成分，较之单一教育服务机构具有明显的优越性。从实施角度看，由于教育活动的复杂性、教育效果的难以测量等因素的影响，需要政府采取积极的政策措施，创设宽松的政策环境，稳步推进政府和社会资本合作办学模式，使之真正成为我国教育改革发展的重要抓手。

（一）学前教育

探索政府与社会教育力量建构价值共享的“互补性”合作关系，是解决当前学前教育中诸多问题的可行选择。

1. 民办公助

这种模式的基础在于互益性的契约，其有效性取决于合约的科学性和对合约执行情况的监督力度，主要通过经费补贴和派驻公办教师这两种方式进行。在经费补贴方面，政府对辖区内得到普惠性认定并符合相关限价规定的民办园进行生均公用经费、教师工资待遇等方面的补贴。在派驻公办教师方面，教师来源于三个渠道，即优秀公办园园长或教师、从毕业生中招考的有编制的幼儿

园教师、转岗中小学教师。在条件具备的情况下，可以参考公办园的标准提高民办园教师的工资待遇，使民办园中的优秀教师能够在自身的工作岗位上发挥能动性和创造力。

2. 公办民营

由政府提供土地、建筑物等基础设施，委托民间组织依照一定的限制条件进行经营，通常有一定期限，民间组织在日常运营中具有完全的自主权，政府只负责监管。通过公建民营的方式，将政府的资源优势和社会的专业优势有机结合起来，是一种政府和社会资本合作程度较高的模式，提高了办学的灵活性和办学效率。实践中，必须明确公建民营与公办园运营中政府角色的不同，否则容易因为主管部门拥有过大话语权而成为一种虚假的政府和社会资本合作。

3. 教育券

将选择权交给市场，是一种民营化程度较高的模式。这种方式依赖于民间对于教育机构的选择，政府借由这种市场的力量将资金依据市场需求程度进行分配。这种模式体现了一种治理的思维①，即在政府履行投入职责的前提下，引入社会和市场的力量分配学前教育资源，给予学前教育机构一定的办学自主性，并且将公办园和民办园放在同一个市场竞争环境下，有利于提高公办园的资源利用效率。

（二）职业教育

2014 年 5 月，国务院印发《关于加快发展现代职业教育的决定》提出“到 2020 年，形成适应发展需求、产教深度融合、中职高职衔接、职业教育与普通教育相互沟通，体现终身教育理念，具有中国特色、世界水平的现代职业教育体系”，迫切需要创新思维，寻求更多、更有效的政府和社会资本合作模式。

1. 校企合作

校企合作的模式划分主要以校企合作人才培养的工学结合方案中的时间、空间和组织要素的不同组合为依据，可以从实际存在的众多模式中归纳出以下主要模式：“学年分段”，即学生前两年在校学习与实训，后一年到企业顶岗

① 从 2011 年 9 月份开始，南京市一年投入 3.4 亿元，对包括流动人口子女在内的 17 万适龄幼儿，按照每人每年 2000 元标准享受政府发放的“幼儿助学券”，家长可以凭助学券到合意的幼儿园入学。该政策体现了公办园和民办园一视同仁，城市居民和外来务工人员子女一视同仁的原则。

实习和毕业实践；“半工半读”，即校企共同制订培养方案，学生交替（每一学期或一学年，也有几天轮换一次）在企业工作与学校学习；“订单培养”，即企业根据自身发展的需要以特殊“定制”的规格，一定的数量，提前预订毕业生，往往伴随着共同的课程开发、共同的培养和教学管理，一般也要支付部分培养成本；“教学工厂”，即学校自办生产、服务企业或者企业把与学校对口的车间搬进学校，实现生产车间与实习车间合一，教师与师傅合一，学习与生产合一，作品与产品合一；“厂内基地”，即企业除安排职业院校学生顶岗实习的车间、工位和兼职指导师傅外，还单独设立了为学生实训和实习服务的车间，具有教学、培训和实习功能，有固定管理人员和专职企业指导师傅；“行业主导”，即行业部门或行业组织出面牵头搭建校企合作平台，并组织企业群，联合为学校提供实习岗位、实训设备和兼职教师，联合下培养订单；“职教集团”，即以名校为主导，相同区域、相同行业的院校、企业联合，实现资源共享、优势互补、共同发展的职业教育组织。

2. 资金合作

职业院校是职业教育事业改革发展的重要主体。一直以来，职业院校从自身生存与发展角度出发，始终在努力整合社会资源，从财政、银行、外资、专项资金、社会资金等多渠道增加职业教育经费。目前，许多学校都在尝试用BOT、BT、PPP等政府和社会资本合营机制为职业教育发展筹措资金，即将学校楼房、热水系统、实训设备等交由企业出资兴建或购置，在约定期限内由企业管理使用并获取相应收益，约定期限后所有产权和收益权收归校方。这些做法，在有效防控风险的前提下，可以起到整合社会资源，加快职业教育发展的积极作用，非常值得探索。

3. 政府购买职教成果

职业教育，包括下岗职工技能培训、进城农民工技能培训、农村青年职业技能培训等，首先是社会事业，政府应该投入，并要不断加大投入力度。同时，这些事业可以进行商业化运作，政府应改变投入的方式，充分利用并发挥市场的作用。鼓励社会力量兴办并承担职业教育培训工作，政府根据国家和社会需要，每年拿出对职业教育应当投入的经费，从社会力量兴办的学校中，择优选择，并在验收合格后直接购买培训成果，包括职教教材、职教老师、职教课程等。这一模式的优点是国家无需投入很大力量，就能在短期内收到实效；操作简便直接，只收获成果，不承担市场风险；通过择优选择，严格验收，能充分保证质量，激活社会资金，促进教育发展。

（三）高等教育

当前公营和私营之间的界限日趋模糊，常见的情形是：公办大学含有私营的成分，私营机构可以引入公立大学的力量，公营与私营之间可以通过多种方式形成合作共赢的格局。

1. 私立公助

我国现有数量不小的民办大学，它的学费收入是其总收入的重要组成部分之一。同时，也可以通过多种渠道获取政府财政资金的资助，或其学生享有政府助学资金扶持政策，或其课程开发、教学基础设施建设可以获取来自于政府财政资金或政策的扶持与资助。

2. 公立私助

公立大学中有私营部门的情形包括自负盈亏课程、成人教育分部、私营的二级学院、外国院校离岸分校以及附属产业部门等。如不少大学设立的二级学院都是私立的。另外，私人捐赠在学校总收入中所占的比重不可忽视，虽然比例不高，但是作用很大，可为一些不确定的创新项目提供经费来源。

3. 多元合作

公办高校和私立机构通过多种方式形成平等互动的合作格局。具体方式包括：生源、教材、课程、教学、资金、监督管理、教师能力培训、教育发展规划、社会实践基地等。双方在合作活动中的各个领域协商互动、平等互惠，充分发挥各自的优势，共同为合作计划的开展贡献重要力量，提供更加多样化、高质量的高等教育教育服务。

四、相关政策保障措施

当前，在我国教育领域引入与发展 PPP 模式，可以创新办学体制，广泛筹集办学经费，加快教育办学条件改善，加强教育评估、监督和问责，促进教育公平化、均衡化、优质化。为实现这一目标，需要政府尊重私营部门的伙伴地位，建设良好的制度与政策框架，积极为私营部门发挥作用创造空间。

（一）制定实施引导社会资金资源投资教育的财税政策

社会资金资源是举办学前教育、职业教育和高等教育的重要力量，政府通过财政、税收政策可以引导社会各方积极参与教育事业发展。

第一，制定减免社会公益性单位举办教育活动的税收优惠，落实鼓励社会各界捐赠教育的所得税减免政策，调动社会各界捐资举办教育的积极性。

第二，制定实施政府购买企业培训实训资源、企业优秀培训教材、企业教育培训课程体系、企业培训成果、教师企业实践岗位、学生实训岗位等支出政策。

第三，制定实施财政贴息政策，支持学校获取国内金融信贷资金及国外优惠贷款，提高基础能力建设。

第四，制定实施支持改善教育办学条件的土地出让金返还、减缓有关用地费用等政策，提高基础能力建设。

第五，制定实施引导行业企业与学校一体化办学的财政专项补助或税收优惠政策，鼓励行业企业参与合作办学，鼓励职业院校参与创办产业基地或合资合作企业，鼓励行业企业与职业学校共同建立产品设计中心、研发中心和工艺技术服务平台。

第六，制定实施行业企业实训能力建设的财政专项补助政策，实行行业企业购置实训设备税收抵扣优惠，实行企业实训岗位生产产品减免相关税收的政策。

第七，依法落实企业支付学生实习报酬准予企业所得税税前扣除等已有的支持教育发展的所得税、营业税等税收优惠政策。

（二）建立健全有效开展教育 PPP 合作的管理框架

在教育领域引入政府和社会资本合作模式的本质是积极调动民间力量投入教育体系，迫切需要通过法律、制度、政策等保障为私营部门参与教育事业提供一个发展平台。

第一，教育行政部门的购买和供应角色必须分离。购买教育服务的决策应以一种中立的方式在政府和社会资本之间进行，有利于政府成为更富于分辨能力的消费者，冲出政府垄断经营者的壁垒，与多样化的公共机构与私营机构开展交易。

第二，负责 PPP 模式的政府代理机构必须具备设计、开发和经营更加复杂的立约程序所需的知识和能力。具体包括：评估各种服务以决定何时何情形下采用立约形式，而非直接提供公共服务；设计、谈判、实施和监管教育服务契约；制定授权性法规以支持竞争的和透明的立约制度；建立有效的质量保证机制。

第三，以公开和竞争的方式挑选合适的经营者。教育服务立约的投标应当面向地方、全国和国际上希图经营公立学校的所有营利性和非营利性私营机构，并且在一切可能的情况下实行公平竞争。透明和竞争的投标过程将会产生近期和长远性正面影响。

第四，建立质量保证与监管机制。对经营者的业绩和计划结果进行独立、公平的评价，有利于教育 PPP 模式的成功实施，能够为消费者、经营者和政府部门提供有关 PPP 计划进展、具体成果等信息，为进一步改善相关管理制度及运行机制提供实践依据。

专项三：保障性住房建设

一、保障性住房投融资现状

目前，我国保障房建设的主要资金来源还是地方财政与中央补贴。但是仅靠财政力量，难以完成保障房的建设任务。为了满足保障房的巨额融资需求，人民银行、财政部及住建部等有关部门提出了对保障房建设的金融支持方案。主要有银行贷款利率优惠、企业债券融资等鼓励措施。

（一）中央补助资金

为支持保障房建设，在中央预算内投资中安排有补助资金，此外中央财政还专门安排了住房保障专项补助资金。保障房的中央补助资金主要是针对中部和西部地区的保障房建设项目。发改委 2007 年下发《中央预算内投资对中西部财政困难地区新建廉租住房项目的支持办法》（发改投资［2007］3676 号），明确规定了补贴标准：中部地区按照 200 元/平方米进行补贴，西部地区标准是 300 元/平方米[①]。近几年，这一补贴标准在不断提高，但仍无法覆盖廉租房的建造成本。同时，中央补助资金一般要求地方政府配套，对地方政府的财政造成一定压力。

（二）地方财政预算安排的资金

《关于解决城市低收入家庭住房困难的若干意见》提出，地方各级人民政府要根据廉租住房工作的年度计划，将廉租住房保障资金纳入年度预算安排[②]。但是，由于保障房的投资回收期较长，维护和拆迁成本较高，资金良性

① 国家发改委：《中央预算内投资对中西部财政困难地区新建廉租住房项目的支持办法》，2007 年。

② 国务院：《关于解决城市低收入家庭住房困难的若干意见》，2007 年。

循环难度大，尤其是公租房和廉租房的租金收入无法覆盖贷款本息支出，需要地方政府财政收入作担保，地方政府财政压力较大。

（三）土地出让净收益

土地出让收入是地方财政收入的重要来源之一。从土地出让收入的支出方面看，土地出让收入主要用于征地拆迁等成本性补偿、保障性安居工程建设、“三农”支出以及城市建设。国发［2007］24号文件中规定，土地出让净收益用于廉租住房保障资金的比例不得低于10%。但是在实际执行过程中，这一比例往往难以达标。比如，2011年全国土地出让收入用于保障性安居工程只占支出总额的2%，与国家要求的10%相去甚远。

（四）住房公积金

国发［2007］24号文件中规定，住房公积金增值收益在提取贷款风险准备金和管理费用之后要全部用于廉租住房建设①。为了提高住房公积金增值收益使用效率，充分发挥其在保障性住房建设中的作用，自2010年起，在完成当年廉租房任务的前提下，各地可以将住房公积金增值收益中计提的住房保障资金用于发展公租房。但从使用效率来看，执行效果不甚理想。2010年公积金增值净收益用于廉租房建设资金在50多亿元，仅占应提资金的不足40%。

（五）商业银行贷款

商业银行贷款是保障房资金的重要来源，但其较高的利息成本和较短的贷款期限不利于保障房的建设融资。为鼓励银行贷款支持保障房，人民银行、财政部及建设部等有关部门提出了对保障性安居工程建设提出了一系列的金融支持方案，并要求贷款利率有所优惠。从目前情况来看，商业银行将信贷资金投入保障房建设多出于硬性指标安排和社会责任，保障房建设的收益有限、回报期长令商业银行缺乏真正兴趣。

（六）企业债券融资

为了解决保障房建设的资金缺口，2011年发改委下发的《关于利用债务融资支持保障性住房建设有关问题的通知》（发改办财金［2011］1388号）明确，地方政府投融资平台公司发行的企业债券应优先用于保障性住房建设，并且支持符合条件的地方政府投融资平台公司和其他企业，通过发行企业债券进行保障性住房项目融资。但从运行情况来看，企业债券对于保障房的资金支持所占比例较小，难以承担融资重任。

① 国务院：《关于解决城市低收入家庭住房困难的若干意见》，2007年。

（七）社会资本

社会资本进入保障房建设领域不多，目前来看主要的途径包括：第一，保障房建设中有一部分是提供给企业的职工使用的，这部分保障房由企业负责建设管理，政府给予了相应的政策优惠支持。第二，一些城市对房地产开发企业新开发的楼盘制定了保障房配套建设标准，由商品房开发企业配建已经成为保障房的一个重要提供方式。第三，部分社会捐款等公益性资金也投入到了保障房建设领域。

二、保障性住房建设中存在的主要问题

近几年来，我国的保障房建设进入了加速期。从 2009 年规划的 387 万套，到 2010 年的 580 万套，再到“十二五”期间的 3600 万套，再到 2013 年提出的 5 年 1000 万户棚户区改造计划，中央政府关于保障房的建设目标规模翻了几番。

据测算，即使仅考虑建安成本情况，棚户区改造计划将在 2014 年合计产生资金需求 4200 亿元到 6300 亿元，资金压力可见一斑。此外，我国许多城市的保障房大都由地方政府统一建设、统一运作、统一分配、统一管理，使得保障房在建设运营和管理方面存在着一些问题，制约了我国保障性住房的持续发展。

（一）面临较大的资金缺口

我国保障房建设的资金来源主要有财政投入、商业银行信贷支持、土地出让金收益、住房公积金增值收益以及中央补贴。国家虽然对这几个方面的投入都有相应的规定，但是从具体操作层面上看，落实情况并不理想。

第一，政府资金投入不足。尽管近年来各级政府不断加大财政投入力度，但是由于国家财力有限，大规模的保障性住房建设任务给各地财政带来了很大压力。各地发展不一样，一些中西部城市难以拿出资金建设廉租房，以至于一些地方开始出现直接出售廉租房的方式来缓解资金压力，这样会使真正低收入群体的得不到应有的保障。

第二，土地出让收益增幅回落。近几年，由于全国土地出让面积减少、国家房地产调控政策的出台以及稳健的货币政策等原因，土地出让收益增幅回落，保障房的这一资金渠道受到压缩。

第三，金融支持政策落后。从金融机构支持保障性住房的方式来看，主要为银行贷款，缺乏证券、保险、信托等金融产品的支持，金融支持保障性住房

建设方式单一。金融机构支持力度不够主要有以下几个原因：（1）大部分保障性住房无法办理土地抵押。因为保障性住房的大部分建设用地都是政府划拨，不用缴纳土地出让金，这使房地产开发商无法向金融机构申请土地抵押贷款。（2）一些保障性住房项目处于较偏的地区，使保障性住房的土地价值不高，影响房地产开发企业向金融机构贷款。（3）保障房的申请人还款能力偏低，目前没有针对中低收入家庭的个人住房按揭贷款。（4）保障房建设资金回收期长、利润低、不确定性大，金融机构所面临风险与收益不对称，因此，金融机构参与保障房建设的积极性不高。

第四，社会资本参与少。目前我国企业参与保障房建设的方式主要是企业为解决本厂职工而兴建的保障房，面向对象窄、参与企业少。我国对社会资本参与保障房建设的政策支持力度不够，如果按现行政策进行保障房建设，只能使房地产开发企业保持收支平衡，甚至亏损，而且保障房建设投资回收期长，使得很多企业不敢大规模投入建设。

（二）保障性住房的建设计划有一定的盲目性

1. 在保障房的任务分配上不够科学

“十二五”期间，要完成3600万套保障房的目标，国家自上而下制定计划，地方政府负责建设。但是，这个目标的确定缺乏一定的科学性，全国各个城市“一盘棋”、“一刀切”的覆盖率不能体现地区的实际需求和差异性，容易造成地方保障房的供需不匹配，使保障房的配置效率大打折扣。我国地域辽阔，东、中、西三大区域发展状况不同，对保障房的需求也存在巨大差异。整体来讲，东部地区经济发展水平最高，人口密度较大，大城市尤其是一线城市的外来人口比重较大，保障房的需求量最高。中西部地区经济发展水平较低，人口流动性相对较小，保障房的需求量要低于东部地区。所以东部地区的保障房覆盖率应该高于中西部地区和全国平均水平。而且，在同一地区的各个城市之间，保障房的需求量也是不一样的。因此，由政府统一规划确定的20%的覆盖率具体到各个地方来讲就不一定是合理的，这也正是政府管理的局限性所在。有些西部城市如成都、乐山等均已出现保障房空置的现象，如果让就按照原来的20%的计划一刀切的话，将会给地方财政带来巨大压力，也会造成资源的极大浪费。

2. 在保障房的区位选择上不太合理

当前我国处于城镇化快速发展时期，很多城市用地紧张，城区土地价格远远高于郊区，不少保障房都被规划在相对偏远地区，这些地方医疗、教育、生活、购物等都极为不便，交通成本过高。由于廉租房配套设施不完善等原因，有的地方甚至出现了已经入住家庭退房的现象。此外，在保障房的区位选择上，不能只在郊区成片建设廉租房，应多考虑在不同社区配建，否则可能使不同收入群体隔绝，形成新的“贫民窟”。

（三）保障房的质量和管理存在漏洞

首先，是质量问题。自保障房在各地开工建设以来，关于保障房质量方面的问题报道就不绝于耳，甚至有些项目被查出严重质量缺陷，已经建起的保障房被推倒重建，造成资源的巨大浪费。其次，分配方面的问题。保障房的受益对象应该是中低收入群体，但从现实来看，在保障房分配方面存在权钱交易、暗箱操作等问题，部分高收入者违规挤占了低收入群体的住房指标。第三，保障房的后期物业管理问题。住房保障是一个持续动态的过程，保障房的建成并不代表保障工作的结束，后期的物业管理问题会直接影响到保障的效果。廉租房面向的对象是低收入人群，这部分入住者情况复杂，人员素质参差不齐，经常会出现小区内租户物品丢失的现象。而且，对于租金的收取缺乏硬性规定，也没有强制措施使收入水平提高的租户便利，这些都不利于保障房小区的正常运营。

三、如何引入 PPP 模式，助推保障性住房建设

（一）新建公租房的 PPP 模式设计

1. BOT 模式

BOT 模式在我国的城市水务、垃圾处理、高速公路等领域都有着较为广泛的运用。但缺乏科学的利益调整机制是制约其持续发展的重要原因。因此在保障房的 BOT 模式中，一定要设计合理的利益调整和分配机制。

在公租房建设运营中选择 BOT 方式，主要原因是公共租赁住房能够收取相对稳点的房租。如果投资者在建成公租房后对其持有经营权，那么可以通过收取房租的形式来回收投资，获取一定收益。假如政府提供一些优惠政策或者以其他方式提供相应的补贴，投资者也能够通过公租房的运营取得相应的资金回笼。

公租房 BOT 模式的经济可行性分析。本书以北京市住房保障办公室提供的数据为例，来分析北京市公租房 BOT 模式的经济可行性。假设北京某公租房项目采用 PPP 模式。建设 1000 套公租房，每套 60 平方米，总建筑面积 6 万平方米。按照工程造价每平方米 2000 元计算（不包括土地出让和一级开发成

本），工程建设投资额为1.2亿元。假设项目的建设期为两年（每年平均投入6000万元），特许经营期为28年（不含建设期）。

该项目公司总投入1.2亿元，其中资本金为3600万元（民间投资机构投入2880万元，政府投入720万元），其余资金8400万元从银行贷款，贷款年利率为7%，分10年还清，还款形式是等额本息偿还，因此每年的偿还金额为1147.13万元。假设项目的预期租赁净收入为每月30元/平方米。（据报道，北京市远洋沁山水公租房的租金标准是每平方米41元，北京市政府向公租房和廉租房住户根据其收入水平提供不同程度的租金补贴。假设租赁户每月21元/平方米，政府每月补贴20元/平方米，运营维护管理费用为11元/平方米）。对于该项目公司而言，每年的净收入为2160万元。假设在政府特许经营时间内，项目经营企业拥有免税待遇，所有经济收益由项目公司获得。在折现率为12%的条件下，由以上数据可以算得该项目的内部收益率（IRR）约为9.34%。因此，在特许经营期较长且政府承担土地开发成本的前提下，只要社会资本对于项目的最低收益率要求不高于9.34%，则该项目对于社会资本就有吸引力，公租房项目采用PPP模式在财务上是可行的。

对于民间资本而言，9.34%的项目预期收益率具有一定的吸引力。在项目运营期间，政府的土地开发投入、租金补贴和税费减免是项目得以开展的重要前提，也降低了项目的风险。政府还可以通过延长特许经营期、根据收入变化和物价水平提高租金或者补贴、允许项目公司经营一定比例的（10%—15%）商业地产等手段，提高项目的收益水平，吸引更多的社会资本投入公租房项目的建设活动中来。

该项目对于政府而言，需要在期初投入720万元的资本金和项目的土地开发成本，而在特许经营的28年里，政府仍需每年投入1440万元用于租金补贴。项目是否可行主要取决于地方财政能否承担这一部分支出。财政部网站信息显示，2013年北京省级财政补助保障性安居工程资金高达43亿元，显然有充足的财力完成公租房项目。

对租户而言，住在北京五环内60平方米公租房内，平均每个家庭仅需要承担每月1260元的房租，大约是市场租金50%。如果能够允许租户利用缴纳的公积金负担房租，则会进一步减轻住户的房租压力。而且，公租房租赁的期限较长，不用担心房东的变动和搬家的麻烦，非常有利于稳定租户的预期。

公租房的BOT模式操作流程：由政府住房保障部门确定公租房项目规划，

并对该项目进行公开招标。中标单位与政府合作，成立项目公司（SPV）。在项目公司的资本结构中，政府以土地出让成本入股，但是占项目资本金的比例不能超过 20%。政府占股既有利于提高融资的信用，降低融资成本，也有利于监督管理项目公司，维护公众利益。SPV 的股东还可以包括金融机构、房地产开发企业、建筑施工企业、物业管理机构等相关单位。根据国外经验，政府可以授予该 SPV 公司 30 年的特许经营期来建设和运营公租房项目。在特许经营期间，项目公司负责对项目进行融资、建设并管理（也可委托给其他公司进行管理）。项目公司在经营管理期负责收取租金，以获得合理的商业回报。在项目经营期满，该项目将无偿转让给相应的政府管理机构。

2. BOS 模式

该模式的核心要点是保障房的先租后售，即在保障房建成后的 5 年内出租，而在 5 年后可以按照较为优惠的低价出售一定比例的保障房给有能力承担的低收入租户。在租户居住一定时期后（比如说 5 年），可以将一定比例（比如 30%）的公租房以合理的产权比例（比如 60%）出售给租户。这种共有产权性质的保障房，既可以回笼部分资金用于其他保障房项目的建设，又可以让部分收入提高后的常住居民获得稳定产权，使保障房社区拥有不同收入层次的居民混合居住，有利于社会的稳定和谐。

公租房的 BOS 模式操作流程：由政府住房保障部门确定公租房项目规划，并对该项目进行公开招标。中标单位与政府合作，成立项目公司（SPV）。在项目公司的资本结构中，政府以土地出让成本入股，但是占项目资本金的比例不能超过 20%。项目分为建设期、运营期和出售后三个阶段。项目公司在特许经营期间，负责对项目进行融资、建设并管理。项目公司在经营管理期负责收取租金，以获得合理的商业回报。在运营期末，部分住房将按照一定的投资回报出售给由政府确定的可以享受优先购买权的人群。这些公租房购买者可以与政府共同享有房屋的产权，在一定期限内只能回售给政府部门，而不能向市场出售。

一般而言，通过出售部分产权，项目公司可以在较短时间内，收回投资并享有一定的利润。对政府而言，该模式也节省了建设和运营的资金。对于租户来说，在租赁期内可以享受低租金的住房，在购买后又可以拥有一定比例的房屋产权，缓解了租户的住房和置业负担。因此，先租后售的公租房 BOT 模式，适应了被保障群体的阶段性住房需求和长远需求，有利于公租房的循环供应和可持续发展。

3. REITS 模式

REITs 是一种由专门资产管理机构发行的、汇集多方资金进行房地产投资，并将投资净收益分配给投资者的一种信托基金[①]。通过 REITs 方式发展公租房，既可以使地方各级公共部门将用于公租房的建设资金运转起来，用于后期建设租赁性保障房，又实现公租房运营与监管的分离，提高保障房的运营效率和维护租户的合法权益。

目前，我国在租赁性保障房 REITs 项目开发方面还有一定的不足，最关键的是资金回收时间过长，有时还会有资金不能回笼的风险。所以，我国开展租赁性保障房 REITs 的关键是完善体制机制，使 REITs 取得一个符合市场预期的长期收益率。根据当前情况，可采取以下方法：一是在一定年限后，可以收取较高的租金或者出售部分物业；二是为公租房的 REITs 经营管理所需的融资活动提供财政贴息、担保；三是直接给予公租房 REITs 一定的财政补贴。

公租房 REITs 模式的操作流程：首先，由政府、信托公司、房地产公司等合作成立项目公司，用于专门经营公租房投资管理。这样的分工合作能够用其所长，提高效率，减少成本并降低风险。其次，信托公司以向民间投资者出售 REITs（房地产投资信托计划）方式，募集资金，然后对其保证定期付息，到期还本。之后，房地产企业利用投资者的资金建设住房，主要是提供给“夹心层”租住。在保障房建设过程中，政府对其实施优惠政策。最后，完成公租房建设之后，经营管理工作转交给相应的项目公司，以低于同等住房市场租价的价格出租给刚入职的大学生等“夹心层”人群租住。从租户那里获得定额租金成了经营企业的主要收入，公司根据合同协议对 REITs 的投资者定期付息，到期还本。

4. 公租房的住房合作社模式

住房合作社在解决西方国家住房保障方面发挥了重要作用，是一种重要的政府和社会资本合作的形式。借鉴发达国家经验，建议在我国成立专门的非盈利性质的住房合作机构，由其统筹解决入社成员的住房问题。

住房合作社的操作要点：第一，在中央层面，由住建部、民政部和财政部联合中华慈善总会等非盈利组织公共设立住房合作总社，指导全国范围的住房合作工作。第二，在省级层面设立相应的分社，负责辖区内的保障房建设和运

---

① 贾康、孟艳：“创新租赁性保障房融资及运营方式：发展房地产信托投资基金（REITs）”，《中国房地产业》，2012 年第 7 期。

营。第三，资金来源包括企业的捐赠和个人社员的投入。企业捐款可以按照相关规定予以税前减免。个人通过投入资金入社，负担低廉的公租房租金。第四，政府部门即要对合作社进行监督管理，又要对合作社公租房提供税费优惠和一定的补贴。住房合作社属于非盈利机构，应该享受免税待遇。另外，对于合作社申请公租房用地给予优惠支持；对于合作社建造房屋申请的住房贷款，政府部门可以提供一定的贴息支持；对于经济困难的合作社公租房住户提供一定的住房补贴。第五，住房合作社应该保证其非盈利性质，坚持为入社成员提供低廉的公租房。在一定时期之后（10—15 年），可以将部分合作社公租房以成本价出售给社员。但是，购买房子的社员并不享有完全产权，房屋不可以市场价向外出售，只能在社员之间进行转让，以保障合作社的非盈利性质。第六，合作社公租房必须租赁给国家认可的低收入住房困难居民社员。每个公租房项目可以在发起和规划阶段就向公众公布入社条件，每个项目的就是一个小型的合作社。入社成员要遵循合作社的规定，不得将房屋转租。

（二）收储社会闲置房源的 PPP 模式

除了新建保障房之外，PPP 模式也可以运用于对现有住宅的改造和利用。在我国一些人口增长缓慢的三四线城市，人多房少的矛盾并不突出，存在着不少闲置的房产。对闲置住房较多的地区，政府部门完全没有必要新建保障性住房，而是可以采用 PPP 模式对现有闲置住房进行收储，再转租给低收入住房困难家庭。这样，一方面可以节约政府新建保障房的资金投入，另一方面也能尽快满足城镇低收入群体的住房需求。对租户而言，由于政府部门担当了房产中介的角色，在享受政府房租补贴的基础上，可以更加长久地居住，免除频繁搬家之苦。另外，由于收储的公租房一般而言比较分散，能够满足不同群体的住房需求，也可以避免低收入者集中居住带来的社会问题。

收储闲置房源 PPP 模式的操作要点：第一，政府住房保障部门成立专门的收储公司，并与物业管理公司、装修公司和房产中介公司合作成立专门的公租房租赁公司（也是一种 SPV）。第二，利用社会资本合作伙伴的信息和管理优势，寻找并签订闲置的房源，对其进行符合政府要求的装修改造。第三，政府部门负责审核房源和申请者的信息，对入住公租房的家庭提供一定的租金补贴，对出租家庭免征租房税收。

（三）成立保障房 PPP 引导基金

保障房 PPP 引导基金是由政府部门设立的，主要用于保障房的融资、建设和运营管理的一种引导基金。保障房建设的 PPP 引导基金与其他引导基金最大不同之处是，PPP 引导基金在募集时以保障房项目作担保，并承诺最低的收益回报区间。

保障房 PPP 引导基金为公共部门参与 PPP 项目提供了潜在的融资途径，使 PPP 项目的资金来源更加多元化，有利于降低融资成本。这种基金还将协助政府和市场适应新兴的 PPP 模式。这类基金不仅是引入长期投资者的工具，还可以提高政府和社会资本合作项目的质量。

该基金将促使 PPP 做好提供公共服务的准备，建立一个基于良好公司治理架构的投资基金，向具有长远投资意向的投资者筹资，并且利用这个基金向稳健的 PPP 项目提供政府财政支持。受资助的 PPP 项目需要满足包括项目筹备、招标、合同谈判、实施等高质量的标准和要求，从而确保基金投资资产的可靠性，并通过示范，扩大使用范围，使 PPP 模式对私营合作方及投资者更有吸引力。私人或机构投资者将把资金借给基金，或按市场价格提供权益融资；开发商和中央政府也可以为基金提供融资；项目公司或者地方政府可以从基金中低成本贷款，并按 PPP 项目的要求偿还债务。这样地方政府将可以享受到这类低于资本市场资金成本的融资。

保障房 PPP 引导基金本身应该就是一个政府和社会资本合作模式，即按非银行金融机构设立，由独立的理事会管理，日常运营根据绩效管理的原则，交由独立的私营机构管理。政府股东可由财政部、国家发改委、住房和城乡建设部、民政部等委派，这将有助于对基金的严密监管，并确保其按其宗旨运行。基金的投向将限于保障房 PPP 项目。

保障房 PPP 基金设立的要点：应该成立专门的基金管理机构，负责基金的募集和投资。在确定项目所需要的资金规模后，由政府先期认购 10% 的基金份额，其余 90% 的份额向社会公开出售。所募集资金全部用于通过 PPP 模式的保障房项目上。关于基金的设立、管理、监督可以参照政府其他方面的引导基金。

四、支持保障性住房建设的相关政策建议

（一）鼓励社会资本参与保障房的财税政策

为中低收入群体提供保障性住房是政府的重要责任。政府通过补贴、税收和转移支付等方式对保障性住房建设提供财政支持，是我国解决中低收入家庭住房问题的重要政策措施之一。

1. 明确财政支持保障房的法律法规

当前最重要的是通过制定相关法律，尽快出台《住房保障法》，用法律法

规明确公共部门在维护居民住房权利方面必须承担的责任和义务。其中的重点是，要明确规定我国的住房保障投入在各级财政支出中所占的大致比例；在现行财政体制下，要明确以中央和省级财政投入为主，并确立起“省级负总责，市县抓落实”的体制。

2. 创新方式提高财政资金吸引社会投资的力度

要解决中低收入家庭住房困难问题，财政资金必不可少。目前我国保障房的资金筹措机制仍然无法保证保障房的建设需求。因此，在坚持“以财政为主，多渠道筹集”的原则下，可以考虑通过投资补助、贷款贴息等多种方式，发挥财政资金“四两拨千斤”的优势，提高财政资金吸引社会投资的力度。

3. 完善住房保障的税收优惠政策

为吸引社会资本参与保障房建设，全面减轻保障房建设运营的费用，应该对各类保障性住房、棚户区改造安置住房建设、运营各方面涉及的各项税费给予优惠政策。此外，为鼓励企业投资建设保障房，特别是公租房，可以参考《关于企业参与政府统一组织的棚户区改造有关企业所得税政策问题的通知》（财税［2013］65 号）文件，对企业参与纳入政府统一规划的保障房项目（不仅仅是棚改房，还包括公租房）的，对企业用于符合规定条件的支出，准予其在一定年限和一定额度内在企业所得税前分期扣除，以鼓励私营部门积极参与保障房建设和运营。

（二）鼓励社会资本参与保障房的金融政策

住房金融对完善国家住房保障制度和改善居民居住条件都有着非常重要的作用。尽管我国的住房金融行业近来进步相当迅速，但是与房地产业的发展相依仍然相对落后，非常不利于住房保障的顺利推进。因此，为吸引社会资本参与保障房建设，必须积极完善住房金融政策。

1. 试点专门的住房保障银行

政策性住房金融是政府公共部门为改进住房保障体系而创立的非营利性的金融机构。保障性住房的盈利性较差，租赁型住房还面临回收期长、风险大等问题。因此，追求盈利的商业银行对于不能带来稳定收益的保障性住房建设天生具有排斥性。为了满足保障性住房的融资需求，可以借鉴国际经验，由政府成立新的政策性银行——住房保障银行，负责向保障房开发商和购买者发放优惠贷款。住房保障银行可以吸收邮政储蓄资金和保险资金，也可以利用其类政府信用来发行金融债券融资。住房保障银行还可以开办住房储蓄业务，根据居民存入资金数额和时间期限等提供多种的惠政策，比如低利率的配套资金供应、优惠政策购房等，推动居民积极参与住房储蓄活动，并以低息的住房储蓄为基础，对住房专项贷款给予支持。

2. 鼓励发行保障房企业债券或住宅金融专项债券

企业债券具有期限长、利率低的特点，是保障房融资的较好渠道。当前政策规定，符合条件的地方政府投融资平台公司和其他企业，可以通过发行企业债券的方式来为保障房项目融资[①]。但是，我国金融监管部门对企业债券的规定比较严格，通过债券融资的难度较大。公共租赁住房目前还是一个新兴事物，不可能有盈利记录，短期内较难通过发行债券来融资。政府应该创造条件，解除不必要的限制，为公共租赁住房的企业债券融资开通“绿色通道”，以解决资金难题。此外，借鉴铁路系统融资的做法，可以试点发行住宅金融专项债券，由中央财政提供担保和利息支持，专门用于公租房的建设和运营。住宅金融专项债券由于具有国家信用担保，筹资成本较低，则会有公租房的租金收入就能够覆盖利息成本。而本金可以采取借新还旧的方式，随着城镇化的发展，最终用保障房小区成熟后的地价升值收益来归还本金。

3. 鼓励社保基金、保险资金、外汇储备等投入保障房建设

社保基金、保险基金和外汇储备均有保值增值的压力，而保障房特别是公租房是长期稳定的收益项目，与这些资金增值需求一致。社保基金可以通过信托贷款方式为保障房项目公司提供贷款。保障房的租金和出售收入、配套商业建筑租金收入和财政补助可以成为社保基金贷款的主要还款来源，如果加上银行担保，则可以将社保基金的风险降到最低程度。保险资金可以通过债券投资计划来参与保障房建设和管理。根据有关规定，可以由保险资产管理公司发起并设立保障房保险债权投资计划，将保险公司的筹集的保费资金用于稳定收益的保障房项目。保险债权投资计划期限最长可达 10 年，利率低于银行同期贷款基准利率，具有期限长、融资成本低的特点[②]。同理，我国外汇储备规模巨大，保值增值压力较大。可以借鉴中投公司的运作方式，将部分外汇储备投资于国内保障房的建设和运营。

（三）鼓励社会资本参与保障房的土地政策

土地供给是保障房建设需要的基础条件。无论是廉租房、经济适用房，还是公共租赁的建设都需要一定的土地作为最基本的前提条件。因此，对土地供

① 《国家发展改革委办公厅关于利用债券融资支持保障性住房建设有关问题的通知》，2011 年。

② 于宁、李康：《保险债权投资计划的发展与启示》［J］，《银行家》，2014 年第 2 期。

给进行调控，合理确定保障性住房的用地供给，是完善住房保障的重要手段。要做好保障房土地供应的长期规划和年度计划，确保保障房的土地得到优先供应，且位于交通便利、配套相对齐全的地区。针对公共租赁住房，可以采取直接划拨方式，但为了融资方便，建议采取出让、出租、低价入股等多种方式。

1. 推进征地制度市场化建设进程

完善征地制度，对保持国家社会经济稳定发展起着积极作用。目前，政府部门应该尽快明确公共利益的范围界定，完善相关法律法规，为建立合理的补偿制度提供依据。为保障失地农民的利益，应按照市场经济规律探讨合理的征地补偿标准。征地补偿必须从多角度思考，比如被征用前的价值大小、该土地的市场供应因素、土地的地理位置、当地经济水平以及当地保障房建设法规。

2. 构建合理的保障房土地规划和储备机制

国土、规划、社保等部门应该对所辖区域内被保障人群进行调查了解，依据人均保障房标准测算用地需求，从而清楚了解保障房的土地储备需求规模。这样才能编制科学的年度土地供应计划，明确保障房建设规模，为今后开工建设保障房提供明确的指标约束。在保障房土地供给储备方面，政府应该划出部分土地收益作为专门的保障性住房用地储备专用基金，通过专业机构对土地储备基金进行运作。

3. 提高保障房建设的容积率

容积率低是制约一些企事业单位利用自有土地建设保障房的主要障碍。建议政府在出让土地和审批保障房建设规划的时候，适当提高保障房的容积率，使其高于当地城市商品房的平均水平。较高的容积率，可以增加保障房的套数，使得更多的人能够获得保障房的保障扶持，更有利于加强土地的集约利用，最优化地开发稀缺的土地资源。

专项四：
城镇化连片开发投融资

一、城镇化连片开发投融资特点

目前，我国正处在工业化、城镇化快速发展的关键阶段。工业化和城镇化是未来扩大内需的最大潜力所在。根据国家统计局公布数据，2013 年我国城镇化率约为53.7%。根据“纳瑟姆曲线”规律，这个发展水平正是对资金有巨大需求的时候。就我国当前情况看，连片开发是城镇化进程中的核心内容。

（一）资金需求量大

我国未来城镇化需要巨额资金投入。根据中国社科院的《中国城市发展报告（2012）》蓝皮书测算，在未来 20 年内，要将 4—5 亿进城农民完全市民化，至少需要投入 40 万—50 万亿的巨额资金。

（二）资金回收周期长

城镇化连片开发必然涉及基础设施的建设。这些基础设施建设都需要大量资金投入，如市内道路、机动车线路和地铁/轻轨线路等公交线路、交通干道设施、地上地下各类桥梁和管道等。一般说来，基础设施项目建设周期相对较长，有的长达 10 年，甚至长达 20—30 年。而商业银行贷款期限一般是短期的。在商业银行占主导地位的融资体系中，势必因期限错配而阻碍长期基础设施融资。

（三）经济效益不高

城镇连片开发项目大都提供公共产品。这些公共产品价值补偿严重偏低，导致连片开发项目效益非常低，有些本身根本没有收益。如城镇内道路、涵洞、隧道、桥梁、地下管线等公共品根本不可能向使用者收取费用。地铁、轨道交通项目却由于各种限制，其收费一般偏低，往往难以通过收费收回投资。

二、城镇化连片开发投融资存在的问题

（一）财政资金难以支持

依靠有限的财政资金和银行贷款难以满足连片开发资金需要。以城镇化进程中的城市开发区建设为例，开发区基本上是从郊区荒地或转换的农田起步，生产和生活基础设施都要从头开始建设，需要大量资金支持，仅依靠财政资金和银行贷款往往仍会出现巨大资金缺口，影响建设进程。

（二）传统地方政府主导的融资模式已经难以持续

目前，我国地方政府融资模式主要有：地方税和中央转移支付、土地出让金收入、地方投融资平台以及中央代发地方债。这些传统的融资模式由于各自的局限性，难以为未来的城镇化提供持续的、充足的资金供给。

首先，地方税收和中央转移支付不能满足地方城镇化过程中公共产品和服务的提供。

其次，土地财政融资模式已经到必须退出历史舞台的时候。土地融资存在很多问题：土地资源的稀缺导致一次性的土地批租收入不具有可持续性，并助长了地方政府政绩激励下的短期行为，地方政府通过推高地价获得城镇化建设资金的同时也推高了房价。

最后，地方融资平台面临较大债务风险隐患：一是融资主体的设立与运作不规范，公司治理结构不合理；二是融资状况不透明，责任主体模糊；三是信用膨胀，负债率高；四是地方债发行规模有限，短期内不宜大规模推广。因此，积极探索多元化的融资渠道，利用 PPP 模式引入民间资本，不失为缓解此矛盾的有效途径。

三、引入 PPP 模式，助推城镇化连片开发

城镇化过程中，需要大量投入以形成有效供给的公共产品。有必要通过 PPP 模式引入民营部门参与，以缓解资金供求矛盾，提高供给效率和分散风险。

（一）引入 PPP 模式的必要性

1. 有利于提高城镇化的供给效率和质量

在城镇化连片开发过程中，以政府为单一主体的供给和管理模式在运行机制方面存在不足，导致城镇化供给效率和质量低下。一是城市公共设施内部投资结构不协调，政府的资金分配比例不合理。二是资源浪费严重。首先，由于缺乏长远的统筹规划，存在大量重复、盲目建设，造成基础设施供给不足与基础设施利用不充分并存的现象；其次，有的项目建设质量不达标，难以达到正常的使用要求，常常要返建或返修，带来了巨大资金浪费。三是，项目建设周期过长。一方面，由于低估项目预算，忽视配套资金，使许多在建工程由于缺乏资金而延期；另一方面，个别地方政府为了制造建设繁荣的假象，人为拉长建设战线和周期，不利于树立政府形象和信用，也影响其他项目的开展。

而在 PPP 管理模式中，政府公共部门和民营部门在合理分工、优势互补的基础上进行合作，民营部门更多地负责项目和服务的具体生产与经营，政府公共部门主要负责项目和服务标准的制定以及生产经营过程的监督。因此，提高了公共产品和服务的供给效率和质量。

2. 有利于分散公共设施供给的整体风险

在城镇化发展过程中，基础设施、公用事业和公共服务，由于其投入巨

大、影响范围广泛等原因，其生产与经营过程存在着诸多系统性风险（政治风险、经济风险、法律风险和不可抗力风险）和非系统性风险（包括信用风险、完工风险、技术风险、经营管理风险、市场风险及环境保护风险等）。这些风险如果由公共部门独自承担，必将加大其压力和负担。所以，利用 PPP 模式引入民营部门参与，通过科学的风险分担机制，可将不同风险分配给最有能力承受此风险的一方，从而分散和降低项目和服务的整体风险。

（二）城镇化连片开发 PPP 模式可采取的方式

由当前通行的做法看，城镇化连片开发可引入 BOT 和 BT 的做法。

1. BOT

BOT（build - operate - transfer）即建设—经营—转让，是指政府通过契约授予私营企业（包括外国企业）以一定期限的特许专营权，许可其融资建设和经营特定的公用基础设施，并准许其通过向用户收取费用或出售产品以清偿贷款，回收投资并赚取利润；特许权期限届满时，该基础设施无偿移交给政府。

在国际融资领域 BOT 不仅仅包含了建设、运营和移交的过程，更主要的是项目融资的一种方式，具有有限追索权的特性。所谓项目融资是指以项目本身信用为基础的融资，项目融资是与企业融资相对应的。通过项目融资方式融资时，银行只能依靠项目资产或项目的收入回收贷款本金和利息。在这种融资方式中，银行承担的风险较企业融资大得多，如果项目失败了银行可能无法收回贷款本息，因此项目结构往往比较复杂。只能依靠项目资产或项目收入回收本金和利息就是无追索权的概念。

在城镇化连片开发中，上述项目融资的方式非常适用于许多工程的建设。如在实际 BOT 项目运作过程中，政府或项目公司的股东都或多或少地为项目提供一定程度的支持，银行对政府或项目公司股东的追索只限于这种支持的程度，而不能无限的追索。另外，由于 BOT 项目具有有限追索的特性，BOT 项目的债务不计入项目公司股东的资产负债表，这样项目公司股东可以为更多项目筹集建设资金，这对股本投标人经营项目带来了一种很大的便利。

2. BT

BT 是英文 Build（建设）和 Transfer（移交）缩写形式，意即“建设—移交”，是政府利用非政府资金来进行非经营性基础设施建设项目的一种融资模式。BT 模式是 BOT 模式的一种变换形式，指一个项目的运作通过项目公司总承包，融资、建设验收合格后移交给业主，业主向投资方支付项目总投资加上合理回报的过程。目前采用 BT 模式筹集建设资金成了项目融资的一种新模式。

BT 模式中三个主体：(1) 项目业主。是指项目所在国政府及所属部门指定的机构或公司。(2) BT 投资建设方。BT 投资建设方通过投标方式从项目所在国政府获得项目建设的特许权。(3) 贷款银行或其他相关单位。

城镇化连片开发引入 BT 有重要意义。(1) 有利于缓解政府的资金压力，转变政府职能，有利于提高建设效率，提前实现建设收益。BT 模式将项目建设职能从政府手中分离出来交由专门的项目公司实施，一方面，实现了建设管理的市场化与专业化，提高了建设效率，改善城市整体环境；另一方面，政府从琐碎的事务管理中脱身出来，专门致力于建设资金的筹措及对项目的宏观监督管理，从根本上改变了政府在城市基础设施和公用事业建设中的职能。建设后移交政府，又可使政府对项目的收益提前实现。(2) 为企业开辟了新的投资渠道。通过与政府合作，不仅降低了企业投资的盲目性，减小了风险，又能保证其资本增值。(3) 有利于构建社会信用体系。BT 模式在一定程度上是对政府和企业信用的考验，通过实施 BT 模式，有助于构建良好的社会信用平台。

在我国 BT 模式的实践中，太平洋建设集团是一家典型的 BT 工程项目公司。在这个模式下，太平洋集团的债务人基本上都是政府，而政府又通常有着极高的稳定性和较强的支付能力（财政收入）和影响力。因此，在项目建设过程中，太平洋集团可以放心施工。由于太平洋集团自身融资能力较强，以及对项目人员有较好的激励约束机制，可以在较短的时间内高质量地完成项目施工，然后移交政府。依托 BT 模式，太平洋集团快速成长，美国《财富》杂志 2014 年“世界 500 强”排行榜向全球发榜，太平洋建设集团首次参评并入选，排名第 166 位，名列中国内地私营企业第一。

四、相关保障措施

在利用 PPP 机制有效促进我国城镇化进程中，除了根据城镇公共设施的不同形态和不同特点选择合适的 PPP 具体模式以外，还需要采取一系列措施，保障 PPP 模式的有效运行。

(一) 健全相关法律法规体系

完善的法律法规是私营部门进入城镇化公共设施领域的基本依据。为保障 PPP 机制的良好运行，还要进一步完善和细化《合同法》等现有法律法规体系，为 PPP 模式在城镇公共设施中的有效运用提供更加全面、详细的法律依据，为各参与方的权责划分、风险分担以及纠纷处理提供指导。

（二）完善政策扶持措施

为了更好地引导私营部门参与城镇公共设施建设，国家需要出台一系列的优惠政策，从财政、税收、金融、土地等多方面为私营部门参与 PPP 项目给予政策扶持，增加城镇公共设施 PPP 项目的吸引力。

（三）加强全面综合管理

城镇公共设施的 PPP 项目涉及的利益实体较多，时间跨度较大，没有严格的管理贯穿始终是难以奏效的。从国外经验看，英国、美国等 PPP 推行比较成功的国家都建立了专门的 PPP 管理制度。对 PPP 项目，要从横向管理（合同管理、绩效监控和关系管理）和纵向管理（招标筹备期、工程建设期、项目运营期和项目交割期）两个维度加强管理。

（四）建立 PPP 专业组织机构

从发达国家的经验看，我国也应在借鉴先进经验基础上，研究建立中央和地方级别的专业 PPP 单位，帮助公共部门设计和实施 PPP 项目，为推广 PPP 提供国家和地方各层面的组织保障。

专项五：利用 PPP 模式推动灾后重建的制度分析与政策建议

我国是自然灾害发生十分频繁的国家。地震、泥石流、旱涝等自然灾害经常给我国造成重大人员伤亡和财产损失，灾后重建需要大量人力、物力和财力，仅依靠财政资金和社会捐助，远远不能满足灾区群众的生产生活需要。加快灾后重建步伐，充分发挥财政资金在灾后重建中的引导作用，积极推广运用政府和社会资本合作（PPP）模式，形成在政府主导下多元投资、相互补充、激励相容、广泛参与的灾后重建新体系十分重要。政府和社会资本合作的新型伙伴关系可以在基础设施、公用事业、企业恢复生产、居民住房等多方面的灾后重建中发挥积极作用，更有效率地发掘社会资本潜力，推动灾后重建工作。

一、灾后重建面临的难题和 PPP 模式的应用空间

（一）灾后重建任务重时间紧，所需资金数量大，而财政资金有限，社会资本蕴藏巨大潜力

近年来，我国先后发生的四川汶川、青海玉树等多个重大地震等自然灾害，造成了巨大经济损失。2008 年 5 月 12 日发生在四川汶川的特大地震，造成了重大人员伤亡，对当地和周边地区的人民群众财产造成了极为严重的破坏。2010 年 4 月 14 日青海玉树地震给灾区人民生命财产造成重大损失。居民住房大量倒塌，学校、医院等公共服务设施严重损毁，公路沉陷、桥梁坍塌，供电、供水、通信设施遭受破坏。这些重大地震灾害发生后，第一时间的紧急抢险救灾和各机构部门的应急努力之后，灾区政府和人民随之面临的是艰巨的灾后重建任务。汶川地震造成的直接经济损失高达 5000 亿元以上。如果考虑到间接的经济损失，数字更大，重建工作任务繁重、时间紧迫。

汶川灾后重建过程可分为时间上有所叠压的几个阶段：第一是应急阶段，这一阶段为灾害发生到其后 6 个月左右；第二个阶段是对受灾群众的安置阶段，一般是从发生灾害 3 个月到其后 3 年的时间；第三个阶段才是以重建为重点内容的阶段，一般从发生灾害 1 年到 10 年或更长的时间来完成（如图 12－1 所示）。

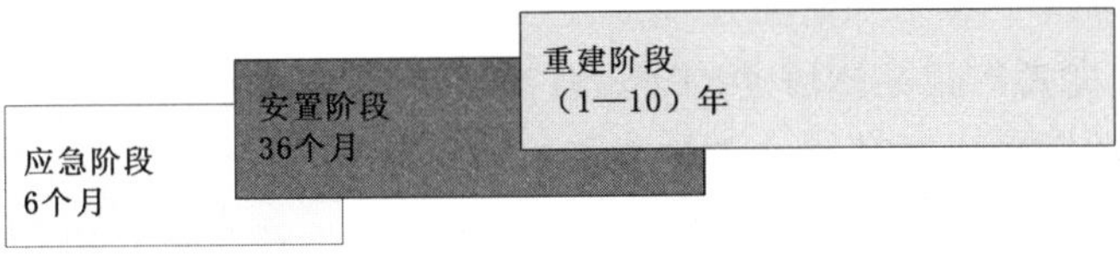

图 12－1　灾后重建时间表

有关专家预计，四川省灾后重建资金需求达到约 1 万亿元人民币左右，包括基础设施建设、居民住房建设、公用设施等等，仅居民住房建设就需要约 7000 亿元人民币。初步估计应急阶段大约需要 1000 亿元、安置阶段大约需要 2000 亿元、重建阶段大约需要 7000 亿元。在应急阶段以财政性资金和社会捐助资金为主导；安置阶段以财政性资金和社会捐助资金为主的同时，积极合理引入社会资本的参与；在重建阶段应当以财政性资金为引导，充分发挥市场机制，让更多社会资本参加到灾后重建中来，显得至关重要。

汶川灾后重建进程中，正值应对全球金融危机，拉动内需，实施积极的财

政政策和比较宽松的货币政策，重建从银行获得资金比较容易。随着发展方式的转变，目前我国金融机构更注重贷款效益的考核，银行信贷规模受到约束，同时政府融资平台受到调控和限制，基本不具备在银行取得贷款的条件，很难有足够的财政性资金满足重建需求。若再遇到大的自然灾害，就必须更多考虑投入主体多元化，更快、更充分、更有质量地满足灾区重建工作需要。

灾后基础设施重建耗资巨大、任务艰巨，单靠各级政府财政投入无法解决。汶川地震发生后，全国人大、国务院决定2008年先行安排700亿元，建立灾后恢复重建基金。同时国务院还决定，中央国家机关当年公用经费支出一律比预算减少5%，用于抗震救灾。即便是中央保持每年投入700亿元，3年投入总量才能达到2100亿元，再加上其他一些财力面对1万亿元的重建资金需求仍然存在着为数可观的缺口。而社会捐助资金6月底统计已接近550亿元，此后一次性捐助增长量不大，但以项目合作等方式吸引由非政府的企业主体、社会资本进入的潜力则十分可观。

（二）灾后重建是先破后立、从无到有的艰难过程，需要发挥PPP模式的制度优势

向社会提供公共产品和服务是政府公共部门的基本职能。基础设施建设中的PPP模式从20世纪70年代末期英国开始，已经成为国际上的潮流与趋势。我国自改革开放以来PPP模式不断萌芽、发展，而在近些年显著成长，也取得了一些经验。当面对灾后重建基础设施、公共设施的任务，完全可以适当选择PPP管理模式，并可包括灾后居民住房建设配备以政府补贴等形式，这适用于基础设施设计、建设和运营管理全过程。

从满足灾区群众的实际需要来看，比如学校、养老院、公立医院等社会服务类机构，群众迫切需要，等不起也等不得。PPP模式充分调动市场主体积极性，只要政府将平台搭好，可快速填补这些服务的空白，优先安排与群众息息相关的项目。在汶川地震中，华远、万科等大型房地产公司除了捐款，还参与学校、民房等重建项目建设。以往谈到PPP可行性时，更多的是强调项目产生的利润对企业的吸引力，灾后重建中其实这更关系到这些企业的社会责任。其中大量基础设施建设离不开企业的参与建设和管理，或许项目自身利润是微薄的，但作为一个意在体现自己强烈社会责任感的企业，也会积极参与建设。

汶川地震灾后重建使“PPP+专业社会工作模式”应运而生，这一新模式在不断创新、完善中，逐渐形成具有中国特色的自力更生、地方为主、国家支持、社会参与、对口支援、市场驱动、国际援助的灾后重建 PPP 模式。在汶川震后重建的行动中，超城建筑设计事务所创始人车飞倡导一项“震后造家行动”，十多家私营建筑设计单位的志愿建筑师与规划师捐献一定资金，中国扶贫基金会再提供一部分重建资金，他们通过前期详细调查，提出了更加关注震后乡村地区的社会化与城市化发展的设计方案，最终通过全体村民投票被选为执行方案。在与扶贫基金会、村委会、部分村民讨论后，超城建筑设计事务所在此后还提出了深化方案和几个居住组团的用地规划。500 户重建工程在 2008 年 12 月开始，至 2009 年 12 月大部分重建工程基本完工。“震后造家行动”是在汶川震后重建中唯一一个尝试采用并实施类似方式的重建计划，受到当地农民喜爱和接受。灾后重建中，除了城市、农村的基础设施建设，震后大量产业化重建项目更需要发挥 PPP 的投入和管理模式。

（三）市场经济环境下和政务公开进程中，社会公众愈加关注重建资金使用效益，PPP 模式的应用和推广满足了公众需要

近年来，我国部分地区灾后重建中，“统规统建”频繁曝出质量问题，并查出权钱交易、暗箱操作、层层转包和偷工减料等违法违纪行为。2009 年 7 月，云南省姚安县发生 6.0 级地震造成部分人员伤亡和大量民房倒塌损坏。灾后重建中，楚雄州和姚安县对 350 户民房进行“统规统建”，群众搬进新居后发现墙体开裂、楼板塌陷和地震下沉等质量问题。经权威部门检测，只好对 90 栋“统建房”进行了拆除重建，237 栋进行了加固补强。当前，对于民间捐助资金如何透明、高效地运用，公众给予了前所未有的高度关注，政府各有关部门、审计机关也一再表明了严格监管、注重绩效的态度，这客观上形成了在严把“合规性”关口的同时，积极探索能够带来更透明、高效的 PPP 新机制的迫切要求。

二、利用 PPP 模式推动灾后重建的政策框架

（一）政府的大力支持是灾后重建实施 PPP 模式的前提条件

PPP 模式是提供公共设施或公共服务的一种有效方式，但并不是对政府有效灾后重建工作的完全替代。中央和省级政府应从保护和促进公共利益的立场出发，负责项目的总体策划，组织招标，理顺各参与机构之间的权限和关系，降低项目总体风险等。在发生灾害的地方政府可通过设立相关机构或委员会负责灾后重建中 PPP 项目的设计、开发与监管，这一方面有利于降低 PPP 项目的风险、提高融资效率；另一方面也可提升 PPP 项目的信用级别，从而吸引

更多的私人资本参与到重建项目建设中来。

（二）健全的法律法规体系，完善的监管机制是顺利推进 PPP 模式的保障

政府提供充分的政策支持，对灾后重建中 PPP 模式的成功运作具有重要意义，也有利于增强投资者信心并降低项目风险及成本。与此同时，着手构筑完整的法律框架，研究制定具体可行的法律法规，弥补相关监管体系中的缺陷并着力解决实际操作过程中的一系列问题，也将确保 PPP 模式运行步入规范化、法制化的良性轨道。

（三）专业机构和人才支持是 PPP 模式有效推进的基础

PPP 模式是一项技术性、专业性极强的新型融资方式，涉及金融、法律、财务及相关专业技术领域，需要一大批既有理论知识又有实践经验的复合型人才。一方面要求政策制定者出台规范化、标准化的 PPP 交易流程，并为项目运作提供技术指导和政策支持；另一方面需要专业的中介机构提供具体的专业化服务。目前我国这方面人才匮乏，无法满足灾后重建中 PPP 模式大规模发展的需要。为此，要加强现有相关专业人员的培养，并加大专业人才和管理技术的引进力度，可以考虑吸纳专业 NGO 和广大志愿者参与进来。

（四）融入包容性创新理念是 PPP 模式科学推进的重要内容

灾后重建中利用好 PPP 综合服务平台在住房、市政供水、污水、垃圾处理等领域引入 PPP 模式，由于投资量大、涉及面广，且与城乡居民生活息息相关，因此，在设计项目时应体现包容性创新的理念，把鼓励项目所在地居民积极参与、充分听取并尊重他们的需求作为一项重要内容；在项目准备、实施、运营管理的过程中，严格规范招投标工作，充分鼓励各种社会资本公平竞争，增强社会资本的建设能力，也要在重建中注意引资和引智的结合。

三、以 PPP 模式推进灾后重建工作需要注意的问题

（一）在国家整体重建布局基础上，倾听灾区群众呼声，引导群众“量力重建”，广泛搜集 PPP 项目源

在玉树震后重建中，根据国家和青海省的划区分工，2010 年 6 月起中国建筑总公司担负了玉树州结古镇城北片区和安冲乡的灾后重建任务。中国建筑总公司在工程设计中切实把“时代特征、民族特色、地域风貌”结合起来，并采用“菜单式”设计施工方式，根据当地群众意愿，做到在建筑设计及施工规定允许范围内，老百姓要什么样的户型，就给他们建什么样的房子，切实满足了藏族同胞的要求。在灾后重建中，还要引导群众“量力重建”。2013 年

四川芦山地震发生后，不少受灾群众自发前往汶川地震灾区考察，汶川的重建成果让他们羡慕不已，也提升了他们的期望值。但芦山灾区得到的各界援助没有汶川震后那么多，加强宣传，引导群众“量力重建”，扩大 PPP 项目源，广泛推进政府和社会资本合作，成为基层干部的重要工作内容。

（二）切实利用好 PPP 综合服务平台，资金使用透明公开，做好信息反馈工作

与过去危机管理中多次出现的信息公开不力受到质疑相比，汶川抗震救灾信息的快速、公开、透明，对灾后重建遇到的困难、工作进展情况等及时通报给社会公众，使公众对灾区的情况完全知情，从而让各类谣言止于真相。在 PPP 综合服务平台运作过程中，要利用好现有的互联网、微博、微信和客户端等平台，做好信息发布和反馈工作，扩大公众参与度。“底线保障”是政府的职责，在此基础上加入社会资本的精细化服务，建立兼顾效率和公平、更具人性化和灵活性的灾后重建机制，确保救灾和重建资金的廉洁高效使用，最终达到“阳光重建”与和谐重建。

（三）利用 PPP 综合服务平台推动第三方监管力量参与进来，扩大灾后重建的社会监督工作

汶川地震后以对口援建为特色的灾后重建，使灾区发生了显著变化，但这项制度缺乏稳定的法律保障和有效的社会监督机制，多停留在“一事一议”状态。同时，规划尚不完善的现象时有发生。如各援建省份普遍建立了相应的工业园区，以本省优势企业为招商引资重点，但受制于市场、产品等因素，部分园区和项目后续发展前景不被看好。一些非经营性项目，如部分学校、体育馆、会展中心等公共设施过于超前，不仅利用率低，还增加了被援建地区的日常管理成本。这些事情的教训，就是灾后重建中一定要重视政府、群众、社会和媒体监督的“裁判员”角色，选择 PPP 模式也要进行详细论证重点考量。

利用 PPP 综合服务平台推动第三方监管力量参与进来，需要充分借鉴已有经验。在汶川重建工作，广州援建汶川的做法是纪检、造价、审计全过程监督，以靠前监督、同步监督防患于未然，实现阳光重建。在甘肃舟曲特大泥石流灾害重建中实施了群众监督员制度，由民众推选、政府聘请 23 名群众监督员全程参与重建，政府发放给他们一定误工补贴，而他们的职责是做好“中间人”，一方面代表群众对各个重建项目明察暗访，列席重建会议；另一方面了解群众意愿，帮助政府开展一些动员工作，并每周定期上报监督检查情况。

群众监督员成为灾区重建的一个重要监督力量，既有利于重建工作的监督透明，又有利于维护社会稳定。PPP 综合服务平台为更好发挥第三方监管作用提供了更好的机遇，有助于推动灾区重建工作早日取得进展，使灾区群众生产生活早日走入正轨。

专项六：基础设施领域采用 PPP 模式

党的十八大提出我国城镇化发展战略，面对城镇化有两种不同的声音，一种是让农民到城市居住；一种是让条件好的农村发展为城镇。这两种发展方式都需要有巨大的基础设施投资，这个巨大的投资量不是财政所能解决的，它只能通过财政资金的杠杆作用，带动社会资金共同参与基础设施建设。这种财政资金发生作用的形式就是今天我们所要谈到的一种已经被发达和发展中国家普遍认同的 PPP 模式。

一、PPP 模式简介

（一）定义

PPP 是英文 Public Private Partnerships 的缩写，通常翻译为公私合作伙伴关系（简称公私合作）。由于早期人们对 PPP 的认识来源于项目融资，所以，早期人们对其定义也是基于融资角度下的，随着对 PPP 研究的不断深入，人们对 PPP 的认识也由项目融资发展为目前的管理视角。为此，曾在 2009 年从管理角度给 PPP 进行了定义，即公私合作伙伴关系（PPP）是指政府公共部门与民营部门合作过程中，让非公共部门所掌握的资源参与提供公共产品和服务，从而实现政府公共部门的职能并同时也为民营部门带来利益。其管理模式包含与此相符的诸多具体形式。在把 PPP 作为项目融资时期，是将其与 BOT、BT、BOO 等并列看待的，现在是将 PPP 看作包括诸如 BOT、BT、BOO 等与定义相符的诸多形式的管理模式。

（二）特点

融资是 PPP 模式的一个突出特点。PPP 早期就是作为一种项目融资模式被大家所熟知的，因此，利用 PPP 为项目进行融资是较常见的。无论是英国、法国还是澳大利亚，他们通常都是在利用 PPP 模式为基础设施项目进行融资。在融资模式下，政府从私人部门购买的是一项资产，而在管理模式下，除购买资产外，政府还要根据相应的合约购买一整套的服务。这就是融资与管理的本质区别。

风险分配是 PPP 的另一个特点。一般融资项目的分配的原则是按责任划分，谁的责任谁来承担风险。而在 PPP 模式中，风险分配原则是按承担能力来划分的，谁最有能力承担某个风险或者说，谁最有能力控制某个风险，那么这个风险就由谁来承担。这种分配的好处是使项目总体风险最小化，不足之处是，由于每个主体都想最小化自己的风险，只有在一定的约束条件下才能实现这种风险分配方式，否则会导致项目最终失败。

利润可控制（调节）是 PPP 的第三个特点。利润分配的一般原则是谁承担风险大，谁就分享利润大，在 PPP 作为融资模式时也是这样分配的，政府公共部门与私人部门共同分配利润。而在 PPP 管理模式下，政府不再从项目中分享利润，而是对私人部门的利润进行控制或调节。如果私人部门从一个 PPP 项目中所获得利润较低时，政府会根据合同要求对其进行补贴，相反，如果私人部门从一个 PPP 项目获得超额利润时，政府可根据合同有权控制其利润水平。

可持续是 PPP 的第四个特点。一个 PPP 项目一般时间在 15—30 年的持续时间，特别是基础设施项目。如果一个项目是不可持续的，那么它就不宜或很难采用 PPP 模式。一个 PPP 项目能否可持续除项目本身原因外，还需要有一系列合约作为保障，如果合约出现问题可能会导致项目自身的可持续都无法实现。

二、基础设施存在的突出问题

我们国家经济在长达三十多年的高速发展过程中，对基础设施的需求也是非常庞大的，如果没有及时跟上的基础设施供给，很难保证这一阶段经济的快速发展。然而是提供巨大的基础设施过程中，成绩自然是明显的，但其问题也是非常突出的。

问题一：政府投资为主要形式

政府之所以是基础设施投资的投资主体是由其特征所决定的。第一，基础设施的自然垄断性不可能完全由私人来投资；第二，基础设施的公共产品性质也会导致私人资本不愿参与基础设施投资；第三，基础设施一般投资巨大，收益甚微，这也是私人资本不愿投入的原因之一；第四，基础设施是社会、经济发展的基础保障，因此提供基础设施是政府基本职责之一。政府投资基础设施本身并不是一个问题，所以放在问题的第一个，主要是因为它是下列问题所产生的根源。

问题二：银行贷款为主要资金来源

由于基础设施投资需要巨大投资，虽然财政资金投入也在每年增长，与巨大的投资需求相比，显得杯水车薪。政府对基础设施项目融资虽然有证券（股票和债券）、信托等方式，但主要方式还是银行贷款。银行在向基础设施项目提供贷款时往往要求政府提供担保，而按照国务院要求，各级政府不得各银行提供担保，这时会通过慰问函的方式向银行提供变相担保。当然，虽然目前部分项目也在尝试采用PPP模式，但是在具体操作上还有待进一步规范。

问题三：政府债务主要形成方式

目前，我国地方政府债务被宣扬得沸沸扬扬，而这些债务主来是由于地方政府承建基础设施形成的。这些债务主要是地方政府通过其投融资平台向银行贷款、发行债券等所形成的，除此之外，还有通过中央代发债券及向国外金融机制贷款所形成。除这些直接债务外，还存在地些地方政府间接担保所形成的间接债务，如安慰函等。高额的地方债务给地方财政形成巨大的压力，从而对地方经济发展形成一定的不利因素。

问题四：土地财政受限

一段时期以来，地方政府通过土地收入为基础设施建设融资成为一个非常重要的资金来源渠道，这而种过度依赖土地获得财政资金的方式被形象地称为土地财政。由于基础设施投资巨大，离开土地很难融到政府所需要的巨额资金，迫使政府不得不通过拍卖或向银行抵押的方式获得资金。由于土地的稀缺性，这种通过土地融资的方式已经逐渐暴露出它的局限性。加之房地产调控力度的加大，土地财政已经无法满足土地政府对基础设施的投入。

问题五：重建设轻管理现象严重

重建设轻管理是我国基础设施长期以来一个普遍现象，由于基础设施建设成本较高，特别对于那些维护成本较大的基础设施，如果不能明确责任，建成后会在较长时间内不能发挥作用，个别基础设施就直接推倒重建。我们在电视上会经常看到一些基础设施在非常完好的情况下就被爆破。其根本原因是只有人负责建设，没有人负责管理，更没有人为此承担责任。其实，重复建设也是本国基础设施建设中的另一个重大不容忽视的问题。

三、适合基础设施的 PPP 模式有哪些

目前，人们对 PPP 的研究仍然在不断探索阶段，而对 PPP 的分类仍没有一个严格且统一的标准，不同地区、不同机构、不同专家都有不同的划分方式和划分标准。从实践来看，PPP 的形式具有多样性，很难用几种有限有形式来概括。但具体到基础设施来说，可能有这样几种划分标准，一种是根据基础设施的形态来划分采用什么样的 PPP 模式，另一种是根据基础设施的终端消费者是否付费来划分采用什么的 PPP 模式。所谓基础设施的形态就是指新建基础设施或者是已经建成的基础设施，而在已经建成的基础设施中又分为扩建和重建两类。对每种形态的基础设施都有相应的 PPP 模式，诸如 BOT、BOOT、BOO 等。下面我们重点介绍一下按终端消费者是否付费或划分的 PPP 模式，这是英国通常采用的划分标准。

（一）使用者付费

使用者付费是指谁使用基础设施或其提供的产品就由谁来付费，根据使用量多少决定付费金额。对于这类基础设施项目在英国统称为特许经营的 PPP 模式，其实它主要包括 BOT、BOO 和 BOOT 等类型。如我们常见的高速公路、轨道交通、自来水等通常采用这种类型。

使用者付费项目分为三种情况：

第一是项目自身通过向使用者收费就能产生较好的经济效益的项目。这类项目通常只需要向使用者收费应能完全收回投资并获得较好的投资回报，一般来说，这类项目都具有自然垄断性，如果确定其价格的形成机制是成功实施 PPP 的关键因素。

第二是项目自身通过向使用者收费不能产生较好经济效益的项目。由于这类项目自身现金流较小，只能通过财政补贴的方式才能使项目正常运营。

第三是项目本身具有较多的不确定性。例如高速公路，一些高速公路在刚开始可能因车流量小而无法实现收益目标，当经济发展到一定程度，车流量会增加，不仅实现预期目标，还可能会大幅度提高未来收益。对于这类项目，政府会在其低收益时期给予相应的补贴，而当达到一定程度就不再补贴，但是如果高到一定程度后，政府还会给予合理的调节。

（二）政府付费

政府付费是指没有确定的使用者或本身就是政府应当法定提供的基本公

私服务，只能由政府利用税收资金向生产者购买服务。这种方式在英国被称为私人主动融资（PFI）的一种 PPP 模式。例如学校、医院等就可以采用这种 PPP 模式。这种模式的核心是私人部门负责结果（或成果），政府根据私人部门提供的最终结果付款，而其产生过程全部由私人部门负责管理。项目的全部成本和投资都是事前通过合约所确定的。我们也会将这种方式称为政府购买服务。

需要说明一点，政府付费与我们目前所做的 BT 是有较大区别的，我们的 BT 项目只做了具体的硬件设施或建筑，而 PFI 不仅仅有硬件的建筑还包含有相应的服务。像教育、基本医疗、养老等。在时间上，我们一般只是 3—5 年，而 PFI 一般在 25—30 年。BT 只能在短期内缓解财政支出压力，而 PFI 能够在较长时期内缓解财政支出压力。

四、基础设施采用 PPP 模式的保障机制

我国未来要想保持高经济增长态势，必然离不开基础设施的投资，而基础设施投资仅仅依靠财政资金是远不够的，从国际经验看，通过 PPP 模式建设基础设施是一个成熟的模式，基于 PPP 模式的复杂性，这个复杂性主要是指一个拟采用 PPP 的项目必然涉及多方利益，如公众利益、投资者利益、公共部门利益等，如果协调三方利益是成功实施 PPP 的关键。因此，要想成功实施 PPP 模式，必然需要建立一个较为行之有效的保障机制。

（一）加强管理

如果在基础设施中广泛采用 PPP 模式，离开严格管理是很难实现的，可以说管理是成功实施 PPP 的基础。从英国、澳大利亚等国家推广 PPP 的经验看，政府应通过设立相应有管理部门来加强对 PPP 项目的管理。英国是由设立在财政部下的基础设施局负责 PPP 项目的实施的，该局负责出台 PPP 的政策、法规，同时也对基础设施项目进行审批，决定是否采用 PPP 模式。为了加强 PPP 项目管理，我们认为，应在财政部设立或委托相关部门承担 PPP 项目的管理职能。管理职能应包括：制定 PPP 项目相关政策、实施指南、项目决策、评估、发布项目信息、监督管理等。

（二）制定法律、法规

制订完善的法律、法规是私营部门资本进入基础设施的保障。基础设施不仅投入大，而且期限长，私营部门资本在进入这样的项目时会考虑进入后的风险，如果没有相应的法律、法规作为保障，就会成为他们进入基础设施的一个

障碍。由于 PPP 涉及面较为广泛，建议应由全国人大制订私营部门资本进入基础设施法，以提高社会资本参与基础设施的积极性，进而推动我国 PPP 项目的发展。

（三）明确政策

PPP 项目需要多方面的政策支持，如财政、税收、金融等，对于采用 PPP 模式的项目应当给予相应的政策支持，只有明确的政策支持，这样才能吸引更多私营部门的资金投入到基础设施项目。一个 PPP 项目都有一个较长的周期，不同的时期会需要不同的政策支持，如一个基础设施项目在建设期、运营期和转让期都分别需要不同的税收政策给予相应的支持。

五、小结

虽然我国之前已有不少项目采用了 PPP 模式，由于诸多因素导致部分项目没有达到我们所想达到的目的。为了提高我国基础设施建设水平，使我国经济持续保持健康的发展速度与质量，通过 PPP 模式建设基础设施已经是迫在眉睫的事情。同时也可借助亚行在推行 PPP 模式的机会，加强我国 PPP 模式推广的机构、法制、制度、机制的建设，为基础设施成功采用 PPP 模式打下良好基础并获得宝贵经验，进而推动我国城镇化进程。

专项七：
利用 PPP 模式推动公立医院
改革的制度分析与政策建议

公立医院改革是我国医改的关键环节，计划经济体制下的行政管理模式已不再适合市场体制的要求，而过度市场化也难以为社会公众提供满意的医疗服务产品。当前，通过政府和社会资本合作推动公立医院改革，被越来越多的市场经济国家所采用。在我国公立医院改革中，采用不同形式的 PPP 管理模式已是大势所趋，这种模式不仅可有效解决政府投入不足，发挥社会资本“鲶鱼效应”，而且可提高公立医院经营管理效率，不断为社会公众提供更有质量的医疗服务。

一、当前我国公立医院的总体状况和存在问题

我国是有13亿多人口的发展中国家，要满足人民群众的基本医疗需求，没有一定规模的公立医院是不行的。截至2014年7月底，我国医院数量已达到2.5万个，其中，公立医院1.3万多个，民营医院1.1万多个。新医改启动以来，我国公立医院改革取得一定进展，但整体成效不够明显，不少矛盾依然未能有效解决，群众看病难、看病贵问题仍很突出。

1. 政府投入不到位

以2012年为例，当年各级政府对公立医院（不含基层医疗卫生机构）的财政支出为1013.45亿元，占各级政府全年医疗卫生支出的14%，占全年全国公共财政支出的0.8%。就全国范围而言，当前财政投入仅占公立医院收入的13%左右。要实现对公立医院的完全保障，公立医院的财政支出至少要占全国公共财政支出的6%，而随着公立医院的快速发展，这一比例还要相应增加，我国政府的财政状况显然难以负担。

2. 医疗队伍不稳定，多渠道办医格局尚未形成

医患关系紧张及医务人员的人身安全得不到保障，医疗行业风险高、责任重，付出与回报不匹配等原因，导致医务人员人心不稳，医疗骨干流失严重。与此同时，社会资本进入医疗卫生领域存在多方面困难，包括规划定位不清、政策支持力度不够等因素。其主要原因是我国对引导企业、组织和个人等社会资本举办医疗机构在税收、人才等方面支持力度严重不足，区域卫生规划和医疗机构设置规划刚性约束不够，没有为社会资本办医留足规划空间，且缺乏制度性安排。另外，一些地区出现公立医院盲目扩张、举债建设和设置特需、高端医疗服务的现象，人为地挤压了规模较大的社会资本办医的发展空间。总之，我国多渠道办医的格局还没有形成。

3. 发展思路不清晰

实际上，我国大多数公立医院在经营上更像私营机构，需要自己赚钱。包括医疗耗材、仪器设备的采购、人员经费的支付等医院经营的诸多方面，都已经完全市场化。各界人士对公立医院的地位和作用认识不够，重视不够，在卫生事业的整体发展上缺少对公立医院在政策、投入等方面科学理性的宏观把握。在具体问题上公立医院套用类似一般企业的政策，主要以盈利为目的，很少考虑公益特点。当前，有关部门大力整治一些地方超规模举债建设公立医院的现象，但具体工作还不到位，效果不明显。

二、利用 PPP 模式推动公立医院改革是国际潮流和国内发展趋势

从 20 世纪 90 年代以来，公立医院的 PPP 改革模式在很多国家得到广泛发展，澳大利亚、瑞典、巴西、英国等都有很多成功案例，这些多是社会保障制度较为健全的国家。PPP 在英国医疗流域应用很多，过去英国实行完全依赖国家财政、对公众实施免费医疗模式，还一度被标榜为“西方最完善的医疗服务体系”，不过其弊端慢慢显现，内部浪费严重，效率低下，医护人员积极性严重低下，固有医疗体系难以为继。为此，英国政府鼓励社会资本投入医疗领域，近年来大批新建、改建、扩建的公立医院都在广泛运用 PPP 模式。

在社会资本参与公立医院改革方面，我国一些地区已有大胆尝试，如由凤凰医疗集团投资的北京市二级医院健宫医院在改制 13 年的发展中，诊疗量从改革前不足 6 万人次，提高到 2013 年的近 70 万人次，收入年度增长近 20%，医疗服务的性价比持续提高。

河南新乡市中心医院、市第二人民医院、市第三人民医院、市妇幼保健院、市中医院这 5 家公立医院于 2004 年 4 月集体改制，被中国华源集团中原医院管理公司整体接收，自此新乡公立医院走上一条管办分离改革之路。“新乡模式”的关键点是政府不退出，尽管是社会资本绝对控股，并且负责经营，但医院的公益属性不变。通过 10 余年的改革，新乡市公立医院硬件设施得到显著改善，医院内部运行和管理效率明显提高，公立医院的公益性也得到充分体现，病人也享受到了日益优异的医疗服务。综合各地探索分析，利用 PPP 模式推动公立医院改革是符合中国国情的现实选择。

1. 政策上的可行性

十八届三中全会通过的《中共中央关于全面深化改革若干重大问题的决定》中提到：“鼓励社会办医，优先支持举办非营利性医疗机构。社会资金可直接投向资源稀缺及满足多元需求服务领域，多种形式参与公立医院改制重组。”尤其是国务院颁布的《关于促进健康服务业发展的若干意见》，基本原则转变为“政府引导、市场驱动，充分调动社会力量的积极性和创造性”后，多路社会资本开始介入公立医院改革。2014 年 1 月，国家卫计委引发《关于加快发展社会办医的若干意见》，落实同等对待社会办医的相关政策。

2. 实践操作中的可行性

在我国 PPP 管理模式的实践中，已经开始被广泛地应用到基础设施和公用事业的各个方面，已经拥有了较成熟的运作经验，如应用较多的 BOT 形式，

被用在各地的高速公路建设中，以及自来水厂的建设和污水处理厂的建设等。在高校快速扩张时期，许多高等院校也用 BOT 的形式建设和管理学生宿舍。在这些领域也培养了一大批管理人才和实力雄厚的投资队伍，这些为在公立医院的改革中采用 PPP 管理模式创造了有利的条件和环境。

3. PPP 不只是一种融资模式，更是一种管理模式

公立医院管理效率低有一定的普遍性，从而影响了公共资金投入的使用绩效，也不利于满足日益增长的社会公共需求。而 PPP 不仅仅是一种项目融资方式，更是一种管理运营机制，政府和公共部门除了利用社会资本以外，大多都还利用了社会资本的生产与管理技术，建立政府与社会资本"全过程"长期合作关系，可以带来资金投入规模、经营管理效率、运行绩效、服务质量的全面提高。

三、公立医院改革选择 PPP 管理模式的几种方式

由于公立医院改革的复杂性，我们可以借鉴国际经验，先将医院划分为基础设施和提供服务两大部分，再根据基础设施和不同的服务来选择不同的 PPP 管理模式（如表 12－1 所示）。

表 12－1　　私营部门参与医院项目的几种选择

	选项	PPP 模式	私营部门职责	公共部门职责
服务	非临床支持服务	外包（OC）	提供非临床服务（如清洁、膳食、洗衣、保安、建筑物维护）并雇用相关工作人员	提供所有临床服务（和员工）并管理医院
服务	临床支持服务	外包（OC）	提供临床支持服务（如放射和实验室服务）	管理医院，提供临床服务
服务	专业临床服务	外包（OC）	提供专业临床服务（如碎石术）或常规手术（如白内障摘除）	管理医院，提供绝大部分临床服务
基础设施	公立医院内部或公立医院旁的私营侧楼共用同一场地	租赁 Leaseback	将私营侧楼（针对自费病人）投入运营，只提供住院服务或同时提供临床服务	管理针对公费病人的公立医院，与私营侧楼签约共担成本，共享人员和设备

续表

	选项	PPP 模式	私营部门职责	公共部门职责
基础设施	对公立医院的私营租赁和管理	特许经营 Franchise	利用政府或公共保险基金管理公立医院，提供临床和非临床服务。可以雇用所有员工，也可以根据合同条款负责新的资本投资	与私营公司签约，让其提供公立医院服务，向私人运营商支付服务费，监管和控制所提供的服务以及履约情况
	对新公立医院的私营建造、融资和回租	建设—拥有—回租（BOL）	建造、融资、拥有一座新公共医院，租赁给政府	管理医院，向私营开发商分阶段支付租赁费
	对新公立医院的私营建造、融资和运营	建造—拥有—经营（BOO）	建造、融资、拥有一座新公共医院，提供临床或非临床服务，或兼顾两种服务	每年向运营商支付其提供服务的投资成本和经常性成本
	公立医院出售后继续经营	出售 Sell	购买设施，并按合同继续作为公立医院运营	向运营商支付服务费，监管和控制服务以及履约情况

资料来源：Taylor and Blair（2002），转引和改编自达霖格里姆塞、莫文 K 刘易斯著《公私合作伙伴关系：基础设施供给和项目融资的全球革命》中国人民大学出版社，2008 年版。

下面再做一些具体形式的考察：

（一）服务的外包

服务外包是较为常见的 PPP 管理模式，是公共部门通过合同外包的形式，将一部分服务让社会资本来提供。在公立医院改革中，所能通过外包让社会资本提供的服务一般有三种：

第一，非临床支持服务。主要是指清洁、膳食、洗衣、保安、建筑物维护等。这些服务可以通过外包的形式让社会资本来提供，其实这种形式已经在其他领域早已被应用，即便是公立医院也已经有采用这种模式进行管理的实践。过去已提出的后勤社会化管理就是采用这种形式。在非临床支持服务的外包上，并不难实施。

第二，临床支持服务。主要是指放射、化验和实验室服务等。这种服务的外包对于社会资本有着一定的技术要求，必须具备一定水准的专业技术人员。

为了能够提高效率，可以在一定的区域内建立一个检测中心，为周边的医院提供服务，并使这种服务在一定的区域内达到共享，检测所得到的结果能够被同等级别的医院一致认同。这样可以使同一地区资源的配置效率得到提高。这样做可改变原来多家医院都各自设置相同的检测中心的情况，减少重复建设，提高资源配置效率。

第三，专业临床服务。主要是指为患者提供如碎石术、白内障摘除等专业手术服务。由于这些服务要求有较高的临床技术，因此对社会资本的要求也较高，必须具有一定的资质才能从事这种专业技术服务的外包。

（二）租赁

租赁是较为常见的 PPP 管理模式，一般是指社会资本租赁政府已经建立好的基础设施，但在这里是指公立医院租赁附近社会资本的基础设施。当公立医院提供的病房床位不足时，可能通过向附近社会资本租赁的形式加大供给，同时也可通过合同的方式让社会资本提供病房床位。可以根据社会资本的自身管理条件，决定是否让社会资本提供住院服务或相关的临床服务。这样做的最大优点，是弥补公立医院在基础设施建设方面投资的不足。

（三）特许经营

建设部于 2004 年 3 月 19 日发布的《市政公用事业特许经营管理办法》中是这样给特许经营下定义的：特许经营是指由政府按照有关法律、法规规定，通过市场竞争机制选择市政公用事业投资者或经营者，明确其在一定期限和范围内经营某项市政公用事业产品或者提供某项服务的制度。取得特许经营权的企业为特许权取得人。我们根据这一概念，可以把它延伸到公立医院的经营管理领域。在此是指公立医院在特许经营下由社会资本进行经营管理，政府拥有医院的所有权。社会资本根据所签订的合约给公众提供公立医院的服务，政府向私人运营商支付服务费，并对其服务进行监管和控制。

（四）建设—拥有—回租

建设—拥有—回租是指由社会资本利用自有资金建设一所新医院，所有权归社会资本拥有，政府公共部门通过租赁的形式取得医院的使用权。在这种形式下，社会资本主要负责医院的建造和融资，政府通过向社会资本交租金取得使用权。事实上，社会资本建设医院前应当与政府公共部门签订回租协议，成为社会资本建造医院的基础依据，社会资本通过收取租金收回投资。这种方式的一个最大优势，是社会资本为政府建造公立医院提供了必要的条件。有关部门在没有足够的资金建设公立医院的情况下，采用这种回租的方式取得医院的使用权，一方面解决了政府财政资金的不足；另一方面满足了社会公众对于提供医疗服务的需求。

（五）建造—拥有—经营

建造—拥有—经营也就是人们平时所称的 BOO 形式，它是指由社会资本进行融资，建设一座新医院，并负责医院的经营管理，这种社会资本建设并经营管理的医院之所以也称为公立医院，主要是它必须在 BOO 的协议下进行建设并取得经营管理权。BOO 协议是由医院的建造者社会资本与政府公共部门共同签订的，主要是对社会资本对医院经营管理的责任和义务的明确，通过协议约束社会资本要行使公立医院应当承担的为社会公众提供医院卫生服务的责任。

（六）出售

出售是指政府将原有的公立医院出售给社会资本，让社会资本按照合同仍然将原有医院以公立医院的职能定位进行经营管理。由于社会资本经营者是按照公立医院要求向社会公众提供医疗卫生服务，那么政府部门要向社会资本支付服务费，同时监管和控制其服务及履约的情况。在 PPP 的出售中，不同于一般意义上的出售，因为它是基于让购买者代替政府部门经营的一种合作管理模式。并非一般意义上的“一卖了之”的出售概念。

四、利用 PPP 模式推进公立医院改革要注意的问题

（一）以公立医院改革为抓手，其他相关领域改革配套推进

从外部看，公立医院改革与财政投入模式、社会资本准入、药品生产流通、保险制度体系等领域息息相关。从内部看，又与定价机制改革、事业单位改革、人事制度改革等密切相连。改革不能仅靠某个部门的力量，需要多部门在取得共识的基础上，协调配合、共同推进。譬如 PPP 模式中应充分发挥审计部门在公立医院改制中的重要作用，重点关注公立医院资产家底、政府投资情况、医院运营成本和效率等方面内容。随着医疗市场的发展，医院对固定资产投入总额不断加大，固定资产在医院全部资产结构中所占比重逐渐提高，这部分资金大部分属于非财政性资金。审计需要审查医院的固定资产招标采购是严格执行了政府招标采购目录还是游离于政府招标采购的边缘，还要重点关注资产保值增值，防止医院国有资产、无形资产的流失。

（二）尽快明确改革短期目标，着眼长远目标系统推进，落实管办分开结构

在短期内，除了尽快对试点城市改革情况进行总结评估外，还应着眼推进国有医院和城市二级医院等公立医院薄弱环节的市场化改制，通过社会资本管理、入股等形式，激发这些医疗机构的活力，吸引患者就医，优化诊疗结构。从长远看，利用好 PPP 综合服务平台着力构建城市各类属性的医院间平等有序竞争、不同层级医疗机构间相互分工协作的和谐诊疗格局，形成医院自主负责运营、自主提供医疗服务，政府加强监督力度的“管办分开”管理结构，其中的关键是使医院所有权和经营权分开，逐步取消公立医院的行政级别，实现医院“去行政化”；打造医疗保险议价能力显著提升，切实保障患者利益的医保制度体系；建设疾病预防与疾病诊疗并重，以保障群众切身健康为核心的基本预防制度体系。

（三）利用好 PPP 综合服务平台，加强市场配置资源力度，更好发挥政府作用

要逐步清理妨碍社会资本办医的不合理规定，简化审批流程，积极支持举办社会资本开办的医疗机构。在市场发挥决定性作用的同时，政府在公立医院改革中要加强监督管理和保障基本的责任，在设置行业准入门槛、打击不法医疗行为等方面加大力度，在保障困难群体、边远地区医疗条件上加大投入，使公立医院改革依托 PPP 综合服务平台在阳光下公开、公平推进，规避暗箱操作和潜规则，让市场的无形之手和政府的有形之手共同发挥作用，确保人民群众的生命健康。譬如科学测定医疗服务价格，就是政府在公立医院改革中应该优先考虑的事情。由发改、卫计、物价等部门综合地区经济水平、医院综合实力、医生的服务质量与数理等因素后进行科学测量，在现有基础上适度提高医疗服务价格，同时参照各地物价上涨水平、医保基金支付能力等因素，建立合理的医疗服务定期调整机制，让医生收入合理化和合法化。

医改是世界性难题，在一个拥有 13 亿人口的发展中大国，推进医改难度可想而知。从各国历史和现实情况看，高福利式医疗保障制度存在效率低下、成本太高、制约经济发展等问题，完全市场化医疗制度又容易出现过度医疗、穷人看不起病、社会不公等现象，利用 PPP 模式推进公立医院改革要力除两者之弊，兼顾效率和公平。要积极引进市场因素，加强供方竞争，利用好 PPP 综合服务平台，从而提高服务质量和效益。吸引各类医疗机构，包括公立医院、私立公益性医院、私立营利性医院进入医疗服务市场，由市场提供一般医疗服务。另一方面，利用PPP模式后，还要充分体现社会主义制度优越性，利用好PPP综合服务平台，将更多财政资金为群众购买医保，通过这种“补需方”的方式为群众购买医疗服务。特别是要“保基本”“补短板”，大力做好公共卫生服务，切实保障低收入和困难群体的医保支出，逐步建立有效完善的社会保障体系。

专项八：逐步完善PPP模式 建设养老基础设施

人口老龄化虽然凸显人类经济社会的快速发展，却成为21世纪不可逆转的全球性趋势，直接刺激了养老产业的需求，各国政府都采取积极而兼容的态度，大力整合社会资源投入到养老产业的发展中。中国当前经济发展速度明显落后于人口老龄化带来的养老需求的增长速度，带上了“未富先老”的帽子，随着经济社会的不断发展，科技日新月异，社会对于多样化老年产品提供的渴望日益增强。党中央提出了大力发展养老产业的真知灼见，既打造中国新的经济增长极，又促进社会和谐发展。

一、养老基础设施建设投融资现状

自中国1999年步入老龄化社会以来，人口老龄化加速发展，老年人口基数大、增长快并且日益呈现高龄化、空巢化趋势，需要照料的失能、半失能老人数量剧增。根据之前公布的《中国老龄事业发展“十二五”规划》，从2011—2015年全国60岁以上老年人将由1.78亿增加到2.21亿，老年人口比重将由13.3%增加到16%。近10年来，中国80岁以上高龄老人增加了近1倍，已经超过2000万。随着年轻人异地工作，父母与子女异地居住，空巢老人越来越多，2010年城乡空巢家庭约50%；失能、半失能老年人数达3300多万。2010年，中国大约5个劳动年龄人口负担1个老人。据预测，2020年约3个劳动年龄人口负担1个老人，2030年约2.5个劳动年龄人口负担1个老人[①]。2050年，中国每三个人就有一个60岁以上的老人[②]。发展养老产业成为拉动经济增长和促进社会发展的一个重要抓手。按照目前总和生育率1.8预测，2020年中国人口总量将达到14.6亿，不少人口预测结果都表明，中国人口将在21世纪30—40年代达到15—16亿的峰值后逐步下降[③]。根据全国老龄工作委员会发布的研究报告指出，中国已于1999年进入老龄社会，预计到2020年65岁以上老年人占总人口的比例将从7%增长到11.83%，如表12－2所示。这无疑是对中国现行的社会养老保障制度和老龄产品与服务的严峻考验，中国养老产业的发展面临着更多更大的压力，同时也将产生更大的发展空间和市场潜力。

老年人口的快速增长和国人未富先老的国情，使得中国的养老问题异常严峻，特别是，中国当前养老服务基础设施严重不足。比如说，养老床位总数仅占老年人口的1.8%，不但低于发达国家5%—7%的比例，也低于发展中国家2%—3%的平均水平。2010年全国收养性养老机构床位仅有349.6万张，远远不能满足老年人的养老需求，即使按照5%的入住比例，全国也需要养老床位700万张，缺口超过50%[④]。随着经济社会的转型，中国的家庭规模日趋小型化，空巢家庭不断增多。家庭规模的缩小和结构变化使其养老功能不断弱化，对专业化养老机构和社区服务的需求与日俱增。但是，中国社会化养老基础设施不足、基础薄弱等问题凸显。由此可见，中国加快社会养老服务体系建设已刻不容缓，而这需要大量的投融资。

表12－2　　中国老年人增长趋势

年份	总人口（中方案）（亿人）	60岁及以上		65岁及以上		80岁及以上	
		人口（亿人）	占总人口比配	人口（亿人）	占总人口比配	人口（亿人）	占总人口比配
2000	12.7	1.31	10.34	0.91	7.13	0.14	10.44
2010	13.76	1.73	12.54	1.15	8.38	0.21	12.23

① 国务院：《中国老龄事业发展“十二五”规划》。

② 孙祁祥、郑伟：《中国养老年金市场：发展现状、国际经验与未来战略》，经济科学出版社，2013年版。

③ “中国人口现状”，2005年7月26日。http：//www.gov.enztes灯2005－07/26/content－17363.htm。

④ 刘晓梅：“我国社会养老服务面临的形势及路径选择”，《人口研究》，2012年第5期，第104—112页。

续表

年份	总人口（中方案）（亿人）	60 岁及以上		65 岁及以上		80 岁及以上	
		人口（亿人）	占总人口比配	人口（亿人）	占总人口比配	人口（亿人）	占总人口比配
2020	14.72	2.45	16.61	1.74	11.83	0.3	12.07
2030	15.24	3.55	23.3	2.44	15.98	0.43	12.07
2040	15.43	4.09	26.5	3.24	20.98	0.64	15.64
2050	15.21	4.38	28.76	3.32	21.81	1.0	22.91

资料来源：全国老龄委，中国人口老龄化发展趋势预测研究报告. http：//www.cncaprc.gov.cn。

（一）国家对养老的扶持政策

国家对于社会资金进入社会养老产业持鼓励和引导态度，虽然没有专门的法规或规范性文件出台，但是，在国务院办公厅印发的《社会养老服务体系建设规划（2011—2015 年）》中提出“要充分发挥市场机制的基础性作用，通过用地保障、信贷支持、补助贴息和政府采购等多种形式，积极引导和鼓励企业、公益慈善组织及其他社会力量加大投入，参与养老服务设施的建设、运行和管理”。政府通过多种方式，支持社会组织兴办或者运营的公益性养老机构，改进和完善对社会养老服务产业的金融服务，增加对养老服务企业及其建设项目的信贷投入，积极探索采取直接补助或贴息的方式，支持民间资本投资建设专业化的养老服务设施。

2013 年 8 月，习近平同志提出，“现在养老问题越来越突出，中央非常重视，正研究措施。加强养老公共服务，内容上要多样，财力上要倾斜，全社会一起努力，把老年人安顿好、照顾好，让老年人安度晚年。”① 李克强同志指出，“放宽健康服务业市场准入，让社会力量成为劲旅。”并在国务院常务委员会上指出，加快发展健康养老服务。加强医疗卫生支撑，建立健全医疗机构和老年护理院、康复疗养等养老机构的转诊与合作机制。国务院专门出台了关于加快发展养老服务业的若干意见（以下简称国发［2013］35 号）：中国呈现老龄化大势，为解决该严重社会问题即赋予民营企业重大发展机遇；充分强调养老产业战略意义；将发展养老产业纳入国家转方式、调结构全局战略，战略目标是构建体系完整养老产业链。国发［2013］35 号文特别强调要“医

① 资料来源：新华网，2013 年 8 月 30 日。

养”结合；以信息化推进养老产业发展；要形成更多养老金融产品；大力发展“老”字号教育。这是新36条下达后最具分量、最具产业指向的一个重要文件。养老产业是改革开放后各类产业发展中涉及受众人群最广的一个重大新兴产业；继发展房地产业、汽车工业后提出的又一个具有全局意义、可持续发展意义的绿色、低碳、环保型现代服务新兴产业；广大民营企业千载难逢重大战略性发展机遇；当前和今后相当长时间国外投资机构进入中国极大商机和利好市场。

国务院常务会议指出，“促进健康服务业发展，重点在增加供给，核心要确保质量，关键靠改革创新。一要多措并举发展健康服务业。放宽市场准入，鼓励社会资本、境外资本依法依规以多种形式投资健康服务业，使社会力量成为健康服务业的劲旅。统筹城乡、区域健康服务业资源配置，促进均衡发展。二要加快发展健康养老服务。加强医疗卫生支撑，建立健全医疗机构和老年护理院、康复疗养院等养老机构的转诊与合作机制”。[①] 国发［2013］35号文指出：“当前，中国已经进入人口老龄化快速发展阶段，2012年底中国60周岁以上老年人口已达1.94亿，2020年将达到2.43亿，2025年将突破3亿。”以北京市为例，截至2012年，60岁及以上户籍老年人口为262.9万，占户籍总人口的20.3%。

贯彻中央精神，大力发展养老产业，妥善安排和解决养老包括健康服务问题，既是落实以人为本科学发展观，关心千家万户切身利益、促进社会和谐的重大民生问题，又是有力地促进国家转变发展方式、调整经济结构，推进新型城镇化，拉动和扩大内需、增加和扩大就业、发展现代服务业，推动经济转型升级，发展教育和培养新型应用型专门人才的重大发展战略；是产业链很长、涉及领域很宽、撬动力量很大、经济社会持续科学发展一个新的极其重要的增长点；是改革开放以来中国经济振兴新的重大历史性机遇。

（二）养老基础设施主要资金来源

中国在实行福利社会化改革之后，政府机构在服务对象、运行方式上都进行了调整。按照民政部官员的说法，当前政府机构的基本运行方式，是在政府编制内享受政府财政拨款，其面向社会的收费所得用于弥补事业发展经费的不足和改善院内重点人员的生活条件[②]。政府机构在运行方式上存在着福利化与

① 资料来源：新华网，2013年8月28日。

② 郑采国：《养老机构基本规范》，《中国老年报》，2008－03－14（4）。

市场化并行的局面，并且在以市场化运行的收入弥补了政府福利拨款的不足。政府机构的融资方式一方面保留着中国以往那种政府拨款、供给服务（供养“三无”老人）的福利性特征；另一方面由于福利社会化改革而形成了自收自支的融资方式，体现出福利化的融资方式与市场化的融资方式并存的特征。一般来讲，特定的融资方式对应着某种特定的服务供给方式，政府提供公共财政拨款的融资方式对应着福利化的服务供给，市场化的融资方式对应着市场化的服务供给。

当前，中国养老的政府机构处于一种福利化运行不彻底、市场化运行又受限制的纠结之中。由于政府机构市场化融资方式是在政府提供优质公共资源的基础上运行的，这无疑造成了不公平的养老服务机构的市场运营环境，同时机构养老服务领域是需要公共资源介入的福利性领域，本身尚且难以形成完全市场化的运行环境。因此，这种相互混淆的运行制度既给公办机构的健康运行和发展带来了束缚和障碍，又干扰了机构养老服务领域内正常的竞争秩序。整体来说，不同类型的融资方式构成不同性质的机构养老服务：主要由政府和第三部门提供支持的融资方式代表着福利性的服务提供模式，由个人和家庭付费的融资方式代表着市场化的服务供给模式。从服务供给主体的角度看，机构运行的收入来源包括来自政府的补贴和优惠措施、来自个人和家庭支付的服务费用以及来自第三部门的社会捐助。政府补贴和社会捐助代表着福利化的收入来源，个人和家庭的服务费用则代表着市场化的收入来源。

第一，服务收费。服务收费成为中国民办养老机构的主要收入来源。在服务收费中，既少有政府和志愿部门为老人提供的补贴和资助，也少有针对机构的补贴，费用主要由入住老人及其家庭支付，体现出较强的市场化特征。根据天津市的调查数据，民办养老服务机构的市场化融资部分（收取入住老人费用）平均占到机构收入的95.5%，市场化运行的特征比较明显。

第二，政府的补贴和优惠政策。补贴制度是政府为保障老年人特别是失能失智程度深的老人获得基本服务，以补助制度降低机构成本，从而降低弱势群体的经济负担。中国在政策上注重向民办机构提供各种补贴。比如说，《关于支持社会力量兴办社会福利机构的意见》（民发［2005］170号）提出“有条件的地方要积极争取财政支持并加大彩票公益金投入力度，扶持社会办福利机构的发展；对于处在建设阶段的社会办福利机构，可以按照规模、投资额等，给予相应的资助；对于正式开业的社会办福利机构，可以按床位数和实际收养人数给予一定的运营补贴”。但是，中国部分区（县）的养老民办机构资金来源中的政府补贴不仅占比例较小，而且存在着补贴方式不科学，落实不到位的情况，即现有的政府没有将补贴与提高机构服务质量直接挂钩。

第三，各种优惠政策也是中国政府对养老服务机构进行支持和提高福利化程度的一项重要措施，当前政府的优惠政策主要包括税收优惠、日常能耗的优惠价格和土地资源的优惠供给。在国务院办公厅转发民政部等部门《关于加快实现社会福利社会化意见》的通知（国办发［2000］19号）以及《关于支持社会力量兴办社会福利机构的意见》（民发［2005］170号）中都提出，对政府部门和企事业单位、社会团体以及个人等社会力量投资兴办的福利性、非营利性的老年服务机构，暂免征收企业所得税，以及老年服务机构自用房产、土地、车船的房产税、城镇土地使用税、车船使用税；并且两次提到“对社会福利机构的用电按当地最优惠价格收费，用水按居民生活用水价格收费；对社会福利机构使用电话等电信业务给予优惠和优先照顾”；“社会福利机构的建设用地，按照法律、法规规定应当采用划拨方式供地的，要划拨供地；按照法律、法规规定应当采用有偿方式供地的，在地价上要适当给予优惠；属出让土地的，土地出让金收取标准应适当降低。”政府制定优惠政策的出发点是为了降低养老民办机构的运营成本，增加其服务的福利性，但在政策实施过程中却遭遇了制度阻碍，体现出优惠政策的设计并未通盘考虑相关部门的状况、利益，没有设计好妥善的实施和应对问题的方案，从而成为制约机构运营和发展的一大困扰。由此可见，政府针对民办养老服务机构的优惠项目一方面仍然涵盖不到房源等一些特别重要的公共资源；另一方面则是在优惠政策的执行过程中面临着种种障碍，难以全面落实现有的优惠政策。这两方面的欠缺大大降低了优惠政策对中国民办养老服务机构的福利性支持作用，客观上削弱了机构服务供给中的福利性，间接上限制了机构提高服务质量，增加了机构的运营困难。

第四，社会捐助。社会捐助是另一种有助于增强养老机构福利性的融资方式，但是中国当前这种方式几乎完全缺失，社会捐助较少可能是由于第三部门尚不发达、民办养老机构当前的市场化运营降低了社会各界的捐助意愿；另外也由于民办机构的性质模糊，捐赠个人和组织不能够享受捐赠后的税收优惠待遇。可见，中国的社会捐助在机构日常收入中所占的比例较低，有利于社会资金对养老服务机构进行捐助的制度尚未形成。

（三）养老基础设施资金来源拓展

在养老服务方面，《中国老龄事业发展“十二五”规划》提出：“统筹发展机构养老服务。按照统筹规划、合理布局的原则，加大财政投入和社会筹资力度，积极推进养老机构运营机制改革与完善，探索多元化、社会化的投资建设和管理模式。进一步完善和落实优惠政策，鼓励社会力量参与公办养老机构建设和运行管理”。目前，就国家政策允许投资到产业基金的资金来源主要有：工商企业、投资机构、开发性金融机构、证券公司、全国社保基金、保险资金、邮政储蓄、福利彩票公益金以及海外资金等。在此，本书重点分析开发性金融机构、全国社保基金、保险资金、邮政储蓄、彩票公益金以及海外资金等资金来源投资到社会养老产业基金的可能性及其要求①。

第一，开发性金融机构。中国近年来的国家开发银行在大力推进民生业务发展，例如，2012 年第 1 季度该行就发放保障性安居工程贷款 226 亿元。因此，社会养老产业基金向开发性金融机构募资在政策层面是允许的，在实际操作层面也是可行的。

第二，全国社会保障基金。2008 年 4 月，经国务院批准，财政部、人力资源和社会保障部同意全国社保基金投资，总体投资比例不超过全国社保基金总资产（按成本计）的 10%。全国社会保障基金是中央政府集中的社会保障资金，主要用于弥补我国人口老龄化高峰时期的社会保障需要。在保证安全性的前提下，全国社会保障基金投资社会养老产业基金在政策上和职能定位上都是可行的。

第三，保险资金。根据《保险资金运用管理暂行办法》第六条第四款规定，保险资金可运用于“国务院规定的其他资金运用形式”。这标志着保险资金可以进行股权投资。保险公司可以通过安全性、流动性和盈利性等方面的判断，选择投资各种产业基金。考虑到寿险资金投资周期的长期性，以及业务创新需求（将寿险给付延伸到社会养老服务），保险公司投资社会养老产业基金的意愿和需求应该较为强烈。

第四，邮政储蓄。2011 年 12 月 28 日，中国银监会批复，同意中国邮政储蓄银行投资全联城市基础设施产业投资基金。这表明，监管层允许邮政储蓄资金用于产业基金投资。考虑到社会养老产业基金属于新兴产业基金，从投资到收益周期较长，且目前邮政储蓄银行权投资主要集中在“两基一支”领域，因此，社会养老产业基金向邮政储蓄募集资金的难度较大。

第五，福利彩票公益金。根据《彩票管理条例》和《彩票公益金管理办

① 搜狐网，http：//roll. sohu. com/20121219/n360881446. shtml。

法》等有关政策法规规定，福利彩票公益金是国家通过发行彩票筹集的，专项用于社会福利等社会公益事业的资金，安排使用要符合“扶老、助残、救孤、济困、赈灾”的发行宗旨。根据《社会养老服务体系建设规划（2011—2015年）》，要求民政部本级福利彩票公益金及地方各级彩票公益金增加资金投入，优先保障社会养老服务体系建设。

第六，海外资金。海外资金的主体为外国企业或者个人资金。目前，许多地方都有海外人士投资社会养老服务产业的成功案例，因此，海外资金投资社会养老产业的积极性很高，可以重点考虑，并以《中华人民共和国合伙企业法》以及国务院2009年颁发的《外国企业或者个人在中国境内设立合伙企业管理办法》为法律依据。

二、养老基础设施建设投融资的效果

中国政府公办机构采取的不同融资手段相互混滑的方式，不仅制约了本身的健康发展，而且影响了养老服务机构领域形成公平的市场竞争秩序，同时民办机构的市场化运行虽然削弱了政府公办机构服务的福利性，不利于对弱势老年人群提供保护，但是市场化运行有利于提高服务效率和质量。

（一）难以形成公平竞争的市场秩序

不同所有制机构之间存在资源获得不平等的问题。特别是，跟公办机构相比，民办机构对公共资源的获得有限，因此成本相对较高、服务的提供能力相对较低，难以将收费价格降低至与公办机构相同的水平之上。公办机构作为政府体制内的单位，在资源获得上具有先赋性优势，在管理上也较为规范，在收费价格上则受到物价部门的严格控制。优质的服务质量、低廉的收费价格和本身具有的公信力使公办机构在服务吸引力方面远远超过民办机构，两者之间实际上在进行着不平等的竞争。

可以看出，政府公办与民办机构之间存在的公共资源获得不平等的问题，或者说公共资源分配不合理的问题，是造成不同所有制机构之间出现服务供给差别和不公平竞争的重要原因。公办养老机构在土地房源的获得、日常能耗的价格、人员编制、工资保险等方面都有政府的投入作为保障，没有房源、房租、入住率、设施维修、运营风险等方面的顾虑，即便运行效果不佳也有“政府究底”；而民办养老机构当前能够获得的公共资源投入较少，基本上处于独立经营、自负盈亏的环境中，必须面对市场和风险，同公办机构进行不平等的竞争。

与此同时，公办养老机构享有大量的公共资源，但是入住其中的服务对象却偏多服务需求相对较低的自理老人和不具有福利资格的社会老人。可以说，享有大量公共资源的公办机构，目前拥有该行业较高的服务能力和低廉的收费水平，但是其大部分的服务资源却没有供给最需要服务的不能自理、半自理老人以及福利对象方面，而是将大部分的公共服务资源用在了为较为健康的自理老人提供质优价廉的收费服务方面。这当中难免有“面子工程”的因素存在，但正是这些因素影响了公共资源分配和使用的公平性，影响了社会政策的公平性价值基础。

政府公办机构由于享受大量的公共资源支持，因而处于竞争的优势地位，入住率明显高于民办机构。不同所有制机构之间不公平的竞争状况造成了机构之间的明显差别，公办机构的吸引力虽然大，但是有限的机构数量难以满足广大服务对象的需求；而为数众多的民办机构却因为服务能力有限，难以质优价廉的服务吸引服务对象的入住，造成了民办机构入住率偏低的现象。可以说，由于缺乏公共资源的支持，民办机构在运行过程中面临着高成本的制约，难以在收费的低廉程度上与公办机构相提并论，两者之间实际上在进行着不平等的竞争。

（二）对运营效率的负面效应

养老服务机构运营效率的提高包括最基本的两个方面：一方面是降低成本；一方面是增加收益。但是，当前民办机构的市场化融资方式却由于一些因素的影响而没有达到理想的市场效果。养老服务机构尽管采取市场化方式运营，但本身仍然属于社会福利事业，应该得到政府的公共财政支持和社会的志愿性支持。但是当前代表福利性融资的政府补贴、优惠政策与社会捐助的支持力度有限，特别是政府优惠政策落实不力导致了民办机构的运营成本居高不下。这根源于两方面原因：一方面是养老服务机构的服务价格受制于服务对象的支付能力，具有刚性化和显性化特征。民办机构的定价虽然完全交由市场来决定，但定价标准并不是完全由市场供求关系来决定的，定价标准更加强烈地受到机构所在区域的居民经济水平和机构竞争状况的影响。此外，尽管机构的运营成本也很高，但是受到所在区域居民收入水平的影响，中小型机构的收费标准必须定在居民可以承受的支付能力之下，才可以获得服务对象的入住。养老服务机构本身属于投入大、收益慢的微利性行业，在运营成本过高、物价上涨过快的环境中，中、小型机构的运营发展实属不易，能够获得盈利的机构刚刚接近四成。另一方面中国的民办养老服务机构之间竞争激烈。1999 年我国进入老龄化社会，老年社会服务需求日益增长。为应对老龄化的挑战，民政部于新世纪前后对民办养老机构实行较为宽松的准入制度和一系列税费减免的优惠政策，促进了民办养老机构的迅速发展。

养老服务机构准入门滥较低的特点，在市场机制条件下导致了众多机构之间形成较为激烈的竞争。但是这种竞争却并未形成有利于服务质量提升的良性机制，而是带来了相互压低价格的低级竞争。民办机构压低价格的竞争策略导致机构降低对设施配备的投入、压低服务人员的工资水平，从而限制了服务质量的提高，形成了不良的循环模式：公共资源支持不足和政策落实不力导致民办机构运行成本过高；运行成本过高使得机构效益低下和人员待遇低下；待遇低下导致专业人员缺乏、护工流动性强，限制了机构的服务水平；服务水平低下的状况又使收费标准难以提高。这种不良的循环模式成为长期以来制约养老机构健康发展、满足服务对象有效需求的因素。

总之，养老机构服务行业本身所具有的福利属性与广大服务对象支付能力有限的因素，使福利化融资的支持非常必要，而依靠市场化倾向过强的运行方式不能够达到降低成本、增加收益、提高服务质量的市场效果。养老服务机构行业内激烈的竞争和服务对象有限的支付水平造成了养老机构压低服务价格的状况，再加上来自政府和志愿部门福利性支持弱化，机构不得不降低对设施配备的投入水平、压低服务人员的工资水平，从而间接限制了服务质量的提高。老人及家属虽然对机构服务的低价格与高质量具有双重要求，但是由于支付能力有限，价格的显性特点和刚性约束对其有着更大的影响，因此在市场化的运营环境下很难保证机构的服务质量。

（三）服务对象选择自由度受限

相对于收费价格的刚性化和显性化特征而言，养老服务机构的服务质量具有隐性化和弹性化特征，不利于服务对象发挥自由选择的市场机制。

第一，老人及家属的选择功能弱化。由于各种原因，老人、家属不能较好地了解机构服务状况，并依此在养老服务机构之间进行选择。老人及家属并不懂得专业性的老年服务技能，也不能通过表面了解那些具有隐藏性的服务质量究竟如何。老人和家属在选择机构的时候，需要专业部门的咨询服务，这种服务资讯一般来说是专业性、权威性机构发布的养老机构服务质量评估报告。但是，现阶段针对养老机构特别是民办养老机构的监管体系很不健全，有关部门的监管职能弱化，目前尚无机构等级分类以及机构服务评估信息的发布。因此，机构服务信息的缺乏不能弥补服务对象进行选择时的缺陷，两个短板凑在一起，共同造成了自由选择的市场机制难以发挥这样一种问题。

第二，老人服务需求的刚性化使用作投票的市场选择机制难以发挥。老人及家属的服务需求具有刚性特征。当前，中国不少家庭都是在对老年照顾力不从心、甚至心力交瘁的状况下选择机构养老方式的。面临老年照顾困境的家庭具有比其他家庭更迫切和更诚恳的照顾需求，他们不可能像自理老人那样可以花费很多时间来打听和等待那些口碑较好的机构。并且，需要入住机构老人特别是那些失能失智老人的身体状况，使他们经不起在机构之间进行过多次的尝试和转换，也难以发挥用脚投票的选择机制。特别是，一旦机构不能提供高质量的照顾服务，将对身心脆弱的老年人以及家属造成难以挽回的严重伤害——不仅对老人造成身体、甚至是生命上的损害，同时也给老人家属带来了严重的情感伤害以及留下心理阴影。另一方面，高质量的服务机构行情紧俏，入住不易，而其他众多的养老机构服务质量普遍不高，选择性不大。因此，在一方面老人家庭的服务需求比较迫切，入住老人经不起过多个机构之间的尝试和选择；而另一方面高质量的养老机构难以入住，大多数服务机构的选择性不大的状况下，服务对象自由选择的市场机制难以发挥。

第三，入住老人对养老机构的服务质量反馈不大。养老机构主要的服务对象是不能自理、半自理老人，占四成以上的不能自理老人普遍存在着较为严重的身心障碍，对机构服务质量的反映能力较差。实际上，当前机构针对不能自理和半自理老年人的服务质量并不高，这体现在房间设置和医疗、护理和康复服务的缺乏方面。

第四，收费价格的刚性化特征不利于服务质量的提升。在市场化运营的条件下，养老服务机构需要考虑成本效益问题，其中人力资源不仅是一项重要的成本，也是决定机构服务质量的关键因素。在服务价格低廉的刚性制约条件下，不利于提升作为机构服务主力的护工的待遇，加之老年护理工作本身的辛苦，共同造成了当前护工人员缺口很大、专业人才极其缺乏、流动性较强的问题，构成了机构不良循环中的重要一环。老年护理工作“苦、累、脏”的特征使其职业吸引力较为低下。在中国养老服务机构刚刚兴起的阶段，大量的下岗人员成为了养老机构服务人员的主力。然而，当这一部分人员逐渐到达退休年龄，养老机构的服务人员队伍就出现了后继无人的空缺现象——“工作过于辛苦”和“工资低”两个短板凑在一起，导致了当前护工的流失和紧缺。这种情况客观上需要政府和社会的力量，去加强对护工后备人才的教育，加强对现有人员的培训，并通过护工的职业化建设来引导和留住更多的专业人才。

三、养老基础设施建设亟须 PPP 模式

《老年人权益保障法》、《中国老龄事业发展“十二五”规划》、《关于加快发展养老服务业的若干意见》以及《关于鼓励和引导民间资本进入养老服务领域的实施意见》、《社会养老服务体系建设规划（2011—2015 年）》均指出，要积极引导和鼓励民间资本加大投入，参与养老服务体系的建设。以《社会养老服务体系建设规划（2011—2015 年）》为例，该规划提出“加强政府在制度、规划、筹资、服务、监管等方面的职责，加快社会养老服务设施建设。发挥市场在资源配置中的基础性作用，打破行业界限，开放社会养老服务市场，采取公建民营、民办公助、政府购买服务、补助贴息等多种模式，引导和支持社会力量兴办各类养老服务设施。鼓励城乡自治组织参与社会养老服务。充分发挥专业化社会组织的力量，不断提高社会养老服务水平和效率，促进有序竞争机制的形成，实现合作共赢。”这说明政府要通过多种方式，支持社会组织兴办或者运营的公益性养老机构，改进和完善对社会养老服务产业的金融服务，增加对养老服务企业及其建设项目的信贷投入，积极探索采取直接补助或贴息的方式，支持社会民间资本投资建设专业化的养老服务设施。由此可见，养老基础设施建设亟须 PPP 模式，而发展 PPP 模式也正当其时。

（一）PPP 模式在养老基础设施建设中的可行性分析

中国传统的养老服务是以机构养老为主。机构养老服务在中国属于福利事业，通常以养老院作为载体，准入门槛较高，一般应该由政府提供。而政府由于财政压力较大，对于养老院这种初始投资大，回收周期长的基础民生建设项目缺乏足够的资金支持，再加上中国老龄化程度的加剧，有限的养老设施越发不能满足广大人民群众对于养老服务的需求。而民营企业作为中国经济的新生力量，有着较为充裕的资金来源和更为灵活的经营理念，根据准公共物品的特点，养老地产实际上属于准公共物品的范畴，有别于传统意义上的养老院，完全可以由更有投资效率的私营机构作为主导进行建设，使之成为政府机构养老的有效补充。

虽然养老项目的投资回报率相较于一般的项目较低，但也并非没有市场。受限于保监会相关政策，手握大量资金的寿险企业在中国的投资渠道较为有限，且关注的重点是稳定性。养老基础设施多为经营周期长，收益率稳定的特点不仅符合寿险企业资产负债匹配的原则，也与其主营业务密切相关，同时保监会《保险资金投资不动产暂行办法》的出台为保险企业进军养老基础设施

建设扫清了障碍。因此，在中国的养老服务中充分利用寿险资金等民间资本，大力开展养老基础设施建设，通过 PPP 模式有效结合政府拿地，审批、养老服务等方面的优势，可以有效地解决目前养老需求旺盛而服务供给不足的矛盾。

（二）PPP 模式在养老基础设施建设中的应用目标

在养老基础设施建设中，应用 PPP 模式有初级与高级两个级别的目标，其中初级目标是风险共担和利益共享，高级目标是实现养老基础设施的有效供给。具体而言，公共部门的初级目标是加快建设并有效运营养老基础设施，高级目标是利用有限的资金来提供更多的养老基础设施，以加快经济可持续性发展并且提高人民福祉；私人部门的初级目标是通过养老基础设施的建设和运营，获取最大化的稳定收益，高级目标在于扩大养老基础设施建设的市场份额，提高企业的获利能力与知名度等。

（三）PPP 模式各参与方在养老基础设施建设中的作用

基于实际情况，我们在此主要分析 PPP 模式中政府部门、私人参与方、PPP 项目公司以及其他各方的责任与义务。

第一，政府部门。养老基础设施关系国计民生，所有权归政府所有。在 PPP 模式中，政府需要通过代表政府的股权投资机构进行直接投资，同时还要采取诸如贷款担保、税收优惠、周边土地的优先开发权授予等的扶持政策，吸引私营企业的参与，提升养老基础设施供给质量。在养老基础设施建设的 PPP 模式中，政府及其代表机构的职责主要有：确立适合应用 PPP 模式的养老基础设施建设项目，组织招标，确定项目建设主体；与 PPP 项目公司签订特许权协议，保证养老基础设施项目的顺利建成；按照 PPP 合约承担一定的项目风险，比如政策风险和法律风险等；行使监督权，监督 PPP 合约的履行情况，协调好各部门的合作关系，促进项目的高效建设和良好运营。

第二，私人参与方。私人参与方包括私营投资者、供应商、施工单位和运营商等。由政府选择确定私营投资者，与政府机构共同组建的 PPP 项目公司。私营投资企业以投资比例享有股权，分享收益。供应商在养老基础设施项目建设和运营的过程中，提供各类设备、原材料、动力和能源等。由于养老基础设施项目建设对这类供应量需求比较大，对其质量要求也比较高，为节省成本、减低风险、保证收益，一般需要长期稳定、且价格可靠的供应来源。施工单位或者工程承包商作为主要参与者，负责工程的设计和施工，并根据合同，承担项目的完工风险。施工单位的技术水平、资金状况和声誉等，是贷款银行评估项目风险的一个很重要的依据。PPP项目公司可与专业的运营商合作，对项目进行建成后的运营、管理和维护。总之，各类私人参与方应切实履行合同职责，保持良好的合作关系。

第三，PPP项目公司。PPP项目公司是政府和私营投资者通过签订特许权协议而成立的特殊目的公司。PPP项目公司按照协议，拥有长期特许经营权和收益权。PPP项目公司负责养老基础设施项目的设计、融资、建设和运营等。经营期满后需要进行清算，并将所拥有的特许使用权转移给政府。PPP项目公司的主要职责：首先需对养老基础设施项目的政府初步设计等内容进行谈判，签订PPP合约；其次，与建设单位等其他私人参与方签订合同或协议；第三，全面负责PPP项目的建设和运营工作，保证养老基础设施建设的质量和运营效率，以保障各参与方的利益，满足广大用户对基础设施的需求。

第四，其他参与方。其他参与方主要包括金融机构、保险机构和中介咨询机构等。由于PPP项目和养老基础设施本身的特性，对此类参与者的要求也比较高。其职责主要有：为项目的顺利实施提供资金支持和信用保证；分担PPP项目风险；为农村基础设施PPP项目建设提供政策咨询，技术指导等。

PPP项目的众多参与方应该充分沟通合作，在各种合同或协议的约束下，相互协调发挥作用，以达到共赢的结果。

四、养老基础设施建设的相关保障措施

经济社会发展推动社会阶层多元化，不同利益主体的社会需求推动养老产业的多元化发展。社会主体参与养老服务对政府养老有效补充，形成层次分明的养老格局。老龄化社会的来临，国内对养老产业配套人才需求旺盛。中国要充分发挥市场机制的基础性作用，通过用地保障、信贷支持、补助贴息和政府采购等多种形式，积极引导和鼓励企业、公益慈善组织及其他社会力量加大投入，参与养老服务设施的建设、运行和管理。中央设立专项补助投资，依据各地经济社会发展水平、老龄人口规模等，积极支持地方社会养老服务体系发展，重点用于社区日间照料中心和老年养护机构设施建设。此外，地方各级政府要切实履行基本公共服务职能，强化在社会养老服务体系建设中的支出责任，安排财政性专项资金，支持公益性养老服务设施建设。

（一）制定和完善法律法规

养老基础设施建设项目投资回收时间较长，PPP模式的应用涉及多元化的投资主体，法律关系错综复杂。为维护PPP项目利益相关者的合法权益，需

及时制定或完善有关法律法规，建立养老服务准入、退出、监管制度，加大执法力度，规范养老服务市场行为，进而从项目资金、技术、运营、管理和监督等各方面完善相关政策体系，以规范 PPP 模式运行的宏观环境，保证 PPP 模式在养老基础设施建设中的成功应用。政府要积极制定和完善居家养老、社区养老服务和机构养老服务的相关标准，建立相应的认证体系，大力推动养老服务标准化，促进养老服务示范活动深入开展。建立养老机构等级评定制度，建立老年人入院评估、养老服务需求评估等评估制度。特别是，各级政府应将社会养老服务设施建设纳入城乡建设规划和土地利用规划，合理安排，科学布局，保障土地供应。符合条件的，按照土地划拨目录依法划拨。研究制定财政补助、社会保险、医疗等相关扶持政策，贯彻落实好有关税收以及用水、用电、用气等优惠政策。有条件的地方，可以探索实施老年护理补贴、护理保险，增强老年人对护理照料的支付能力。支持建立老年人意外伤害保险制度，构建养老服务行业风险合理分担机制。建立科学合理的价格形成机制，规范服务收费项目和标准。

（二）建立有效的激励机制

对公办养老机构保障所需经费，应列入财政预算并建立动态保障机制。政府可针对具体的项目，制定相应的优惠政策，以鼓励私人部门参与养老基础设施建设的积极性。如授予基础设施特许经营权、授予土地有限开发权等。PPP 模式需要政府的鼎力支持和积极助推，来保障其自身优势的充分体现，并促进 PPP 模式成功应用于养老基础性建设。政府可以采取公建民营、委托管理、购买服务等多种方式，支持社会组织兴办或者运营的公益性养老机构。鼓励和引导金融机构在风险可控和商业可持续的前提下，创新金融产品和服务方式，改进和完善对社会养老服务产业的金融服务，增加对养老服务企业及其建设项目的信贷投入。积极探索拓展社会养老服务产业市场化融资渠道。积极探索采取直接补助或贴息的方式，支持民间资本投资建设专业化的养老服务设施。

（三）强化统筹规划

从构建社会主义和谐社会的战略高度，充分认识加强社会养老服务体系建设的重要意义，增强使命感、责任感和紧迫感，将社会养老服务体系建设摆上各级政府的重要议事日程和目标责任考核范围，纳入经济社会发展规划，切实抓实抓好。各地要建立由民政、发展改革、老龄部门牵头，相关部门参与的工作机制，加强组织领导，加强协调沟通，加强对规划实施的督促检查，确保规划目标的如期实现。鼓励社会各界对规划实施进行监督。PPP 模式中，政府要重视各部门之间的相互沟通和信任。这包括公共部门和私人企业、政府和社会资本各方与使用者之间的沟通与信任。建设养老基础设施，应该充分考虑民意，采取适当的决策方式，保障居民的知情权、参与权、决策权和监督权。可以通过开设民众发言渠道，建立充分体现民众诉求的表达机制等，来调动公众参与的积极性。事实上，PPP 模式的成功实行离不开所有参与者之间的有效沟通。加强推广 PPP 模式在养老基础设施建设中的应用，尤其应加强地方政府的认识和应用 PPP 模式的能力。地方政府应切实转换思想、明确职责。

（四）加快人才培养

加强推广 PPP 模式的应用还需要大力培养有关养老的专业化人才和复合型人才。政府要加强养老服务职业教育培训，有计划地在高等院校和中等职业学校增设养老服务相关专业和课程，开辟养老服务培训基地，加快培养老年医学、护理、营养和心理等方面的专业人才，提高养老服务从业人员的职业道德、业务技能和服务水平。如养老机构具有医疗资质，可以纳入护理类专业实习基地范围，鼓励大专院校学生到各类养老机构实习。加强养老服务专业培训教材开发，强化师资队伍建设。推行养老护理员职业资格考试认证制度，5 年内全面实现持证上岗。完善培训政策和方法，加强养老护理员职业技能培训。探索建立在养老服务中引入专业社会工作人才的机制，推动养老机构开发社工岗位。开展社会工作的学历教育和资格认证。支持养老机构吸纳就业困难群体就业。加快培育从事养老服务的志愿者队伍，实行志愿者注册制度，形成专业人员引领志愿者的联动工作机制。

PPP 模式中，政府要积极完善人才培养和就业政策。教育、人力资源社会保障、民政部门要支持高等院校和中等职业学校增设养老服务相关专业和课程，扩大人才培养规模，加快培养老年医学、康复、护理、营养、心理和社会工作等方面的专门人才，制定优惠政策，鼓励大专院校对口专业毕业生从事养老服务工作。充分发挥开放大学作用，开展继续教育和远程学历教育。依托院校和养老机构建立养老服务实训基地。加强老年护理人员专业培训，对符合条件的参加养老护理职业培训和职业技能鉴定的从业人员按规定给予相关补贴，在养老机构和社区开发公益性岗位，吸纳农村转移劳动力、城镇就业困难人员等从事养老服务。养老机构应当积极改善养老护理员工作条件，加强劳动保护和职业防护，依法缴纳养老保险费等社会保险费，提高职工工资福利待遇。养老机构应当科学设置专业技术岗位，重点培养和引进医生、护士、康复医师、康复治疗师、社会工作者等具有执业或职业资格的专业技术人员。对在养老机构就业的专业技术人员，执行与医疗机构、福利机构相同的执业资格、注册考核政策。

（五）运用现代科技成果

以社区居家老年人服务需求为导向，以社区日间照料中心为依托，按照统筹规划、实用高效的原则，采取便民信息网、热线电话、爱心门铃、健康档案、服务手册、社区呼叫系统、有线电视网络等多种形式，构建社区养老服务信息网络和服务平台，发挥社区综合性信息网络平台的作用，为社区居家老年人提供便捷高效的服务。在养老机构中，推广建立老年人基本信息电子档案，通过网上办公实现对养老机构的日常管理，建成以网络为支撑的机构信息平台，实现居家、社区与机构养老服务的有效衔接，提高服务效率和管理水平。加强老年康复辅具产品研发。

（六）完善投融资政策

PPP 模式中，政府要通过完善扶持政策，吸引更多社会民间资本，培育和扶持养老服务机构和企业发展。各级政府要加大投入，安排财政性资金支持养老服务体系建设。金融机构要加快金融产品和服务方式创新，拓宽信贷抵押担保物范围，积极支持养老服务业的信贷需求。积极利用财政贴息、小额贷款等方式，加大对养老服务业的有效信贷投入。加强养老服务机构信用体系建设，增强对信贷资金和民间资本的吸引力。逐步放宽限制，鼓励和支持保险资金投资养老服务领域。开展老年人住房反向抵押养老保险试点。鼓励养老机构投保责任保险，保险公司承保责任保险。地方政府发行债券应统筹考虑养老服务需求，积极支持养老服务设施建设及无障碍改造。

完善土地供应政策。各地要将各类养老服务设施建设用地纳入城镇土地利用总体规划和年度用地计划，合理安排用地需求，可将闲置的公益性用地调整为养老服务用地。民间资本举办的非营利性养老机构与政府举办的养老机构享有相同的土地使用政策，可以依法使用国有划拨土地或者农民集体所有的土地。对营利性养老机构建设用地，按照国家对经营性用地依法办理有偿用地手续的规定，优先保障供应，并制定支持发展养老服务业的土地政策。严禁养老设施建设用地改变用途、容积率等土地使用条件搞房地产开发。

完善税费优惠政策。落实好国家现行支持养老服务业的税收优惠政策，对养老机构提供的养护服务免征营业税，对非营利性养老机构自用房产、土地免征房产税、城镇土地使用税，对符合条件的非营利性养老机构按规定免征企业所得税。对企事业单位、社会团体和个人向非营利性养老机构的捐赠，符合相关规定的，准予在计算其应纳税所得额时按税法规定比例扣除。各地对非营利性养老机构建设要免征有关行政事业性收费，对营利性养老机构建设要减半征收有关行政事业性收费，对养老机构提供养老服务也要适当减免行政事业性收费，养老机构用电、用水、用气、用热按居民生活类价格执行。境内外资本举办养老机构享有同等的税收等优惠政策。制定和完善支持民间资本投资养老服务业的税收优惠政策。

完善补贴支持政策。各地要加快建立养老服务评估机制，建立健全经济困难的高龄、失能等老年人补贴制度。可根据养老服务的实际需要，推进民办公助，选择通过补助投资、贷款贴息、运营补贴、购买服务等方式，支持社会力量举办养老服务机构，开展养老服务。民政部本级彩票公益金和地方各级政府用于社会福利事业的彩票公益金，要将50%以上的资金用于支持发展养老服务业，并随老年人口的增加逐步提高投入比例。国家根据经济社会发展水平和职工平均工资增长、物价上涨等情况，进一步完善落实基本养老、基本医疗、最低生活保障等政策，适时提高养老保障水平。要制定政府向社会力量购买养老服务的政策措施。

（七）强化组织领导

一是健全工作机制。各地要将发展养老服务业纳入国民经济和社会发展规划，纳入政府重要议事日程，进一步强化工作协调机制，定期分析养老服务业发展情况和存在问题，研究推进养老服务业加快发展的各项政策措施，认真落实养老服务业发展的相关任务要求。民政部门要切实履行监督管理、行业规范、业务指导职责，推动公办养老机构改革发展。发展改革部门要将养老服务业发展纳入经济社会发展规划、专项规划和区域规划，支持养老服务设施建设。财政部门要在现有资金渠道内对养老服务业发展给予财力保障。老龄工作机构要发挥综合协调作用，加强督促指导工作。教育、公安消防、卫生计生、国土、住房城乡建设、人力资源社会保障、商务、税务、金融、质检、工商、食品药品监管等部门要各司其职，及时解决工作中遇到的问题，形成齐抓共管、整体推进的工作格局。

二是开展综合改革试点。国家选择有特点和代表性的区域进行养老服务业综合改革试点，在财政、金融、用地、税费、人才、技术及服务模式等方面进行探索创新，先行先试，完善体制机制和政策措施，为全国养老服务业发展提供经验。

三是强化行业监管。民政部门要健全养老服务的准入、退出、监管制度，指导养老机构完善管理规范、改善服务质量，及时查处侵害老年人人身财产权益的违法行为和安全生产责任事故。价格主管部门要探索建立科学合理的养老服务定价机制，依法确定适用政府定价和政府指导价的范围。有关部门要建立完善养老服务业统计制度。其他各有关部门要依照职责分工对养老服务业实施监督管理。要积极培育和发展养老服务行业协会，发挥行业自律作用。

四是加强督促检查。各地要加强工作绩效考核，确保责任到位、任务落实。省级人民政府要根据本意见要求，结合实际抓紧制定实施意见。国务院相关部门要根据本部门职责，制定具体政策措施。民政部、发展改革委、财政部等部门要抓紧研究提出促进民间资本参与养老服务业的具体措施和意见。发展改革委、民政部和老龄工作机构要加强对本意见执行情况的监督检查，及时向国务院报告。国务院将适时组织专项督查。

除此之外，PPP 模式中，政府还要积极鼓励公益慈善组织支持养老服务。引导公益慈善组织重点参与养老机构建设、养老产品开发、养老服务提供，使公益慈善组织成为发展养老服务业的重要力量。积极培育发展为老服务公益慈善组织。积极扶持发展各类为老服务志愿组织，开展志愿服务活动。倡导机关干部和企事业单位职工、大中小学学生参加养老服务志愿活动。支持老年群众组织开展自我管理、自我服务和服务社会活动。探索建立健康老人参与志愿互助服务的工作机制，建立为老志愿服务登记制度。弘扬敬老、养老、助老的优良传统，支持社会服务窗口行业开展“敬老文明号”创建活动。

专项九：
环境治理领域推行 PPP
模式的政策分析

一、我国面临的主要环境问题

环境问题是制约我国经济社会发展的主要瓶颈。当前，我国大气污染形势严峻，刚进入 2014 年，多地就遭遇多次严重污染雾霾天气，由于大气的污染，首都北京肺癌的死亡率已经上升为第一位，呼吸道疾病的发病率每年以两位数的速度上涨。我国水资源匮乏，人均水资源只占世界平均水平的1/4。根据2013年中国环境状况公报显示，地下水水质情况不容乐观，地表水污染问题同样严重。我国固体废物的产量很大，而且随着经济的高速发展，人民对物质生活需求的不断提高，固体废物的产量也呈现不断增多的趋势。同时废弃电器产品等新型固体废物和危险废物的产生量不断增长，农村固体废物污染问题日益严重。我国土壤环境状况不容乐观，部分地区土壤污染较重，耕地土壤环境质量堪忧，工矿业废弃地土壤环境问题突出。

从区域看，我国各地区生态环境状况和特点差异明显。沿海地区环境污染问题比较突出，西部地区生态环境恶化问题十分尖锐，中部地区则两者兼而有之。

沿海地区重点发展环境污染控制和治理技术。要改善能源结构，推广煤清洁技术应用，开展高效除尘设备的研究与设计；积极采用节能节水节材新工艺、新设备，提高资源利用率，减少“三废”；研发与当地经济和生态环境相适应的技术，提高城市垃圾无害化处理能力；积极研制有机复合肥料及可降解农药等污染小、效率高的农业生产资料，推广田间绿色生态技术，把对农业产品污染降低到最低水平。

中部地区生态恶化与环境污染介于沿海与西部之间，带有明显的过渡特点。应大力加强农业生态建设，发展绿色食品生产技术。在污染较严重的地区，利用生物基因工程，培育抗污染能力较强、累积效应低的生物品种。保护和改良原有草场，加强对虫灾鼠害的防治研究力度。提高土壤保墒性，形成土壤蓄水系统、作物节水系统（选育与推广耐旱品种）、耕作保水系统（聚土免耕、深耕覆盖、带状种植等）相结合的综合抗旱、避旱技术体系。

西部地区要注意解决西北荒漠化和西南石漠化的问题。西北地区要通过多种方法提高水资源利用效率，如渠道防渗技术、管道输水技术、污水处理等；另一方面，要采取基因工程优选草种、树种，提高植被抗旱耐旱能力；加大水土流失治理力度。西南地区比较突出的生态环境问题是生物资源破坏、石漠化以及严重的酸雨问题，要努力解决农村能源短缺问题，减少对森林的破坏；石漠化目前还没有好的方法治理，应当加大有关技术的研究与开发；积极开发各种新能源，减少当地高含硫煤炭的消耗，减少 SO_2 的排放，进行必要的尾气治理。

二、我国环境治理的现状及政策瓶颈

（一）环境治理领域的技术经济现状

1. 大气污染治理行业

工业除尘、脱硫脱硝进入技术改造和稳步增长阶段。随着我国大气污染防治领域的发展，除尘行业面临除尘设备更新维护和升级改造，烟气脱硫基本度过高峰增长期，进入稳定阶段，烟气脱硝随着相应标准的出台将进入快速发展和稳步增长阶段。烟气脱汞治理市场逐步开启。2013 年联合国在日内瓦举行全球限汞公约案政府间谈判，作为全球汞排放大国的中国成为重要履约国，随着汞减排履约的大限临近，必然将带动未来汞排放标准的进一步提高，从而带动脱汞市场发展紧迫度的进一步提升。

2. 水污染治理行业

再生水、海水淡化等非常规水资源市场增长迅速。水资源的稀缺性以及水污染的加剧，使再生水、海水淡化等非常规水资源利用在未来面临巨大市场需求。国家也出台了《城镇污水处理及再生利用“十二五”规划》、《海水淡化产业“十二五”规划》推动相关工作。高效耐用膜处理技术应用市场稳步发展。我国资源型和水质型缺水问题日渐凸显，催生污废水再生回用市场，带来了膜技术加速推广。国务院《关于加快发展节能环保产业的意见》和《“十二五”节能环保产业发展规划》提出了膜材料和组件的发展，在《“十二五”节能环保产业发展规划》中，膜处理技术更是被列在环保产业关键技术的首位。

3. 垃圾处理行业

垃圾渗滤液、垃圾焚烧飞灰处理日益受到重视。《生活垃圾填埋污染控制标准》（GB16889－2008）强制规定现有和新建生活垃圾填埋场都应建有完备的渗滤液处理设施，渗滤液处理需达标才允许排放。2012 年我国城市生活垃圾焚烧处理量约 3584 万吨，粗略测算产生垃圾焚烧飞灰 170 多万吨，飞灰的产生大幅增加垃圾填埋的压力，同时飞灰中含有易溶盐类物质和重金属元素，可作为回收资源加以利用。

4. 土壤治理行业

土壤生态修复亟须建立市场模式。随着近年来土壤污染事故的频发，土壤污染治理开始成为热点。2011 年国家“十二五”规划纲要将土壤修复列在环保产业的重点发展范围之中，并明确提出要强化土壤污染防治监督管理。《重金属污染综合防治“十二五”规划》将土壤修复首次在国家战略级规划中给予明确指示，并作为环保产业的分支独立发展，这预示着国内土壤修复产业兴起迎来契机。

5. 资源综合利用市场前景广阔

“十二五”规划首次提出资源产出率提高 15%、产值将超 1.2 万亿的目标，这将大力带动循环经济的发展。据中国再生资源回收利用协会数据显示，发达国家资源再生产业规模已超过 1 万亿美元，而我国再生资源年产值仅为 200 亿美元，意味着我国再生资源产业的空间巨大。

（二）政策瓶颈

近年来，我国在环境治理领域出台了一系列鼓励政策，取得了预期效果。但是，相关政策仍存在不足。

1. 财政投入占比下降

根据财政部数据统计，我国财政环保支出由 2010 年的 1443.1 亿元增加到 2013 年的 1803.9 亿元，但在全国财政支出中的比重却由 3.0% 下降到 2.6%；2010 年到 2012 年，全国财政节能环保支出年均增长 24.1%，2013 年中央财政节能环保支出 1803.9 亿元，比 2012 年下降 9.7%，2014 年中央财政节能环保支出 2109.09 亿元，虽比上年增长 17.0%，但却大大低于上 5 年的环保支出平均年增长率。这些数据显示，中央和地方财政环保支出总额虽然在逐年增加，但所占财政支出的比例并没有增加，投入总额增速也在降低，随着政府公共环境服务职能的不断强化，政府投资将起到不可替代的主导和带动作用，在城市环境基础设施建设、环境监测、农村环境整治、流域生态修复等方面仍需进一步加大投入力度。

2. 基金政策

环境领域传统投资模式如国债投资、地方财政投入、社会资本、外国政府及国际金融组织贷款和地方政府环境资产的出售资金都在逐步完善中。我国从 1994 年就开始酝酿建立国家环境保护基金，但到目前为止建立的污染治理专项基金并不多，更多的是针对地方环境保护的基金，且基本以排污收费资金为基础建立。发达国家很多是通过设立各种环保基金，对环境设施的运行加以支持。在美国，由联邦和州政府按照 4∶1 的比例投入资本金设立清洁水州立滚动基金，1987—2001 年，这个基金共向 1 万多个水污染防治及饮用水项目提供了 343 亿美元的低息贷款，有效地保障了设施的建设和正常运行。目前这个基金周转情况良好，除每年都有 10 亿美元以上的本金和利息回流外，美国国会还根据美国环保局的“清洁水需求调查”，每年向滚动基金增拨 11 亿美元的联邦资金。

3. 融资政策

我国环境污染治理资金主要来源于四个方面：排污费补助、政府其他补助、企业自筹及其他融资渠道，其他融资渠道包括银行贷款、股票市场、债券发行、环保基金、外资及污染治理设施建设运行市场化等。市场化改革推行的投资多元化在一定程度上缓解了污染治理投资不足的问题，但目前我国的环保融资主体和手段仍存在商业融资手段不足的问题，严重限制了环保企业的资金运作和行业发展，随着我国城市化和工业化进程的加快，环境污染治理资金需求越来越大，亟须建立起持续稳定的、适应于环保产业发展特点的投融资体系，从根本上解决环境污染治理资金短缺问题。

4. 税收政策

目前，我国涉及环保企业的税种主要包括流转税、所得税、印花税、房产税、城镇土地使用税、车船使用税等，其中所得税是主要税种，税率为 25%，优惠政策主要为“三免三减半”，这对于投资回报相对较低、回报期限较长的环保产业来说，作用并不明显，特别是对于一些 BOT 项目，由于建设期限较长，项目获得盈利时间较长，环保企业不能获得税收政策的优惠。《中华人民共和国企业所得税法》有对国家需要重点扶持的高新技术企业采取了 15% 的企业所得税税率的规定，但环保企业大部分属于中小企业，以目前的高新技术企业资格定义条件来看，绝大部分环保企业对高新技术资格可望而不可及。对于环保企业来讲，无论规模大小，基于其对复杂环境污染的环境治理和保护的作用，大多具有知识密集或技术密集的属性，且需有相当一部分的研发投入，基本符合国家对于高新技术企业的认定标准。

三、在环境治理领域大力推行 PPP 模式的政策建议

十八届三中全会对生态文明制度体系建设的部署中明确提出，要建立吸引社会资本投入生态环境保护的市场化机制，明确提出要推行环境污染第三方治理。第三方治理将专业化、资质齐全的环境污染治理企业以市场化方式引入环境污染治理领域，可以使污染治理相对集中，减少环保基础设施的重复投资，降低治理成本，同时权责明晰，便于环保部门的监管。环境治理具有混合经济的特征，一些环境服务具有公共物品性质，民营资

本介入需要政府授权；水供应和污水处理等市政工程具有自然垄断特征，需要一定规模才具有经济可行性；私营企业作为主要参与主体的大量环境产品和服务，也需要政府制定好市场规则，以使企业在竞争中实现资源高效配置。所以，在环境治理领域大力推行 PPP 模式，采用切实有效的鼓励政策推动其发展。

（一）确保环保投入增长幅度高于地方财政投入增长幅度

由于环保项目具有投资期限长、收益较低等特点，导致环保行业对一般商业资金的吸纳能力并不强，这使目前我国环保行业的外部融资只能主要依靠财政预算资金投入。构建环保支出与 GDP、财政收入增长的双联动机制，从而引导政府新增财力向环保投资的倾斜，保证环保投入增长幅度高于地方 GDP 的增长幅度。

（二）尽快建立清洁水基金、清洁空气基金等财政投入基金

借鉴国际经验，我国应积极探索设立清洁环境专项基金，对环境基础设施的建设和运行提供资金支持。这样一方面能够为环保运营企业提供新的融资方式和渠道，改善融资结构；另一方面也有利于环保资金使用效率的提高。由此建议，根据国际经验和我国环境现状，应尽快成立“清洁水基金”、“清洁空气基金”等环保产业国家财政投入基金，由各级财政划拨一定资金作为启动资金，每年由中央财政保证投入 1000 亿元，并将征收的污水处理费作为经常性资金来源纳入其中。投入方式由传统的拨款改变为贷款，同时配套低息或无息还款政策，建立较长周期的还款周期机制，促进基金滚动发展，缓解环保产业发展中遇到的资金短缺、投入期长等问题，带动财政资金的自我增长，促进绿色经济增长点的成长。

（三）探索 PPP 模式在土壤治理和修复领域的运用

资金成为制约土壤修复行业发展的一大瓶颈，在建立相关的土壤污染防治与修复基金中加大民间资本注入，减轻融资压力，同时还应多方面大力鼓励民营资本进入这个领域，在准入条件、税收、技术、人才等方面予以积极扶持，多条腿走路发展土壤修复相关产业。建议对于增量土壤污染，遵循“谁污染，谁治理”的原则，采用“谁污染，谁付费”的方式，建立全国联网的土地污染档案，落实增量土地污染的责任主体，为今后土壤污染治理找好买单者。

（四）将环保设施定性为公用公益性设施

节能环保行为是一种造福子孙后代的可持续发展行为，成本高、见效慢，具有显著的社会责任特性，需要政府发挥更多主动性，加大资金支持和政策引导力度来推动。近年来，随着市政公用事业改革不断推进，许多城市污水垃圾处理设施的运营主体由事业单位改为企业，治污设施的生产经营性用房及所占土地需要额外缴纳房产税和土地使用税，增加了环保企业负担，提高治污成本，不利于民间资本的进入。环保企业所从事的环境治理业务具有公益属性，应在土地和房产使用上给予充分的优惠导向。

第十三章

PPP 案例研究

案例一：太平洋建设集团参与的 PPP 项目

一、集团概况

中国太平洋建设集团始建于 1995 年，是一家以公路、市政、水利等基础设施投资建设为核心产业的大型企业集团，是国内非公有制企业中唯一一家拥有国家公路、市政和水利工程多个总承包一级资质及若干专业一级资质的民营企业。

集团先后参加了沪宁、沪珠、京沪、京港、连霍等高速公路，以及江阴长江大桥、南京地铁、太湖整治等多项国家、省重点工程项目建设，尤其是在国内首创并实践了 BT 模式，并以 BT、BOOT 等形式直接参与国内 300 多个城市、500 多个园区的投资与建设，工程项目遍布大江南北。在城市化投资与建设方面，太平洋建设是最有话语权的企业之一。

集团秉承“以社会为己任，以企业为本位，牛羊结群，创造财富，完善自我，赢得共赢”的企业宗旨，先后获得“中国优秀民营企业”、“全国企业文化先进单位”、“首届中国百强民营企业”等荣誉称号。并荣列中国民营企业 500 强前 10 强，中国大企业集团 1000 强前 50 强。集团旗下拥有 200 多家企业，整合并购了 70 多家大中型国有企业。集团同时从事机械、新材料、化工、陶瓷、地产等多元化经营，是全国最大的以基础设施投资与建设为主的民营企业。

二、集团参与的主要 PPP 项目情况

太平洋参与的主要是 BT 模式，在广义上也属于 PPP 的范畴。如果说 BT 是低成本扩张的话，未来的 BOOT 将更有利于拓展业务范围。从政府的谈判，授权，规划、设计、招标代理，投资，建设，监理，审计，经营，拥有，管理，转让，这是 BOOT 的全部流程。

太平洋 BOOT 地产项目是以地方城市基础产业为依托，利用集群式开发城市现代服务业为核心任务，坚持科学发展观，服务国家、服务地方政府、服务地方企业、服务地方百姓，全面支持地方社会可持续发展，是现代城市发展的强大引擎与助推器。太平洋 BOOT 模式的植入将全面提升地方城市的整体档次，为当地政府招商引资、企业落户提供强有力的软实力保障。BOOT 项目规模从几十平方公里到几百平方公里，视城市规模而定。一般人口城市化率达 30% 以上即可规划 BOOT 项目。

民间资金的进入基础设施领域绝不仅是一个融资问题，采用何种模式让民间资金放心进入、安心经营、开心收益已经涉及管理国民经济的智慧问题。如果民间资金的收益得不到保障，就没人愿意参与投资；如果放任民间资金自由进入，享受服务的公共部门又可能饱受私人垄断之苦；如果民营资本参与项目建设之后不能有效运行该项目，则公共投资的价值又会大打折扣。PPP（Public-Private-Partnerships，公私伙伴关系）就是这样一个兼容两方面考虑的模式。所谓 PPP，是指政府通过让民营部门参与提供公共产品实现政府职能并为民营部门带来利益的模式，因此，广义而言，BT 及其衍生出的 BOT 和 BOOT 都是 PPP 模式在不同外部环境下可采用的不同形态。

（一）兰州新区（政府部分垫资）

兰州新区位于兰州北部秦王川盆地，地处兰州、西宁、银川三城市共生带的中间位置，规划面积 806 平方公里，其中核心区规划建设面积 246 平方公里。具体地址兰州北约 80 公里的秦川岭的核心地带秦王川平原，这里四面环山，海拔在 2000 米到 2800 米之间，属于沙漠季风性气候，虽然这里土地肥沃、民风纯良，但是空气干燥、雨水稀缺，不适宜农植物的生长。随着国家西

部大开发的战略得以顺利实施，兰州市委、市政府紧紧抓住这个千载难得的机遇，同时为了突破现有区域发展的瓶颈，计划用五年的时间在这里打造一个集科技、文化、商贸、旅游、现代化为一体的工业新城。

2012 年 8 月 20 日，国务院以国函［2012］104 号文件印发了《国务院关于同意设立兰州新区的批复》，同意设立兰州新区。

兰州新区能够成为国家级新区，作为建设者的太平洋建设功不可没。经过 500 多个日日夜夜的奋战，在这个可以说是一毛不拔的荒山野岭，被上苍一度遗忘的角落，仅仅通过从立项到施工，真正施工只有一年多的时间，秦川岭居然发生了翻天覆地的变化，而且得到党中央、国务院的高度认可。

太平洋建设作为一个民营企业，挺进西部基础设施市场，是以 BT 模式进入的，开始兰州新区管委会只给太平洋建设一条路工程——纬一路，太平洋建设在兰州组建了甘肃太平洋建设投资有限公司，适时地进入了兰州城市基础建设市场。太平洋建设就以纬一路为契机，利用这一条路，以“做优一项工程，结交一批朋友，赢得一方市场”为指导思想，以“进度最快、质量最优、成本最低”、“打造工程航母，铸就核心主业，树起金质品牌”为行动准则，以“今天的诚信，明天的市场，后天的利润”、“大智大诚、大仁大信、诚行天下、信立伟业”为经营理念，以“不惜成本、成就资本、只要金杯、铸就口碑”为突破口，经过实际施工只有两个月的奋力拼搏，用事实将太平洋建设品牌从进度、质量、管理等方面在兰州唱响，赢得了从兰州新区管委会、兰州市政府，直至甘肃省政府等上级领导的高度认可。

自项目开工以来，兰州新区领导数次来到工地现场视察，对工程质量、工程进度、现场管理，以及企业文化展示都十分满意。国家发改委主任、甘肃省及兰州市的领导视察工程时也给予高度评价！其建设质量、速度上了央视《新闻联播》2011 年 11 月 25 日的头条。

依据《甘肃日报》2012 年 5 月 2 日的报道“……截至 2011 年，新区已开工建设道路 9 条，总里程达 75 公里，其中‘四纵四横’城市道路 50 公里……”，在总计 75 公里的基础设施工程中有 50.75 公里系太平洋建设第一集团承建，而且是同步进行，遍地开花，成就了兰州新区城市的雏形；为了加快兰州新区建设，在 9 月底预期的纬一路、迎宾大道、水秦路快速通道总计 35.77 公里即将提前完工交付之际，于 7 月份，太平洋建设第一集团加大了投资兰州新区的建设规模力度，相继开辟了兰州新区经四路、经五路、经九路等等约 19 公里的基础设施建设工程，其投资规模之大创太平洋建设单项投资史上的多个第一，作为承建的太平洋建设第一集团也因此创造了太平洋建设史上的多个第一。兰州新区项目也因此成为太平洋建设第一集团的样板工程，同时得到了太平洋建设总部的认可。

（二）兰州新城（政府不垫资）

兰州市政府与太平洋建设合作建设“兰州新城”，是继太平洋建设成功参与兰州新区开发建设，助力其晋升国家级新区之后，双方在互利共赢基础上展开的又一次深度合作。该项目的实施，无疑将对兰州市转型发展起到重要推动作用。

此次“兰州新城”项目主要分为三部分，分别为移山造地、市政建设，以及城市公益、城市功能等建设与完善。“兰州新城”项目的城关区白道坪区域低丘缓坡等未利用土地开发整理项目，东起规划包兰二线（土圈沟），西至盐什公路，南起规划北快速路（砂金坪），北至分水岭（荞麦梁），面积约 25 平方公里。

根据协议，兰州市政府与太平洋建设将按照《兰州市未利用综合开发利用实验区总体规划》确定的土地用途和国家关于未利用地开发的相关技术规定，根据兰州市人民政府《关于加强推进全市低丘缓坡沟壑等未利用地综合开发利用试点工作的意见》精神，对项目实施范围内的低丘、缓坡、沟壑等未利用土地进行征收、转用、土地整理和基础设施建设。该项目的实施建设将对进一步挖掘、盘活兰州荒地资源，拓展城市建设发展空间，以及兰州城市合理布局和产业结构转型具有重要意义。

兰州新城的正式开工，这标志着太平洋建设将告别“中国式 BT”，正式与国际接轨，全力迈向“国际式 BT”。

严介和认为，“中国式 BT”，在项目建设期间政府需完款 30%；而“国际式 BT”，在项目建设期间，政府不拿一分钱，全部由企业垫资。此次“兰州新城”项目就是采用的“国际式 BT”模式。无疑这对企业的经济实力提出了更高的要求。展望基建行业前景，严介和表示，不久的将来，当太平洋建设“国际式 BT”做得炉火纯青的时候，引领着国内企业效仿跟进之时，太平洋建设将再次差异化发展，全力转战现代服务业即全新的 BOOT 模式。

三、经验总结

（一）较低的融资成本

太平洋建设参与的项目一般采用BT模式，建设期政府出资35%—55%；建设方垫资平均10%—20%左右。建设方遇资金周转困难，由太平洋提供担保进行融资，无需担保费用。

而对投资人而言，还款周期较长，一般需要5—7年的周期回拢（含建设期）。大多数项目都按照完成的工作量，拨付35%的工程款，其余65%由承建方太平洋集团垫付，并在三条道路验收完工以后分四年偿还。在项目完工后的第一年偿付30%；第二年偿付20%；第三年偿付10%；第四年偿付5%。这意味着，全部收回资金需要六年。

由于吸引内部员工集资建设，使得政府扶持的政府成本最低，一般按银行同期基准利息下浮1%。而且，太平洋建设会积极协助地方政府融资还款（甲乙双方都有为协议内项目提供融资担保的义务），并无需财政、土地担保与滞压（直接和人民政府签协议）。这样低的融资成本为太平洋建设赢得市场奠定了良好的基础。

（二）全方位的建设资质

中国太平洋建设集团是中国非公有制企业中唯一一家具有市政，水利，公路三个总承包一级资质及多项专业一级资质的中国最大民营基础建设集团。太平洋建设先后参加了沪宁，沪珠，京沪，京港，连霍等高速公路，以及江阴长江大桥，南京地铁，太湖整治等多项国家，省重点工程项目建设，尤其是在国内首创实践了BT模式，并以BT，BOT等形式直接参与国内数百个城市和地区的基础设施建设。这些经验和资质为其发展做出了贡献。

（三）先进的管理理念

太平洋建设集团一向采取：管理，当管则管！同时奉行：集权有道，分权有序，授权有章，行权有度的管理法则。比如，针对兰州新区项目体量庞大，太平洋建设打破传统管理模式，以太平洋建设整体利益为先，将项目切割分片、分线管理，同时明确各点、片负责人，这样整个太平洋建设集团的各个公司就形成了一个相互依存、充满战斗力的整体。利用兵团作战的优势，材料物资、设备租赁采用统一管理，并且工程项目部每五天举行一次工作碰头会，这个纪律是雷打不动的，号称："工作可以不做，会不可以不开"，从而高度统一了思想，形成核心战斗力。

四、规范 BT 模式

BT 模式指的是项目的运作由承包方独揽，融资、建设均由其负责，待项目验收合格后移交给发包方，发包方承担建设成本和融资利息等。这一模式是从 BOT（建设—运营—移交）演变而来，后者主要用于经营性基础设施项目，例如高速公路。这一模式的出现，解决了政府基础设施投资资金不足的难题。BOT 在英美国家被广泛应用，传入中国后，在一些经营性项目（如电厂）上运营。20 世纪 90 年代开始，国内出现了 BT 项目。但由于政府性投资项目必须公开招投标，BT 模式一直不具备合法身份。2003 年后，新一届政府上台，大力推行基础设施建设，但当时面临资金短缺压力。次年国务院出台了投资体制改革的决定，允许社会资本进入法律法规未禁入的基础设施、公用事业及其他行业和领域，BT 被官方认可，并得到发展。新一轮疯狂成长是在 2011 年后，这缘于当时国家宏观调控政策变向，2008 年底以来宽松的货币政策被逐步收紧，已经上马和准备上马的项目出现“钱荒”。对于基础设施薄弱、建设压力大等欠发达省份来说，这一问题尤为突出。可以说，BT 的消长，与国内宏观调控密切相关。

BT 模式产生于国外，在引入中国后被改良为“中国式 BT”。所谓中国式 BT，是项目建设时政府出资一部分（一般为 1/3 投资总规模），企业垫付一部分，进入回购期后政府逐年偿还。而在国际通行多年的 BT 模式中，政府几乎不承担任何风险，完全由企业自行承担。

能否如期回购，成为 BT 项目最大的风险。中国冶金科工集团有限公司（以下简称“中冶”）大量参与的保障房建设领域就出现了问题。大量以 BT 方式建设的保障房，给中冶带来了麻烦。据悉，在有的地区，许多保障房建好后，地方政府不回购、不分配。由于前期垫资主要来自银行贷款，延迟回购导致资金无法回笼，额外支出的利息摊薄了项目利润。这导致上市公司中国中冶财报中应收款净额增加，在 2013 年上半年财报公布时，公司已经对此提出预警。实际上，中冶从去年开始就已选择逐步退出保障房建设。2013 年 11 月 12 日，中冶公告宣布，全资子公司中国三冶和其下属鞍山中冶置业有限公司当日与中信信托等签署《债权转让协议》，拟将中国三冶持有的鞍山市劳动路保障性住房建设项目（BT 项目）的债权转让给中信信托，涉资 13.2 亿元。目前，唐山、温州等地区个别的 BT 项目，尚未进入回购期便出现债务纠纷，有的项目甚至被叫停，发包方和承建方对簿公堂。

BT项目投资建设缺少相应的法律法规依据，一些地方在试点基础上出台的地方性法规在制度设计和执行上存在许多需要完善的问题，例如在制度设计上没有严格界定使用范围和条件，没有明确规范BT模式的项目审批、发包行为。浙江省审计厅对四个县（市、区）的33个项目调查后发现，除了3个项目实行公开招标和1个项目在当地招投标中心公告过外，其余29个项目均未采取公开招标，其中直接发包的1个，通过谈判形式确定的5个，以会议形式指定的6个，采取邀请招标确定的18个。这种以邀请招标方式确定投资人，导致市场竞争不充分，往往导致熟人承包工程的局面。“不公开操作，可能有利益输送。”一位熟悉融资运作的业内人士说，这同时还会导致建设成本过高，增加了政府的债务负担。以浙江某县9个BT项目为例，除了2个项目有一定下浮外，其余7个概算造价均无下浮，而该县当地同期、同类采取市场公开招标的项目概算造价中标下浮比率在13.5%。融资成本过高、项目管理费收入不规范等，也是BT项目遭到诟病的地方。多位受访人士担忧，BT项目从建设到完成回购需要数年时间，在实际操作中，往往出现上届政府为了政绩，不顾财务状况，进行大量基础设施、保障房建设等。

应该制定出台BT项目建设管理的规章制度，明确项目建设范围和相关部门（如发改委、财政部门）职责；严格执行BT项目招投标制度：将BT项目形成的债务纳入统一的债务管理，统筹管理区域内BT项目立项、在建、完工、移交，严控地方债务风险；加强项目建设过程监管，加强项目质量和造价控制等，使BT模式规范运行。同时，地方政府要积极探索这类非经营性建设项目新的融资方式，否则无法从根本上缓解资金短缺困局。比如，以商业——公共土地捆绑开发的融资模式不仅可用于市政道路，它在许多非营利城市设施，甚至是城市综合体开发方面都可以引用。

案例二：合肥王小郢污水处理厂TOT项目

一、项目概况

（一）项目背景

合肥市王小郢污水处理厂分两期建设，一期、二期工程分别于1998年和

2001 年建成投产，日处理能力合计为 30 万吨，建设总投资约 3.2 亿元。王小郢污水处理厂是利用澳大利亚政府贷款、亚行贷款和国债资金建设的市政基础设施，是安徽省第一座大型城市污水处理厂，也是当时全国规模最大的氧化沟工艺污水处理厂，为巢湖污染综合治理发挥重要作用。

2002 年 9 月，国家计委、建设部、国家环境保护总局等部门共同颁布了《关于推进城市污水、垃圾处理产业化发展的意见》，以推进城市污水、垃圾处理产业化的运作；2002 年 12 月，建设部发布《关于加快市政公用行业市场化进程的意见》，以正式文件的形式确定了允许外资和民营资本进入市政公用设施项目。为推进合肥市城市公用事业发展，合肥市政府抓住这一机遇，做出了“市政公用事业必须走市场化之路、与国际接轨”的重大决策，并于 2003 年决定以 TOT 模式，通过国际公开招标转让王小郢污水厂资产权益，实施特许经营。污水处理厂的特许经营期限共 23 年，转让资产评估值为 2.68 亿元。

（二）项目运作过程

王小郢项目运作时尚处于公用事业改革的初期阶段，无论政府还是投资人都非常谨慎。合肥市政府为项目专门成立了由常务副市长担任组长、各相关部门负责人为成员的招标领导小组，组建了由市国资委、建委、城建投资公司及相关专家组成的“合肥市王小郢污水处理厂 TOT 项目办公室”，负责具体工作。

项目转让办公室从项目策划到谈判签约始终按规定程序依法操作。根据国家法律法规，实施存量国有产权转让，需要提前完成如下前期工作：债务处理、职工安置、资产评估、编制招标文件。上述前期工作的开展过程中，项目转让办公室通过各种形式充分与政府相关部门进行沟通，保障了前期工作按照计划落实。

二、项目实施情况

2003 年 9 月在合肥市产权交易中心网站和国内有影响力的专业媒体——中国产权交易所网站、中国水网网站、《中国建设报》、《人民日报》（海外版）等重要媒体同时发布招标公告。

2003 年 9 月，合肥市产权交易中心发布了《资格预审公告》，公告发布后共有 7 家资格预审申请人提交了资格预审文件。经过专家评审，最终确定 6 家申请人通过资格预审。合肥市产权交易中心与 2003 年 12 月向通过资格预审的投标商发出招标函。

随后，转让办公室组织召开了标前会议，统一回答投标人第一阶段提出的问题并以标前会议备忘录的形式发送给所有投标人。标前会议后，转让办公室又以补充通知的形式进一步对投标人的问题进行了多次解答。

2004 年 2 月 20 日，项目在合肥市产权交易中心开标。开标结果中，对转让资产权益报价最高的是德国柏林水务—东华工程联合体，出价 4.8 亿元人民币。招标人邀请了国内污水处理行业技术、财务和法律方面的资深专家组成评标委员会，对投标文件进行评审。为确保评标的公平和公正，合肥市纪检委全程监督评标过程。评标委员会根据综合评审得分由高到低的原则，向招标方推荐了三个中标候选人。招标人最终确定了德国柏林水务—东华工程联合体以 4.8 亿元人民币的报价中标。

经过 3 个多月的谈判，双方就谈判的所有内容达成一致，草签了项目协议。根据草签协议，项目转让办和柏林水务—东华工程联合体分别派出 3 名代表组成资产权益转让小组，正式进入资产清理和设备、设施检测，并编制工作报告，作为项目协议附件。

2004 年 11 月，合肥市政府举行盛大的王小郢污水处理厂 TOT 项目签字仪式。2004 年 12 月 21 日，王小郢污水处理厂顺利实现商业运营。

王小郢污水厂 TOT 项目的成功运作充分体现了项目的市场价值，实现了国有资产的最大增值，为合肥市城市建设筹措了建设资金，吸引了多种经济成分进入公用事业领域，实现了公用设施经营的投资主体多元化。

王小郢项目的中标方——柏林水务集团公司拥有 130 多年运营管理城市给排水系统的历史，是世界七大水务集团之一。柏林水务的引进可带来其先进的经营理念和管理模式，引入现代企业制度和市场经营理念，改变传统的事业单位运行处理模式，进一步提高王小郢污水处理厂运营质量，促进合肥市污水产业的发展。政府通过项目服务协议约定对进入公用事业的企业产品和服务质量、企业履约行为进行监督，也有利于推进政企分开、政资分开、政事分开，转变政府管理职能。

三、项目实施效果

王小郢项目的招标结果无论从资产转让价款总额、污水处理服务费单价还是引入投资人的实力和水平来看，均令合肥市政府非常满意。溢价的出现说明了公用事业企业的运营效率是存在很大提升空间的。

项目招标中确定的 0.75 元/吨的污水处理服务费单价，为随后实施的一系列污水处理市场化项目确立了价格标杆，降低了政府的财政负担。

同时，王小郢项目是当时国内规范招标的最大 TOT 污水处理项目，开创了国内污水处理 TOT 运作模式的先河，为我国公用事业改革提供了成功模式。可以说，王小郢项目从选择采用公开招标方式伊始，就在走一条规范运作的市场化道路。

项目的成功转变了合肥市政府的观念，坚定了其推进改革的信心和决心，为合肥市市场化项目培养了一批优秀人才。随后，合肥市公交集团、供水集团及燃气集团、热力公司等一批公用事业单位都先后对原独家经营的市政公用行业进行了改革。

柏林水务的进入，有力地促进了合肥市污水处理行业整体水平的提升。针对污水厂的实际情况，公司引进了其独家开发的一套先进系统管理软件，建立了实施监控和预警机制，按照现代企业制度和市场经营理念对污水处理厂进行管理。通过长效培训提高员工素质，公司运行效率大大提高，充分显示了国际水务巨头的品牌实力。

四、经验总结

（一）政府规范决策

2002 年国家三部委和原建设部分别出台了《关于推进垃圾、污水处理市场化进程的通知》和《关于加快市政公用行业市场化进程的意见》，明确了公用事业改革的市场化方向，提出了规范运作的基本要求。合肥市政府顺应政策和行业发展需要，及时做出市场化改革的决策，并且要求王小郢污水厂 TOT 项目的运作必须严格遵循公开、公平、公正的原则，将王小郢污水厂 TOT 项目以国际招标的方式在市产权交易中心挂牌。

（二）组织机构规范

合肥市政府专门成立了王小郢资产权益转让办公室，由市领导亲自挂帅。办公室内部职责和分工明确，市建委为转让工作牵头部门，负责全面工作的组织与协调；国资委、财政局负责项目相关政策的制定和审批；产权交易中心为项目招标代理；城投公司是资产的占有方；污水处理管理处为行业主管部门。转让办公室负责研究落实项目条件，与咨询机构讨论确定招标文件，及时解决项目存在的困难和问题。该机构的设立，大大加快了招标工作的进程，降低了招标工作的难度。

（三）聘请专业的咨询机构

合肥市政府遵循市场规律，决定聘请专业的咨询机构，为政府提供从项目结构设计到正式签约的全过程咨询服务。政府聘请大岳公司为项目提供咨询服务，聘请北京君屹律师事务所和安徽亚泰君安律师事务所为法律顾问。专业机构可以弥补转让办公室成员在经验和专业知识上的不足，充分发挥在招投标、投融资方面的经验优势，协助政府设计出更加严谨和符合国际惯例的文件，易于获得政府和境内外投资人的认可。

（四）项目文件规范，风险分配公平合理

招标文件的风险分配是否公平合理，是决定项目成败的关键。为此，转让办公室和咨询顾问对招标文件内容进行了深入讨论，招标文件几经修改。招标文件的编写采用了换位思考的方式，遵循国际惯例，参考国内外类似项目的经验并充分考虑到资本市场的要求和政府利益，主要的风险分配原则在招标文件中予以确定，包括一般补偿、提前终止补偿、调价公式等，而有的条件则通过澄清谈判得以最后确定。项目结构的设计与风险分配符合国际惯例，是国内首创。本着公平合理原则形成的招标文件，对项目风险进行了恰当的分配，政府和投标人所面对的都是自己熟悉或可以控制的风险，这既充分保护了政府的利益，也大大增强了投标人的信心，可以说是本项目成功的基石。

本项目最终形成了一个规范的合同体系，将特许经营权、污水处理服务协议、资产转让协议作为三个独立的主题签署，形成一套完整的特许经营权体系。这个合同架构，将传统政府统一行使职能从合同上分离出行政职能、行业监管职能和出资人职能，并建立与其职能相对应的运行机制。该项目合同体系的构建，体现了各方利益主体的权利、义务、责任的均衡，是博弈的结果，也体现了知识和经验的价值。王小郢项目的招标文件在项目评标期间得到了各方专家的一致认可和高度评价，并成为污水处理行业市场化项目的标准型文件，在后续很多市场化项目协议中都能看到它的影子。

案例三：大连市城市中心区生活垃圾焚烧处理BOT项目

一、项目概况

（一）项目背景

大连市城市中心区生活垃圾焚烧处理BOT项目规模为全年日均处理垃圾1500吨，采用机械炉排炉工艺。项目服务范围包括大连市中山区、西岗区、沙河口区、甘井子区和高新技术园区。项目选址位于大连市甘井子区拉树房村，占地面积约77000平方米。

大连市政府决定以BOT模式实施该项目，并以公开招标方式选择项目投资人，由投资人依法设立项目公司。大连市政府授权大连市城建局授予项目公司特许经营权，项目公司在特许经营期内投资、设计、建设、运营、维护项目设施，并在特许经营期期满时将项目设施无偿完好地移交给市城建局或其指定机构。特许经营权期限为27年（含建设期）。

（二）项目的运作过程

在大连市政府的大力支持下，大连市城建局牵头组织政府相关单位、招商顾问和法律顾问，认真分析总结了项目之前市场化运作失败的原因。可以看到，政府方对于BOT项目法人招标的复杂性估计不足、将工程招标的方法和思路照搬到项目法人招标上来是导致失败的重要因素。而进一步总结还发现，更为重要的原因是，招标文件仅有《投标人须知》而没有《特许经营协议》，所有协议的关键条款都要在后期通过谈判来确定，这就造成了项目招商时边界条件不明确，政府与投资人各自的理解不一、分歧较大，反过来又导致后期的谈判工作多次停滞，项目陷入恶性循环。

在总结教训的基础上，大连市城建局牵头组织相关单位和招商顾问、法律顾问，借鉴国内其他城市垃圾处理BOT项目的成功经验，梳理出项目运作的关键事项，认真研究并落实了项目条件，完成了转让文件和评审办法的编制，并且编制了特许经营协议作为招标文件的重要内容。总体来看，项目重新运作主要完成了以下几项工作：（1）重新确定焚烧工艺；（2）认真研究并落实项目条件；（3）提供充分的项目基础资料，安排好投标人的现场考察；（4）技术方案采用“暗标”形式，充分保证客观公平。

二、项目实施情况

2009 年 2 月 5 日，大连市城建局在大连市建设工程交易中心发布了项目招标公告，并在大连市监察局工作人员的监督下采用随机抽取的方式确定了评标专家。2009 年 5 月 19 日，开标仪式在大连市建设工程交易中心举行，共有九家投标人参与投标。大连市发改委、财政局、城建局、环保局和监察局等有关部门对此次开标仪式进行了全过程监督。经过严格的综合评审和澄清谈判后，招标人确认天津泰达环境有限公司和中国恩菲工程技术有限公司联合体中标。中标的垃圾处理价格 51 元/吨，不到上一次招标时中标人要求价格的一半，招标结果大大优于政府预期。

2009 年 7 月 17 日，大连市城建局与中标人——天津泰达环保有限公司和中国恩菲工程技术有限公司联合体草签了特许经营协议。

三、经验总结

（一）投标文件内容完整齐全

本次招标过程中，按照行业惯例，《特许经营协议》作为招标文件的一部分，投标人仅可在已有文本的基础上提出偏差意见（即对协议的修改意见），而且，在评标时对偏差意见是要扣分的（即如果对协议的修改意见太多则很可能无法中标）。在这种情况下，《特许经营协议》的存在就能够大大减少后期谈判的工作量，充分保证政府的主动性和项目的时间进度。

（二）暗标形式提高竞争

本项目运作的规范有序和大连市特殊的示范效应，吸引了多家投资人参与，形成了充分竞争。而充分竞争的形成对政府方择优选取投资人达到最优的项目实施效果非常有利。在多家当地投资人参与的情况下，采取暗标形式，平等对待所有投资人，增强了投资人的信心。垃圾焚烧领域有实力的投资人悉数参加了项目竞争，共有九家投资人参与了投标。竞标的结果，第一中标候选人要求的垃圾处理价格（即政府补贴价格）为 51 元/吨，不到之前谈判价格的一半，仅此一项每年节省财政支出近 3000 万元。按照节省的费用初步估算，可以采用 BOT 方式建设日处理规模 10 万吨、出水标准达到一级 A 的污水处理厂一座。大连市政府各有关部门对招标结果相当满意。

（三）项目条件合理确定

之前招标谈判中，由于缺乏相应的垃圾项目运作经验，政府方在特许经营协议中约定了政府要承担其自身难以承受的风险。比如，当时在文件中规定政府保证垃圾热值，如果垃圾热值低于协议中约定的数值，政府须给与投资人额外补贴。对于成分复杂、含水率较高的城市生活垃圾来说，热值本身就是不确定的。这种约定对于政府来说既不现实，又有较大的风险。因此，为避免不必要的损失，本次招标按照行业惯例规定了政府提供垃圾的热值需在一定范围内（4200—8400kj/kg），只要符合该热值范围的都是合格的垃圾，如此约定切合现实情况，也大大降低了政府违约的风险。

案例四：北京地铁四号线

一、项目概况

北京地铁 4 号线项目是我国城市轨道交通行业第一个正式批复实施的特许经营项目，也是国内第一个运用 PPP 模式、引入市场部门运作的地铁项目。4 号线项目运用 PPP 模式进行融资，有效缓解了当时北京市政府的资金压力，实现了北京市城市轨道交通行业投资、运营主体的多元化，通过引入市场部门的参与，促进了技术进步和管理水平、服务水平的提升。北京 4 号线项目在研究 PPP 模式上具有典型意义，集中体现了 PPP 模式在打破基础设施建设融资难困境的创新价值，使政府部门和市场部门的力量形成一股合力，对于在现有预算框架下缓解地方债务，完善基础设施建设乃至推进新型城镇化，具有一定的借鉴意义和实践价值。

北京地铁 4 号线是北京轨道交通路网中的主干道之一，南起大兴区天宫院，北至海淀区安河桥北，全长 28.2 公里。4 号线工程概算总投资 153 亿元，于 2004 年 8 月正式开工，2009 年 9 月 28 日通车并开始试运营，目前日均客流量达到 70 万人次。

根据北京地铁 4 号线的项目设计概算，工程投资建设总体划分为 A、B 两个相对独立的部分：其中 A 部分主要为土建工程部分，投资额约为 107 亿元，占 4 号线项目总投资的 70%。A 部分由已成立的 4 号线公司负责投资建设；B 部分主要包括车辆、信号、自动售检票系统等机电设备，投资额约为 46 亿元，占 4 号线项目总投资的 30%，由通过市场化方法组建的特许经营公司负责投资建设、运营和管理，实施特许经营。

特许经营公司是在 PPP 项目中通过审批取得特许经营权、实施特许经营的公司。在北京地铁 4 号线项目中的 PPP 特许经营公司是北京京港地铁有限公司，该公司是由京投公司、香港地铁公司和首创集团公司按照 2∶49∶49 的出资比例组建。京投公司作为业主单位和项目的实际运作人，负责项目方案的设计、招商、谈判等工作。

须要强调的是，在特许经营公司的组建过程中，必须严格遵守法律法规和实施方案的要求。如果特许公司是内资企业，根据《国务院关于固定资产投资项目试行资本金制度的通知》的规定，资本金比例应不低于总投资的 35%，而北京市的标准是资本金比例应不低于总投资的 40%，这是因为地方性法规的要求一般都要高一些。如果特许公司是外商投资企业，须遵守《国家工商行政管理局关于中外合资经营企业注册资本与投资总额比例的暂行规定》的要求，中方投资者占有的权益不应小于 51%。资本金以外的部分由特许经营公司通过融资解决。在正式签署特许协议之前，特许经营公司还应签署有关融资协议，以确保融资过程的稳定性。

针对本案例而言，城市轨道交通行业的 PPP 项目专业性极强，对项目的建设、运营都提出了较高要求，且城市轨道交通项目的施工质量、运营状况都与公共安全紧密相关，因此政府在选择社会投资者时需要格外谨慎。此外，PPP 项目中对资本金比例的要求，也将直接影响社会投资者的股权投资回报率，因此采用竞争性谈判的方式来确定投资者。

二、项目的运作过程

根据国家相关法规的规定、北京市政府的相关安排及本项目的实际情况、本项目的运作过程涉及政府部门、业主单位、咨询顾问、投资人等多方面组织和机构。市发改委在全程起到了整体组织、协调和促进作用。市交通委为行业主管部门，负责竞争性谈判工作。北京市基础设施投资有限公司作为项目的操作主体，负责有关项目前期工作及运作过程中的具体工作。

4 号线项目的具体运作主要经历了前期准备、方案研究和审批、竞争性谈判及协议签署四个主要阶段。主要过程如下：

（一）前期准备阶段

2003 年地，北京市政府转发市发改委《关于本市深化城市基础设施投融资体制改革的实施意见》，明确了轨道交通可以按照政府与社会资本 7：3 的基础比例，吸引社会投资者参与建设。2003 年 11 月北京市基础设施投资有限公司作为北京市基础设施投融资平台正式成立。成立之后便着手制定了 4 号线市场化运作的初步方案，并开始与香港地铁等多家战略投资者进行接触，项目前期工作全面展开。在此阶段，形成了项目运作的初步框架，以后各阶段的工作均在此框架基础上拓展。

（二）方案研究和审批阶段

2004 年 2 月开始至 4 月，国际客流顾问对 4 号线的客流与收入进行预测，提出专业意见和报告；聘请技术顾问评估 4 号线的建设和技术方案。2004 年 9 月，形成《北京地铁 4 号线特许经营实施方案》，市发改委组织对方案进行了评审并上报市政府。11 月，北京市政府批准了特许经营实施方案，4 号线特许经营项目取得实质性进展。通过研究和沟通，各方就项目主要原则和框架形成了初步的一致意见，形成了特许经营方案，并完成了《特许协议》等法律文件的编制和初步沟通工作。

（三）竞争性谈判阶段

2004 年 11 月底，北京市交通委牵头成立了 4 号线特许经营项目政府谈判工作组，与香港地铁有限公司—北京首创集团有限公司（以下简称“港铁—首创联合体”）等社会投资者的竞争性谈判正式开始。2005 年 2 月初，政府谈判工作组与优先谈判对象“港铁—首创联合体”就《特许经营协议》等项目条件达成了一致意见。

（四）协议签署意见

2005 年 2 月 7 日，北京市交通委代表市政府与港铁联合体草签了《北京地铁 4 号线特许经营协议》。2005 年 9 月，国家发改委核准批复了北京地铁 4 号线 PPP 融资项目。2006 年 1 月，北京京港地铁有限公司注册成立，注册资本 13.8 亿元人民币。2006 年 4 月，北京市交通委与北京京港地铁有限公司正式签署了《北京地铁 4 号线特许经营协议》。

三、项目实施情况

经过 4 年的建设，北京地铁 4 号线已于 2009 年 9 月 28 日开通试运营。北京地铁 4 号线一开通即实现最小行车间隔 3 分钟的纪录，并在开通后 1 年零 7 个月后，两次缩小运行间隔。

四、项目股权结构

股权结构是公司治理结构的基础，是影响公司治理结构的重要方面。经过各方的充分论证，4 号线 PPP 特许经营公司（京港公司）的股东分别为京投公司、首创集团和港铁集团，各方出资比例分别为 2%、49% 和 49%。特许经营公司设立由 5 名董事组成的董事会，其中京投公司委派 1 名、首创委派 2 名、港铁委派 2 名，京投公司委派的董事担任董事长，首创和港铁各委派的 2 名董事分别担任副董事长和董事。

北京地铁 4 号线项目之所以采用 PPP 模式投资运营，不仅是为了解决融资问题，更深层的目标是引入先进的管理机制，打破行业垄断，提高行业效率和政府监管水平，更有通过产权的变化带动体制机制的变化的长远考虑。虽然从理论上来讲，由具备技术和管理优势的香港地铁公司作为特许经营公司控股方，会更有利于其积极性的发挥。但是由于《外商投资产业指导目录》的规定，特许经营公司应是中方控制企业，港铁持股比例不得超出 50%。这种股权结构的设定，可以有效保障社会公共安全、公共利益，尤其是在首都北京的轨道交通行业。而不设绝对控股方的做法，能充分发挥各方优势调动股东积极性，有利于特许期结束后实现对 B 部分的有效接管。对于公司管理层设置则有利于充分发挥各方资源和经验优势。

五、项目风险分担

除国家政策、市场、不可抗力等系统性风险因素外，在非系统性的完工风险以及运营期的客流风险和票价风险。特许经营协议对上述主要风险作出了妥善配置，设计了相应的风险防范机制，有利于保护协议各方利益。

（一）完工风险

针对地铁四号线工程建设，特许经营协议设立了 23 个时间点，每一个时间点均设定了具体的完工日期。根据 A、B 部分的分工情况，23 个时间点的关键工期分别由地铁四号线公司和特许经营公司负责。

（二）客流风险

按照特许经营协议的规定，特许经营公司获得的票务收入和票价差额补偿均直接和客流量相关，客流风险主要由特许经营公司承担。尽管有 MVA 公司对于客流量的专业预测报告，但影响客流量的因素非常多，因此客流风险比较大。如果连续 3 年的当年实际客流量比预测客流量低 20%，则特许经营公司可向政府申请补贴，如果双方无法在两年内就补贴额度达成一致，特许经营公司有权提出终止协议。上述规定将特许经营公司承担的客流风险控制在一定范围内。

（三）票价风险

在特许经营期间，依据特许经营公司的票务收入和实际客流计算实际平均人次票价，如果实际平均人次票价低于特许经营协议规定的测算票价水平，市政府将就其差额给予特许经营公司补偿。如果实际平均人次票价收入水平高于测算票价收入水平，则特许经营公司需将其差额的 70% 返还给市政府。通过上述规定，特许经营公司基本不承担票价风险。由于本项目执行市政府定价，由政府承担票价风险也符合风险分配原则。

六、经验总结

（一）重视前期研究，规范运作

轨道交通等基础设施的投融资是一项极其复杂的系统工程，需要综合运用金融、财务和法律等方面的知识。本项目在没有成熟经验的情况下，组建了由专业的融资顾问、财务顾问、技术顾问、客流调查顾问、法律顾问等组成的顾问团队，广泛地分析国内外融资案例，经过一年多的前期研究，形成了项目实施方案，并在各方共同努力和协作下，规范运作和实施，最终实现项目的成功运作。

（二）开创我国轨道交通建设 PPP 融资模式的先河，缓解了资金压力

如何筹集建设资金是制约轨道交通发展的首要障碍，而对于地铁这类很少盈利的项目来说，减少政府投入是成功的关键。根据测算，京港地铁负责地铁 4 号线约 30% 的投资，引进了建设资金近 50 亿元，这就意味着政府的投入大大节省。同时，在运营期内，京港地铁还要负责线路、设备设施的所有维修维护和更新改造工作，预计需投入的资金接近 100 亿元。北京地铁 4 号线 PPP 融资项目的运作，确定了项目研究内容、项目结构和核心问题，完成了股权结构、客流风险分担、结算票价体系、建设和运营服务标准等具体操作层面的创新设计，成为 PPP 融资模式的一个样本。

（三）引入竞争，提高地铁营运的管理水平，转化政府职能，实现政企分开

地铁4号线通过引入有实力和经验的国际投资人，引进了国际先进的地铁建设、管理理念和现代化经营理念，能够提高地铁行业的建设效率和运营服务水平。同时，京港地铁的出现也在北京市地铁行业内带来了鲶鱼效应，激活了地铁原有的体制，达到了改革的目的。

同时，项目通过《特许协议》等法律文件的制定和签署，明确了政府、投资者和特许公司在4号线项目投资、建设、运营各环节的权利和义务，有利于政府职能的改变，实现政企分开，促进地铁行业投资、建设和运营步入市场化、规范化、法制化的轨道，推进公用事业市场化进程，为其进一步深化改革提供契机。

案例五：泉州刺桐大桥

一、项目概况

泉州市境内横跨晋江的刺桐大桥，是福建省特大型公路桥梁之一，也是我国国内最早采用引入本土民营资本的BOT方式建设的路桥项目。

（一）项目背景

20世纪90年代初期，泉州市只有一座跨越晋江的大桥——泉州大桥，其原设计每昼夜通车5000辆，实际每昼夜通车已上升为24000辆，严重超负荷运行，成为国道324线及泉州市南北交通的“瓶颈”地段。厦门机场竣工运营后，人流、车流的迅速上升，使这个问题更趋严重。为缓解交通压力，1994年初，泉州市决定再建一座跨江大桥。由于当时泉州市政府财力十分有限，因而决定对外招商。消息传出之后，几家外商前往洽谈，但终因提出的条件过于苛刻而未果。此时，泉州市名流实业股份有限公司（以下简称“名流公司”）的陈庆元董事长，以一个偶然的机会得知此情况，作为民营内资企业界人士，以其敏感的洞察力、并依据他过去了解的香港海底隧道投资建设模式的启示，表示愿意不带任何附加条件以BOT模式承建刺桐大桥，成为国内“第一个吃螃蟹的人”。1994 年 3 月，泉州市委常委会研究决定，刺桐大桥由名流公司牵头组建项目公司承建，实行股份制和业主责任制，多渠道筹集资金。

（二）项目的运作过程

为了筹建大桥，1994 年 5 月至 10 月，由名流公司与政府授权投资的泉州市路桥开发总公司按 60：40 的出资比例成立“泉州刺桐大桥投资开发有限公司”（1999 年为寻求上市整体变更为“泉州市名流路桥投资开发股份有限公司”，以下简称“名流路桥公司”），公司注册资本为 8500 万元。1994 年 10 月 5 日，市政府下发了《关于泉州刺桐大桥及其附属工程建设的通知》（泉政［1994］综 190 号文，以下简称《通知》），正式批准刺桐大桥投资公司按照 BOT 模式进行大桥的建设运营。

按照《通知》要求，刺桐大桥经营期限为 30 年（含建设期），建设期为 3 年，大桥如不能如期完成，市政府将指定有关单位收购续建。为保证工程质量，大桥的建设采用工程施工总承包方式，并通过严格的招投标竞争机制，公开、公平、择优地选择了交通部第二航务工程局为施工单位，福建省交通规划设计院为设计单位，铁道部大桥建设监理公司为监理单位，福建省交通基本建设工程质量监督站实施政府监督，总体实现了“项目业主化，筹资市场化，建设责任法制化，经济管理规范化”。大桥工程于 1995 年 5 月 18 日动工建设，1996 年底竣工，全长 1530 米，宽 27 米，接线公路 2285 米，匝道 2400 米，主桥桥型为 90 + 130 + 90 连续钢架预应力桥，全桥并列 6 车道，设置中央绿化分隔带，桥下可通行 500 吨海轮。1997 年 1 月 1 日正式投入运营，比规定的 3 年工期节省了近一半的时间，工程质量达到全优。

（三）融资概况

刺桐大桥采用以刺桐大桥经营权质押贷款，固定贷款和流动贷款相结合，并在国内首次采取以按揭式还本付息方式偿还银行贷款。泉州市名流路桥投资开发股份有限公司为刺桐大桥出资人，以出资额为限承担有限责任，以公司未来的收益和资产作为融资的基础，全权负责大桥的建设、资本注入和经营管理等一系列重大决策，并根据与政府协商制定的收费方式及收费标准对大桥使用者进行收费，直至特许经营期结束为止，期间所获得的收益归名流路桥公司支配。

公司首先从工商银行贷款，到期后又转到兴业银行贷款，2007 年又从兴业转入民生银行贷款，前面两家银行以短期贷款为主，而从民生银行贷款是一种新的方式，贷款期限是 10 年，按月等额还款，前面还款中利息占多数，随着时间推移，利息减少而本金增加。大桥运营的收入所得根据与贷款银行之间的现金流量管理协议进入贷款银行监控账户，并按照资金使用的优先顺序进行分配，即先支付工程正常运行所发生的资本开支、管理费用，然后按计划偿还债务，盈余资金按投资比例进行分配。

二、项目实施情况

刺桐大桥建成后，迅速成为连接泉州晋江、石狮和鲤城三大经济中心干线公路网的枢纽，并为分流国道 324 线的过境车辆、改善晋江南北岸交通、促进晋江南岸的开发，发挥了重要的作用。

刺桐大桥自 1997 年通车以来，车流量迅速上升，不仅取得良好的社会效益，而且经济效益也曾经出现高峰期。车辆通行收入由 1997 年的 2371 万元增至 2006 年的 8100 万元，但其后随着后渚大桥、晋江大桥等的建成通行，分流了车流量，2013 年降至 4200 万元。

三、经验总结

刺桐大桥项目的实施促进了地方经济社会发展，并带来了内资参与 BOT 项目的突破与先行示范。但它也经历了自身演变中的繁荣和困难。当它繁荣时，曾吸引了众多民营企业的目光，提升了社会资本方面对政府公共投资项目的兴趣；当它遇到困难时，也曾使不少民营企业对政府项目望而生畏，避之惟恐不及。正像该项目当家人所言："榜样的力量是无穷的，修理榜样的后果又是非常严重的。"今后，为了更好地推广 PPP 机制创新，落实十八大报告和十八届三中全会的精神，实现国家治理现代化、使市场发挥资源配置中的决定性作用、快速转变政府职能、建立现代财政制度和推动新型城镇化健康发展，有必要举一反三总结如下几个方面的启示，以利相关工作：

（一）加快法律法规建设

由于 PPP 项目运营期限较长，在运营期间会经历若干届政府官员交替，为使民营资本不受到不公平的待遇和不确定性的较大压力威胁，只能通过法律来规范和实现保障。同时，由于 BOT 等 PPP 项目的最终资产属于政府所有，法律同样也会保护政府最终所得到的资产是完整的。为能如愿促进我国 PPP 机制创新的健康发展，相关法律法规和法治化营商环境的打造，是当务之急，应力求较快成型。

（二）完善政府制度约束

在 PPP 法律框架之下，还需要有延伸、覆盖于相关者的制度约束，特别是我国过去一向强势的各级政府和公权部门、权力环节所受的制度约束，以避免不当的人为干预导致项目失败。在法治化环境中，合法的契约就具有项目制度规范的意义与权能，以法律保障契约，也就是以法律保障制度的实施。契约如不严肃执行，受害方通常都是民营企业，必定会影响该领域民营企业进入的积极性。完善对于 PPP 中政府方面的制度约束，也是“把权力关进笼子”这一真谛在该领域机制创新中的关键性操作点。

（三）优化利益调节机制

PPP 项目一般具有很高的公益性，同时也具有较高的垄断性（特许经营特征）。情况变化中，往往难免需要做出调整。一方面，不能让经营者因市场原因运营不下去；同时另一方面，也不能让经营者轻易获得暴利。如果因市场原因或不可预测的某些客观因素，导致项目运营不下去，会造成政府、企业、社会多方面损失，因此政府应当在调整方案中给予一定支持。但如果项目产生了较明显的暴利，也势必会引发利益分配的不合理状态和引起社会公众的不满，甚至有可能成为社会的不稳定因素。因此，应当注重以“风险共担，利益共享，合理利润”为基准优化利益调节机制。表现为价格的利益参数，如不宜用涨价方式实现必要的利益调整，政府方面一般需以其他方式（如补助方式）来做出必要替代。

（四）坚持科学分配风险

PPP 项目的风险分配原则是让最有能力承担的一方承担特定类型的风险。也就是说，一个 PPP 项目有若干种风险，每种风险由谁来承担，不应背离能力原则，即应由风险的特点来决定由谁来承担——合作方中谁更有能力承担该风险，就应由谁来承担，并体现于规范的契约之中。比如，政策风险应当由公共部门来负责使其最小化，而经营管理风险应当主要由私营部门来负责使其最小化。在刺桐大桥项目中，收费期限的调整就属于政策风险，应当由公共部门即相关各级政府来承担，而不应当将这种风险一股脑推给企业承担。

（五）加强多重监督管理

PPP 项目涉及公众利益，在 PPP 项目中，应当从项目的规划开始就加强多方面监督管理。相关信息应保持尽可能高的透明度，政府部门监督、社会公众监督、媒体监督和专业力量（如独立中介组织）监督等，应合成有效的多重复合监督体系。

案例六：
福州国有燃气企业股权转让项目

一、项目概况

（一）项目背景

福州市政府为深化企业改革，建立现代企业制度，满足企业持续发展的需要，解决福州市 LNG 项目的资金筹措和建设经营问题，拟转让福州市新榕燃气投资有限公司所持有的燃气有限公司和液化气有限公司各 50% 的国有股权，转让标的评估价值约 2.63 亿元。

燃气有限公司是福州市最大的城市轨道燃气经营企业，其前身为福州市燃气公司，由福州市新榕燃气投资有限公司持有 100% 股权。燃气有限公司 2009 年 1 月 31 日的净资产价值为 48040.84 万元。液化气有限公司是福州市经营瓶装液化气和管道燃气的企业，其前身为福州市液化气公司，由福州市新榕燃气投资有限公司持有 100% 股权，2009 年 1 月 31 日的净资产价值为 4669.48 万元。

2008 年 3 月，福州市国有燃气企业股权转让项目招商工作正式启动，市政府有关部门经过广泛调研、考察和比选，最终聘请了国内知名的咨询机构和法律顾问组成顾问团队。为提高政府决策效率，市政府专门成立了由国资委、建设局、财政局、劳动局等十一家单位和部门组成的福州市国有燃气企业改制工作领导小组。项目组在项目启动后，经过近 6 个月的实施，完成了招商前的一系列准备工作。经严格的综合评审程序和高效的澄清谈判，转让人福州市新榕燃气投资有限公司与华润燃气（集团）有限公司及深圳盛凯投资有限公司于 2009 年 6 月签署了项目有关协议。

（二）项目的运作过程

自福州市国有燃气企业改制和股权转让工作启动后，在福州市政府的大力支持下，市国资委牵头组织原福州市煤气公司和原福州市液化气公司以及咨询机构、法律顾问，借鉴国内其他城市燃气企业改制的成功经验，对两家燃气企业上一轮改革过程中遗留下的问题进行了梳理和相应处理，并对改制及股权转让过程中的主要问题和项目条件进行了分析，在此基础上完成了转让文件和评审方法的编制。

二、项目实施情况

在改制和转让文件编制完成后，经市政府批准，福州市国资委委托福州市产权交易中心与 2009 年 3 月 26 日就股权转让进行了公告，公告发出后有数十家企业提出了受让意向，其中共有 7 家投资人通过了初步审核并购买了招商文件。经过近 50 天的准备后，福州市国有燃气企业股权转让项目于 2009 年 5 月 12 日上午 10 时在福州市产权交易服务中心举行受让申请文件开启仪式，有 5 家投资人最后提交了受让申请文件。

本次项目的竞争非常激烈，各受让申请单位的报价水平都比较高，其中有三家单位的溢价超过两倍。经过严格的综合评审并经评审专家推荐，评审委员会最终向转让人推荐了华润燃气（集团）有限公司联合体、新奥（中国）投资有限公司和中国燃气控股有限公司为受让候选人。转让人与排名第一的华润燃气经过澄清谈判，最终确认华润燃气（集团）有限公司和深圳盛凯投资有限公司联合体作为 50% 股权的受让人。转让股权的最终受让价格为 8 亿元人民币，溢价超过 200%。

本次转让过程中，华润燃气（集团）有限公司和深圳盛凯投资有限公司分获福州市新榕燃气投资有限公司所持有的福州市煤气有限公司和福州市液化气有限公司各 49% 和 1% 股权。根据《转让文件》规定，华润燃气与深圳盛凯将分别向新榕燃气支付 7.84 亿元和 0.16 亿元作为转让股权的对价。同时，华润燃气和深圳盛凯还将在未来根据国有股东的增资情况，同时间、同比例地对福州市燃气有限公司进行增资，以用于福州市燃气行业的进一步发展。另外，投资人还承诺将为福州市基础设施建设投入 10 亿元建设资金。

本项目在运作过程中最大程度地做到了公开、公平、公正和科学、客观、规范。无论是资格审查、受让申请文件评审，还是评审专家的抽取和最终的澄清谈判，都是遵循客观、公正、保密的原则，在市政府、国资委两级纪委监察部门的全过程监督下进行的。受让人也在“福州市产权交易服务中心”网站上进行了公示。这样的规范运作让所有受让申请人对评审结果予以了充分肯定，没有出现任何异议，确保了优中选优的实现。最终评审排名第一且谈判成功，同时公示又无任何异议的受让单位——华润燃气（集团）有限公司曾参与了南京、无锡、厦门等城市的燃气运营，是一家具备雄厚资金技术实力、丰富运营管理经验的企业集团，该公司的参与完全符合项目融资、建设、运营的各项要求。

三、经验总结

（一）专业化、规范运作是项目成功运作的前提

在参照其他城市同类项目做法的基础上，政府为避免重走弯路，决心在项目运作的专业性上下功夫。在该项目上，政府聘请了专业的咨询顾问和法律顾问。从2008年3月份开始，在确保2009年5月份必须完成股权转让的目标指引下，制订了以下10个工作程序：发布转让公告、出售转让文件、对标的企业的尽职调查和受让申请前答疑、受让申请文件提交及开启、评审、评审结果报批、澄清谈判、公示、对受让人实地考察、签约等，并按此程序确定了工作时间表，有条不紊地推进，从而圆满、规范地完成了相关工作。

（二）合理设计项目结构是项目成功运作的基础

福州国有燃气企业股权转让项目充分考虑了煤气公司和液化气公司的改革改制和未来的生存发展需要，经过充分研究和论证，最终确定采用综合评审的方式，由竞争产生的受让人与新榕燃气分别合资经营燃气有限公司和液化气有限公司，双方各占一定的股权比例。合资公司将负责福州市未来LNG项目的投资、建设和运营维护。

在招标文件的编制过程中，项目组合理考虑了政府与合资公司之间的风险分配和合资公司股东之间权利义务关系的界定，并以项目协议和股东协议的形式在转让文件中予以明确。这种项目结构设计得到了资本市场和投资人的普遍认可，为项目的顺利实施和两家燃气企业未来的发展创造了良好条件。

（三）客观公正操作是项目成功运作的保障

管道燃气供应行业是公用事业市场化后的一大热点。为了真正引进有资金实力、有经营管理能力的专业运营商，燃气工作小组在股权转让过程中努力做到尽最大可能提供优质服务，最大程度公开转让资料，以确保每一个意向受让人信息对称并增强其参与受让申请的信心。在转让工作进行的每一个环节中，改制领导小组和顾问小组的工作人员都保持着工作作风的专业性和纪律的严格性，在尽职调查过程中尽可能全面的解释回答每一个问题，做到让所有意向受让人充分了解福州的燃气投资环境和政府诚信度，有效的帮助投资者吃透转让文件，制作出高质量的受让申请文件并报出对政府最有利的价格。

案例七：
龙江环保集团参与的水务和
污泥处置项目

一、集团概况

龙江环保集团是清华大学控股的我国东北地区大型专业化水务企业，前身为2004年5月成立的清华同方（哈尔滨）水务公司，2010年10月股份制改造后正式更名为龙江环保集团股份有限公司，清华大学所属的清华控股、清华同方、同方投资以及亚洲开发银行、香港信远为公司主要股东。公司注册资本3.2亿元人民币，具备国家环境保护部颁发的生活污水甲级运营资质，主要从事污水处理、城镇供水、污泥处置等环保项目的投资、建设、管理和运营。

公司是黑龙江省首批设立的“环境微生物领域院士工作站”，拥有一批具有中高级专业技术水平的管理人员，技术力量雄厚，正在进行多项国家“863”科研课题和数项省、市科研项目的研究。公司是哈尔滨工业大学市政环境工程重点实验室试验基地，是东北农业大学、东北林业大学等国内重点大学的科研教学培训基地。公司拥有并在新建项目中应用了大量先进的技术，包括污水处理厂除臭技术、再生水循环利用技术、污泥减量化技术、污泥资源化技术和具有自主知识产权的自控技术。

污水处理是公司的第一主营业务。2004年，公司以BOT方式建设运营第一个污水处理厂——哈尔滨太平污水处理厂，创下国内数个第一：2004年内地启动速度最快、运作最规范的项目；截至目前，国内规模最大的、以BOT公开招标的污水处理厂；东北地区同等规模、建设最快、工程投资最低的污水处理厂；国内同等规模、污水处理服务费最低的污水处理厂；国内自有知识产权使用最高的污水处理厂。

2004年以来，公司采用适合省情、市情的创新性投资模式，在哈尔滨、牡丹江、佳木斯、鸡西、黑河、富锦、宁安、肇东、安达等城市以特许经营等方式先后投资建设和运营了15座污水处理厂和1座污泥处理厂，现有污水处理设计能力超过200万立方米/日。黑龙江省2009年污水集中处理量35679万吨，龙江环保2009年污水处理业务量19918.51万吨，占整个黑龙江省污水处理业务的55.83%；龙江环保2010年污水处理25120.70万吨，同比增长26.15%；2011年龙江环保污水处理总量约占全省60%比重。

随着龙江环保在水务行业的深入发展，公司自2010年4月获得牡丹江市城市供水特许经营权，开始从事供水业务。目前，龙江环保拥有牡丹江、佳木斯城市供水的特许经营权，牡丹江供水设计能力为36万立方米/日，佳木斯供水设计能力为20万立方米/日。

二、参与的主要项目情况

2005年11月松花江流域发生重大水污染事件后，国家为松花江流域制定了十年休养生息的政策，将松花江作为我国流域水污染治理重点，为公司的发展带来了难得的机遇。多年来，公司坚持“立足龙江，奉献龙江”的发展理念，倾力打造“优质、诚信”的品牌优势，在黑龙江省及各地市政府的支持和指导下，最大程度承担黑龙江省乃至松花江流域水环境节能减排任务，最大限度地发挥投资、建设、运营一体化的自身优势，凭借个性化的投资模式、创新的建设模式、独特的运营模式，企业实现了跨越式发展。特别是2006年4月与黑龙江省政府签署《黑龙江省水务项目投资战略合作协议》以来，公司在黑龙江省累计完成投资约50亿元人民币，在哈尔滨、牡丹江、佳木斯、鸡西、黑河、肇东、安达、宁安、富锦等区域性中心城市，以BOT、TOT等特许经营方式投资运营污水处理厂、自来水公司近20座，承担全省约60%水环境减排任务，为黑龙江省顺利完成“十一五”水环境减排目标做出了积极贡献。

肩负着哈市松花江段水环境节能减排的主要目标任务的龙江环保集团，自2007年开始，省政府、亚行与集团积极运作，不断探索适合的模式，推进哈尔滨市松花江段水环境节能减排主要目标任务的实现。借助亚行的股权投资，利用财务杠杆，龙江环保集团先后融资20亿元。截至2013年，龙江环保集团业务辐射整个松花江流域，在哈尔滨、佳木斯、牡丹江、鸡西、黑河、肇东、富锦、安达等区域性中心城市，以国际通用的BOT、TOT等特许经营方式投资、建设和运营的污水处理厂及城镇供水项目已达20余个，支撑着龙江大地上千万人口的供排水服务。随着PPP模式植入松花江流域治理，松花江水质明显好转，来自省环境监测中心站对松花江流域内55个河流断面的监测结果显示，流域内水质达标率逐年上升。如今一个大胆的实践也在龙江大地结出丰硕果实——引入 PPP 模式治理松花江污染，“龙江环保集团松花江流域水污染控制和管理项目”成为黑龙江省水务和环保领域 PPP 模式一个成功的典范。

三、哈尔滨太平污水处理厂 BOT 项目经验

（一）项目背景

2003 年 9 月，哈尔滨市政府采用公开招标的方式选择哈尔滨太平污水处理厂项目 BOT 业主。经过激烈竞争，清华同方股份有限公司与北美环境技术有限公司组成的联合体最终以 0.598 元/吨污水处理服务费中标。

选择到黑龙江投资，联合体有着成熟的考虑：清华大学与黑龙江省有着较好的省校合作基础；国内许多大的河流治污工程基本完毕，而松花江水污染治理工作刚开始不久，潜力巨大，需要抢抓先机；国内发达地区，县级已兴建污水处理厂，黑龙江则刚刚起步，市场前景好；黑龙江的水价低，上涨空间大。

2004 年初，清华同方（哈尔滨）水务有限公司正式成立，具体负责太平污水处理厂投资、建设和运营，并与哈尔滨市政府签订了项目协议：太平污水处理厂由清华同方（哈尔滨）水务有限公司负责建设，日处理污水 32.5 万吨，特许经营期为 25 年。

（二）实施过程

1. 大控制管理方式实现低成本建设

作为 BOT 项目，水价一经确认，造价和工期就决定着运营的大部分成本，影响着企业的效益，业主既是投资方，也是建设方，又是企业的管理者和受益方。因而从工程施工开始，清华同方（哈尔滨）水务有限公司就努力控制成本，并采用了投资、建设为运营服务，控制造价和工期、降低运营成本的新机制模式。新机制运行模式的实践证明，从签订项目协议到工程正式开工建设，仅仅用了 3 个月的时间。

2004 年 6 月，工程正式开工，清华同方（哈尔滨）水务有限公司实施“质量、安全、进度和投资”四大控制建设管理方式。公司由被动审查建设单位的施工意见，改为掌握主动权，控制指挥施工造价和进度；由领导型改为专家型，重大事项由公司直接确定，实现低成本建设。

在项目施工招标过程中，清华同方（哈尔滨）水务有限公司与施工单位签订的是一包到底的硬性合同。杜绝了施工单位进行转包，从每个环节赚取建

设方的利润。常规施工是按照月计划不变的进度控制模式，公司将其改为正常施工周进度控制，关键环节实行日进度控制模式，以便发现问题及时解决。在这种管理模式下，4座直径48米的初沉池，2组长105米、宽100米的厌氧好氧池，8座直径48米的二沉池及全部附属土建工程仅用了5个多月的时间，在全国同类工程中也是少见。"监理和建设单位就应该像管家和主人一样的关系，既要各司其职，又要相互配合，这样才能把家管好。"清华同方（哈尔滨）水务有限公司总经理朴庸健这样比喻公司与监理的关系，"监理必须发挥全过程、全方位监理职能，在质量、安全、进度等方面全程监督；成立由公司、监理人员和设计人员组成领导小组，对一些重大单项工程和关键环节制定详细的工程施工组织方案和施工保障方案。"

2. 制定巡检和考勤制度

2005年12月工厂试运营后，在管理方式上，清华同方（哈尔滨）水务有限公司制定了巡检和考勤制度。员工定岗定责，手持一卡，定时在各个管理点巡检设备，巡检的时间、巡视的周期及巡检发现的各管理点运行状态，均记录在中央控制室。此法不仅仅提高了人员的工作效率，减少了管理人员，且保证了每个管理点不被漏检。公司50名员工，仅是国家同等规模的企业人员的40%。2006年2月，工厂正式运营。

（三）以BOT方式运作带来实际成效

一是节省时间。从签订项目协议到工程正式开工建设，仅仅用了3个月的时间。整个建设工期比原定计划提前了近20个月，14个月就完成国内同类水厂3年的建设。

二是降低成本。实施"质量、安全、进度和投资"四大控制建设管理方式，实现低成本建设，单位建设成本为东北地区污水处理厂平均造价成本的70%左右；而由于降低工程造价带来的折旧费、财务费用年节省了2000万元；采用清华同方自有知识产权的RH2000自控系统，不仅实现部分工艺无人值守的最优状态，也比从国外引进节省近1000万元。细算账，整个工程投资共减少了近2亿元。

三是提高效率。转变管理方式，实施巡检和考勤制度，不仅提高了人员的工作效率，减少了管理人员，而且保证了每个管理点不被漏检。公司50名员工，仅是国家同等规模的企业人员的40%。

四是投资收益提前。投资收益提前了1年多。

五是创造多项第一。哈尔滨太平污水处理厂的建设过程，创造了东北地区乃至全国污水处理行业的数项第一：目前国内城市污水处理行业最大的 BOT 项目，东北地区建设速度最快的项目，国内同等规模污水处理厂水价最低，国内自有知识产权含量最高的污水处理项目。

六是实现了企业经济效益和社会效益的双赢。费用降低，减少了百姓和企业缴纳的污水处理费，减轻了居民经济负担，降低了企业生产成本；而已经良性运营的企业，为今后发展打下了坚实的基础。BOT 真正实现了多赢。

四、经验总结

（一）充分发挥市场机制的竞争作用

PPP 模式的本质是市场机制，PPP 作为公私合作的一种方式，实际上不仅仅是涉及公共的一方和私有的一方来共同做事儿，它更体现在资源配置过程中让市场来发挥作用，这就是竞争。太平污水处理厂是充分竞争的产物，政府也充分重视了市场，其结果是政府需要的污水处理的效率提高了，企业也受益了。

面对市场，政府“有所为”也“有所不为”，主要由企业自身去努力。为了轻装上阵与人竞争，企业在政府支持下优化编制、精简人员，员工总数由 100 多精简到 40 多；为了保证质量不输于他人，就将设备维护等较专业的工作委托给社会上专业的部门处理；为了系统化管理以有条不紊地运行，就创立日例会、周例会制度，全天、全周来不断进行总结与规划。充分的竞争促使企业向质量和管理要效益。

（二）向管理要效益

资本是逐利的，污水处理等准公共产品之所以能够市场化，就在于它能够给企业带来长期稳定的收益，其产业链条中的深度开发，也能带来收益。PPP 模式吸引资本的魅力正在于此。

市场化管理是企业的重头戏，当时天津、青岛的污水处理服务费价格都在 2 元左右，这个 0.598 元的中标价格显然风险巨大。如果按当时哈尔滨国营厂的运营成本测算，厂子一运营就会面临着千万元级别的巨亏。一些投资人也有点将信将疑。

朴庸健说，企业只能在建设模式、管理模式上找出路。太平污水处理厂从时间上控制成本，其项目总经理朴庸健介绍：“我们采取了日进度控制，在每天半夜的 12 点钟开一次会，要解决当天的进度问题，实施这个日进度控制方法以后，工程计划完成量基本都在 100%。每天晚上 12 点至少有施工单位的一把手、管进度的、管施工的等几个人，也包括监理公司，大家开个会，实实在在地看进度。”所以整个 BOT 项目仅用一年零两个月就完成了所有工程，有效缩短了工期，也有效控制了成本。

他们采用了特殊的建设管理方法，严格执行一把手负责制，最终将一般在两至三年的建设工期压缩至一年半；在管理模式上则采用了精细的“卡式管理”，员工定岗定责，手持一卡，定时在各个管理点巡检设备，巡检的时间、巡视的周期及巡检发现的各管理点运行状态，均记录在中央控制室。此外，当时哈尔滨水务领域没有专业的维修团队，太平污水处理厂采取了向一家军工企业购买服务的委托制，从而确保了设备的安全维护。

以控制人力成本为例，当时同等规模的哈尔滨水务企业的标配员工数大约 160 人左右，太平污水处理厂配备最多时只有 44 人。通过理顺管理流程与科学规划，朴庸健仅此一项就一年省下一大笔。

“这么多人的综合费用，一年需要 600 多万元。”朴庸健说。加上委托设备维护，组建维修队伍的费用也省了下来。

第一年运营下来，太平污水处理厂盈利 750 万元，成功地控制住了成本。

现在，太平污水处理厂同时开展污泥污水处理中的污泥无害化处理，污泥发酵成肥料，肥料卖出，又成了公司的另一笔收入。

此外，项目还控制住了建设里面非常重要的一点，就是层层分包问题。层层分包一个工程环节，每一层都占去一定的资金，到真正干活的人也拿不到多少工资。太平污水处理厂就从这个环节入手控制了工程建设中层层分包的问题，从而控制了整个投资额，既控制了投资又保证了质量，在两者之间比较好的实现了统一。

（三）规范的运作程序保障了公私双方的利益

PPP 模式把政府资源、社会资源、企业资源有机结合，梳理出一些监管和被监管，指导和被指导的经验，其中最关键的是建立企业和政府之间的支付体系。但是，从全国来看，政府自来水费的支付体系建设并不完善。全国大部分地方政府按月足额支付污水处理费的基本很少，如果政府拖延交费时间太久，企业运营就会出现难题。

总体而言，该项目在招投标和建设运营过程中，充分体现了规范运作，避免了利益输送问题。但是，其中也看到，有些地方还存在着政策空白，需要进一步完善。市政公共事业市场化进程中的问题不少。比如公益性微利行业贷款不应按一般工业项目评估、应收取污泥处理费、企业社会责任与政府公共责任如何界定、政府欠费怎么办等问题，都需要统一的规则。近年来，国家在这一行业给予了大量的政策支持，但政策在基层一线落地的速度有待提高。这些都需要配套的顶层设计，要有立法和与法律配套的条例、指南、示范合同等，在操作层面应该有细则。

案例八：辛安公共租赁住房 PPP 模式

一、项目概况

辛安公共租赁住房项目于 2011 年 3 月 30 日开工，地点位于青岛开发区辛安街道办事处，开发区昆仑山路以东、辛安路六号路以南。小区所在地集中了以海尔、海信、澳柯玛等为代表的家电电子产品加工区，周边的制造业非常发达。辛安公共租赁小区是目前我国最大的单项公共租赁住房项目。该项目占地 155 亩，规划总建筑面积 24 万平方米，项目户型设计功能齐全、面积适中，严格控制在 60 平方米以下，包括单元套房和集体宿舍两种形式，其中套房以一居室为主，面积在 45—55 平方米之间，满足低收入家庭入住需求；公寓为单间设置，分为 6 人间和 8 人间，每层集中设置盥洗室、开水房等，满足外来务工人员的集中使用需求，共 3500 余套（间），可供两万人使用。辛安公共租赁小区配有配套的公共服务设施，占地面积约 4 万平方米，主要包括：幼儿园、超市、网吧、其他商业网点及室外体育场等休闲娱乐设施，此外还集中设置了金融服务、文体中心、法律援助及警务室等场所。辛安公共租赁小区的保障对象主要是黄岛区的低收入住房困难家庭、新就业职工群体、外来务工人员等。

二、项目实施情况

辛安公共租赁住房项目由黄岛区政府、海西城市投资公司、瑞源房地产开发有限公司和兴华房地产开发有限公司共同投资建筑完成，总投资额达 8.4 亿元，海西城市投资公司是一家国有企业，在该项目中投资大约为 2.1 亿元，该公司主要是在青岛市及黄岛区政府的监管下，负责辛安公共租赁住房的建设、运营、资金管理及收益等行为，是黄岛区政府实施该公共租赁项目的主要操作部门，并在政府授权下与瑞源房地产开发有限公司和兴华房地产开发有限公司签订相关的协议。瑞源房地产开发有限公司和兴华房地产开发有限公司是两家民营企业，在该项目中共投资六亿多元，根据协议规定，主要负责辛安公共住房小区的建设及融资。它们三者之间的关系如图 13 -1 所示。

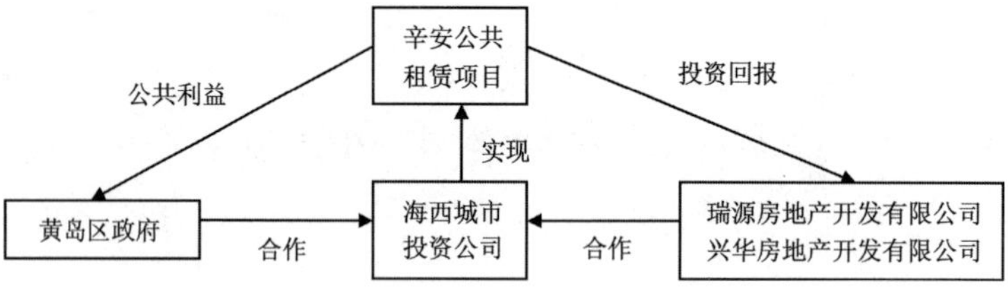

图 13 -1　公共租赁项目 PPP 融资模式的主体关系

辛安公共租赁项目 PPP 模式的运作模式：辛安公共租赁项目确定后，由黄岛区政府进行项目的招投标，中标单位为瑞源房地产开发有限公司和兴华房地产开发有限公司，在黄岛区政府的授权下，由海西城市投资公司作为辛安公共租赁项目投融资平台，与瑞源房地产开发有限公司和兴华房地产开发有限公司这两家中标单位签订合同，明确各自的责任与义务，在政府的督导与监管之下，共同完成辛安公共租赁住房项目的融资、建设，并在该项目运营结束后，将其移交给黄岛区政府（如图 13 -2 所示）。

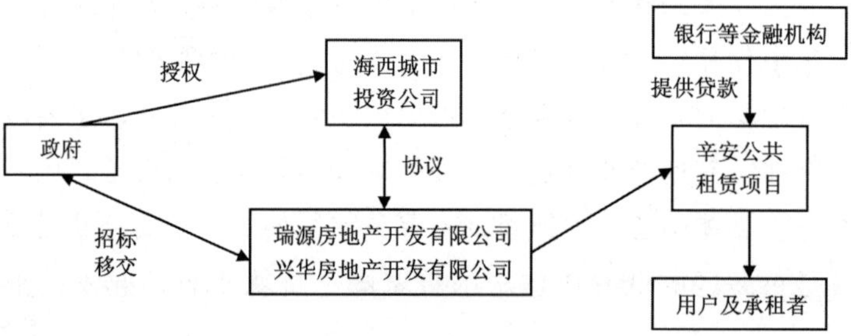

图 13 -2　共租赁项目 PPP 融资模式的运作流程

（一）项目实施效果

辛安公共租赁项目是我国现有最大的单项公共租赁项目，该项目 PPP 融资模式的实施是青岛市建立保障性住房多元投资的投融资新机制的有效尝试。辛安公共租赁项目的 PPP 融资模式改变了原先公共租赁项目建设资金由政府承担大头的融资模式，瑞源房地产公司和兴华房地产公司的加入，为保障性住房建设注入了新的资金来源，在一定程度上缓解了青岛市及黄岛区政府筹集保障性住房建设资金的压力，拓宽了公共租赁住房的融资渠道，在引入资金的同时，也将企业的运作带入到了该模式中，克服了政府工作效率低下等诟病，该项目对 PPP 融资模式的成功运用为其他保障性住房项目应用该模式奠定了实践基础，对我国其他城市公共租赁住房项目的 PPP 融资模式的利用提供了借鉴，有利于该模式在我国的大力推广。

（二）项目资金来源

辛安公共租赁住房项目总投资额达 8.4 亿元，由黄岛区政府、海西城市投资公司、瑞源房地产开发有限公司和兴华房地产开发有限公司共同投资建筑完成。海西城市投资公司是一家国有企业，在该项目中投资大约为 2.1 亿元，该公司主要是在青岛市及黄岛区政府的监管下，负责辛安公共租赁住房的建设、运营、资金管理及收益等行为，是黄岛区政府实施该公共租赁项目的主要操作部门。瑞源房地产开发有限公司和兴华房地产开发有限公司是两家民营企业，在该项目中共投资六亿多元，根据协议规定，主要负责辛安公共住房小区的建设及融资。

三、经验总结

辛安公共租赁项目是我国现有最大的单项公共租赁项目，该项目 PPP 融资模式的实施是青岛市建立保障性住房多元投资的投融资新机制的有效尝试。辛安公共租赁项目的 PPP 融资模式改变了原先公共租赁项目建设资金由政府承担大头的融资模式，瑞源房地产公司和兴华房地产公司的加入，为保障性住房建设注入了新的资金来源，在一定程度上缓解了青岛市及黄岛区政府筹集保障性住房建设资金的压力，拓宽了公共租赁住房的融资渠道，在引入资金的同时，也将企业的运作带入到了该模式中，克服了政府工作效率低下等诟病，该项目对 PPP 融资模式的成功运用为其他保障性住房项目应用该模式奠定了实践基础，对我国其他城市公共租赁住房项目的 PPP 融资模式的利用提供了借鉴，有利于该模式在我国的大力推广。

案例九：常州餐余垃圾处理项目

一、项目概况

（一）项目背景

为有效控制餐厨垃圾污染，保障民众健康，江苏省政府于2011年颁发了省长令，要求重点城市开展餐余垃圾处理工作。常州市政府积极响应省政府要求，并要求由城管局负责，在2012年5月建设完成应急处理设施并开始实施餐厨垃圾的集中收集和应急处理，并同时开展200吨/日餐厨垃圾处理和资源化项目准备。由城市管理局牵头，一方面组织城管、公安、环保、卫生、工商、药监等部门，联合开展餐厨废弃物收运处置综合整治工作，取缔非法收运餐厨废弃物车辆、非法加工餐厨废弃物窝点；另一方面，一开始就计划引入PPP的机制，通过招标引入具有技术、资金和经营能力的企业进行项目的投资、建设和运行管理。

餐厨垃圾的收集和处理设施建设及运营是餐厨垃圾管理的工作最主要的两个环节。由于过去缺乏相应的经验，国内缺乏成熟的技术和可参考工程案例，如何开展餐厨垃圾处理项目的特许经营，成为城管局面临的难题。

江苏维尔利环保科技股份有限公司是一家高浓度有机废水处理和有机垃圾处理领域领先的上市环保企业，通过国际合作和自助研发，发展了适宜中国餐厨垃圾处理要求的成熟技术和成套装备。江苏维尔利环保科技股份有限公司正在进行的餐厨垃圾处理技术研发已经取得实质性进展，完成了中试工作和关键设备开发，迫切需要在实践中对其工艺和设备进行检验和进一步的完善。

双方经过沟通，确定由常州市政府和江苏维尔利环保科技股份有限公司一起，发挥各自优势，实施常州市餐厨垃圾应急工程，一方面，由市政府出资500万元，购买21辆餐厨垃圾收集运输专用车辆，分配到各城区环卫部门，进行餐厨垃圾的收集和运输；另一方面，由维尔利公司负责100吨/日餐厨垃圾应急处理设施的技术工艺、设备投资和建设运行。

（二）项目的运作过程

由于双方的目标明确，配合得当，准备工作充分，在很短时间内完成了应急处理工程的建设，初步建立了餐厨垃圾收集体系，并与 2012 年 5 月 20 日正式开始餐厨垃圾应急工程的运行工作。从 2002 年 5 月到 2014 年 3 月不到两年的持续运行实践中，重点收集 335 个大型餐馆饭店的餐厨垃圾，平均每日收集处理量 70 吨。

二、项目实施情况

2013 年，在应急工程运行 1 年后，常州市城管局不仅对餐厨垃圾的源头管理、收集运输管理具有了全面的认识和经验，而且对餐厨垃圾处理技术和工艺有了较深刻的认识，对运行成本有了较明确的了解。初步建立了适合市情的收运体系和监管机制，基本做到了宣传到位、执法有序、台账规范、工作创新，并被国家发改委等五部委确定为第二批餐厨废弃物资源化利用和无害化处理试点城市。

同时，维尔利公司通过 1 年多的应急工程项目运行，对其餐厨垃圾处理工艺和设备的可靠性、适应性进行了生产性检验，并在实践基础上，对其工艺和设备进行了进一步改进，形成了完善的技术和成套设备。

在此基础上，组织了常州市 200 吨/日餐厨垃圾处理特许经营项目的公开招标工作，并最终授权江苏维尔利环保科技股份有限公司，承担该项目的为期 25 年的投资、建设和运行的特许经营权，包括源头收集、运输、处理和资源化利用等。

该项目一期工程总投资 1.4 亿元，收集、处理 200 吨/日餐厨垃圾，对其中的废油脂进行回收，对有机质通过厌氧消化沼气发电利用；负责 20 吨/日地沟油的收集，制取生物柴油利用；该过程达到全方位的环境保护目标。

三、经验总结

（一）政府职能转变过程中明确责任意识和服务意识

常州市政府具有对市政行业特许经营实施的较多的经验，一开始就对项目的执行标准和处置费补贴有明确的认识和考虑。

技术标准和处置费补贴是所有特许经营项目最直接面对的两个问题，而在针对新技术和不确定性目标的情况下，这两个问题也是争议最大的问题。大多数业主单位都是在希望达到必要标准的情况下，补贴价格越低越好，但由此带来的问题很多。由于餐厨垃圾处理项目国内还缺少成功的参考案例，已经运行的项目多是以饲料添加剂生产为主要目标，而缺乏环保控制目标的不完善项目，不具有参考性。国内的咨询公司也缺乏有关技术和运行方面的实际数据和经验，而同时，由于市场的规范性有待完善，一些企业不负责任的宣传，对行业造成不利的引导。

针对以上情况，常州市城管局有关负责人员通过应急工程实践积累实际运行数据，多方面了解情况和产品行情，并组织进行地沟油收集的跟踪调研，对处理成本和项目运行成本目标进行细致的测算，确定特许经营定价原则。

（二）充分体现 PPP 的合作伙伴关系

餐厨垃圾处理是国内市政管理的新领域，涉及新技术，政府主管部门很难自己进行开发，同时也由于信息不对称等原因，很难了解到一般供应商的工艺实质和实际情况，这也是国内这类项目发展不顺利的主要原因之一。

常州市政府一开始就与维尔利公司建立了伙伴关系，为其技术发展提供生产性试验的平台的同时，对餐厨垃圾处理技术和成本控制真正做到了心中有数。而维尔利公司也利用其在资金和技术方面的优势，为政府分忧解难，出资进行餐厨垃圾应急工程建设，在解决政府燃眉之急的同时，对自己的技术进行检验和提升，也为后来的项目实施提供了信心保障。

（三）充分体现风险共担的原则

对于餐厨垃圾处理项目，由于存在很大的不确定性，如是否能够收集到足够的数量餐厨垃圾和地沟油；副产品如生物柴油等是否能够保障销售和价格等等，所有这些都构成项目公司的经营风险。因此，在特许权协议中，提出了试运行的概念，即按照确定的补贴价格试运行 1 年后，再根据实际情况进行价格调整。这样，既降低了企业未来的经营风险，又能够完成政府既定的目标。同时，政府承担了可研、环评、征地等企业具有难度的工作，为项目实施打下了良好的基础条件。

案例十：
来宾 B 电厂

一、项目概况

（一）项目背景

作为第一个经国家批准的 BOT 项目，广西来宾 B 电厂项目是来宾电厂的二期工程，包括两台 36 万 kw 火电机组的投资、融资、设计、建造、采购、运营、维护和移交。广西来宾 B 电厂项目特许招标中要求尽快完工，且提供的预计回报率较低，但是作为 BOT 投资方式的试点项目已足够吸引许多开发商递交投标文件。最后，法国电力国际和通用电气阿尔斯通凭借具有竞争力的投标方案和法国出口信贷 COFACE 的大力支持，最终获得该项目的特许经营权。

（二）项目过程

1. 前期准备

1995 年 2 月，广西壮族自治区政府正式委托北京大地桥投资咨询公司负责邀请国外投资者以 BOT 形式投资建造。1995 年 5 月国家计委正式批准广西来宾 B 电厂项目为中国 BOT 试点项目。

2. 资格预审

1995 年 8 月，大地桥公司分别在《人民日报》（海外版）、《中国日报》（英文）发布了采用 BOT 方式建设广西来宾 B 电厂项目的资格预审公告，公开邀请国外有意向的投资者参与中国 BOT 试点项目。截至 1995 年 9 月底，共有 31 家国际公司或公司联合体递交了资格预审申请文件。1995 年 10 月 28 日，大地桥公司代表广西壮族自治区政府发布招标邀请。

3. 招标

1995 年 12 月 8 日，大地桥公司完成招标文件并正式对外发售。1995 年 12 月到 1996 年 1 月期间，大地桥公司组织了广西来宾 B 电厂项目的现场考察。1996 年 1 月 28 日，大地桥公司召开标前会议，解答潜在投标人普遍关注的法规和财务问题。2 月 12 日，大地桥公司发布标前会议的备忘录。截至 1996 年 5 月 7 日下午，共有 6 家投标人递交了投标书。1996 年 5 月 8 日，大地桥公司举行广西来宾 B 电厂项目的开标仪式。

4. 评标

1996 年 5—7 月，大地桥公司协助项目评标委员会对每份投标文件从法律、财务及技术方面进行详细的评估。1996 年 7—11 月，大地桥公司与法国电力联合体针对三大主要合同协议进行谈判。1996 年 11 月 11 日，广西壮族自治区政府和法国电力联合体于北京签署广西来宾 B 电厂项目的特许权协议。

法国电力联合体中标的很重要原因在于相比于其他投标人，它所提供的电价最低。即使如此，法国电力联合体仍然可以获得的投资回报率大约为 17.5%，稍低于该公司的平均收益率 18%。法国电力联合体的关键优势在于采用中国制造的涡轮机，受到了中国政府的欢迎，也降低了成本，还得到法国政府的出口信贷（利率低），因而能在保持利润的同时，提供最低的电价。

（三）法律环境

1994 年 3 月，电力工业部颁布了《电力建设利用外资暂行规定》，为境外经济组织在中国从事电力开发建设经营提供规定程序。自从 1996 年年底，中国政府提出采用 BOT 方式吸引外资发展基础设施建设的思路和构想，并选择若干公路、桥梁、水厂和电厂项目作为试点项目，以规范 BOT 模式在中国的应用。与此同时，亚洲开发银行给了电力工业部 260 万美元赞助以支持 BOO、BOT 项目的顺利进行。广西来宾 B 电厂项目成为了国家计委批准的第一个规范化 BOT 投资试点项目，投资者必须通过国际竞争性投标才能获得项目特许经营权，中标人的融资依据是有政府安慰信支持的或取或付合同产生的未来现金流，而不是以往项目中经常使用的政府担保收益（固定回报）。中国政府正积极地采用国际通行的合同实践方法，实现项目的合理风险分担。

（四）财务分析

广西来宾 B 电厂项目总投资 6.16 亿美元，其中发起人股本投资 1.54 亿美元（法国电力国际占 60%，通用电气阿尔斯通占 40%），占 25%；其余的 75% 来自于 19 家银行联合成的银团贷款，牵头银行是东方汇理银行、汇丰投资银行和巴克莱德胜有限公司。另外，法国出口信贷机构——法国对外贸易保险公司对贷款中约 3.12 亿美元提供出口信贷保险。

广西来宾 B 电厂项目特许经营期是 18 年，其中预计建设期为 33 年，运营期为 15 年。项目公司所提供的电价小于 0.05 美元/千瓦时（税前），广西电力局承诺每年向广西来宾 B 电厂项目购买 35 亿千瓦时的最低输出电量，项目公司的预计回报率为 17.5%。

二、政府激励措施

作为中国第一个经国家批准的 BOT 试点项目，中央政府和广西壮族自治区政府给予广西来宾 B 电厂项目很多担保和激励措施。

（一）独占的特许权

广西壮族自治区政府授予项目公司独占的权利以设计、建设、调试、运营和维护广西来宾 B 电厂项目，使用自治区政府提供的土地，并在特许经营期内向自治区政府销售电厂净输出电量。特许期满后，项目公司应无偿将良好运营的电厂项目移交给自治区政府。

（二）购电担保、燃料供应担保、不可抗力担保和外汇兑换担保

根据项目公司和广西电力局签订的购电协议，自治区政府保证广西电力局每个运营年向广西来宾 B 电厂购买 35 亿千瓦时的最低净输出电量。自治区政府保证燃料供应公司适当、适时履行燃料供应和运输协议的义务，并赔偿任何由燃料供应公司过失而造成经济损失。由于不可抗力事件导致特许权协议终止，自治区政府应向项目公司支付相应补偿。同时，广西壮族自治区政府提供外汇兑换担保，承诺协助人民币计价利润的兑换和汇出。

（三）税收、土地、设施和其他支持措施

自治区政府承诺尽最大努力使项目公司获得中国法律、法规许可的税收优惠，还确保及时地向相公司提供项目所需场地和设施等。

三、经验总结

广西来宾 B 电厂项目反映了中国政府对推行 BOT 投资方式的态度，采用了比以往项目更为高标准的合同文件，已经成为中国未来 BOT 项目的参考范本。

（一）采用国际竞争性招标方式选择投资者

广西来宾 B 电厂项目是中国电力行业首次采用国际竞争性招标方式的 BOT 项目，投资者必须通过竞争性招标才能获得项目的特许经营权。广西来宾 B 电厂项目的成功经验证明国际竞争性招标具有高效、经济、公平的特点。另外，高效、公平的招标过程也为广西壮族自治区政府树立了良好的形象。

（二）安慰函代替固定回报率

投资回报率取决于投资者所承担的风险以及该项目可能带来的经济效益，如果政府担保固定回报率，将使投资者失去降低成本、提高效率的积极性和动力。广西来宾 B 电厂项目引进了竞争机制，投标人就电价进行竞争，政府不与投标人进行讨价还价，中标人的融资依据是有政府安慰信支持的或取或付合同产生的未来现金流，而不是以往项目中经常使用的政府担保收益。

（三）政府给予的强有力支持

对于任何公共基础设施 BOT 项目，特别是缺少 BOT 经验和没有专门 BOT 法律框架的中国，政府的支持尤为重要。在现行外商在电力行业投资规定下，政府所持的态度以及在项目过程中给予的支持程度，将直接影响着项目的成败。中央政府和广西壮族自治区政府给予广西来宾 B 电厂项目强有力的支持，批准为中国第一个 BOT 试点项目，并提供了很多担保和激励措施，如购电担保、燃料供应担保等。这些都表明了中政府积极采用国际通行合同是实践方法的战略选择。

（四）合理的风险分担

风险分担直接关系到各参与者的利益，是 BOT 项目成功的很重要因素。一般而言，风险应由最优控制力的一方承担，承担的风险程度应该与所得的回报大小相匹配。根据这些原则，项目公司主要承担建造、运营、技术和财经风险，政府主要承担政治和法律风险，而双方共同承担不可抗力风险。

案例十一：加拿大卑诗省安置房行动项目

加拿大在保障性住房领域广泛利用政府和社会资本合作（PPP）模式，既减轻了短期财政压力，又为社会贡献了更高质量的公共服务和产品，值得学习借鉴。

一、项目概况

加拿大卑诗省位于温哥华市的城东区，这里无房人群集中，且有很多人还患有毒品和酒精成瘾症、精神疾病或者其他慢性疾病。2007 年，卑诗省住房部门在温哥华城东区购买了 24 栋单间住房（SRO）旅馆用作保障性住房。2011 年 10 月，针对其中待修缮的 13 栋单间住房，卑诗省住房部门将其列示为单间住房改造项目。2012 年 12 月，该部门与社会资本合作方 Habitat Housing Initiative（HHI）达成了固定价格、基于绩效的项目协议。HHI 在 18 年的特许经营期内（包含大约 3 年的建设期），负责该项目的设计、建造、部分融资和维护工作。该项目总成本为 1.433 亿美元，包含了建造、设备、临时安置、竞争性选择等全部成本，资金来源方为加拿大联邦政府和卑诗省政府。

二、项目特色

（一）采购方案比较

完善的采购流程和科学的采购方案比较是 PPP 模式得以采用的必要步骤。采购方案比较一般包含两个主要步骤：第一步，确定关键采购目标并提供定性评估标准；第二步，定量分析比较，需要进行综合风险分析和财务模型比较。在该项目中，关键采购目标包括：创新；有效的风险分担；成本确定；工期确定；可持续的保障房；遗产保护等。

如果采用传统的政府采购方案，卑诗省住房部门需要雇佣设计师并招标建筑商，承担设计责任，负责日常运营和维修工作。卑诗省住房部门负责协调设计、建造和维修团队之家的沟通，并保留了关键设计和建造等风险。而采用 PPP 模式，则会涉及两个阶段竞争性采购过程。PPP 模式下，社会资本方承担了较多责任：为项目建设和特许经营期的维修工作安排项目融资；设计并建造项目；在项目协议期间维护项目资产，在特许经营期结束时，以约定的条件移交给政府部门。

通过定量和定性分析，政府采购团队认为应用 PPP 模式的效益更高。定量来看，从财务角度考虑，与传统政府采购相比，最终的 PPP 项目协议可以为纳税人带来的价值是 520 万美元的成本节约。定性来看，PPP 模式具有以下五方面的优点：竞争与创新，招标过程的竞争性原则鼓励社会资本方，从设计到建造再到运营等整个过程中，努力创新解决方案；工期确定，只要设备可以投入使用，社会资本方就会按照协议收到政府支付，这就促使他们及时完成项目；成本确定，该项目协议是一个固定成本合同；资源整合，社会资本方负责整个项目的设计、建造和长期运营维护等全部工作，这就促使其从整个项目协议周期的角度去整合并优化这些环节；全生命周期维护，整个项目周期内，社会资本方负责确保设备的维修和重置，否则将无法全额获取服务报酬。

（二）竞争性采购

本项目采用的是两阶段的竞争性采购流程。在资格预审（RFQ）阶段，要求意向单位提交资格文件，有 6 家单位响应，政府方从中选出了 3 家单位进入第二阶段（RFP）招标谈判。在第二阶段，举行了多场主题会议，每个投标单位都有机会讨论有关商务、法律、设计、建造和设备管理等事务，最终形成了项目协议草案，成为项目建议书的共同基础。

（三）绩效支付机制

通过基于绩效、设备可得性和服务质量的支付机制将对社会资本方 HHI 产生激励。在每栋建筑完成之后，HHI 每月都会收到包含设施维护服务费在内的政府付费。不过，为了激励 HHI 认真履约，每栋楼只获得合同中约定的 95% 的成本费用，只有在 13 栋楼全部建造完毕后才会获得剩余的 5%。此外，年度服务费按月支付，而且主要基于房屋和设施维护服务的质量。因此，社会资本方 HHI 的绩效受到基于关键绩效指标的持续监管。如果没有达到合同约定的标准，卑诗省住房部门就会对支付金额进行扣除。比如，如果一栋有 120 个房间的建筑电梯坏了且超过一天没有修好，那每坏一天，HHI 就会扣除 8000 美金。

（四）全过程政府监管

为确保项目交付质量，项目协议中专门列出监管条款，涵盖项目融资、设计、建造和运营维护的每个阶段。在设计和建造阶段，项目协议规定，政府和社会资本方都必须委派设计和建设的代表，负责项目现场检查等工作；在运营和维护阶段，政府和社会资本方也必须委派一名代表，在 15 年的合同运营周期里，担任运行期联合委员会成员。在 15 年经营期结束时，政府和社会资本方将在项目期结束之前共同委托一个独立团队对建筑物的状况进行检查和调查，以确保项目符合移交的要求。

三、经验启示

从以上案例分析中我们可以发现，与传统政府采购相比，运行规范科学的 PPP 模式能够带来更多的价值，值得在保障性住房等领域推广和借鉴。

（一）运用竞争性采购，获取最大市场价值

只有通过竞争性采购，才能推动社会资本部门为了成功中标而努力创新，提出更佳的解决方案，最大化地满足公众利益。在本项目中，经过竞争性招标，HHI 提出了创新性的居民临时安置解决方案，使得工期大为缩减，节省了项目周期，给政府、社会资本和当地居民三方都带来了效益。这启发我们，在我国采用 PPP 模式的过程中，一定要通过公开的竞争性招标，让社会资本方创新方案，这样才能使 PPP 模式能够真正发挥效力，带来更多的经济和社会价值。

（二）设计激励相容的支付机制，促进社会资本方完成绩效

良好的制度安排能够促进社会资本方积极创新，提升工作绩效，从而改善公共服务质量。在该项目中，政府方和社会资本方签订了一份固定价格的基于绩效的项目协议。该协议中的绩效支付机制能够激励社会资本方 HHI 认真履行协议要求，完成绩效指标。只有这样它才能获得全额支付。如果质量无法达标，它将承担所有损失和惩罚。这启示我们，在采用 PPP 模式的过程中，一定要精心设计定价和支付机制，以达到激励相容的安排。

（三）完善政府监管体系，维护社会公众利益

PPP 项目是政府方和社会资本方的全过程、全生命周期的合作，而且多是社会公益项目，因此离不开必要的政府监管。在该项目中，加拿大卑诗省住房部门对项目的整个设计、建设和运营期间都安排了专门的监管人员，设计了监管机制和团队，这有利于维护政府方和社会公众的利益。这启示我们，在我国推行 PPP 的过程中，政府的责任并没有减少，而是要加强政府监管，从“运动员”向“裁判员”转变，努力维护公众利益。

案例十二：澳大利亚皇家妇女医院项目

澳大利亚皇家妇女医院项目积极运用政府与社会资本合作（PPP）模式引入社会资本支持医药卫生事业发展，成效显著。一方面大大缓解了财政压力；另一方面提高了医疗服务水平，改善了就医环境，并为建立与市场经济相适应的医药卫生体制添砖加瓦，值得我国学习借鉴。

一、项目概况

澳大利亚皇家妇女医院位于维多利亚州墨尔本市，始建于 1856 年。经过 100 多年的使用，该医院建筑已经严重老化，难以满足当地居民的医疗卫生需要。因此，墨尔本市政府决定运用 PPP 模式引入社会资本对该医院进行修缮，并授予社会资本方长达 25 年的特许经营期。医院于 2008 年顺利完工并投入使用。如今，这座皇家妇女医院以其先进的医疗技术，专业的妇婴医疗服务享誉世界。澳大利亚皇家妇女医院集医疗保健、研究和教育为一体，已经成为墨尔本市医疗水平的象征。

该项目不但修缮了原有医院，改善了病患就医环境和医生工作环境，提高了医疗设施的使用效率，还将原有医院和位于其附近的澳大利亚皇家墨尔本医院的医疗资源进行了整合，提高了临床服务水平。

该医院 PPP 项目受到了各方好评，在《亚洲货币》杂志评选中获得最佳项目融资奖，在国际融资项目评选中获得亚太地区最佳 PPP 项目奖。

二、项目特色

（一）明确职责分工

该医院PPP项目的政府方是墨尔本市政府，主要负责项目审批、监管，在项目实施中也负责统筹协调各方面利益关系。此外，该项目还获得了澳大利亚民政部的大力支持。

皇家妇女卫生合作组织（以下简称“合作组织”）是该项目的社会资本方，负责在25年的特许经营期内的融资、设计、建设和维护。合作组织在项目中严格遵守了维多利亚州公路局、墨尔本市议会和其他相关政府机构关于拆迁和建设的规定，努力降低项目在拆迁和建设过程中对当地交通系统造成的不良影响。该项目获得了维多利亚州公路局和墨尔本市议会对交通系统设计的批准，以及房屋拆迁许可、停车场拆迁许可及起重机吊架许可。此外，项目还从当地水务局、大气安全监督管理局、污水管理局、电力局、环保局等政府部门获取相关许可。

需要注意的是，该项目合同还规定，合作组织要确保特许经营期结束时，医院内的设施状况良好，并至少还可继续使用5年。

（二）完善的融资机制

设计完善的融资机制能够有效降低PPP项目的成本，加快项目的实施。该医院PPP项目通过资本市场发行了2.93亿美元的债券，其穆迪评级达到了Aa2级。其中，1.45亿美元为28年期的指数化年金债券（机构抵押），1.48亿美元为12年期的子弹债券（bullet bond）。

项目融资方案主要有以下几个突出特点：一是向债券持有人提供信用证，以隔离其在施工阶段可能的亏损风险；二是在初始阶段使用投资担保合同进行投资，以减轻项目公司的融资压力；三是将建设期间用于服务指数化年金债券的那部分资金与通胀挂钩，以对冲通胀风险；四是进行利率掉期交易，以对冲名义债券的再融资利率风险。

（三）努力降低对周边环境的影响

该PPP项目在建造过程中也遇到了一些问题，主要是如何处理与周边环境的关系。最终，在各方的共同努力下，这些问题得以顺利解决。具体来说主要有：一是澳大利亚皇家妇女医院附近的皇家墨尔本医院会受到项目施工的影响，急救直升机不能正常升降。在反复协商后，合作组织安装了一个通信系统，当皇家墨尔本医院的急救直升机靠近时，该系统将自动提醒附近的起重机操作员避开直升机。二是施工风险。该医院位于交通主干道上，施工地点一端离皇家墨尔本医院的主入口不到 50 米，另一端是物资装卸码头，人行道上每天还有约 2.5 万行人通行。为此，项目采用了综合交通管理和装卸系统，以确保在站点装卸物资时给周边环境带来的不良影响降到最小，同时保障施工工人和公众的安全。三是原有的旧医院在拆除时产生的垃圾和噪音可能对附近造成污染和滋扰，经过协商，项目制定了一套环境综合管理计划，以确保将施工时产生的污染及噪音控制在可接受范围内。

三、经验启示

当前我国的医疗体制存在着诸多问题，如医疗卫生资源配置不均衡，现存医疗水平较高的医院数量远远不能满足社会的需求等。与此同时，近年来我国医疗卫生产业的发展速度也在加快，随着城镇化的继续推进以及人口老龄化问题的加剧，医疗服务业将有很大的发展空间。澳大利亚皇家妇女医院 PPP 项目作为一个范例值得借鉴。

一是运用 PPP 模式整合医疗机构间的医疗资源，提高医疗服务水平。在该 PPP 项目中，澳大利亚皇家妇女医院与附近的澳大利亚皇家墨尔本医院展开协作，整合了两家医院在临床医疗方面的资源，如对患者联合会诊、医疗设施共享等，提高了医疗服务水平，节约了运营成本。我国在医疗卫生领域的 PPP 项目中也可借鉴这种做法，建立技术支持、人员培训、双向转诊等医疗协作制度，促使不同医疗机构之间进行业务协作、共享医疗资源，最大限度利用有限资源，提供更优质的医疗服务。

二是在项目融资过程中灵活运用金融工具。医院项目一般耗资较大，建设周期较长，这对于 PPP 项目的特许经营方来说，会承受更大的融资压力。该案例在资本市场发行债务进行融资时，充分运用了信用证、投资担保合同、利率掉期交易等金融工具来对冲风险，不仅减轻了项目公司融资的压力，还降低了债券持有人的亏损风险。我国在运用 PPP 模式建设医院项目时，应根据项目的特点和具体情况，创新融资方式，寻找合适的融资组合对象与方式，形成最优的融资策略。

三是政府要充分发挥审查监管职能，努力做到“不缺位”。医药卫生服务属于公共服务范畴，理应由政府负责监管，以防止经济效益和社会福利的双重损失。皇家妇女医院在设计阶段，项目承包商需要获得州公路局和市议会对医院周围交通设计和拆迁的批准。随着项目建设的推进，还需从水务、大气、电力、通信、环保等政府部门获取相关许可，保证了项目在整个设计、建设阶段都受到政府的全面监督。在医疗领域的PPP项目中，政府的作用除了通过制定法律法规的手段来规范项目承包商的行为，还应积极参与项目的各个阶段，确保项目在顺利实施的同时维护好社会公众利益，降低对周边环境的影响。在我国的PPP项目实践中，社会资本要发挥基础性作用，但政府更要全面正确地履行好政府的职能，担负起对社会和公众的责任，实现共赢。

附件：

PPP 综合服务平台

第一章 建设背景

通过 PPP 模式，积极引入社会资本，解决资金缺口，提升建设效率，提高运营水平，提供便利快捷高效的公共服务产品。

2015 年 4 月 18 日国家发展改革委发布了《关于进一步做好政府和社会资本合作项目推介工作的通知》，要求各省（区、市）发展改革委要搭建省级信息发布平台，及时、准确、公开地发布 PPP 项目信息。要通过召开项目推介会、银政企联席会等多种方式，搭建双边或多边的 PPP 项目对接平台，推进社会资本、金融资本与推介项目的有效对接。国家发展改革委将及时汇总各地区、各部门的推介项目，以此为基础建立全国 PPP 项目库，并在国家发展改革委门户网站开辟 PPP 项目专栏，分批次发布推介项目信息，协助各地区、各部门加大宣传力度，从更广范围引导社会资本参与 PPP 项目建设。

2015 年 5 月 19 日《国务院办公厅转发财政部、发展改革委、人民银行关于在公共服务领域推广政府和社会资本合作模式指导意见的通知》（国办发

［2015］42 号），中（二十五）搭建信息平台。地方各级人民政府要切实履行规划指导、识别评估、咨询服务、宣传培训、绩效评价、信息统计、专家库和项目库建设等职责，建立统一信息发布平台，及时向社会公开项目实施情况等相关信息，确保项目实施公开透明、有序推进。

国家发展改革委要求搭建信息平台，充分利用并切实发挥好信息平台的桥梁纽带作用。可以利用现代信息技术，搭建信息服务平台，公开 PPP 项目的工作流程、评审标准、项目信息、实施情况、咨询服务等相关信息，保障信息发布准确及时、审批过程公正透明、建设运营全程监管。

直接原因：缓解财政资金压力。（创新投融资机制，拓宽社会资本投资渠道，增强经济增长内生动力）

根本原因：提高资金使用效率。（有利于推动各类资本相互融合、优势互补，促进投资主体多元化，发展混合所有制经济）

深层原因：促进政府职能转变（有利于理顺政府与市场关系，加快政府职能转变，充分发挥市场配置资源的决定性作用）

“中国 PPP 研究院”（以下简称研究院）由国家信息中心、中国政策科学研究会、中国财政学会 PPP 专业委员会、中国基本建设优化研究会、中国开发性金融促进会共同发起。研究院的理事长由中央政策研究室原副主任、中国政策科学研究会执行会长郑新立担任，郑新立是中共中央全会、《政府工作报告》的起草人、“八五”——“十三五”规（计）划的专家组成员。

研究院是国家级新型高端智库，旨在为国家对 PPP 项目规划发展和决策提供智力支持和大数据支撑。研究院承担着国家课题《政府和社会资本合作模式（PPP）在我国推广实施方案研究》的研究工作。研究院是政府和社会资本合作（PPP）领域的专业学术研究机构，集政府主管部门、金融机构、投资者、建设商、运营商、咨询服务机构为一体，为 PPP 行业服务，为决策层提供决策参考，致力于国内外 PPP 项目的理论研究、政策法律咨询、能力建设、项目推介、标准与信用体系建设等。从事 PPP 领域研究、策划、咨询、评估和培训。

2015 年 7 月 6 日，中国开发性金融促进会政府和社会资本合作（PPP）委员会在北京成立，旨在进一步发挥开发性金融在服务国家战略中的作用，积极推动政府和社会资本合作（PPP）模式在各个公共服务领域的应用。

第二章 建设目标

构建全国统一的 PPP 综合服务平台，清除信息壁垒，将推进 PPP 模式与简政放权和政府职能转变紧密结合，自上而下推进 PPP 操作公开透明、健康发展。

为财政部、各省、市、县财政等与 PPP 有关的行政职能部门提供信息化管理平台，并给国内外投资机构及个人投资者以信心化综合服务平台提供 PPP 全方位服务。为中国国家发展改革委员会、审计部门及税务部门提供即时 PPP 项目数据信息，提供监管和决策依据。

为 PPP 相关的政策、法律、法规的全面落实创造良好的法制环境，提供数据支撑。成为政府对社会资本、民营资本、外资等投资者达成共同合作伙伴关系的公平的信息化服务平台。

建立全国性的平台，成为推动 PPP 发展的引擎；提高基础设施项目建设与项目管理效率；

提高政府行政主管部门工作效率，盘活财政资产。创新财政金融投资模式，树立公私合作领域专业标准，为加大国家经济建设的投资力度奠定基础。

促使 PPP 项目信息公开、透明，为创造项目的公平、公正、公开的法制环境提供数据支撑。节约政府对项目建设成本和管理成本的控制，为政府决策提供数据依据。使用云计算及移动通讯技术，提供良好的用户体验。

平台建立在国家政务外网上，整合国家信息中心大数据资源，为政府和社会资本达成合作伙伴关系提供线上线下结合的“互联网 +”模式的服务平台：为政府和项目建筑商、运营商、供应商、咨询服务机构、金融机构、投资者开展 PPP 业务提供政策发布、信息公告、项目库服务、专家库服务、咨询服务、项目招投标、项目投融资、产权交易、项目运营在线监管、广告与推介、线上线下展会和培训等基于“互联网 +”模式的全方位服务；平台整合 PPP 项目运营数据、国家信息中心系统和数据、以及 PPP 权威机构和顶级专家的研究成果和数据资源，向政府监管部门提供大数据信息，为PPP相关政策、法律法规的全面落实提供数据支撑，为监管和决策提供依据；平台在国家政务外网上，支持跨地区、跨政府部门的信息共享和业务协同，为政府各级管理部门安全、高效参与PPP管理提供保障。

为了保证平台建成后的良好运行和发挥最大的功能和效益，平台的设计应该突出考虑实用性、先进性、扩展性、可靠性、安全性，以求达到和保证系统的高可用性、适应性、准确快速性、友好性和自动性的要求，充分考虑到平台要求的可靠性和附加能力。平台建设中遵循以下设计原则：

1. 统一性

平台的建设要坚持统一领导、统一组织、统一规划、统一标准、统一实施的五统一原则，建立一整套包括会员、业务、资源、交易等多种业务处理在内统一的应用软件平台。

2. 先进性

平台整体技术架构要符合信息技术的发展趋势。软件系统的选择与开发应在满足业务需求的基础上具有易改造、易升级、易操作、易维护的性能。

3. 经济性

考虑信息技术的高速发展和软硬件设备的快速更新换代，PPP综合服务平台应充分考虑合理利用已有国家电子政务外网或其他相关成熟平台的网络、软件、硬件、信息等资源，以减轻项目建设的投资压力。

4. 前瞻性

平台结构既要满足当前业务需求，又要充分考虑未来业务的发展和管理的变化，方便新业务和新需求的扩展和支持，满足未来业务持续发展和经营管理决策的需要。平台应具备良好的可扩展性，系统设计及系统配置要能够适应业务需求变化和业务量增长，为今后预留可扩展的空间。

5. 灵活性

平台可通过模块化设计及参数配置，提供较好的灵活性。既要满足标准性规范业务的要求，又要适应区域化业务的灵活要求。

6. 高性能

平台具备高性能是保证多业务正常运行的基础。平台要求具有冗余功能，而且有较强的灵活性，便于扩展；能承受大负荷冲击的能力。

7. 阶段性

应充分考虑平台建设内容与项目实施时间的辩证关系，既要保证总体目标的最终实现，又要考虑在有限时间内实现阶段性目标的合理性。

8. 开放性

平台应遵循开放性原则，提供良好的数据接口，满足与其他系统之间互联互通的要求。

9. 安全性

平台必须建立在成熟稳定的硬件环境和应用软件基础上，应该有一套完善的备份恢复策略、安全控制和可靠的运行管理机制、故障处理手段，保障平台稳定和安全地运行，应符合国家对网站安全的相关规定。

10. 服务性

平台时刻体现着以客户为中心的服务思想，为不同业务定制相应的业务流程和展现界面，为客户提供最好的服务和网站的设计思路。

第三章 业务功能方案

根据总体设计指导思想和目标，考虑到 PPP 综合服务平台目前需要的功能和以后的扩展性等方面的要求，结合应用的特点以及使用人员的特点等各方面因素。现进行了详细的分类和整理，归纳和总结出系统业务设计的一些基本内容。

3.1 总体业务规划

作为一个综合服务平台的软件支撑系统，并且考虑到未来的扩展性，需要让平台上的所有的应用系统共享平台的硬件资源，同时平台还要提供数据共享的机制来保证各个应用系统之间的数据和信息的共享，并且要提供统一的管理和配置方法对这些软件和信息进行统一管理（如图 3－1 所示）。

3.2 会员管理

会员管理总体分析和设计如图 3－2 所示。

简单说明其具体内容：

1. 会员注册登录

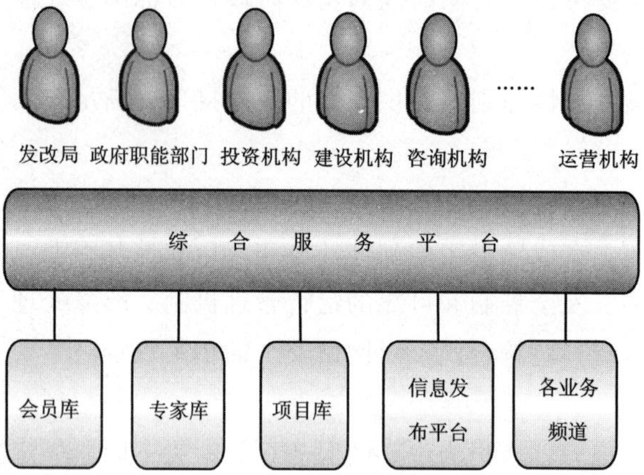

图 3－1　PPP 综合平台总体规划

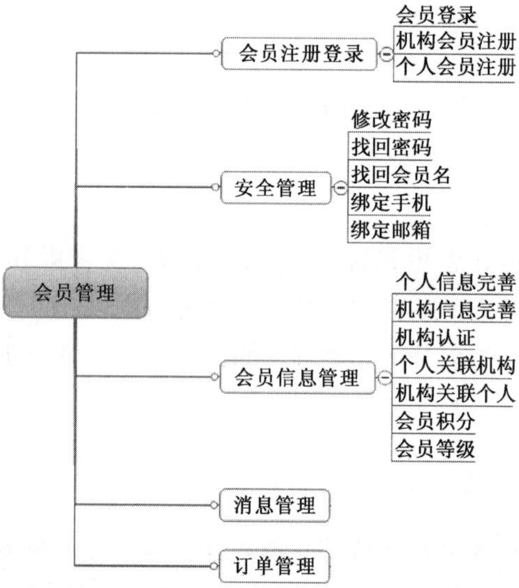

图 3－2　会员管理总体分析和设计图

会员登录：会员通过登录进入平台，登录采用单点登录模式，进入平台后再进入各子频道可实现单点登录功能。

机构会员注册：机构会员通过机构会员注册，填写相关信息，完成平台注册。

个人会员注册：个人会员通过机构会员注册，填写相关信息，完成平台注册。

2. 安全管理

修改密码：会员忘记密码时，通过修改密码功能，输入注册时绑定的手机号，获取验证码，完成修改密码功能。

找回密码：会员需要找回密码时，通过找回密码功能，输入注册时绑定的手机号，获取验证码，完成找回密码功能。

找回会员名：由于明天机构会员有一个手机号绑定多个会员名的情况，可通过手机号完成找回会员名的操作。

绑定手机：平台的手机号与会员名是绑定管理，默认注册时填入的手机号为绑定手机号。

绑定邮箱：可以通过绑定邮箱，达到提升安全性的目的。

3. 会员信息管理

个人信息完善：个人会员完善信息。

机构信息完善：机构会员完善信息。

机构认证：机构会员通过机构认证功能，完善机构认证，获取平台更多的服务。

个人关联机构：个人会员可以与机构会员关联，通过机构同意后，成为机构关联会员，享受该机构的会员服务。

机构关联个人：机构会员可以关联个人会员，被关联的个人会员享受该机构的会员服务。

会员积分：展示会员积分。

会员等级：展示会员等级。

3.3 专家咨询库管理

专家库总体分析和设计如图 3 – 3 所示。

简单说明其具体内容：

1. 专家信息采集

专家信息录入：确认专家信息、教育经历、工作经历、资质证书等，进行录入，专家信息编辑后必须重新进行审核。

专家信息审核：操作人员可在此界面对专家申请信息进行审核并填写审核意见，当申请资料审核未通过时请人可以对资料进行修改重新提交申请，审核通过时把状态更新为待审批。

专家信息审批：操作人员可在此界面对专家申请信息进行审批并填写审批

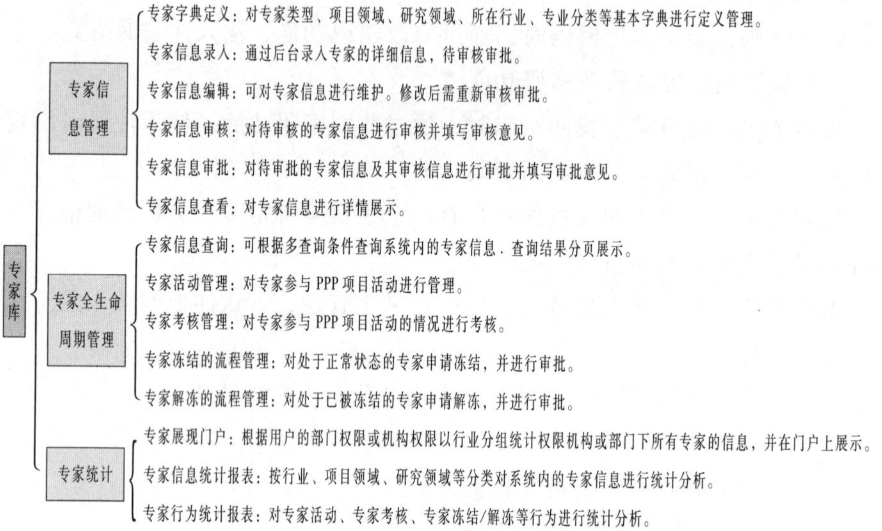

图 3－3　专家库总体分析和设计图

意见，当申请资料审批未通过时请人可以对资料进行修改重新提交申请，审批通过时把状态更新为审批通过，同时把专家状态更新为正常状态。

专家详细信息：PPP 综合服务平台会员及游客可以进入专家详细信息界面。专家详细信息主要显示头像、姓名、职位职称、所在行业、项目领域、研究领域、专家介绍、专家著作、教育经历、工作经历和专家资质。界面右上角显示专家推荐列表。

2. 专家维护

专家信息查询：选择专家，查看专家详细信息。界面右上角提供申请成为专家的入口、专家信息编辑和专家推荐列表。

专家冻结申请：进入专家冻结申请界面后可根据专家姓名模糊查询符合条件的专家信息（正常状态的专家）列表，在查询结果中可查看专家详细信息，申请对专家进行冻结时需要填写冻结理由。

冻结申请审批：进入专家冻结申请审批界面后可以根据专家姓名模糊查询符合条件的专家信息（已被申请冻结的专家）列表，在查询结果中可查看专家详细信息和申请冻结理由，对冻结申请进行审批时需要填写审批理由，审批通过后专家状态修改为已冻结，被冻结的专家不允许对申请信息进行修改，审批未通过则申请流程结束。

专家解冻申请：操作人员进入专家解冻申请界面后可根据专家姓名模糊查

询符合条件的专家信息（状态为已冻结的专家）列表，在查询结果中可查看专家详细信息，申请对专家进行解冻时需要填写解冻理由。

解冻申请审批：操作人员进入专家解冻申请审批界面后可以根据专家姓名模糊查询符合条件的专家信息（已被冻结的专家）列表，在查询结果中可查看专家详细信息和解冻申请理由，对解冻申请进行审批时需要填写审批理由，审批通过后专家状态修改为正常状态，审批未通过则申请流程结束。

3. 专家门户展示

根据登录用户所拥有的部门权限或机构权限以行业分组统计权限机构或部门下所有专家的信息。

3.4 项目库管理

项目库总体分析和设计如图 3 -4 所示。

1. 说明其具体内容

项目查询及推介：

项目检索：根据不同的条件进行项目信息的检索查询。

项目详情：展示项目的详情信息。

相关项目展示：在项目详情页展示与此项目相关的项目信息。

2. 项目管理

项目字典定义：对项目行业、领域、类型、项目阶段、责任分工阶段、评审阶段、风险等级等基本字典进行定义管理。

采集项目：录入采集项目相关基本信息、编辑、删除功能，可以直接将此项目信息转入项目库中。

项目录入：录入项目相关基本信息、项目概述、建设情况、规划经济指标、核心边界条件等。

部门内部项目审批：部门内部用户编辑保存好的项目只有发布才能够给上级部门审批。

机构间项目上报：下级机构的项目上报给上级机构，有审批流程，审批通过后，上级机构能够查看此项目的所有信息。

项目意向公司管理：录入、编辑、删除与项目相关的意向公司，包括相关公司信息和打分，显示的时候根据分值排序显示。

示范项目：包括录入、编辑、删除功能。

- 项目库管理
  - 项目查询及推介
    - 项目检索：通过查询条件检索项目信息。
    - 项目详情：查询项目详情。
    - 相似项目：展示相似项目。
    - 项目推介：优质项目推介。
  - 项目管理
    - 项目字典定义：对项目行业、领域、类型、项目阶段、责任分工阶段、评审阶段。风险等级等定义管理。
    - 项目采集：项目采集信息的增删改，并可直接将此项目信息转入项目库中。
    - 项目录入：录入项目相关基本信息、规划经济指标、核心边界条件等信息。
    - 项目上报：下级机构的项目上报给上级机构，审批通过后，上级机构能够查看此项目的所有信息。
  - 项目全生命周期管理
    - 项目识别：项目的发起与筛选，并进行物有所值评价和财政承受能力论证。
    - 项目准备：组建管理架构，编制并审核项目实施方案。
    - 项目采购：根据法律法规选择合作伙伴，与其谈判并签订合同。
    - 项目执行：设立项目公司，进行融资、项目建设和运营。
    - 项目移交：性能测试，资产交割并进行绩效评价。
  - 项目评估
    - 项目可行性报告管理：定义项目风险等级，录入需投资金额和相关文档说明，可上传附件，支持增删改操作。
    - 项目实施方案管理：可新增、删除和修改项目实施方案，并上传附件。
    - 项目物有所值管理，根据VFM评价方法，将相关的评价结果保存到项目上，并进行扣分，可进行增删改操作。
    - 项目财政承受能力管理，从财务承受能力分析，为项目打一个总分，并可对其进行增删改操作。
    - 项目产出说明管理：可新增、删除和修改项目产出文档，并上传附件。
  - 项目分工管理
    - 项目年度目标管理：可对项目的不同年份设置不同的任务目标，并可对任务目标进行增删改操作。
    - 项目责任分工管理：根据项目不同阶段设置需要的任务时间段和相关负责部门，并可对分工进行增删改操作。
    - 项目责任分工负责人管理：根据项目不同阶段设置负责人，进行增删改操作。
    - 项目责任进度表展示：以甘特图方式显示责任分工的进度。
  - 项目分析统计报表
    - 项目详情展示：分页展示项目的全部资料，包括基本资料、责任分工、物有所值评价、财政承受能力论证、可行性报告等。
    - 项目统计：根据项目领域进行统计，在门户上以图形方式展示各领域项目个数和金额信息。
    - 项目统计显示：根据不同地域，显示其管辖范围内的项目统计，并按项目领域分类显示。
    - 项目地图展示：将不同地域的项目在地图上进行标识。

图3－4　项目库总体分析和设计图

成功案例：包括录入、编辑、删除功能。

3. 项目评估

项目可行性报告管理：包括录入、编辑、删除功能，对项目的风险等级进行定义，录入相关的需要投资金额和相关文档内容说明，有附件的可以上传。

项目实施方案管理：包括录入、编辑、删除功能，录入相关文档内容说明，有附件的可以上传。

项目物有所值管理：包括录入、编辑、删除功能，根据 VFM 评价方法，将相关的评价结果保存到项目上，并进行打分。

项目财务承受能力管理：包括录入、编辑、删除功能，从财务生存能力分析，然后打一个总分。

项目产出说明管理：包括录入、编辑、删除功能，录入相关文档内容说明，有附件的可以上传。

项目专家评价：对项目设置专家，然后进行编辑、删除，在课题研究后，录入相关专家的打分情况。

4. 项目分工管理

项目年度目标管理：包括录入、编辑、删除功能，对项目的不同年份设置不同的任务目标。

项目责任分工管理：包括录入、编辑、删除功能，根据项目不同阶段设置需要的任务时间段、相关负责部门。

项目责任分工负责人管理：包括录入、编辑、删除功能，根据项目不同阶段设置相关负责部门的负责人。

项目责任进度表展示：以甘特图方式显示责任分工的进度。

5. 用户项目

用户显示管辖项目：用户登录后分析自己的权限，然后加载自己管辖的项目列表。

项目整体资料显示：项目列表点击后加载一个整体的项目资料，包括基本资料、年度目标、责任分工、经济评价、社会评价、财务分析、专家打分、可能行报告、初步实施方案等相关信息。

门户项目统计：按照项目领域进行统计显示饼图，显示项目领域的项目个数与金额信息。

项目统合统计显示：通过用户所在部门，显示自己管辖的项目统计，按照项目领域分类进行统计直观显示。

GIS 图形显示：项目信息在地图上标识后，然后显示本机构显示的项目信息到地图界面上。

机构内部项目审批：编辑相关的审批信息，选择是否通过审批。

机构内部审批结果查看：用户登录后如果是项目发布者，可以查看项目审批状态日志，如果是项目审批者，则显示待审批的项目列表。

机构与机构间审批结果查看：项目上报给上级机构后的结果查看。

责任任务列表：相关项目责任负责人登录后显示出所有分配给自己的项目任务。

3.5 信息发布平台

信息发布平台采用统一发布，多个传播渠道。信息发布总体分析和设计如图 3－5 所示。

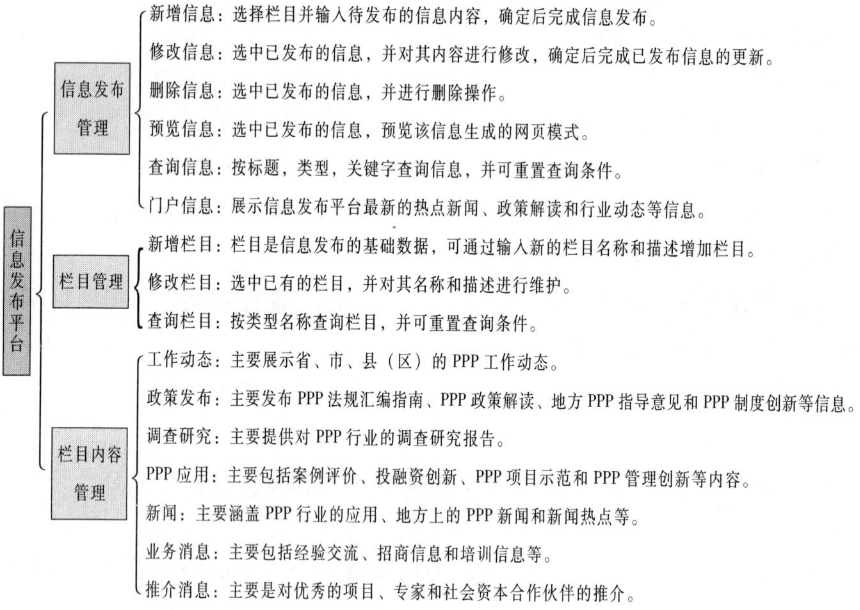

图 3－5 信息发布总体分析和设计图

简单说明其具体内容：

1. CMS 信息发布管理

新增信息：选择栏目，正确输入信息的信息，提交数据，保存成功。

修改信息：在列表中选择一条信息时，反显该条信息，修改后提示修改成功。

预览信息：在列表中选择一条信息，点击“预览”按钮，查询信息成功。

查询信息列表：进入信息列表，进行查看。

门户信息发布平台：显示信息发布平台的最新的热点新闻，政策解读，行业动态。

2. 栏目管理

新增栏目：栏目是供信息提供数据的，是属于基础数据，正确输入栏目的信息，提交数据，保存成功。

修改栏目：在列表中选择一条栏目时，反显该条信息；对修改的栏目信息正确修改成功。

查询栏目：按类型名称查询。点击“查询”，如果查询成功，显示检索相关的记录。

3.6　系统管理和基础信息维护

系统 & 基础管理总体分析和设计如图 3 –6 所示。

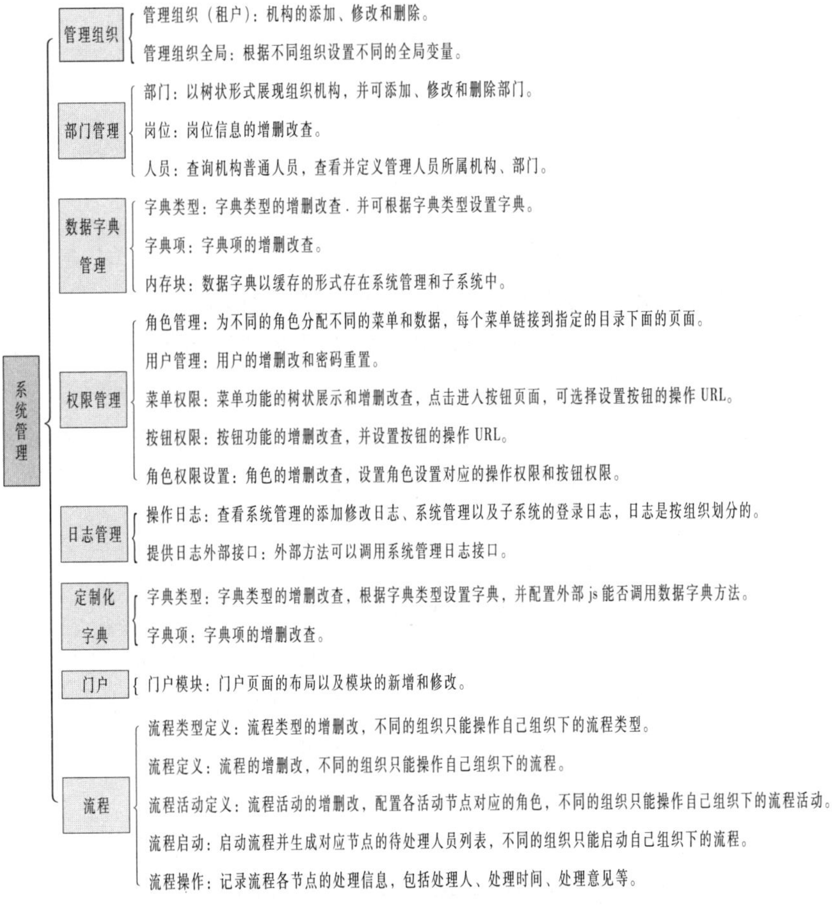

图 3 –6　系统 & 基础管理总体分析和设计图

简单说明其具体内容：

1. 组织结构管理

（1）机构维护。01 增加机构；02 修改机构；03 删除机构；04 查询机构　根据机构编码和机构名称查询；05 查询机构信息　列表中查看机构明细；06 机构树显示　通过点击树结点增加子机构结点。

（2）部门维护。01 增加部门；02 修改部门；03 删除部门；04 查询部门　根据机构编码和机构名称查询；05 查看部门信息　列表中查看部门明细；06 机构树显示　通过点击树结点增加部门。

（3）人员维护。01 增加人员；02 修改人员；03 删除人员；04 查询人员　根据人员姓名和工号查询；05 查看人员信息　列表中查看部门明细。

2. 权限管理

权限管理包括用户维护、角色维护、菜单维护、权限维护等。

（1）用户维护。01 增加用户；02 修改用户；03 删除用户；04 查询用户　根据账号和用户名查询用户；05 分配用户所属于的角色　分配用户所属于的角色。

（2）角色维护。01 增加角色；02 修改角色；03 删除界色；04 查看角色　查看角色；05 查询角色　根据角色名称和角色类型查询；06 角色分配用户　从该角色还未分配用户的列表中选择分配的人员赋予该角色；07 角色分配权限　列出所有系统的权限树。

（3）菜单维护。01 子系统树　展示子系统树；02 增加菜单；0 修改菜单；04 删除菜单；05 查看菜单；06 查询菜单　通过菜单 id 和名称查询；07 查询菜单权限　通过权限名称和权限 id 查询。

（4）权限维护。01 系统权限树列表；02 增加权限；03 修改权限；04 删除权限；05 查看权限；06 查询权限　根据权限 id 和名称查询。

（5）功能台维护。01 增加功能台信息、02 修改功能台信息、03 查看功能台信息、04 查询过滤功能台　通过功能台名称、席位号、软件名称、05 维护功能台参数　维护席位号特有的参数、06 复制并增加新的功能台信息　拷贝已有的功能台参数并修改作为新的功能台

3. 数据字典

01 增加数据字典树；02 修改数据字典树；03 删除数据字典树；04 查询数据字典树，根据数据字典类型和数据字典名称查询数据字典树；05 增加数据字典明细；06 修改数据字典明细；07 删除数据字典明细；08 查询数据字典明

细，根据数据字典名称查询数据字典明细；09 多级树展示如果树多级，维护数据字典明细树。

4. 参数配置

01 新增子系统信息　配置文件名称和系统代码；02 修改子系统信息；03 删除子系统信息；04 配置子系统的参数列表　维护系统级别参数。

5. 日志查询

01 登陆，退出日志查询；02 系统操作日志查询。

第四章
技　术　方　案

4.1　总体部署架构

PPP 综合服务平台构建在国家电子政务外网上。国家电子政务外网为满足政务部门不同的业务需要，相互之间安全隔离，路由不可达，不同功能域之间需采用必要的安全措施和策略进行数据交换。基于以上的 PPP 综合服务平台功能域，PPP 综合服务平台采用集中式的总体部署架构，PPP 综合服务平台逻辑架构如图 4 - 1 所示。

统一建设模式是指主机系统和业务逻辑均集中在国家电子政务外网中心，在中心配置应用服务器和数据库服务器等设备，集中存储业务数据，集中部署应用逻辑，实现在全国中心的统一维护和管理。

1. Web 服务器主要负责对客户端应用程序的集中管理，采用集群方式部署。

2. 网关接口服务器主要负责与外部系统进行数据交换、消息分发等业务。采用分布式部署。

3. 应用服务器主要负责应用系统的逻辑结构、数据关系和整合结构，包括企业服务器总线、业务事务处理等。采用集群方式部署。服务层是相关业务逻辑的处理中心。

4. 数据服务器则主要负责数据的存储和组织、分布式管理、备份和同步等等。数据服务器可以根据其处理的具体业务不同而分为多个，采用分布式

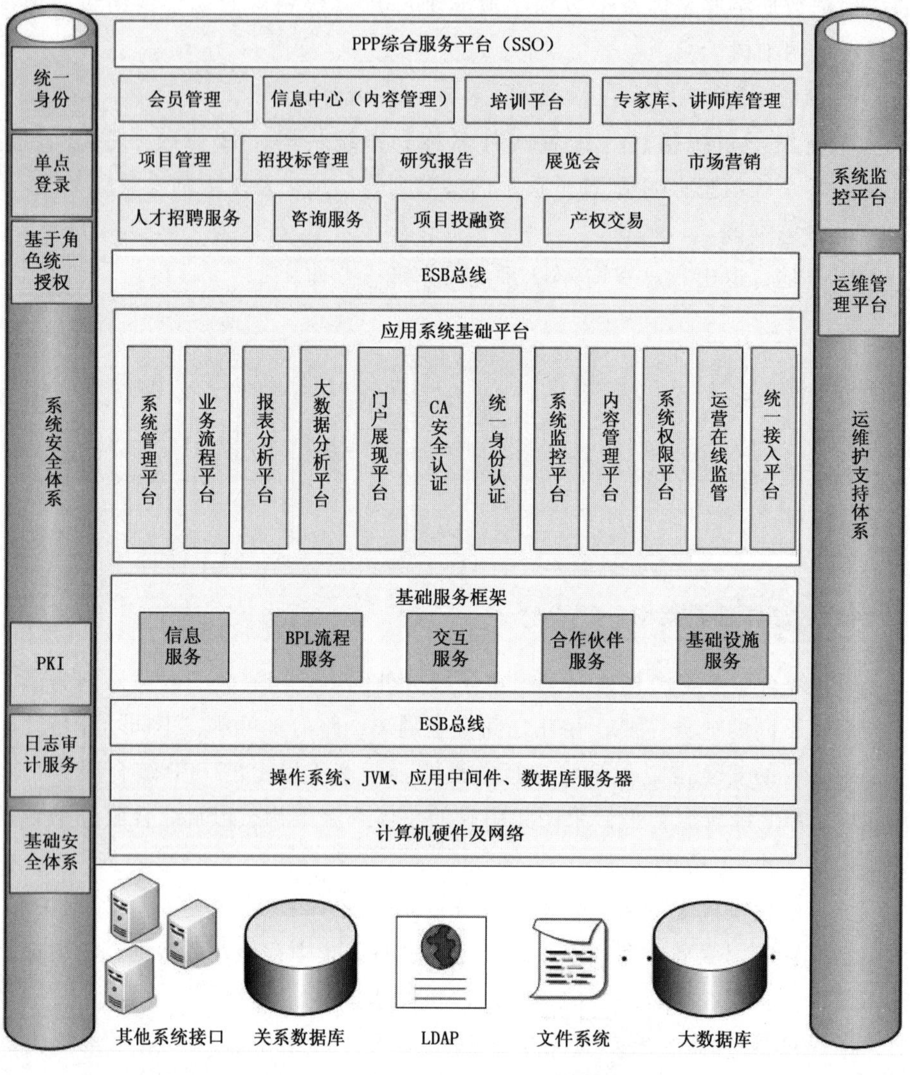

图4－1　PPP综合服务平台逻辑架构图

部署。

4.2　平台Dubbo服务架构

随着互联网的发展，网站应用的规模不断扩大，常规的垂直应用架构已无法应对，分布式服务架构以及流动计算架构势在必行，因此PPP综合服务平台引入了Dubbo分布式服务框架。通过分布式服务框架的分布式部署实现负载均衡，保障服务的高效性和高可能用性。通过 Dubbo 平台我们实现了 PPP 综合服务平台各子模块之间的有机联系，降低了各子模块间的耦合度，保障了各子模块间的相对独立性。PPP 综合服务平台以 SOA 架构为基础，Dubbo 实现了平台的服务治理（如图 4－2）。

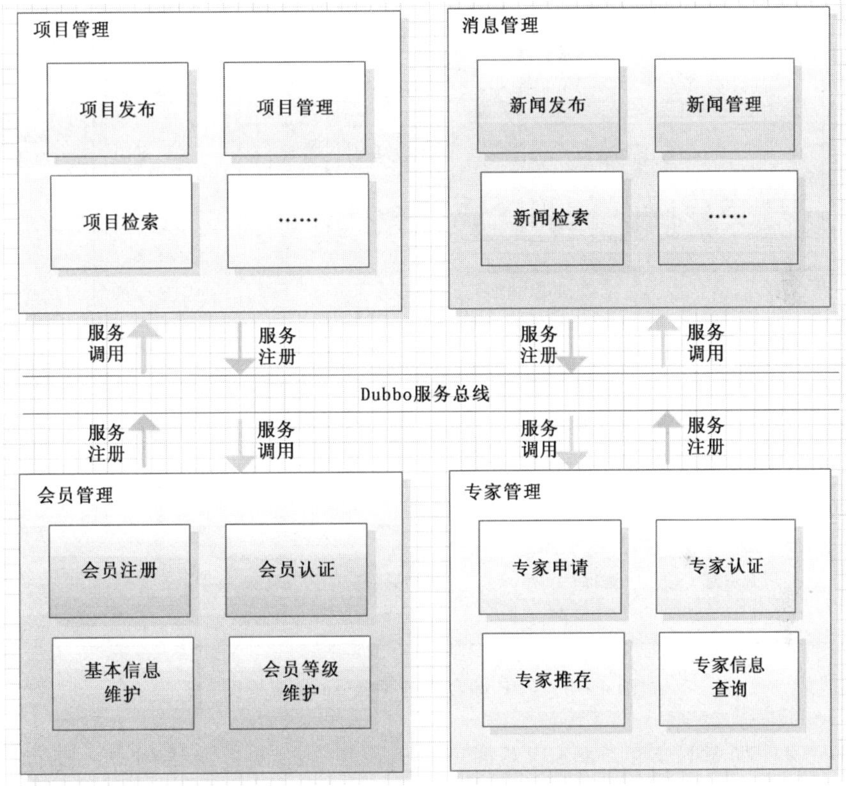

图 4－2　PPP 综合服务平台 Dubbo 服务架构

4.3　平台 SaaS 架构

PPP 综合服务平台主要包括 3 个组件，分别是 PPP－SaaS 资源平台、应用平台和全局服务与开发服务。其实现如图 4－3 所示。

1. PPP－SaaS 资源平台

SaaS 位于 laaS 和最终客户之间，而 laaS 处于 SaaS 的更底层，SaaS 平台要利用 laaS 架构来获取海量的资源。laaS 可以提供一种通过网络管理基础设施资源的简单而高效的模式，工作负载平衡、动态分配计算任务、动态分配资源

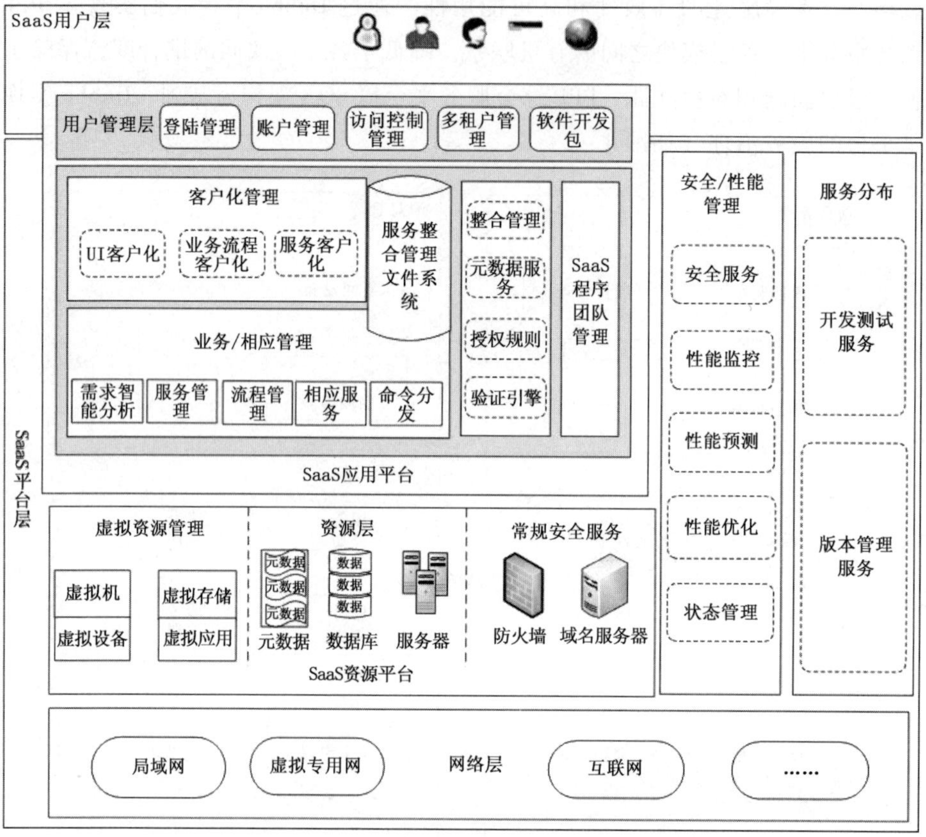

图 4－3 PPP 综合服务平台 SaaS 架构图

等等。这样基于 laaS 的 SaaS 运营商就可以提供合适的资源给用户，随着业务提升，必要时可以提供不可想象的巨大资源给海量的用户，SaaS 开发商不用再购买和管理服务器及带宽等基础设施，从而达到最终用户、SaaS、laaS 三方的共赢。

资源平台主要是以 laaS 作为基础，提供 PPP－SaaS 运行所需的基本资源，如虚拟运行环境，资源管理，常规的安全环境等功能。服务器组配备有不同操作系统和开源中间件，并运行着各式各样的软件应用。

如果有用户想要一个服务器，它会评估用户请求和服务器组的负载情况，并进行性能测试和安全检查，如果一切正常，服务器管理系统会为用户分配一个合适的虚拟机资源。这个虚拟机资源包括一系列的应用环境，用户可以即时使用它来部署应用。与现有的 SaaS 系统相比，PPP－SaaS 资源平台可以提供动态的负载平衡和安全检查，具有良好的动态迁移和系统安全性。

2. PPP－SaaS 应用平台

PPP－SaaS 应用平台把软件和服务转换成统一提供的 Web 服务，并以 SaaS 的方式将他们运行在资源平台上，并对平台上的软件进行管理。这个平台由三个核心功能组成：用户管理层作为和终端用户的接口，对用户信息和行为进行管理；用户管理层是 SaaS 平台可配置的体现。业务响应管理模块用来产生流程和对请求进行响应。

用户管理层是连接 PPP－SaaS 系统和用户的接口，目标是提供适用于注册用户的登录权限的用户授权功能，并为每个用户提供账户信息管理服务，为大规模租户提供多租户的平台支持和存储支持，使租户的界面和数据使用起来都像专属的一样。软件开发包也作为一个应用程序的接口被整合到用户管理层中，这样可以利用统一的 API 进行再次开发。

客户化管理模块为用户提供全面的可配置功能。包括三个部分：UI 客户化、业务流程客户化和服务客户化。UI 客户化负责用户界面的客户化，用户可以在线配置自己的专有界面，使得使用更加人性化，更加符合用户的操作习惯。业务流程客户化负责用户业务的客户化，这方面关系到行业知识，所以要有专业人员参加订制，使客户的应用更好的契合客户的业务，提高业务效率。服务客户化是整合客户订制的服务，让这些服务按照用户的需求展示与运行。

业务/响应管理模块有两个目的，首先是对客户或者系统请求进行接收和应答，然后根据具体的请求，根据客户的信息和业务信息产生客户化的流程，并控制流程高效、正确的运行。用户需求的智能解析负责对客户的需求进行基于语义和语境的解析，并且产生相应的参考配置信息，供 SaaS 平台和用户的服务定制参考使用。

另外 PPP－SaaS 应用平台还包括三个部分：服务整合管理文件系统用来整合平台上的服务包括用户开发的外部服务和应用；SaaS 程序团队管理用来提供开发和应用时的一些基础服务接口，它们以 Web 服务功能簇的形式被预先准备且提供。此外，整合管理用来协调各个不同用户，和一个用户所用的各个不同的功能，使他们能够协调工作。元数据配置服务为客户化，用户的数据定制和存储等功能提供基础支持。授权规则是由用户和平台运营商共同定义的一组规则，用来检测定制、业务、流程和权限等是否有效。如果验证有效，验证引擎负责向这些请求或者流程颁发授权许可证，让他们可以继续执行，如果不能获得授权，则被系统挂起或者直接杀死并记录为非法使用。

3. 全局服务和开发服务

安全和性能优化模块是负责平台全局的安全和性能优化的模块，主要包括：平台安全服务、性能监控、性能预测、性能优化和状态管理。

服务发布模块实现管理和支撑用户的开发和发布服务行为的功能，包括两个方面：版本管理服务用来统一管理平台上所有应用及服务的版本，它将大大的节省开发时间，降低开发门槛。开发/测试（Development/Testing Service）模块为开发型用户发布的软件或者服务提供测试环境和一系列测试策略，这样既可以方便用户测试将要发布的应用又可以大大提高平台上服务的质量。

4.4 平台安全架构

（一）基础安全架构

基础安全架构包括防火墙保护、防病毒服务、数据安全与备份、入侵监测、漏洞扫描等。这个完全采用国家电子政务外网安全保障体系。

国家政务外网安全保障体系由安全管理、网络防护、网络信任、安全服务等构成，实现分级、分层、分域保障网络与信息安全，中央政务外网已达到信息安全等级三级的防护要求。包含的内容如下：

1. 安全管理：进行网络安全态势监测、预警，制定安全管理制度，制定网络安全接入、安全互联互通及数据交换等安全规范。

2. 网络防护：提供基础安全防护，主要保障中央政务外网的可用性、完整性、可控性等。保障措施包括 VPN、防火墙系统、入侵防御系统、防病毒系统、远程安全接入系统、流量监测系统等内容。

3. 网络信任：由电子身份认证基础设施和密钥管理基础设施构成政务外网网络信任服务体系，为部署在政务外网上的业务应用提供身份管理、身份认证、密钥管理等应用安全基础服务，在此基础上还可为业务应用提供数据加密、数字签名、电子签章、时间戳等应用安全增值服务。国家信息中心“政务 CA”证书服务在政务领域是首屈一指的。对网络身份包括人、设备、数据、软件、资源的身份进行管理，保障网络安全。

4. 安全服务：提供网络与信息安全的风险评估、等级保护等咨询服务。

（二）平台应用系统业务安全架构

信息安全方案可以最大限度地保护信息不受诸多威胁的侵犯，目的是确保业务连续性，将业务成本和风险降低到最小程度，将操作人员的满意度提高到最大程度。业务安全架构主要是基于业务的统一身份标识、用户权限管理模式、存储和传输加密、日志和审计等。

1. 统一身份标识

建立全局性唯一用户身份标识是实现统一授权、单点登陆以及应用整合的先决条件。所谓统一用户身份标识是指该标识在所有的应用系统中独一无二的代表该用户。根据企业信息系统的实际情况确定职工在整个合平台系统的唯一性身份标识。这就为平台建设提供了最基础的保证。通过访问控制组件可以集中地管理平台的所有用户。为了符合平台的人员结构和管理层次，访问控制组件可以实现用户的分层管理。

PPP 综合服务平台对客户账户及密码的校验，整合国家信息中心“政务 CA”数字证书服务技术，证书管理系统采用“政务 CA”数字证书认证系统。该系统用于给服务器、网上客户颁发证书，并对证书有效性进行验证。

2. 用户权限管理模型

在即将建设的平台上，将要建立一个基于 RBAC（基于角色的访问控制，Role – Based Access Control）模型的、统一的用户档案管理，统一的用户认证与授权机制，从而实现各个应用子系统的用户权限统一管理机制，并有效的支持单点登录功能的实现。用户权限管理模型是现实中的人员、人员的职责和机构之间的关系在系统中的抽象，它是系统实现统一认证、授权和权限管理的基础。用户认证与授权机制包括用户、角色、功能（资源）、权限、组织机构等方面的基本概念。SSO（单点登录）要求用户只需要进行一次身份认证，就可以访问到所有的授权应用。

3. 存储和传输加密

PPP 综合服务平台要提供加密和解密模块，对系统传递的关键信息进行加密和解密；对敏感数据如客户密码、操作员密码等要实施数据加密存放，并具有密钥的管理和更新。

4. 日志和审计

PPP 综合服务平台要建立完备的系统日志，对各个模块的运行情况和用户关键操作进行跟踪记录。通过周期性审计、实时审计和事后审计等审计策略，以发现非法违规操作，进而发现网络安全漏洞并及时采取补救措施。需要进行日志记录的内容包括：各类操作人员的关键操作信息、前后台业务交易和清算处理的关键信息、用户及机构变更等与安全管理相关的信息等。

4.5 平台部署架构

PPP综合服务平台系统拓扑图展现了平台的服务总线和分布式架构，平台分为前台和后台，用户可微信端或PC端访问平台，平台采用HTTP服务，使用Nginx代理服务器结合tomcat实现分布式架构，平台的各个频道模块分别搭建在多个Linux服务器上，用户可通过Nginx直接跳转到对应的频道模块。平台的数据库使用Oracle和MySQL数据库，平台各频道之间的访问通过DUBBO服务来实现，消息机制通过activmq来实现（如图4-4）。

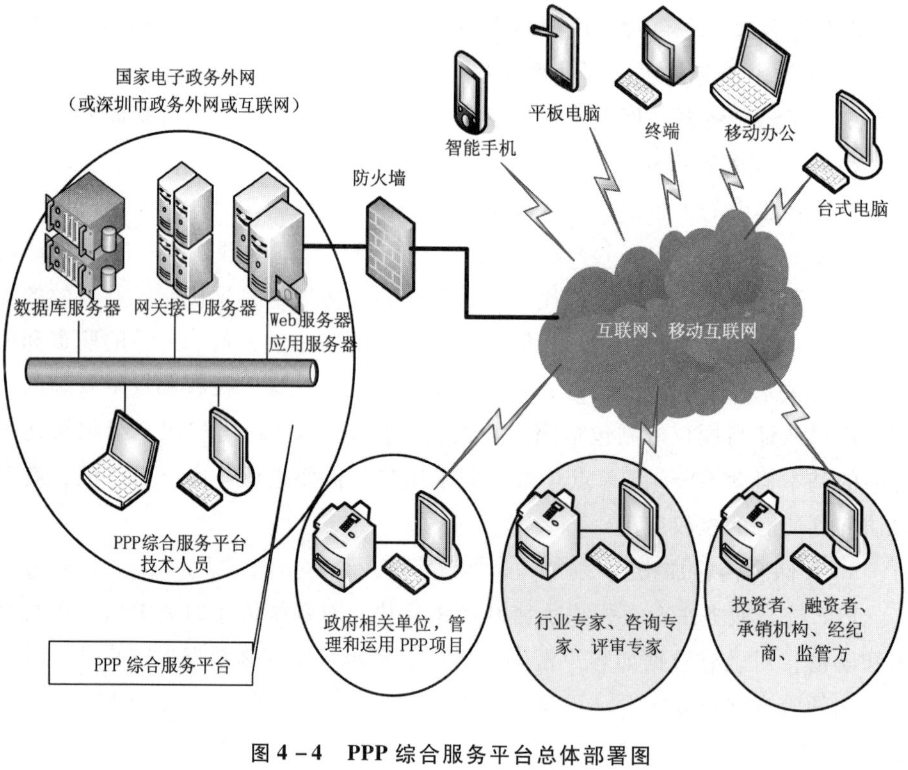

图4-4 PPP综合服务平台总体部署图

1. 前台部署架构，见图4-5。
2. 后台部署架构，见图4-6。

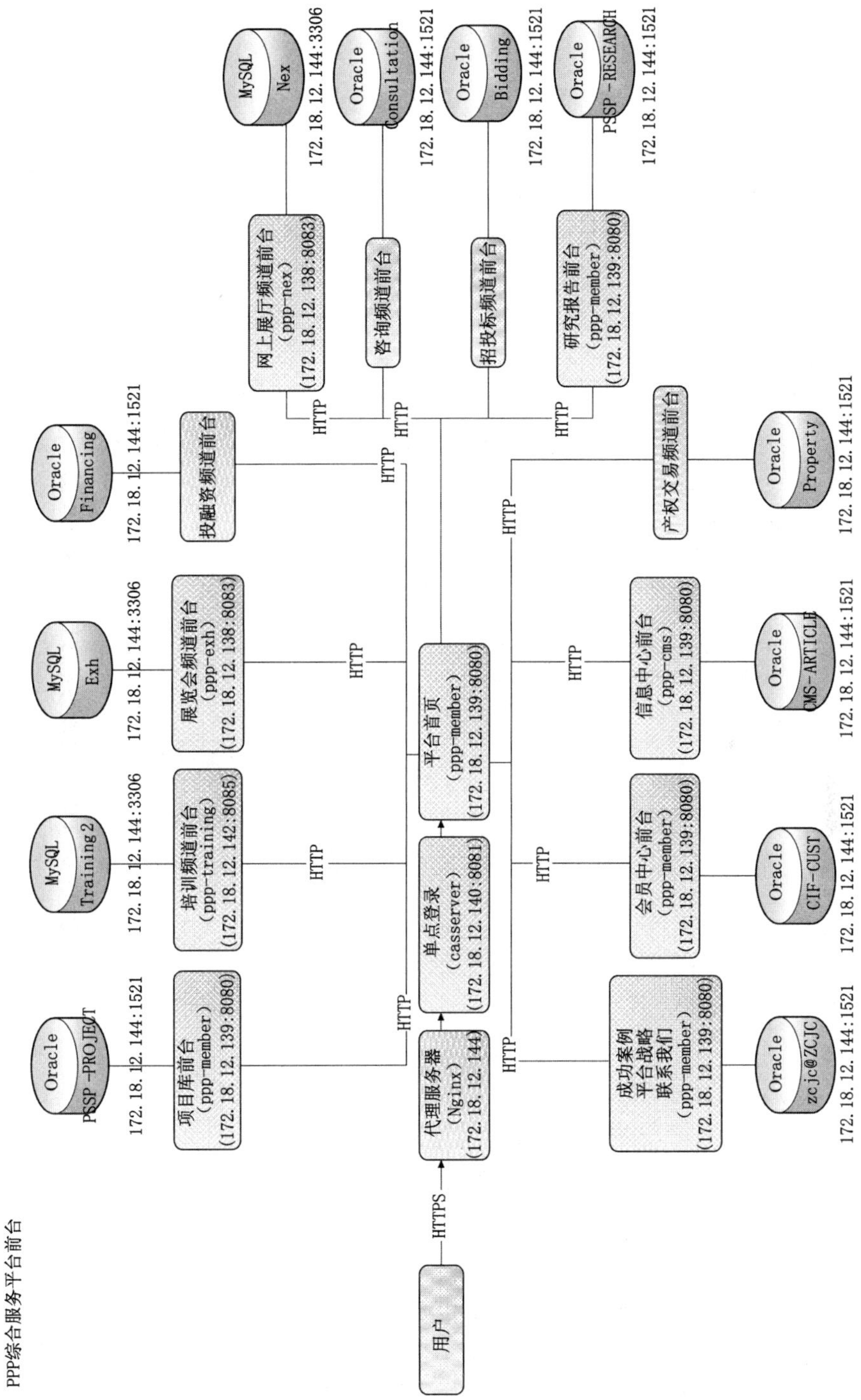

图 4-5 PPP 综合服务平台前台部署架构图

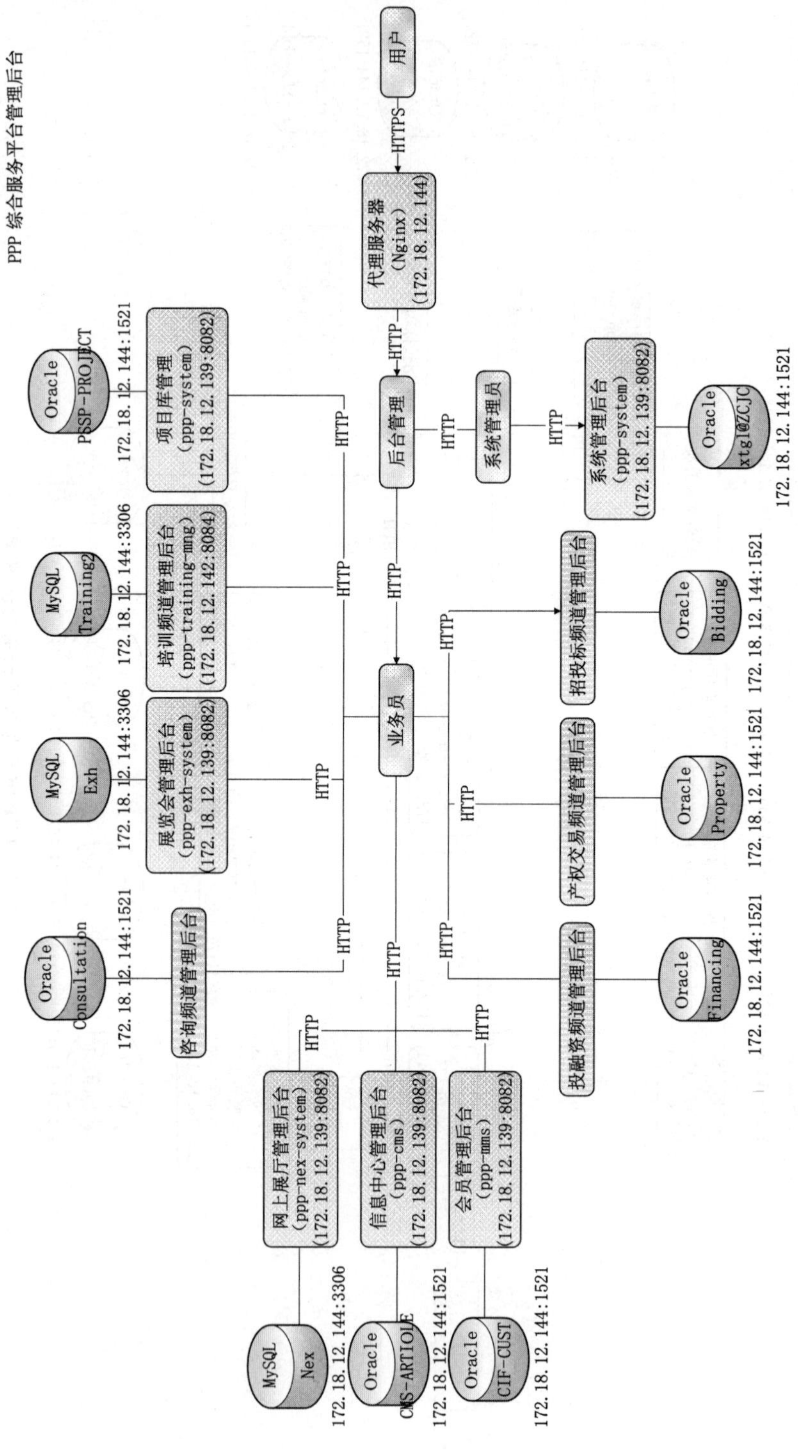

图 4－6 PPP 综合服务平台后台部署架构图

4.6 平台对外接口

平台与“互联网 +”平台接口，见图 4-7。

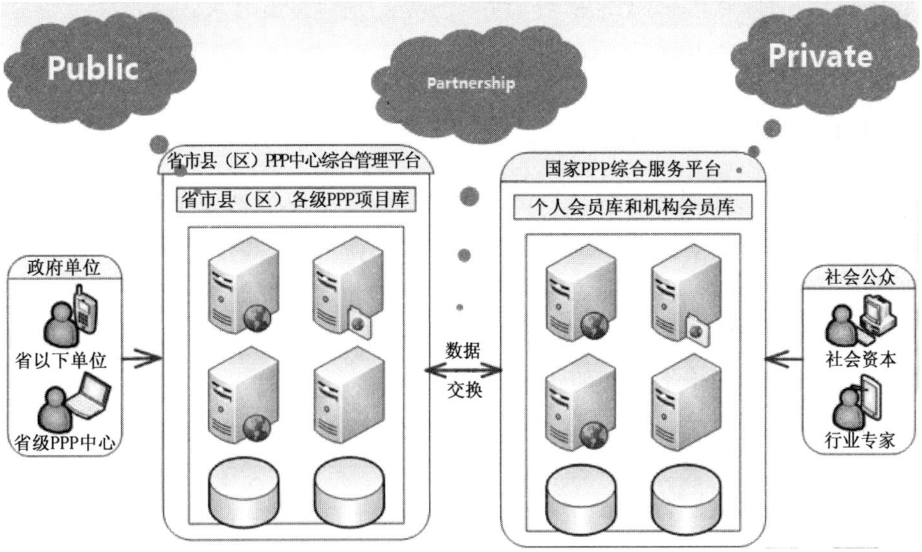

图 4-7 平台“互联网 +”接口图

“互联网 +”行动计划，就是推动移动互联网、云计算、大数据、物联网等与现代制造业结合，促进电子商务、工业互联网和互联网金融的健康发展。中央在发力推广“互联网 +”的同时，大力推广 PPP 模式。

PPP 综合服务平台依据“互联网 +”思想进行设计，与省市县管理平台进行数据对接。PPP 综合服务平台更多服务于社会资本和行业专家，PPP 综合管理平台倾向于服务政府部门，省市县级 PPP 中心。两个平台都部署在国家政务外网上，由云计算、大数据、物联网、移动互联网等技术作为支撑，达成数据交换和共享，提高数据使用效率，更好的服务政府和社会资本。

第五章 平 台 应 用

5.1 政务系统的整合

国际PPP综合服务平台是以国家信息中心电子政务网为基础平台，在此平台上经过云计算和互联网金融平台构建技术的设计，整合国内外PPP权威机构、顶级专家研究理论和数据资源后与PPP相关发改、财政部门的实际工作需求建立起来的，集评估、审批、培训、管理、信证于一身的综合信息化投融资及股权交易网络平台（如图5－1）。

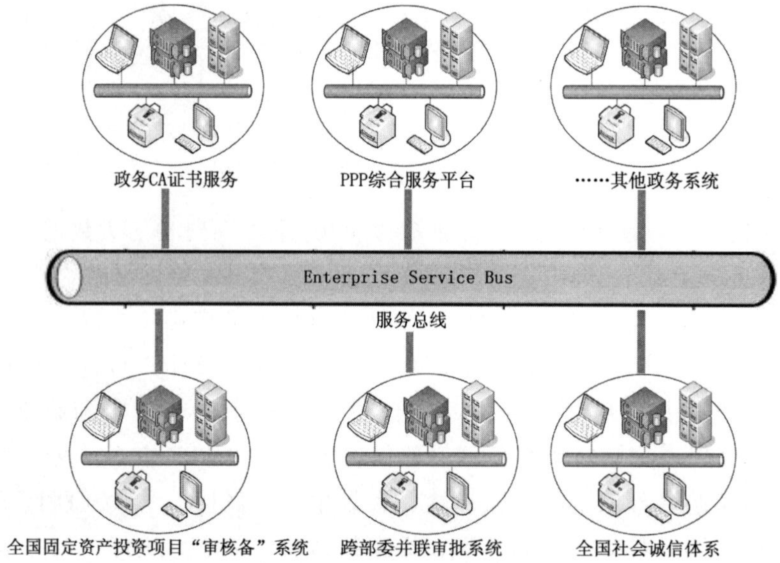

图5－1 政务系统

5.2 PPP省市县综合服务管理软件整合

平台功能包括：为发改委、财政部、各省、市、县发改、财政等与PPP有关的行政职能部门提供PPP项目信息化管理平台；为国内外投资机构及个人投资者提供PPP投资信息和交易服务等全方位服务；为国家审计及税务等部门提供即时 PPP 项目运营数据信息，为监管和决策提供依据；PPP 项目在线监管为落实 PPP 项目相关的政策、法律、法规的落实创造良好的数字法制环境，提供数据支撑；为政府与社会资本、民营资本、外资等投资者达成公平的共同合作伙伴关系提供数据信息化服务。

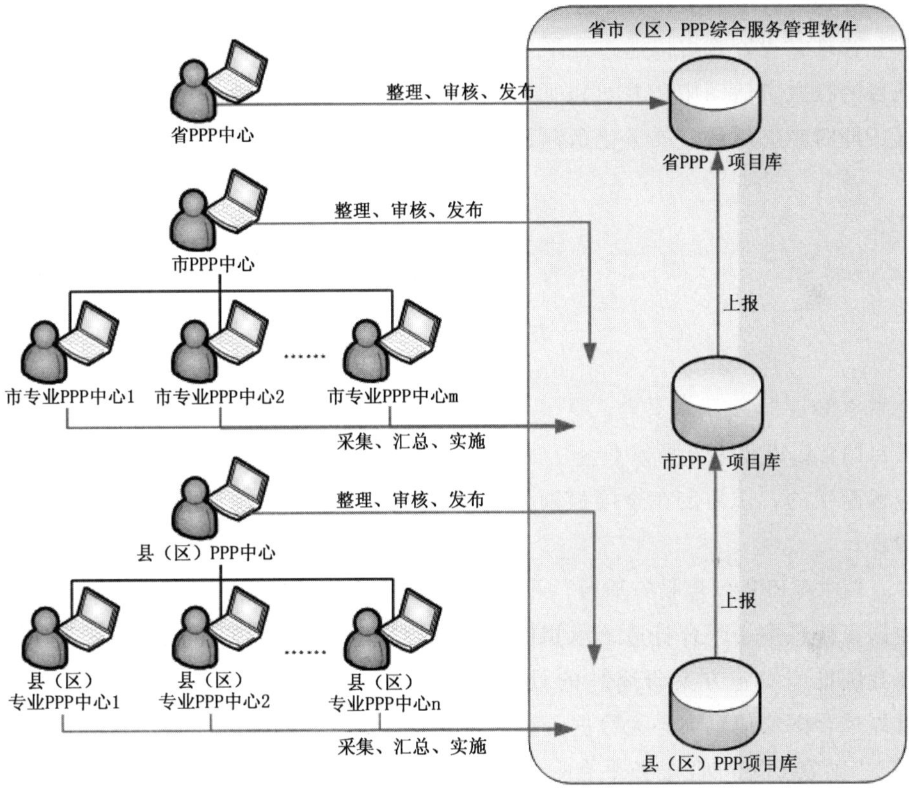

图 5－2　PPP 省市县综合服务管理

“国际 PPP 综合服务平台”涉及的公共服务领域广泛，主要包括：农村公共产品和服务；高等教育领域；保障性住房建设；城镇化投融资；新农村基础设施建设；灾后重建；基础设施建设；公立医院改革；现代养老模式创新；环境保护建设及国家援外的国外基础设施项目建设的投融资及产权交易等领域。

网络平台自身设置众多功能及操作板块，向有关各合作方提供 PPP 项目业务咨询、培训、方案设计、评估、投融资、项目库、在线项目管理、项目招标、采购、政策新闻发布、产权交易等功能服务。

在此平台上，相关 PPP 政府部门既可以对 PPP 项目进行项目储备、项目所在行业分析、项目主体历史背景，又可以随时进行线上项目管理，把握项目进度，提高项目管控效率；政府监管部门可以利用平台所载入的项目数据对项目进行审批、对项目相关方进行监督，依据公开透明的数据为项目提供公平、公正、公开的法制环境；项目方可使用此平台在线对项目进行项目规划、认证、立项、投融资、招标、建设、运营、维护等各阶段的所有数据均可在线操作和管理；投资者可以通过此平台以基金、债券、信托等形式直接参与到PPP项目的投融资活动中，并可以通过此平台直接得到被投资项目的在线经营数据，即时掌握项目进展量化指标，提高投资人参与度与资金管理效率。

第六章
总　　结

"国家PPP综合服务平台"的产生是在国家大力扶持PPP行业的大背景中应运而生的，作为走在全国最前列的PPP综合服务平台，具有其应有的历史责任。

"国家PPP综合服务平台"不但是由财政部中财传媒集团下属企业与发改委国家信息中心联合打造，承担国家课题《政府和社会资本合作模式（PPP）在我国推广实施方案研究》的具体落实工作，而且建立在国家政务外网上，可以整合国家信息中心大数据资源。

"国家PPP综合服务平台"是为政府和社会资本达成合作伙伴关系提供O2O平台，为政府项目单位和国内外PPP项目建设商、运营商、供应商、销售商、咨询服务机构、金融机构、投资者开展PPP业务提供政策发布、信息公告、项目库服务、项目招投标、项目投融资、产权交易、项目运营在线监管、咨询服务、信用评级服务、研究报告服务、广告与推介、线上线下展会和培训等全方位服务；向政府监管部门和行业协会提供大数据信息，为PPP相关政策、法律法规的全面落实提供数据支撑，为监管和决策提供依据；平台建立在国家政务外网上，支持跨地区、跨政府部门的信息共享和业务协同，为政府各级管理部门高效参与PPP管理提供保障。

主要参考文献

1. 赖丹馨、费方域：《公私合作制（PPP）的效率：一个综述》[J]，《经济学家》，2010 年第 7 期。

2. 贾康、孙洁：《公私伙伴关系（PPP）的概念、起源、特征与功能》[J]，《财政研究》，2009 年第 10 期。

3. 刘志瑛：《金融资讯云平台数据采集和分析系统的研究和设计》[D]，《北京邮电大学》，2012 年。

4. 周围：《政府创业投资引导基金的运营管理研究》[D]，《复旦大学》，2012 年。

5. 夏荣静：《推进我国创业投资引导基金发展的探讨综述》[J]，《经济研究参考》，2011 年第 36 期。

6. 李正雄、杜涛：《我国高新技术产业投融资问题探析》[J]，《经济问题探索》，2005 年第 7 期。

7. 傅连康：《我国产业基金发展状况分析》[J]，《国际商务研究》，2005 年第 5 期。

8. 赵真真：《我国中小企业融资中存在的问题及对策》[D]，《江西财经大学》，2010 年。

9. 万婷：《我国创业投资引导基金的发展现状及对策研究》[D]，《安徽大学》，2012 年。

10. 冯琪：《我国政府创业投资引导基金发展状况研究》[D]，《西南财经大学》，2008 年。

11. 黄武俊、万青：《我国政府引导基金发展现状、问题与对策》[J]，《商业经济》，2013 年第 12 期。

12. 陈晖、单国莉：《中小企业融资中的逆向选择和道德风险 [J]，《大学数学》，2006 年第 3 期。

13. 张喆、贾明、万迪昉：《不完全契约及关系契约视角下的 PPP 最优控制权配置探讨》［J］，《外国经济与管理》，2007 年第 8 期。

14. 刘燕：《公用事业公私合作中公共部门行为研究》［D］，《复旦大学》，2010 年。

15. 宋小宁、陈斌、吴明琴：《基础设施供给模式选择研究——基于公私合作（PPP）和政府采购的比较》［J］，《厦门大学学报》（哲学社会科学版），2014 年第 3 期。

16. 夏大慰等：《政府规制——理论、经验与中国的改革》［M］，经济科学出版社 2003 年版。

17. 贾康、孙洁：《公私合作伙伴关系理论与实践》［M］，经济科学出版社 2014 年版。

18. 贾康、孙洁：《公私伙伴关系（PPP）的概念、起源、特征与功能》，载《财政研究》2009 年第 10 期。

19. 刘薇：《完善我国政府采购制度体系的思考》，《中国物流与采购》，2009 年第 9 期。

20. 刘薇：《GPA 框架下公用事业领域政府采购和 PPP 模式研究》，《财政部财政科学研究所研究报告》2014 年第 123 期（总第 1769 期）。

21. GPA 协议及参加方出价（中英文版），财政部国库司印制。

22. 陈平：《城市公用事业管理体制改革的思路》，《浙江经济》2002 年第 16 期。

23. 亚洲城市发展中心：《市政项目公私合营指南》（2010 年版）。

24. HM Treasury: PPP data and statistics, available at http: //www. hm - treasury. gov. uk/ppp_pfi_stats. htm, accessed March 2011.

25. 孙荣霞：《基础设施 BOT—TOT—PPP 集成融资模式的研究》，《昆明理工大学博士论文》，2010 年。

26. 刘薇：《完善法制体系进一步发挥政府采购政策功能》，《中国总会计师》，2009 年第 7 期。

27. 2013 年政府引导基金专题报告（29 页）。

作 者 简 介

指导组长：

郑新立，经济学硕士，研究员/教授/博士导师/博士后导师，中国国际经济交流中心副理事长，中国政策科学研究会执行会长，中国工业经济学会会长，中共中央政策研究室原副主任，主要研究领域为宏观经济理论与政策。长期从事经济政策制定和经济理论研究，在计划和投资体制改革、宏观经济调控、中长期发展政策等领域，都有较深的研究和独到见解。多次参加中共中央全会、国务院《政府工作报告》、“八五”、“九五”、“十五”、“十一五”规（计）划及多届三中全会的起草工作。

指导副组长：

贾康，全国政协委员、著名经济学家。财政部财政科学研究所原所长、研究员、博士研究生导师。曾多次受中央领导之邀座谈经济工作（被媒体称之为“中南海问策”）孙冶方经济学奖获得者。

课题组撰写成员（排名按所撰写章节顺序排列）：

孙洁，男，财政部财政科学研究所 研究员，管理学博士。2002 至今，一直研究 PPP 管理模式。目前兼任中国财政学会公私合作（PPP）研究专业委员会（国内唯一一家 PPP 学术专业研究机构）秘书长；亚洲开发银行、财政部 PPP 专家；中国社会组织促进会专家委员会委员。

2013、2014 年，两次到英国财政部基础设施局（英国 PPP 项目管理机构）学习交流 PPP 经验；

2013 年到曼彻斯特大学、德国复兴银行等交流 PPP 经验。

2014 年，与亚行合作在国内推广 PPP，并作为亚行 PPP 专家组组长，组织了洛阳和哈尔滨的 PPP 培训项目。

2013 年以来为财政系统及其政府部门培训达数万人次。

曾为多家地方政府项目 PPP 方案设计顾问。

主要学术贡献：

（1）首次提出 PPP 为管理模式而非项目融资模式（见博士论文）。从管理的视角研究公私合作伙伴关系（PPP），并从管理概念下给出 PPP 的定义；

（2）首次将诸如 BOT、BOOT、PFI 等形式看为 PPP 的一种形式，而非并列（见博士论文）；

（3）分别从教育、医疗卫生、基础设施、保障性住房、灾后重建、化解地方政府债务、公共服务等多个领域研究了 PPP 的应用。发表论文 50 余篇；著作 4 部（《城市基础设施公私合作管理模式研究》、《PPP 项目绩效评价研究》、《PPP 与保障性住房》、《公私合作伙伴关系的理论与实践》［与贾康老师合著］）；各类课题 50 余项。

《新农村基础设施建设中应当积极采用新型管理模式——PPP》（与贾康老师合作）得到原财政部长的肯定性批示，同时作为专报信息上报国务院，得到高层领导的肯定性批示。

许正中，男，经济学博士，英国兰卡斯特大学管理学博士后，美国斯坦福大学高级访问学者，新世纪百千万人才工程国家级人选，享受国务院特殊津贴专家。现任国家行政学院经济学教研部教授、博士生导师，学科带头人。担任国家重大科技专项首席管理专家，中华职业教育社专家委员会副主任委员，国家纳米产业化基地首席政策专家，世界银行项目咨询专家，联合国“后千年计划”战略咨询专家，香港科技园资深顾问等。在《人民日报》等报刊杂志发表文章一百余篇，获得国家级、省部级奖励六项。多次向党中央、国务院提出政策建议并获采纳，许多已转化为现实生产力。

刘森，法学博士，经济学博士后。研究领域为应用经济学，曾长期从事法律实践工作，多年参与国家宏观政策研究和区域经济发展战略制定工作，公开发表论文十多篇，公开出版《促进我国软件产业发展战略研究》等专著。现任中国政策科学研究会第二研究部主任。

车宏原，男，1967 年 6 月生，CFA（美国特许金融分析师）。1992 年毕业于清华大学计算机系，获工学硕士学位，并曾就读清华大学深圳研究院 EM-

BA，香港科技大学商学院高级金融管理班。担任中国基金业协会信息技术专业委员会委员、中国证监会证券期货业信息技术顾问、中国证监会标准化工作成员、深圳市地方级领军人才。曾先后担任中国农业银行南方软件开发中心副总工程师，太极华青软件开发有限公司副总经理，景顺长城基金管理有限公司信息技术总监。现任中财国信科技（深圳）有限公司总经理，政府和社会资本合作（PPP）研究院理事。车先生是银行、证券、基金、财政、国资信息系统建设专家，曾获得多项国家级、省部级奖励，熟悉金融业务和运作，对互联网金融创新有深刻理解。

张冬梅，女，张冬梅女士系南开大学财政学博士生、特聘教授，现兼任中国财政经济出版社教育分社副社长。独立完成福建省级子课题《关于提高居民收入水平的研究——以南平市为例》和《关于促进南平市基本公共服务均等化的研究：内涵、问题与对策》，对当地城镇公共服务供给的效率和质量进行研究并提出有效对策；2011 年亲自策划国家出版基金和教育部人文社会科学基金资助项目《政府预算绩效管理创新丛书》、《社会管理创新体系丛书》、《财政风险—成因、估测与防范》等书籍，并参与编写国家课题《政府和社会资本合作模式（PPP）战略政策及实施机制研究课题》，对国家财政预算绩效创新管理和社会管理创新进行深入探讨，为协助国家利用 PPP 模式提高公共服务供给的水平、实现财政预算绩效的杠杆作用奠定了坚实的基础。

梁云凤，女，经济学博士，博士后，研究员，中国注册税务师，民建北京市委经济委员会委员，西城区经济委员会副主任。现在国家智库——中国国际经济交流中心研究员，长期从事财税金融体制制度、绿色经济政策、财务管理及战略税收筹划、宏观经济及产业政策的研究和财经人才培养工作。现任中国国际经济交流中心财政金融处处长。指导财税金融、财务管理及战略税收筹划、绿色经济领域硕士研究生、博士研究生 40 余名。指导博士、硕士学位学生的研究方向为财税理论与政策、高级税收战略、财务管理与税收筹划。

主持、参与国家级、省部级课题 28 项；发表学术论文 50 余篇，撰写研究报告 100 余篇，出版专著、译著、合著 8 部，主编参编教材 4 部，获得国家发展和改革委员会优秀研究成果奖二等奖等奖项 5 项。

任鹏飞，男，现任新华社总社参编部主任记者、发稿人。近年来参与了青海玉树地震、“723”动车事故、中石化“1122”爆炸事故等重大突发事件报道，开展了“抓住用好战略机遇期”“加强政府效能建设”“推进医疗体制改革创新”“加快PPP模式改革”等重大主题调研，推动了一系列全国性问题的解决。合著《梦想·机遇·改革——当代中国大局大势大事观察与思考》一书。

李晶宇，女、北京国经富华矿业有限责任公司总经理、华广裕（北京）经济咨询有限公司董事长，长期从事企业管理、经济咨询、项目投资业务，特别是在PPP项目选择、风险评估、日常运营等领域有丰富经验；在大型会议、国际展会策划、运营、评估方面有突出业绩。

刘薇，女，蒙古族，经济学博士。财政部财政科学研究所金融研究室副研究员、硕士生导师，中国财政学会公私合作（PPP）专业委员会副秘书长。主要研究领域为财政理论与制度、财政金融的关系协调，近年来侧重于地方政府公共工程领域投融资体制研究。

李冬妍，女，经济学博士，应用经济学博士后，美国UC Berkeley国家公派访问学者。现任南开大学经济学院财政学系副教授，硕士生导师；中国社会科学院研究生院税务专业兼职硕士生导师。主要研究方向包括政府预算管理、政府间财政关系、税收理论与政策，政府和社会资本合作。曾在《财政研究》、《财贸经济》、《光明日报》、“Energy Policy（SCI）”等国内外学术刊物上公开发表论文二十余篇；编写教材、专著多本；主持国家社科基金一般项目等国家级、省部级课题十余项。讲授财政学、公共选择理论、公共政策、国有资产管理、英文经济学文献选读等研究生、本科生课程。社会兼职为天津市税务学会理事；中国留美经济学会（The Chinese Economists Society）会员。

綦鲁明，男，经济学博士，主要从事国际资本流动研究，在《中国金融》《中国经贸导刊》《经济管理》等核心期刊发表学术论文10余篇，出版专著1部，合著5部，公开发表总字数超过50万字。撰写内参多次获得国家重要领导人批示。

刘西友，男，汉族，1981年1月生，山东省费县人。管理学博士。审计署审计科研所研究人员。

自2005年以来，在《管理世界》、《经济管理》、《会计研究》、《中国财政》、《中国审计》、《Journal of Renmin University of China》、《Journal of the Washington Institute of China Studies》等国内外刊物发表文章100多篇，出版专著3部，主持和参与国家社会科学基金重点项目、国家自然科学基金项目、审计重点研究课题等研究项目10余项。

马洪范，男，经济学博士，研究院，现任财政部财政科学研究所金融室副主任、硕士研究生导师，兼任中国社会工作协会常务理事、北京国家会计学院特聘教授、赣州市金融研究院院长。长期以来，致力于财政制度现代化、财政金融关系协调、政府预算管理与改革等研究。2003—2014年，在省部级报刊上发表论文150余篇，主要著作有《国库现金管理：理论与政策》（2014年）、《财政视角下的金融政策研究》（2014年）、《赣州挂职工作文稿》（2013年）、《绩效预算信息论》（2008年）、《统筹管理与财政信息化》（2007年），另有7部合著。学术成果曾获许毅财经科学奖励基金会优秀科研成果一等奖、全国优秀财政理论研究成果一等奖、财政部"优秀论文、优秀调查报告、优秀公文"二等奖、《经济日报》社"自主创新大家谈"三等奖等15项奖励。

王景森，男，复旦大学管理学学士，财政部科研所财政学硕士。

参与了中国财政学会PPP专委会和中国科学院大学PPP中心筹建。

参与亚洲开发银行多个PPP相关课题研究，发表多篇PPP相关论文，对国内外PPP案例和保障房的PPP模式有叫深的研究。

深圳市中财公私合作研究院介绍

深圳市中财公私合作研究院是由中财嘉丞集团联合国家信息中心、中国政策科学研究会、中国财政学会 PPP 研究专业委员会、中国基本建设优化研究会、中国开发性金融促进会共同打造。研究院的理事长由中央财政研究室原副主任、中国政策科学研究会执行会长郑新立担任；首任院长是著名经济学家、全国政协委员、财政部财政科学研究所原所长、中国财政学会 PPP 专业委员会会长贾康。

研究院是国家级新型高端智库，旨在为国家对 PPP 项目规划发展和决策提供智力支持和大数据支撑。研究院承担着国家课题《政府和社会资本合作模式（PPP）在我国推广实施研究》的研究工作。研究院是政府和社会资本合作（PPP）领域的专业学术研究机构，集政府主管部门、金融机构、投资者、建设商、运营商、咨询服务机构为一体，为 PPP 行业服务，为决策层提供决策参考，致力于国内外 PPP 项目的理论研究、政策法律咨询、能力建设、项目推介、标准与信用体系建设等。专业从事 PPP 领域研究、策划、咨询、投融资设计、评估和培训。

后　记

深圳市中财公私合作研究院自成立以来专注于研究探索适合于中国基础设施建设和公共服务领域政府和社会资本合作（PPP）模式，在国家推广PPP模式政策之前，研究院已经开始以理论解读和项目咨询的方式，对国内外的PPP模式进行系统性的学习和研究。

自20世纪80年代以来，英国、加拿大和澳大利亚等西方发达国家在运用PPP模式上日臻成熟，在基础设施和公共服务领域形成了比较完善的PPP政策体系，积累了比较丰富的PPP项目实操经验。他山之石，可以攻玉。为了更全面地了解PPP发展的来龙去脉，摸索出可应用于中国基础设施建设和公共服务领域的PPP模式，在2014年底本课题开题之后，我们课题组成员广泛搜集和精心比选国内外PPP著作和资料并进行翻译、研读，结合我国发展具体情况，形成本课题研究框架，包括对我国PPP模式的战略选择、法制化建设、项目信息化平台技术原理、引导基金的建设和市场融资渠道的设计、审计监管以及PPP各领域发展特点研究等。整个课题组成员历时将近1年时间丰富和完善具体内容，终于于2015年底就形成一套较为成熟的PPP模式推广实施的方案研究。同时我们清楚地认识到，我国PPP事业飞速发展，在本课题结题时业内已出现更多更新的案例未能及时纳入课题报告，但本课题的指导思想和研究成果对读者来说依然具有很多的参考价值，而我们对中国PPP模式的研究依旧会坚持不懈、持之以恒，以严谨的治学态度开拓创新。

我们在课题报告资料整理以及内容编写过程中，得到了很多专家支持和帮助，他们孜孜不倦的钻研精神和细致入理的研判方法启人心智、让我们获益良多；特别要感谢以郑新立、贾康两位资深专家为组长的全体课题组成员1年多以来智力和汗水的付出，这是集思广益、群策群力的硕果；同时也要感谢中国财政经济出版社，本课题最终能够付梓成册，离开不了出版社的大力支持和帮助。更要感谢北京国经富华矿业有限公司的总经理、华广裕（北京）经济咨询有限公司的董事长李晶宇先生，是他的慷慨捐助，才使本书能顺利出版。本课题报告因时间问题无法做到面面俱到，难免有不尽如人意之处，欢迎广大热爱 PPP 事业的爱好者批评指正。